히포의 아우구스티누스

역사적·현대적 관점에서 본 아우구스티누스 철학

AGOSTINO D'IPPONA
Prospettiva storica e attualità di una filosofia
by Virgilio Pacioni

히포의 아우구스티누스
— 역사적·현대적 관점에서 본 아우구스티누스 철학

교 회 인 가 • 2025년 6월 25일
제1판 제1쇄 • 2025년 8월 12일
제1판 제2쇄 • 2026년 1월 15일

지은이 • 비르질리오 파초니
옮긴이 • 변종찬
펴낸이 • 최준규
펴낸곳 • 가톨릭대학교출판부
등 록 • 제300-1989-1호(1989년 1월 13일)
주 소 • 03083 서울시 종로구 창경궁로 296-12
전 화 • 02-740-9718
전 송 • 02-745-9793
전자우편 • cukpress@catholic.ac.kr
홈페이지 • http://press.catholic.ac.kr
인쇄제작 • 재영아트

ISBN 978-89-7108-398-7 93230

값 23,000원

AGOSTINO D'IPPONA

히포의 아우구스티누스

역사적·현대적 관점에서 본 아우구스티누스 철학

비르질리오 파초니 지음
변종찬 옮김

가톨릭대학교출판부

AGOSTINO D'IPPONA

- 소개의 글 7
- 감사의 말 13

제 1 장 | 회심으로의 여정 17

1. 유년기부터 『호르텐시우스』(*Hortensius*)를 읽을 때까지 19
2. 마니교 그노시스(gnosis)에 결속 23
3. 이탈리아로 떠남과 로마 체류 31
4. 의심에서 신앙의 확실함으로 34

제 2 장 | 해석학적 순환 : 방법 53

1. 신앙의 이성적 행위 55
2. 이해하기 위한 두 가지 길: 권위 그리고 이성 61
3. 참된 권위와 참된 철학 69
4. 지식과 지혜의 구분 73

제 3 장 | 아우구스티누스 성찰의 시작 85

1. 진리의 기준 87
2. 최고선의 본성 101
3. 하느님의 섭리와 역사 안에서의 악 108

제 4 장 | 인간학적 가르침 125

1. 인간의 구성 127

2. 영혼의 불멸성 137
3. 영혼의 영신성 150
4. 욕구(*appetitus*)의 역동적 원리로서의 인간 본성 158

제5장 | 인식 이론 175

1. 감각적 지각 177
2. 기호 자료의 현상학 182
3. 상상 186
4. 기억 190
5. 이성적 인식 196
6. 변증법의 역할과 기능 200
7. 지성적 인식과 조명의 본성 204

제6장 | 자유로운 의지와 윤리적 문제 221

1. 의지의 이성적 자유재량(自由裁量) 223
2. 정념(情念)의 본성 227
3. 본성적 요구들(*prima naturae*)과 세 악습(*tria vitia*) 가르침 230
4. 사용(*uti*)과 향유(*frui*)의 구분 237
5. 영원법과 자연법 251

제7장 | 하느님의 본성과 존재 259

1. 하느님에 대한 형이상학적 개념 261
2. "창조주요 조정자"(*Sicut creator ita moderator*) 270
3. 하느님 존재 증명 284

제 8 장 | "세기들의 질서"(ordo saeculorum): 시간과 역사 305

1. 시간의 본성 307
2. 역사의 시간 320
3. 두 사랑(*Duo amores*): 두 도성(*duo civitates*) 326

제 9 장 | 정치철학 339

1. 시민법의 기원과 기능 341
2. 국가의 본성과 한계 347
3. 교회와 국가의 관계 356

- 연대표 373
- 부록: 아우구스티누스 철학의 비판적 해석 377
  1. 아우구스티누스의 중세 유산 379
  2. 르네상스와 근대의 첫 세기에서의 아우구스티누스 392
  3. 자유주의의 해석과 가톨릭 배경의 역사 기술에서 바라본 관점 395
  4. 철학적 전환 401
  5. 문헌학적 전환 403
  6. 형식논리학과 언어분석적 전환 407
  7. 결론 409
- 관련 참고문헌 413
  1. 참고문헌 목록 413
  2. 선집 414
  3. 아우구스티누스의 작품들 415
  4. 판본들 419
  5. 용어 색인과 백과사전 420
  6. 주요 번역들 421
  7. 단행본과 비평들 423
- 인명 색인 443
- 후기 451

/소/개/의/ /글/

드문 일이긴 하지만, 언뜻 보기에 서로 반대되고 이질적인 성격과 특징들이 책 한 권에 모여 있는 느낌을 받게 되는 경우가 있다. 어떤 철학의 복잡한 주제 전반에 대해 소개하면서, 동시에 각 장과 절에서는 개별 관점들에 대한 논문들, 단행본들과 연구들 가운데 가장 엄정하고 최신의 발전들을 다루는 경우에 그런 일이 일어난다. 비르질리오 파초니(Virgilio Pacioni)가 히포의 아우구스티누스에 대해 쓴 이 책이 바로 그러한 범주의 작품에 속한다.

사실 이 작업은 단순히 원문으로 쓰인 1차 자료를 직접 읽을 수 있는 지식을 지니고, 연구와 가르침을 통해 이 원문들을 부지런히 접하고 있다는 것만을 (아우구스티누스가 120권이 넘는 작품의 저자라는 것을 감안하면, 여기서의 '부지런히'는 정말 부지런히 그렇게 한다는 것을 의미한다.) 전제하는 것이 아니라, 늘 이 원문의 새로운 비평본과 원문과 관련된 작품들의 새로운 동향을 파악하는 것 또한 전제한다.

한 사상가의 유기적인 전망을 담았다고 자부하는 단행본이 가질 수 있는 긴 호흡의 전반적인 이해가 지닌 어려움과 위험에 더해, 아우구스티누스의 경우에는 두 가지 어려움이 더 있다. 인간 아우구스티누스의 실존적 여정과 철학자 아우구스티누스의 지적 여정 사이의 상호작용, 이 두 여정과 한층 더 중요한 주교로서의 아우구스티누스의 신학적이고 사목적인 여정 사이의 상호작용이다.

첫 번째 어려움과 관련해서는 두 가지 형태의 철학이 존재한다는 것을 눈여겨봐야 한다. 한 유형의 철학은 지적 여정에 있어서 삶이 그리 두드러지지 않는 철학들이다. 1700년대나 1800년대 독일의 일부 사상가들을 떠올려볼 수 있다. 이는 연구 중에 혹은 강의 중에 단조로운 톤으로 언급되는 시간들이다. 다른 한 형태는 지적 여정이 실존적 여정으로부터 떨어질 수 없는 철학들이다. 이 철학들은 철학자를 추구하지 않는다. 지적으로 태만한 평안을 위한 답변을 찾는 것이 아니라, 인간의 모든 차원에 관련한 질문에 대한 해답을 찾고자 하는 '전(全)-인간'(*homo totus*)을 추구한다. 그렇기에 단일한 '경향'의 두 가지 차원을 다루게 된다. 아우구스티누스는 이 두 번째 범주의 사상가에 속한다.

위에서 언급한 두 번째 어려움과 관련해서, 이는 맥락에 놓인 아우구스티누스의 철학을 들여다보는 것을 말한다. 따라서 그 철학을 사목적인 염려와 신학적인 성찰로부터 분리시켜서 그 맥락 너머에서 그를 보는 것이다. 젊은 시절 전형적이고 배타적으로 철학적이었던 작품들 이후의 작품들에서 아우구스티누스의 사변은 사목적인 염려와 신학적인 성찰과 내밀하게 연관되어 있다.

많은 시간을 이 주제의 연구에 헌신한 사람의 솜씨를 발휘해서, 다른 사람들보다 먼저 자기 자신에게 '현재까지 이루어진 연구 상황'(*status quaestionis*)을 명확히 하면서, 파초니는 앞서 언급한 두 암초를 모두 극복한다. a) 필요한 곳에서는 보다 적합한 이해가 가능하게 하기 위하여 아우구스티누스의 철학적 여정을 실존적 여정과 함께 놓고 보면서, 그의 철학적 여정의 윤곽을 잡는다. b) 사목적 맥락 또는 계시 신학의 성찰로부터 사목자 아우구스티누스의 철학적 성찰을 이끌어 냈다. 이 철학적 성찰은 비록 그 대상이 다르다 하더라도 사목적 맥락 혹은 신학의 성찰과 내밀하게 연관되어 있다.

하지만 어려움은 여기서 끝나지 않는다.

이 작업을 이해하는 데에 있어서 우리는 두 가지 위험 가운데 하나를 마주하게 된다. 작품들의 연대기적 순서를 따르거나 주제별로 이를 다루는 것이다. 연대기적 순서를 따르게 되면, 각각의 주제는 천 갈래의 세류로 쪼개져서, 불가능하지는 않다고 하더라도, 분명 이들을 추적해서 '하나의 주제로 환원시키는 일'(*reductio ad unum*)이 매우 어려워질 것이다. 반면 주제별로 다루는 경우에는 각각의 주제가 아우구스티누스의 철학적 사변의 단일성과 유기성과 무관하게 서로 관련 없는 밀폐된 공간에 갇히게 되는 결과를 초래할 수 있다.

파초니는 여기서 다시 그의 솜씨를 발휘한다. 아우구스티누스의 전기적이고 (또는) 자전적인 참조점이 그의 철학적 여정의 지성에 필요했던 곳에서는 그에 대한 전망을 잃어버리지 않으면서, 이 주제를 아홉 장으로 나누어 각 장에서 중요한 철학적 주제 하나씩에 집중했다. 동시에 각 장이 다룬 주제와 다른 주제들의 관계를 고찰했고, 이와 더불어 시간의 흐름에 따른 발전도 살펴보았다.

그렇게 다음 주제들에 대한 분석이 이루어졌다. 아우구스티누스가 가톨릭교회로 회심하기 이전에 지녔던 철학적 전망, 신앙과 이성 사이의 해석학적 순환, 진리와 최고선에 관한 철학적 문제, 섭리, 인간학, 인식론, 윤리학, 자연신학, 시간과 역사, 정치철학이다. 한마디로 말하자면(*in nuce*), 각각이 하나의 완결된 연구라고 할 만큼 뛰어난 아홉 편의 글을 마주하게 된다.

독자는 각 장의 미주에서 아우구스티누스의 원문들과 개별 주제들에 대한 전문적 연구가 지속적으로 언급되는 것을 보게 될 것이다. 우리는 곧바로 저자가 아우구스티누스의 원문들에 대한 직접적인 지식을 지니고 있을 뿐만 아니라, 아우구스티누스의 사상에 대한 해석학적 전형들을 토론에 부치고 비판적으로 검토한다는 것을 알게 될 것이다. 애석하게도 아우구스티누스의 사상에 대한 해석학적 전형들은 세대에 걸쳐서 무비판적으로 반복되었고, 철학사를 전부 꿰고 있는 듯한 만물박사들에 의해서 여전히 반복되고 있다.

파초니가 넬로 치프리아니(Nello Cipriani)의 비평적인 연구들을 활용한다는 사실은 언급할 가치가 있다. 치프리아니는 엄정한 문헌학적 검증을 통해 아우구스티누스의 인간학에서 아스칼론의 안티오쿠스에게까지 이르는 바로(Varro) 사상의 영감을 추적했다. 이러한 연구들은 아무런 거리낌 없이 아우구스티누스를 신플라톤주의자로 보는 인식을 허무는 데 있어서 또 하나의 시금석이 된다.

그래서 이 작업은 자신의 지식을 확장하고자 하는 원의에 가득 찬 독자들이 아우구스티누스 연구의 빽빽한 숲에서 길을 잃어버리는 일이 없도록, 연구 주제별로 나눈 참고문헌 목록, 선집들, 판본들, 용어집과 백과사전들, 번역들과 같은 목록만이 아니라, 중세에서부터 오늘날 우리 시대에 이르기까지 비평의 역사에 대해서도 소개하면서 자신을 끝맺는다. 마지막 항목들에서는 1940년대부터 아우구스티누스에 관한 연구에 혁명을 가져온 세 가지 전환(철학적 전환, 문헌학적 전환, 형식논리학과 언어분석적 전환), 고전 시대 마지막 사상가이자 다음 시대 철학의 첫 번째 사상가인 아우구스티누스의 사상에 관하여 엄정하게 수행될 모든 미래 연구의 기원(*terminus a quo*)이 되는 세 가지 전환을 분석한다.

나폴리 페데리코 2세 대학교에서
미켈레 말라테스타(Michele Malatesta)

/감/사/의/ /말/

로마 라테란 대학교 교부학 전문 대학원의 넬로 치프리아니(Nello Cipriani) 교수님, 나폴리 페데리코 2세 대학교의 미켈레 말라테스타(Michele Malatesta) 교수님과 캐나다 토론토 대학교의 브라이언 스탁(Brian Stock) 교수님에게 저의 큰 감사를 표합니다. 많은 기회에 저는 그분들과 함께 아우구스티누스의 철학적 사상의 주요 주제들에 관해 토론하고 그 주제를 심화시킬 수 있었습니다. 그분들의 균형 잡힌 연구와 비평적인 관찰들이 없었더라면, 이 책을 끝맺기도 어려웠을 것이고, 아우구스티누스 작품의 방대하고 복잡한 양을 체계적으로 알맞게 조직할 수도 없었을 것입니다.

여기서 로마 인문계 고등학교에서 이탈리아 문학과 라틴 문학을 가르치시는 마리아 리포사티(Maria Riposati) 교수님과 로마 사피엔자 대학교의 다니엘라 비스카(Daniela Visca) 교수님을 잊을 수 없습니다. 그분들께서는 제가 손으로 쓴 원고를 인내롭게 읽어 주셨고, 귀중한 소견을 보태어 주셨습니다.

또한 제가 손으로 쓴 마지막 원고에 기술적인 도움을 준 알렉산드로 본가르초니(Alessandro Bongarzoni), 프란체스코 카탈도(Francesco Cataldo), 주세페 디 푸리아(Giuseppe Di Furia)와 마우리치오 페르페티(Maurizio Perfetti)에게도 감사의 마음을 전합니다.

끝으로 저의 조카인 파비오 파스칼리(Fabio Pasquali) 박사에게 감사의 인사를 전합니다. 그는 이 작품이 이탈리아어로 빛을 볼 수 있도록 지속적으로 저를 격려해 주었습니다.

지성을 참으로 열렬히 사랑하라.

Intellectum vero valde ama.

『서간집』(*Epistulae*), 120, 3, 13

아우구스티누스 『전집』(*Opera omnia*)의 번역으로는 1965년부터 로마에서 출판되고 있는 *Nuova Biblioteca Agostiniana*와 Città Nuova Editrice의 공동 출판 번역을 사용했다. 예외적으로 『자유의지론』(*De libero arbitrio*)의 번역은 Vita e Pensiero에서 편집하여 1987년 밀라노에서 출판된 데 카피타니(F. De Capitani)의 번역을 사용했고, 『참된 종교』(*De vera religione*)의 경우에는 1987년 밀라노에서 출판되고 Mursia에서 편집한 반니니(M. Vannini)의 번역을 사용했다. 하지만, 나는 이탈리아어 본문을 다시 검토했고, 필요한 경우에는 위에서 언급한 번역들과 거리를 두기도 했다.

제1장

회심으로의 여정

제 1 장 • 회심으로의 여정

1. 유년기부터 『호르텐시우스』(*Hortensius*)를 읽을 때까지
2. 마니교 그노시스(gnosis)에 결속
3. 이탈리아로 떠남과 로마 체류
4. 의심에서 신앙의 확실함으로

1. 유년기부터 『호르텐시우스』(*Hortensius*)를 읽을 때까지

아우구스티누스는 354년 11월 13일 누미디아 프로콘술라리스(Numidia proconsularis)의 지중해 쪽에 있는 지방 도시(*municipium*) 타가스테(Tagaste)에서 태어났다. 고대 로마 도시의 흔적들이 오늘날 알제리의 수카하라스(Souk-Ahras)의 흰색 집들 아래 묻혀 있다. 관대하면서도 충동적인 성격의 소유자인 아버지의 이름은 파트리키우스(Patricius)였는데, 그는 약간의 토지를 소유하고 있었고 시의회 의원이었다.[1] 어머니의 이름은 모니카이며, 그리스도인이며 풍요로운 인간적 자질의 소유자인 그녀는 정숙하고도 절제 있는 삶의 교육을 받은 여인이었다.[2] 나비기우스(Navigius)라는 남동생과 이름을 알지 못하는 여동생을 포함한 가족은 로마화한 아프리카 혈통이었다. 집에서는 라틴어를 일상어로 사용하였다. 아이들은 모니카로부터 그리스도교 교육을 받았다. 아직 어렸을 때 장폐색 탓에 죽을 지경에 처했던 아우구스티누스는 간절히 세례를 청했지만, 곧 치유되어 세례는 연기되었다.[3] 생애 초기부터 그는 영민한 기억력과 뛰어난 자질을 갖춘 "전도유망한 아이"[4]로 자신을 드러냈다.

타가스테의 어느 글 선생(*litterator*)이 운영하는 평범한 학교에서 기초교육을 마친 후 그는 문법과 수사학 공부를 마치기 위해 로마의 식민 도시인 마다우라(Madaura)로 갔다. 아풀레이우스의 고향인 이곳에서 그는 시인들과 산문가(散文家)들의 구문들을 공부하였는데, 이 구문들은 그가 주석하고 암기하는 데 전념해야 할 것이었다. 이 체험을 통해 그는 수학과 음악 그리고 물리학의 기본적인 개념들에 대한 이해를 동반한 훌륭한 문학적 양성을 받았다. 문학 공부가 그의 마음을 사로잡았다면, 그리스어 공부는 그를 따분하게 만들었다. 반면 수학에 대해 그는 어떠한 호감도 보이지 않았다.

> "하나에다 하나는 둘, 둘에다 둘은 넷" 하는 동요 따위는 일찌감치 제게 지겨웠고, 무장한 군인으로 가득 찬 목마라든가 트로이의 화재며 크레우사의 망령이라든지 하는 허황한 구경거리는 흥미진진했습니다.[5]

369년 경제적 어려움으로 인해 부모님은 그를 타가스테로 돌아오게 하였고, 그곳에서 학업에 대한 부담감 없이 한가하게 열여섯 살 나던 해를 보내게 되었다. 이때 그는 불안한 사랑의 감정에 휩싸여 있었다. "저에게 즐거움을 주는 것이라곤 사랑하는 일과 사랑받는 일 말고 무엇이 있었겠습니까?"[6]

371년 아버지는 학업을 계속할 수 있도록 아우구스티누스를 카르타고로 보냈다. 친구인 로마니아누스(Romanianus) 가문의 경제적 지원에 힘입어[7] 아우구스티누스는 이곳에서 북아프리카의 수사학 학교에 등록할 수 있었다. 오늘날의 대학교와 동등한 이 학교는 서로마제국에서 인재 양성의 중심지로 로마 다음으로 중요한 곳이었다. 이곳에서 수사학 학교에 다닌 열일곱 살의 아우구스티누스는 학업, 극장 연극, 감각적 쾌락이라는 세 가지 큰 열정의 지배를 받았다. 이듬해 그는 그 지역의 한 여성과 동거하기로 결심하였는데, 그 여인에게 "합법적 부인에게 하는 것과 같은 신의"를 계속해서 지키게 된다. 익명의 카르타고 여인과의 관계에서 그는 아데오다투스(Adeodatus)라는 아들을 낳았다.[8]

많은 부분 누미디아의 수도에서 생긴 연극에 대한 열정에도 불구하고, 아우구스티누스 안에서는 학업에 대한 열의가 항상 꾸준히 성장하고 있었다. "어느덧 윗자리를 차지한 저는 거드름을 빼며 좋아했습니다."[9]

4세기에는 수사학에 대한 우수한 양성을 받는 것이 교육계와 제국 행정부에서 안정적인 직업을 얻는 데 필요한 조건이었다. 372년부터 373년까지의 학업 과정은 키케로의 저서 『호르텐시우스』를 읽도록 하였는데, 오늘날 이 작품은 소실되었지만, 철학을 공부하고 물질적 재화에서 벗어나라는 호소력 있는 권고를 담고 있었다. 이 독서는 아우구스티누스가 예상하지 못한 발견으로 그를 인도하였다.

『고백록』은 이 독서에 관한 열렬한 진술을 다음과 같이 담고 있다.

(…) 웅변술 본문을 공부하면서 여전히 불안한 나이를 지내

> 고 있었습니다. 여기서 저는 (…) 두드러지고 싶었습니다. 그런 중에 통상 학습 과정에 따라 키케로라는 사람의 어떤 책을 접하게 되었습니다. 그 인물의 언변은 모두가 경탄하는 바였지만 그의 가슴은 그렇지 않았습니다. 그의 책은 『호르텐시우스』라는 제목으로 특히 철학에의 권유를 내용으로 하는 것이었습니다. 그런데 그 책이 제 성정을 아주 바꾸어 놓았고(*mutavit affectum meum*) (…) 제 소원과 열망을 딴 것으로 만들어 버렸습니다. 이때까지 품어 왔던 저의 헛된 희망은 갑자기 모두 시들해졌고, 저의 마음은 이제 불멸의 지혜를 추구하는 욕구로 믿기지 않을 만큼 헐떡이게 하였습니다. (…) 저는 어느덧 열아홉 살이 되었고 아버지는 벌써 이태 전에 돌아가셨습니다. (…) 저를 설복시킨 것은 그 책의 언변이 아니라 그 책이 말해 주는 내용이었습니다.[10]

이 독서는 즉각적인 효과, 곧 그의 지성을 깨우고 가장 깊은 열망을 새로운 방식으로 지향하게 하는 깨달음을 주었다. 가장 깊은 열망들을 새로운 방식으로 이끌었다. 아우구스티누스는 철학이 사고하고 살아감의 가장 높은 이상이라고 확신하였다. 곧 철학은 지혜에 대한 추구이며 사랑이기에 참된 행복에 도달하기 위한 조건이 된다. 사실 『호르텐시우스』가 강조하는 철학에 대한 권유에서 두 개의 주요 용어는 지혜와 행복이었다. 아우구스티누스는 이 철학적 이상을 열렬히 받아들였는데, 이 철학적 이상은 그때부터 계속 성공, 쾌락 그리고 부유함이라는 인간적 이상들을 그의 눈앞에 재검토하게 할 것이었다. 아우구스티누스의 마음에 들지 않은 유일한 것은 그리스도의 이름이 그 책에 없었다는 것이었다.

> 그런 열화 속에서도 어떤 사실 하나가 저를 싸늘하게 만들었으니 그리스도의 이름이 거기 나오지 않는다는 점이었습니다. 그 이름이야말로 (…) 어머니의 젖에서부터 저의 여린 마음이 경건하게 들이킨 이름이요 깊숙하게 간직하고 있던 이름이었습니다. 무엇이 제아무리 박학하고 세련되고 진실한 것이라고 하더라도 이 이름이 빠지면 저를 온전히 심취시키지는 못했기 때문입니다.[11)]

새로운 지성적 관심에 휩싸이고 가장 깊은 차원에서 인간 실존이 진리와 행복에 대한 바람으로 정의된다는 것에 확신한 그는 성경을 펴기로 결심하였다. 하지만 내용의 모호함과 키케로의 언어학적 위엄과 비교할 수 없는 빈약한 문체 때문에, 성경에 실망하였다.[12)] 그는 믿으라고 강요하는 이들보다는 가르치는 이들을 신뢰하는 것(*docentibus potiusquam iubentibus esse credendum*)이 더 낫다고 생각하였다.[13)] 이러한 표현들은 교회로부터 멀어진 아우구스티누스의 오랜 방황의 원인을 드러낸다. 처음에 그는 교회의 가르침이 이성적 탐구와 양립할 수 없다고 간주하였던 것이다.

2. 마니교 그노시스(gnosis)에 결속

성경을 제쳐 놓은 후 아우구스티누스는 키케로에게 돌아가지 않았다. 오히려 이성만으로 지혜에 도달하리라는 희망으로 마니교 그노시스 쪽으로 방향을 틀었다. 후에 그는 친구인 호노라투스(Honoratus)에게 다음과 같이 말한다.

> 사실 우리는 그 사람들(마니교도들) 손에 떨어졌지. 곧 그들은 공포를 불러일으키는 권위를 한쪽으로 밀어 놓은 후, 순수하고도 단순한 이성으로 하느님께 인도하고 자신들의 말을 경청하고자 하는 이들을 온갖 오류에서 해방해 줄 것이라고 약속했기 때문이지. 오직 이러한 이유 때문이었네. 사실 그들이 우리를 헛된 두려움으로 무서워하고 있으며, 알기도 전에 믿음을 강요당하고 있다고 생각하도록 길들이지 않았다면, 그 무엇이 어린아이 시절부터 부모님이 나에게 심어 준 종교를 버리고 거의 9년간 그 사람들을 따르면서 그들의 말에 집중하여 귀를 기울이도록 이끌었겠는가?[14)]

마니교 가르침의 핵심은 네 가지 차원에서 구분되는 이원론으로 이루어졌다. 곧 형이상학적(선과 악이라는 영원한 두 원리가 있으며, 서로 영원한 투쟁 중이다), 우주론적(하늘과 땅, 인간과 사물 등이 두 개의 형이상학적 원리에서 나온다), 인간학적(인간은 빛과 어두움, 영혼과 육체라는 두 요소로 나뉘어 있다), 윤리적(영혼과 육체라는 두 요소는 서로 대립 관계에 있다. 육체가 정념으로 인해 신적 빛을 억제하려는 경향을 보이고 있기 때문이다) 차원이다. 마니교 종파의 창설자인 마니의 철학적·종교적 메시지는 이성적 인식과 금욕주의적 형태로 이루어진 자연주의를 통해 인간을 악에서 해방하려는 것이었다. 그러한 방식으로 인간은 자신 안에서 물질의 지배를 극복하고 육체 안에 갇혀 있는 빛을 해방할 수 있게 된다. 이러한 목적으로 마니는 자연주의적 체계의 계명을 가르쳤다. 곧 결혼과 출산에 대한 포기(*signaculum sinus*), 육식에 대한 거부(*signaculum oris*), 자연, 특별히 물, 불, 나무, 사람에 대한 존중(*signaculum manuum*), 그리고 채식에 대한 의무 등이다. 더욱이 마니와 그의 추종자들에 따르면 악한 원리의 작품인 구약성경이든 육화에 대한 믿음 등을 거부해야만 하였다. 무엇보다 때때로 과장된 방식으로 표현된 열렬한 종교적 감정을 함양해야만 하였다.[15)]

아우구스티누스는 온갖 형태의 제약에서 이성을 해방하는 것 그리고 악의 문제에 대한 해결이라는 두 가지 매혹적인 약속으로 인해 마니교에 매료되었다. 그렇다고 해서 그 종파에 합류한 것이 무조건적인 것은 아니었다. 사실 그는 다음과 같이 말한다.

> 그들은(마니교도들) 신성한 사물들 가운데서도 눈으로 식별하는 저 빛이야말로 최고로 섬김을 받아야 한다고 생각하였습니다. 나는 그들에게 동조한 것은 아니었지만 저런 보자기로 그들이 뭔가를 감추고 있다고 생각했고 그것이 언젠가는 내게도 열리리라고 여겼습니다.[16)]

마니교도와의 만남 초기부터 그는 그들이 자신들의 가르침을 굳건하고 확실하게 전달하기보다 다른 이들의 가르침을 논박하는 데 있어 더 유창하고 풍부한 논거를 갖고 있음을 깨달았다. 키케로의 『호르텐시우스』가 흔들어 깨운 이성적 요구가 아우구스티누스로 하여금 마니교 신화의 매력에 완전히 정복당하지 않도록 이끌었던 동인이었다는 것은 개연적이다.

그러한 거리감의 결과로 그는 9년간 경청자(*uditore*) 단계에 머물렀으며, 결코 뽑힌 이(*eletto*) 단계로 올라가지 않았다. 그런데도 아우구스티누스는 마니교들의 모임에 다니면서 그들의 말을 경청하였고 자신이 할 수 있는 한 많은 이들이 자신이 선택한 곳으로 따라오도록 끈질기게 설득하는 데에 전력을 다했다.[17)]

374년 수사학 공부를 마친 후 그는 문법을 가르치고 그 종파의 포교에 헌신하기 위해 타가스테로 돌아오는 것을 결심하였다. 이듬해 그는 메제르다(Megerda)의 계곡을 다시 내려와 다시 카르타고로 돌아갔다. 한 친구의 죽음[18)]과 보다 훌륭한 직업적 안정에 대한 열망이 그를 자기 고향에서 떠나게 하는 데 이바지하였다. 친구인 로마니아누스에게 — 후에 『아카데미아학파 반박』을 그에게 헌정한다 — 당시를 이렇게 회상한다.

> 당신은 내가 부친을 여의자, 우애로 나를 위로해 주었고 충고로 나를 북돋아 주었고 금전으로 도와주었습니다. 당신은 우리 동네에서 당신 집안의 호의와 친분과 왕래로 나를 당신처럼 유명 인사로 만들어 주었고 유지(有志)처럼 만들어 주었습니다. 내가 보다 훌륭한 직업을 이유로 카르타고로 가려고 마음먹고 나서 나는 우리 집안 식구들 아무하고도 얘기를 나누지 않았지만 당신에게 내 생각과 포부를 여러 보였을 때였습니다. 내가 이미 그곳 타가스테에서 교편을 잡고 있었으므로 당신은 고향에 대한 타고난 애정으로 한참 망설였지만 자기 딴에는 더 낫다고 보이는 것을 지향하는 젊은이의 욕심을 꺾을 수 없자 나를 말리는 입장에서 도와주는 입장으로 바꿨고 놀라운 자제심과 후의를 보여 주었습

니다. 당신은 필요한 모든 것을 장만하여 내 여비를 마련해 주었습니다. 당신은 내가 그곳에 도착해서도 다시 한번 내 공부의 요람 내지 보금자리를 보살펴 주었고, 혼자서 날아오르려고 발버둥 치는 젊은이의 시도를 지지해 주었습니다.[19]

375년 그는 카르타고에 수사학 학교를 열었다. 헌신적인 일부 제자들, 특별히 친구인 로마니아누스의 아들 리켄티우스(Licentius), 알리피우스(Alypius), 에우로기우스(Eulogius) 그리고 네브리디우스(Nebridius) 등이 그를 따랐다. 이 시기에 그는 학업과 가르침 그리고 동거녀와 아들을 돌보는 것에 대부분 시간을 보냈다. 그러면서 교우 관계도 넓어지게 되었다. 수사학 공부를 끝낼 때 아우구스티누스가 탁월한 문학적 소양을 갖게 되었다면, 이제는 철학과 과학 그리고 역사 공부에 매우 몰두하면서 새로운 지식으로 풍요로워졌다. 그는 아리스토텔레스의 『십범주』(十範疇)를 혼자서 읽고 깨우쳤다.[20] 자유 학예(*artes liberales*)에 관해 자신이 접할 수 있는 모든 저작도 공부하였다.[21] 아울러 바로(Varro)의 『철학』(*De philosophia*)과 키케로 및 로마 스토아학파 대표자들의 철학 작품들, 아울리우스 겔리우스(Aulius Gellius)의 『아테네의 밤』(*Noctes Atticae*) 그리고 아마도 제라사(Gerasa)의 니코마코스(Nikomachos)의 『산술 입문』(*Introductio arithmeticae*) 등도 공부하였다.[22] 그는 한 작품에서 다른 작품으로 넘어가는 것에 만족하지 않았다. 오히려 선생이라는 자신의 직업에 관련된 다양한 질문들, 예를 들면 언어와 리듬 그리고 수(數)의 본성(*de musicis et numeris*)과 논리학의 본성에 관련된 문제들을 심도 있게 숙고하였다.[23] 게다가 『변증법』, 『교사론』 그리고 『음악론』과 같은 차후 작품들을 작성하는 데 필요한 자료들을 수집하였다. 문학적·철학적 영역에 관한 관심에 천문학적 탐구에 관한 관심도 추가되었음이 지적되어야만 한다. 아울러 그러한 탐구의 결과물들이 마니교의 일부 내적 모순점들을 규명하는 데 실마리가 되었다는 것도 주목할 만하다.

> 피조물에 대해서라면 철학자들에게서 얻어낸 참말들을 제딴에는 꽤 많이 간직하고 있었고, 수리(數理)며 시간들의 질서며 육안에 보이는 성좌들의 증명을 통해서 보니까 제게도 이치가 맞아떨어졌습니다. 저는 철학자들의 말을 마니의 말과 비교해 보곤 하였습니다. 그도 이런 사물들에 관하여 황당하리만치 정신이 빠져 엄청난 분량의 글을 썼던 것입니다. 그런데 그의 글은 태양지점(太陽至點)이나 주야평분(晝夜平分), 발광체의 이지러짐, 세간의 지혜를 담은 서책에서 제가 배운 바를 두고 보더라도 도무지 이치에 맞지 않았습니다. 거기서는 저더러 그냥 믿으라는데, 수리라든지 육안으로 관찰된 이치들과 맞아떨어지지 않았고 아주 동떨어진 것이었습니다.[24]

380년부터 381년 사이에 아우구스티누스는 로마에 거주하고 있던 시리아 출신의 웅변가인 히에리우스(Hierius)에게 헌정한 작품인 『아름다움과 적합함』(*De pulchro et apto*)을 저술하였다. 사실 그는 히에리우스와 개인적인 친분을 갖고 있지 않았지만, 웅변술의 영역에서 자신이 도달할 수 있는 모델로 그를 바라보고 있었다. 오늘날 소실된 이 작품에서 그는 미학적 질서와 형이상학적 체계에 대한 논술을 제시하였다. 플라톤 사상에 영향을 받은 첫 번째 것은, 존재하는 것들 속에 우리를 끌어당기는 아름다움이 있음을 강조한다. 플라톤 사상의 가르침의 노선에서 그는 아름다움(*pulchrum*)과 적합함(*aptum*)을 구분하였다. 아름다움은 전체, 곧 단일성으로 구성되며, 그것으로 우리를 끌어당긴다. 반면 적합함은 어울릴 만한 것과의 관계하에서 우리를 끌어당긴다. 아름다운 실체는 일치에 결합한 적합한 부분들로 이루어진다. 미학적 성격의 설명을 마친 후에 젊은 수사학자는 분명 마니교와 신피타고라스학파의 영향을 받은 존재론적 특성에 관한 서술로 넘어간다. 가장 아름다운 단일체는 최고의 단일체인 선이다. 이것의 반대는 분할인 악이다. 최고의 단일체 또는 단자(單子, *monade*)는 질서와 좋은 것들의 근원이 된다. 분리 혹은 양자(兩子, *diade*)는 무질서와 나쁜 것들의 근원을 형성한다. 이런 식으로 아우구스티누스는 마니교의 두 원리인 일치성과 이원론을 피타고라스학파의 반대 명제(反對命題)인 단자(*monade*)와 양자(*diade*)를 동일시하게 되었다. 그리고 그는 자신의 인간학적 관점을 제시하였는데, 이에 따르면 인간은 두 개의 근본적인 경향, 곧 좋은 경향과 나쁜 경향을 소유하고 있으므로 자신 안에 분할되어 있다.[25) 『아름다움과 적합함』은 마니교 그노시스의 고유한 이원론적 체계에 따라, 선과 악의 문제와 관련한 설명으로 끝을 맺었다.

그렇지만 『고백록』에서 아우구스티누스 본인이 우리에게 증언하고 있는 것에 의하면,[26)] 마니교 종파에 대한 그의 신뢰는 조금씩 흔들리고 있었다. 이는 주로 두 가지 요인, 곧 마니교도의 지성적 빈곤함과 물리학 영역에서 그들 이론의 빈약함 때문이었다. 여러 상황에서 카르타고의 마니교도에게 제기한 의문점들은 해결되지 않은 채로 남아 있었다. 그렇기에 아우구스티누스는 그 종파에서 가장 저명한 대표자 중의 한 명으로 모든 의문점을 해결해 줄 수 있는 인물로 예상했던 밀레비(Milevi)의 파우스투스(Faustus)와의 만남을 고대하고 있었다. 결국 383년 파우스투스가 로마제국의 수도에서 카르타고로 왔다. 아우구스티누스는 사적 토론에서 자신을 혼란에 빠뜨린 의문들을 설명한 후에 사랑스럽고 호감이 가지만, 문법을 제외한 자유분방한 학문에는 무지한 사람이 자신 앞에 있음을 깨달았다. 결국 이 만남은 실망스러웠고 그 종파에 관한 환멸은 결정적이었다.

> 그와 함께 마니의 가르침들로 이끌었던 관심도 시들해지고 말았습니다. 저를 고민하게 만들던 많은 의문점을 두고서, 이름났다는 저 인물마저 그저 그런 사람으로 드러난 마당에, 그들의 나머지 교사들에게야 더더욱 실망하기에 이르렀습니다. (…) 그 종파에 정진하겠다고 마음먹어 왔던 제 모든 노력이 (…) 삽시간에 중단되고 말았습니다.[27]

자신을 마니교도라고 계속해서 부르고 하느님과 인간의 영혼을 물질적 실재로 그리고 악을 하느님으로부터 독립된 원리로 계속 이해하고 있었음에도, 마니교에 대한 신뢰는 이제 흔들리기 시작하였다.[28]

3. 이탈리아로 떠남과 로마 체류

이러한 실망의 직접적인 결과는 로마로 떠나겠다는 염원이었다. 이 결정의 이유는 잘 알려져 있다. 소란스러운 학생들로 인해 참기 어려운 카르타고의 학교 분위기에서 멀어지는 것과 화려한 출셋길로 나아갈 수 있는 더 큰 가능성을 갖는 것이었다.[29] 그의 눈에 로마는 더욱 평온한 삶과 직업이라는 관점에서 볼 때 더 성공적인 삶의 기회를 제시하였다. 『고백록』에서 아우구스티누스는 출발과 어머니인 모니카와의 헤어짐에 관한 서술을 우리에게 다음과 같이 남겼다.

> (…) (어머니는) 떠나는 저를 두고 울고불고하며 바다까지 저를 따라 나왔습니다. 한사코 붙들고 늘어지면서 함께 집으로 돌아가든지 아니면 같이 떠나자고 애원하는 어머니를 저는 속여 넘겼습니다. 한 친구가 먼길을 떠나는데 순풍이 일어 배가 출항할 때까지 그 친구를 혼자 버려두지 않으려는 것뿐이라고 둘러댔습니다. 저는 어머니에게 거짓말을 했습니다. (…) 무엇보다 어머니가 저 없이 혼자 돌아가지 않으려 하였기에, 마침 저희가 타고 갈 배 가까운 곳에 있는 복되신 키프리아누스 기념경당이 있었기에 그곳에 밤을 보내시라고 겨우 어머니를 달랬습니다. 그러고는 그 밤을 틈타 저는 몰래 떠나 버렸고 그이는 못 떠났습니다. 기도하고 울며 거기 남았습니다. (…) 바람이 일었고, 저희 돛을 부풀렸고, 저희 시야에서 해안을 멀리 떼놓았습니다. (…) 어머니가 울며 애통해하는 동안 (…) 저는 로마로 갔습니다.[30]

친구 마르티아누스(Martianus)는 라틴어 작가 테렌티우스(Terentius)의 시 한 구절로 그에게 행운을 빌어 주었는데, 마치 그 후에 일어날 일을 예고한 듯했다.

> 이제 또 다른 삶이 이날 너에게 다가오며, 그것은 다른 관습들을 요구하리라.[31)]

383년 가을 아우구스티누스는 제국의 항구에 도달하였다. 그는 오스티아 티베리나(Ostia Tiberina)에서 거룩한 강을 올라가면서 그리고 여름이 지난 후 이제 갈색으로 변한 로마 주변의 평원을 가로질러 로마에 도착하였다. 일곱 언덕, 이교도들의 신전, 황제의 궁전들, 콘스탄티누스의 개선문, 콜로세움, 로마 광장(Foro)을 보았던 이 아프리카 사람의 감정이 어떠했을까 쉽게 상상할 수 있다. 아울러 로마시의 도로들에 생기를 불어넣어 주는 군중의 운집 앞에서 그가 얼마나 놀랐을까도 쉽게 상상할 수 있다. 원로원 건물에서 연설에 몰두하는 키케로 혹은 종교 예배를 주재하는 데 집중하고 있는 대사제로서의 카이사르를 환상 속에서 상상하게 될 것이다. 마지막으로 학업과 라틴 문학을 통해 알게 되었으며 사랑하도록 교육받은 문화의 중심인 로마의 풍경에 경탄할 수 있었다. 여기서 위대한 제국의 심장이 요동치고 있었고, 이 제국에 그는 이제 봉사할 준비를 하고 있었다.[32)]

로마에서 그는 한 마니교 경청자 집의 손님이 되었다. 얼마 지나지 않아 그는 심각한 병에 걸렸다.[33)] 회복한 후에 그는 마니교도의 도움으로 수사학 학교에서 가르칠 수 있었다. 로마 학생들의 수업 자세나 그들과의 교류 체험이 카르타고 학생들보다 꼭 더 좋은 것은 아니었다. 그곳의 학생들은 소란스러웠고, 로마의 학생들은 합의된 수업료를 지급할 때 학교를 그만두고 다른 선생들에게 옮겨가 버렸다.[34] 그러는 동안, 비록 경청자들뿐 아니라 뽑힌 이들로 불리는 이들과도 교우 관계를 계속해서 유지하면서도 마니교 가르침에 관한 의문들은 더욱 커져 갔다. 그러면서 그는 아카데미아학파 철학자들 쪽으로 마음이 기울어 그들에게 관심을 집중하기로 하였다.

> 사실, 저는 모든 철학자 중에서 가장 통찰력 있는 사람은 소위 아카데미아학파라고 불리는 사람들이라는 생각에 이르렀습니다. 그들은 모든 것을 의심해야 한다고 주장하고, 진리는 인간이 전혀 알 수 없다고 말하기 때문입니다. 저로서는 아직 그들의 의도를 파악하지 못한 처지였지만, 대중이 생각하던 대로, 제게는 그 사람들이야말로 뭔가를 명료하게 간파한 것처럼 보였습니다.[35]

인간에게 진리는 온전히 파악될 수 없으므로 모든 것을 의심하는 것이 필요하다고 신(혹은 중기) 아카데미아 철학자들이 주장했음에도 불구하고, 아우구스티누스는 회의주의자들의 보편적 의심 이론을 공유하는 데까지 나아가지 못했다. 더욱이 그는 자신의 지성적 혼란과 불확실함의 상태를 아카데미아학파 철학자들의 회의주의와 동일시하였다.[36] 384년 가을 그는 마니교도와 냉랭한 관계에 있었지만, 여전히 그들의 유물론과 이원론을 극복할 수 없었고, 더욱이 아카데미아학파의 회의주의에 매력을 느끼고 있었다. 당시 그의 지성적 불안함에도 불구하고, 그는 로마

귀족사회의 중요한 인물들, 예를 들면 로마 시장인 심마쿠스(Symmachus)의 관심을 얻는 데 성공하였다.[37] 정치가이며 지성인이지만 그리스도인들의 반대자인 이 사람은 밀라노 황궁으로부터 수사학 선생을 요청받았을 때 로마 시장이요 집정관 자격으로 아우구스티누스를 밀라노 황궁의 공식 수사학 교수로 임명하였다.[38] 한 이방인의 비호 아래 결정적으로 큰 성공이 보장된 상이 그 아프리카 사람에게 주어졌다.

4. 의심에서 신앙의 확실함으로

384년 말 아우구스티누스는 플라미니아 가도와 에밀리아 가도를 지나 밀라노에 도착하였다. 이듬해 초 그는 심마쿠스의 친구 바우토(Bauto)의 집정관직에 대한 칭송 연설을 하면서 밀라노에서 수사학 선생의 첫 공식 활동을 수행하였다.[39] 얼마 후 어머니와 동생인 나비기우스 그리고 아프리카 친구들인 알리피우스, 네브리디우스, 트리게티우스 그리고 로마니아누스의 아들인 리켄티우스 등이 밀라노로 와 그와 합류하였다.

밀라노에서 아우구스티누스는 무엇보다 자기 벗들인 알리피우스와 네브리디우스와 함께 윤리의 토대를 주제로 토론하였다.[40] 더욱이 드디어 마니교의 형이상학적 이원론을 사실상 포기한 후 그는 무엇보다 키케로의 철학 작품들을 통해 알게 된 스토아학파 범신론의 방식으로 실재 안에 하느님이 현존한다는 것을 이해하는 양식으로 기울어졌다.

그는 다음과 같이 말한다.

따라서 더 이상 하느님을 사람의 형상으로 상상하지는 않았지만, 물체적인 어떤 것으로 생각하지 않을 수 없었고 장소라는 공간을 통해 세계에 두루 분산되거나 세계 밖에 무한한 공간으로 확산되어 있는 것으로 상상하지 않을 수 없었습니다. (…).[41)]

당시 그는 창조계를 이렇게 이해하고 있었다.

저는 (…) 단일하고 거대한 덩어리, 물체들의 종류들로 구분되는 덩어리로 만들어 보았습니다. 실제로 물체인 것들이든, 영적 존재인 것들을 제가 물체라고 고착시키던 것이든 상관없이 거대한 덩어리로 만들어 보았습니다. 얼마나 큰지는 제가 알 수 없었지만, 제아무리 크더라도 클 만큼 크고 따라서 어느 쪽으로든 유한한 무엇이려니 했습니다. (…) 사방으로 바다가 있는데 광대무변하게 무한한 바다 하나만 존재하고, 그 바다가 내부에 어떤 커다란 해면(海綿)을 포함하고 있는 것처럼 말입니다. 그렇지만 어디까지나 유한한 해면이고, 그 해면은 응당 모든 부분에서 광대무변한 바다로 충만해 있다는 생각입니다.[42)]

모니카는 밀라노에서 아들이 완전히 의기소침한 상태에 빠져 있는 것을 보았다.

저는 진리를 탐색하는 일에 크게 절망하여 심각한 위기에 빠져 있었습니다.[43)]

아우구스티누스는 마니교를 극복한 후에도 여전히 철학 체계의 의문점들과 질문거리들 속에서 벗어나지 못하고 있었다.

당시 밀라노에는 10여 년 전부터 주교로 재직하고 있던 암브로시우스가 있었다. 그는 아우렐리아 가문(*Gens Aurelia*) 사람으로 로마제국 고위 행정직 공무원의 아들이었고 심마쿠스 시장과 친척이었다. 당시 저명하고 영향력 있는 지식인이었던 그는 라틴 문학과 그리스 문학, 수사학과 법학에서 좋은 교육을 받았다. 신플라톤주의 철학뿐 아니라 서방과 동방 그리스도교 문학도 이해하고 있었다.[44] 암브로시우스 주위에는 플라톤 철학에 관한 연구와 그리스도교의 종교적 실천을 결합하였던 지성인들의 모임이 형성되어 있었다. 마리우스 빅토리누스(Marius Victorinus)의 벗이었던 심플리키아누스(Simplicianus) 신부, 만리우스 테오도루스(Manlius Theodorus), 제노비우스(Zenobius), 헤르모게니아누스(Hermogenianus) 등의 인물들이 그 모임에 속해 있었다. 아우구스티누스는 밀라노 체류 초기부터 암브로시우스의 강론을 경청하려는 의도에서 주일 전례에 참여하였다.

> 저는 그의 강론을 열심히 듣곤 했는데, 그것도 의당 갖춰야 할 의도라기보다는 그의 언변을 한번 가늠해 보겠다는 뜻에서 그랬습니다. 그의 언변이 과연 자기 명성에 걸맞은 것인지 (…) 가늠해 보자는 뜻이었습니다. 내용에는 흥미를 두지 않은 채 그의 말마디에 정신을 집중하는 것으로 그치고, 내용은 되레 얕보면서 연설의 묘미만 즐기고 있었습니다. 적어도 웅변의 형식으로 보건대 파우스투스의 것보다 더 박식하였지만 덜 경쾌하고 덜 감미로웠습니다. 그러나 다루는

사안 자체는 도무지 비교가 되지 않았습니다. (…).[45]

암브로시우스의 강론은 한편으로는 마니교가 아우구스티누스의 마음 안에 심어 놓은 두 가지 편견, 곧 하느님을 신인동형설적으로 제시한 것과[46] 구약성경에 대한 혐오감[47]을 무너뜨리는 데 이바지하였다. 다른 한편으로는 하느님에 대한 영적 개념을 이 아프리카 사람에게 분명하게 제시하였다.

하느님에 관하여 사유할 적에, (암브로시우스의) 강론에서 (…) 그분이 전혀 물체의 존재가 아니라고 생각해야 하는 각성에 이르렀습니다. 영혼에 관해서도 마찬가지였습니다. 영혼은 사물 가운데 유일하게 하느님과 매우 가까운 존재이기 때문입니다.[48]

성경의 우의적·영적 해석 방식에 대해서는 다음과 같았다.

자구(字句)대로 하면 마치 전도(顚倒)된 것을 가르치는 것처럼 보이는 구절들을 그가 신비의 휘장을 벗겨서 영적으로 풀어줄 때는 제 귀에 거슬리는 말이 아니었습니다. 그가 말하는 내용이 과연 진리인지 저로서는 아직 모르던 참에도 그랬습니다.[49]

마지막으로 의지의 자유의사 개념에 대해서는 이러하다.

저희가 악을 행하는 데는 의지의 자유의사가 원인이라고,

또 저희가 악을 당하는 데는 당신의 엄정한 심판이 원인이라고 들었으므로 그 말을 알아듣는 데 정신을 쏟아 보았습니다. 하지만 확연히 깨닫지 못했습니다.[50)]

밀라노 주교의 강론을 들으면서 아우구스티누스는 점차 새로운 생각을 갖게 되었다. 곧 지상계를 초월한 실재들에 관한 개념, 합리적인 어떤 것으로 이해된 신앙 행위, 구약과 신약 성경 각 권에 대한 신뢰성 등이었다. 이렇게 아우구스티누스는 가톨릭 신앙의 가르침들이 자신이 젊은 시절 마니교도의 설명에서 들었던 것과 다르다는 점을 그리고 그들이 교회에 한 비판들이 근거 없는 것이었음을 깨닫게 되었다.

그럼에도 그의 마음 안에는 일부 불확실함이 남아 있었다.

종종 저는 진리를 발견하는 것이 불가능하다고 여겼습니다. 또한 제 생각의 큰 파도는 제가 아카데미아학파 철학자들을 선호하도록 이끌었습니다. 반면 제가 할 수 있는 한, 인간의 정신이 그토록 생기 있고, 그토록 총명하며, 그토록 기민하다는 것을 종종 보면서 진리가 인간 정신에 감춰져 있다고 저는 생각했습니다. 유일한 이유는 제가 진리를 찾는 방식을 알지 못했고, 이 방식 자체도 어떤 신적 권위로부터 받아야만 한다는 것을 알지 못했다는 것입니다.[51)]

성경의 모호함과 빈약한 문체는 더 이상 어려움이 되지 않았다. 젊은 시절에 가졌던 편견들이 하나하나씩 무너졌다. 여기에서부터 그는, 성경의 권위가 교회의 권위를 전제로 한다는 것

을 이해하면서 또 다른 중요한 진보를 이룰 수 있었다.[52)]

마니교도의 신학과 회의주의자들의 철학을 포기한 뒤에도 사변적 체계에서 일부 장애물들이 극복해야만 할 것으로 남아 있었다. 유일한 선인 하느님의 본성은 어떠한 것인가? 악의 신적 원리는 존재하지 않음을 인정한다면, 형이상학적 관점에서 볼 때 악 자체의 기원은 어떤 것인가? 만일 하느님이 선한 원리라면, 왜 인간은 한계와 고통에 종속된 상황에 놓여 있는가? 왜 인간은 때때로 악에 동의하며 선에 반대하는가? 386년 5월 혹은 6월 아우구스티누스는 이러한 의문점들에 잠겨 있었고, 이때 일부 플라톤주의자들의 서적들(*Libri platonicorum*)을 알게 되었다.[53)] 본인 스스로가 『고백록』에서 다음과 같이 회상한다.

> 자만심이 대단하던 어떤 인물을 통해서였지만 플라톤학파의 모모한 책들, 그리스어에서 라틴어로 번역된 서적들을 제게 마련해 주셨습니다.[54)]

이 서적들은 결정적으로 중요한 효과를 가져왔다. 한편으로는 남아 있던 사변적 체계의 어려움들을 해결하도록 했으며, 다른 한편으로는 전체 실재의 존재론적 상태를 발견하도록 그를 이끌었던 것이다.

> 그 서적들에서 저는 저 자신에게 돌아가라는 권유를 받았고, 당신의 이끄심으로 저의 내면 깊숙이 들어갔는데 그 일이 가능했던 것은 당신께서 저를 돕는 이가 되셨기 때문입니다. 들어가고 나서 저는 제 영혼의 어떤 눈으로 보았습니다. 제

영혼의 눈 바로 그 위에, 저의 지성 위에 불변하는 빛을. 모든 육신에 선연한, 예사로운 빛이 아니었고, 그런 빛과 종류가 같지만 다만 크기가 훨씬 더해서 무척이나 환하게 반짝이는 그런 빛도 아니었고, 그 크기를 갖고서 만유를 품는 그런 빛도 아니었습니다. 그 빛은 그런 것이 아니었고, 다른 것이었으니 저 모든 빛과 아주 다른 빛이었습니다. 저의 지성 위에 있다고 해서 기름이 물 위에 뜬 그런 것이 아니었고, 하늘이 땅 위에 있는 그런 것도 아니었고, 오히려 그 빛이 저를 만들었으므로 제 위였고 그 빛에 의해서 만들어졌으므로 제가 그 아래였습니다. 진리를 아는 이는 그를 알고 그를 아는 이는 영원을 압니다. (…) 제가 당신을 처음 알았을 때 당신께서 저를 들어 올려 주셨으며, 제가 봐야 할 것이 존재한다는 것을 보게 해 주셨는데 제가 아직 그것을 볼 만한 존재가 아님도 제가 알아보게 하셨습니다. 당신께서는 제 안에 세찬 빛을 쏘시어 저의 허약한 시력에 타격을 주셨고, 그래서 저는 사랑과 두려움에 몸을 떨었습니다. 저는 제가 당신께로부터 멀리 떨어져 그야말로 비유사성의 영역에 존재하고 있음을 발견했습니다. 그리고 높은 데서 당신의 음성이 들리는 듯했습니다. (…) 저로서는 더 이상 의심할 여지가 없었습니다. 만들어진 그것들을 통해서 진리가 파악되어 드러나고 있으니, 진리가 존재하지 않는다고 의심하기보다는 차라리 제가 살아 있음을 의심하는 편이 훨씬 쉬웠습니다. 그리고 당신 아래에 있는 그 밖의 것들을 살펴보았는데, 그것들은 아예 존재하는 것도, 아예 존재하지 않는 것도 아님(*nec omnino esse, nec omnino non esse*)을 보았습니다. 당신에

> 의해서 존재하게 되었으니 존재합니다. 그 대신 당신이 존재하는 그대로가 아니니 존재하는 것이 아닙니다. 불변하게 존속하는 것이야말로 참으로 존재하는 까닭입니다(*id enim vere est, quod incommutabiliter manet*). (…) 또한 부패하는 것들은 선한 사물이기 때문에 부패한다는 사실이 제게 분명해졌습니다. 그것들이 최고선들이어도 부패할 수 없고, 선한 것이 아니어도 부패할 수 없을 것입니다. (…) 부패하는 모든 것은 선을 박탈당합니다.[55)]

플라톤주의자들의 서적을 읽으면서 아우구스티누스는 단순히 책에 대한 정보를 얻은 것이 아니라 이전에 전혀 알지 못했던 실재의 측면들을 발견하게 해 주는 조명을 받았다. 곧 자기 인식의 내향성에서 자신의 존재에 대한 확실함이다. 이를 통해 인간 정신은 자기 자신을 재발견하는 과정에서 최종적 토대인 절대자에 도달하기 위해 자신을 넘어선다. 아울러 초월적이요 영적 존재이며 무형의 진리로서의 하느님에 대한 발견, 가변적인 감각계와 불변의 지성계 사이의 형이상학적 구분, 참여의 원리, 선의 결핍으로서의 악이라는 형이상학적 개념 등도 발견하였다. 마지막으로, 말씀의 육화에 대한 그리스도교 진리를 그 서적에서 분명하게 발견할 수 없었음에도,[56)] 그 서적이 말씀의 불변성을 부분적으로 또 일부 측면에서 설명하는 데 도움을 주고 있음도 깨달았다. 처음에 들었을 때는 모호하였던 암브로시우스 강론의 일부 교의적 요소들도 빛을 비추었다. 인간이 저지르는 죄악의 본질에 관해 계속 질문하면서 아우구스티누스는 이것이 부패할 수 있는 것들로 향하기 위해 최고선으로 빗나가는 것이기에 의지의 전도(顚倒)임을 확신하였다.[57] 저명한 학자인 마데(G. Madec)이 강조하는 것처럼,[58] 이러한 체험이 아우구스티누스에게 일종의 섬광(閃光)처럼 다가왔으며, 몇 달간의 집중적인 학문 활동 기간 동안 계속해서 독서하고 성찰을 심화시키면서 조금씩 점진적으로 분명해졌다는 것은 개연적이다. 그리스도교 신앙이 말하는 위격적 하느님에 대한 여정에서 마지막 장애물인 사변적 체계의 어려움들이 사라졌고, 그 하느님께 아우구스티누스는 이렇게 돌아설 수 있었다.

> 놀랍게도 어느덧 저는 당신을 사랑하고 있었습니다. 어떤 환영(幻影)을 당신이라고 사랑하는 것도 아니었습니다. 하지만 저의 하느님을 향유하고 있지는 못했습니다. 당신의 아름다움으로 인해서 당신께 사로잡혀 가고 있으면서도 머지않아 저의 중력에 눌려 당신께로부터 떨어져 나가곤 하였으며 신음하면서 저것들을 향해 곤두박질치는 것이었습니다. 그 중력이란 육욕의 습관이었습니다. 그러나 당신에 대한 기억은 저와 함께 있었고 제가 의지할 분이 존재하심을 전혀 의심치 않았습니다. (…).[59]

결국 성 바오로의 서한들을 읽으면서, 아우구스티누스 본인이 증언하듯, 불변하는 말씀의 신성과 가변적 인성의 결합을 이해하는 데 있어 그가 가지고 있었던 어려움들도 해결하였다.[60] 386년 여름철에 심플리키아누스 신부와 했던 대화는[61] 최종적으로 명료한 설명에 도달하는 데 결정적이었다. 이렇게 해서 아우구스티누스는 『호르텐시우스』의 지혜 및 『엔네아데스』의 지성을 성경의 육화한 말씀과 동일시하게 되었다. 그 순간부터 아우구스티누스는 그의 가르침을 인도하는 원리, 곧 구원하고 조명하는 육화한 말씀 예수 그리스도를 소유하였다. 더욱이 심플리키아누스 자신은 육화한 말씀에 대한 그리스도교의 가르침을 요약하고 있는 요한 복음 서문에 관한 관심을 유발하면서, 한편으로는 아우구스티누스가 다른 철학적 가르침들, 특히 신적 초월의 본질과 관련한 플라톤주의의 독창성을 파악하고, 특별히 신적 초월성의 본성에 관한 독창성을, 다른 한편으로는 그리스도교와 플라톤주의를 구분 짓게 하는 요소들을 포착하는 데 이바지하였다.[62)]

최근의 연구물들이 밝힌 바에 따르면,[63)] 아우구스티누스는 성경을 읽고, 암브로시우스 주교의 강론을 경청하고, 심플리키아누스 신부 및 만리우스 테오도루스와 대화하는 것에 국한하지 않았다. 오히려 그는 암브로시우스, 마리우스 빅토리누스 그리고 테르툴리아누스와 같은 그리스도교 저술가들의 작품에도 전념하였다. 삼위일체 교리, 그리스도의 신적 권위의 의미, 영혼의 문제 그리고 악의 문제와 같이 특별히 그의 마음속에 있던 논제들에 대해 성찰하기 위해서였다. 사실 이미 초기 대화편에는 이교도 문헌뿐만 아니라 일부 그리스도교 문헌이 새로 회심한 이에게 미친 영향을 증명하는 이 독서의 어휘적이며 교의적인 흔적들이 있다.

386년 여름 아우구스티누스가 그리스도인이 되는 것에 온전히 동의하는 과정에서 여전히 실천적 차원의 일부 장애물들이 남아 있었다. 심플리키아누스가 매우 박학한 수사학자요 철학 전문가이며 로마 광장에 상을 세울 정도로 로마의 정치 권위로부터 존경받던 마리우스 빅토리누스의 그리스도교 신앙에의 회심을 그에게 이야기해 준 것은, 이 시기였다. 362년 율리아누스 황제는 그리스도인들이 문학과 수사학을 가르치는 것을 금하였다. 이 훈령의 결과로 빅토리누스는 온전히 그리스도에게 헌신하기 위해 가르치는 일을 포기하기로 결심하였다. 이 사건 이야기는 아우구스티누스를 매우 놀라게 하였다.[64] 얼마 후 그리스도교로 개종한 아프리카 출신의 황궁 공무원인 폰티키아누스라는 인물이 아우구스티누스를 방문하였다. 그는 아우구스티누스에게 이집트의 수도승 안토니우스와 그가 이집트에 설립한 많은 수도원에 관한 이야기를 전해 주었다.[65] 386년 8월 아우구스티누스는 자기 집 정원에 있었다. 그의 주의는 "집어서 읽어라, 집어서 읽어라"라고 반복하는 이상하고 신비로운 말에 끌렸다. 그리고 그는 잠시 놓아두었던 책을 집어 들어 첫 구절을 읽었다.

> "술상과 만취에도 말고, 잠자리와 음탕에도 말고, 다툼과 시비에도 말고 주 예수 그리스도를 입으시오. 그리고 욕망에 빠져 육신을 돌보지 마시오." 저는 더 읽을 마음도 없었고 그럴 필요도 없었습니다. 이 구절의 끝에 이르자 순간적으로 마치 확신의 빛이 저의 마음에 부어지듯 의혹의 모든 어둠이 흩어져 버렸습니다. 저는 손가락이나 다른 어떤 것으로 표시를 한 다음 책을 덮고 이미 평온한 얼굴로 알리피우스에게 무슨 일이 일어났는지 털어놓았습니다. 그러자 그도 자기 안에서 무슨 일이 일어나고 있었음을 (저는 그것을 모르고 있었습니다.) 이렇게 알려 주었습니다. (…) 그 권유로 그는 신념이 굳어졌으며, 기꺼이 또 선량하면서도 자기 행실에 극히 걸맞은 각오를 세워 아무런 거리낌이나 망설임이

없이 저와 뜻을 함께했습니다. 그의 행실로 말하자면 저보다 훨씬 나았고 오래전부터 아주 멀리 앞지르고 있었습니다. 그 길로 저희는 어머니한테 들어가서 털어놓았습니다. 기뻐했습니다. 어떻게 해서 그렇게 되었는지 이야기했더니 (…) 환성을 지르고 당신께 찬미를 올렸습니다. (…) 신앙의 그 잣대 위에 서서, 벌써 여러 해 전 저를 세워 두고 그녀에게 밝혀 보이신 그 잣대 위에 서서, 제가 더 이상 아내를 구하거나 속세의 어떤 희망도 추구하지 않게 하셨습니다.[66]

그 학년도가 끝난 후 아우구스티누스는 교수직을 그만두고 가족 및 친구들과 함께 벗이며 동료인 문법학자 베레쿤두스가 사용하라고 제공한, 브리안자(Brianza)의 카시치아쿰(Cassiciacum)에 있는 별장으로 갔다.[67] 약 5개월간 지속된 이 "철학적 피정"[68]에서 아우구스티누스와 그의 동료들은 기도하고 시골 지역의 쉬운 노동에 헌신하면서 그리고 진리와 행복의 본성, 세상의 질서와 영혼의 질서 본성 등 일부 철학적 논거들을 주제로 토론하면서 세례를 준비하였다.

세례 예비자 명부에 이름을 올릴 때가 와서 저희는 시골을 떠나 밀라노로 옮겼습니다. 알리피우스도 당신 안에서 저와 함께 다시 태어난다는 사실을 좋아했습니다. (…) 그리고 저의 육체에서 태어난 자식인 아데오다투스를 저희에게 합류시켰습니다. (…) 아이는 열다섯 살쯤인데도 불구하고 재능은 상당수의 무게 있고 유식한 어른들을 능가하고 있었습니다. 당신의 선물을 놓고 당신께 아뢰는 말씀이나, 주 저의

> 하느님, 만물의 창조주시여 (…), 당신의 선물을 두고 당신께 아뢰고 있습니다. 『교사론』이라는 제목이 붙은 저의 책이 있는데, 거기서 대담자의 이름으로 저와 대화하는 사람이 바로 그 아이입니다. 겨우 열여섯 살 난 아이가 대담자의 자격으로 거기서 자신의 모든 소견을 피력하였음을 당신께서는 아십니다. 이 외에도 저는 그 아이의 다른 많은 신통한 일을 겪었습니다. 그래서 아이의 대단한 재능이 두렵기까지 했습니다. (…) 저희는 그 아이를 당신 은총에 있어서는 동년배처럼 저희에게 합류시켰고 당신의 규율로 그를 가르치려 했습니다. 드디어 저희가 세례를 받고 나니 지나간 생애에 대한 근심 걱정이 저희한테서 사라져 버렸습니다.[69]

여기까지 묘사한 여정을 조명해 볼 볼 때, 아우구스티누스와 그리스도교의 만남은 철학적 관점에서 단순한 노정의 변경이 아니라 아우구스티누스 안으로 진리 자체가 유입한 것이라 확언하는 데에 의심의 여지가 없다. 칼 야스퍼스(K. Jaspers)가 올바르게 지적하듯이,[70] 연도를 추정할 수 있는 자서전적 사실이며, 새로운 존재론적 여정의 시작을 형성할 정도로 유일하며 이후의 모든 지성적 산물을 예견할 수 있는 사건이었다.

주석

1) Possidio, *Vita S. Augustini* 1, 1.

2) 『고백록』 IX, 9, 19-22.

3) 같은 책, I, 11, 17.

4) 같은 책, I, 16, 26.

5) 같은 책, I, 13, 22.

6) 같은 책, II, 2, 2.

7) 같은 책, III, 1, 1; 『아카데미아학파 반박』 II, 2, 3. 참조: G. Bonner, *St. Augustine of Hippo. Life and controversies*, Norwich UK, 1986, p.53.

8) 『고백록』 IV, 2, 2.

9) 같은 책, III, 3, 6.

10) 같은 책, III, 4, 7. 참조: M. Ruch, *L'Hortensius de Cicéron. Histoire et reconstitution*, Paris, 1958, pp.135~166; M. Testard, *Saint Augustin et Cicéron*, Paris, 1958; H. Chadwick, *Augustine*, Oxford, 1986, pp.9~10; B. Stock, *Augustine the Reader. Meditation, Self-Knowledge and the Ethics of Interpretation*, Cambridge(Massachusetts) - London(England), 1996, pp.37~38.

11) 『고백록』 III, 4, 8.

12) 같은 책, III, 5, 9.

13) 『행복한 삶』 1, 4. 참조: A. Trapè, *S. Agostino. L'uomo, il pastore, il mistico*, Fossano(CN), 1976, pp.61~62.

14) 『믿음의 유익』 1, 2. 참조: P. Courcelle, *Recherches sur Les*

Confessions de Saint Augustin, Paris, 1968, pp.64~65 그리고 pp.272~274.

15) 마니교 가르침에 관한 추가적 연구를 위해서는 다음을 참고하라. H.C. Puech, *Gnosticismo e manicheismo*(1970), Bari, 1977.

16) 『행복한 삶』 1, 4.

17) 『마니교 기조 서간 반박』 3, 3.

18) 『고백록』 IV, 4, 7-8.

19) 『아카데미아 학파 반박』 II, 2, 3.

20) 『고백록』 IV, 16, 28.

21) N. Cipriani, *Sulla fonte varroniana delle discipline liberali nel* "De ordine" *di S. Agostino*, "Augustinianum", XL, 2000, pp. 203~224.

22) 『고백록』 V, 3, 3. 참조: A. Solignac, *Doxographies et manuels dans la formation philosophique de Saint Augustin*, "Recherches Augustiniennes", 1, 1958, pp.113~148.

23) 『고백록』 IV, 16, 30. 참조: G. Madec, *Saint Augustin et la philosophie. Notes critiques*, Paris, 1996, p.32.

24) 『고백록』 V, 3, 6.

25) 같은 책, IV, 15, 24. 참조: K. Svoboda, *L'esthétique de saint Augustin et ses sources*, Brno, 1933, pp.10~16; M.F. Sciacca, *S. Agostino*, Brescia, 1949, pp.24~25.

26) 『고백록』 V, 3, 3. 참조: G. Bonner, *St. Augustine* cit., pp.66~69.

27) 『고백록』 V, 7, 13.

28) J.J. O'Meara, *The Young Augustine*, London, 1965, p.102.

29) 『고백록』 V, 8, 14.

30) 같은 책, V, 8, 15.

31) 『서간』 258, 5.

32) J.J. O'Meara, *The Young* cit., p.106.

33) 『고백록』 V, 9, 16.

34) 같은 책, V, 12, 22.

35) 같은 책, V, 10, 19. 아카데미아학파의 역사에 관해서는 다음을 참고하라. G. Reale, *Storia della filosofia antica III. I sistemi dell'età ellenistica*, Milano, 1983, pp.465~556.

36) G. Madec, *Saint Augustin* cit., p.33.

37) P. Brown, *Agostino d'Ippona*(1967), Torino, 1971, pp.55~60.

38) 『고백록』 V, 13, 23.

39) 『페틸리아누스 서간 반박』 III, 25, 30. 참조: P. Courcelle, *Recherches* cit., pp.80~83.

40) 『고백록』 VI, 16, 26.

41) 같은 책, VII, 1, 1. 참조: Ch. Baguette, *Une période stoïcienne dans l'évolution de Saint Augustin*, "Revue des Études Augustiniennes", XVI, 1970, pp.47~77.

42) 『고백록』 VII, 5, 7.

43) 같은 책, VI, 1, 1.

44) P. Courcelle, *Recherches* cit., pp.93~138.

45) 『고백록』 V, 13, 23.

46) 『행복한 삶』 1, 4.

47) 『고백록』 V, 14, 24; VI, 4, 6. 참조: A. Trapè, *S. Agostino* cit., p.105.

48) 『행복한 삶』 1, 4.

49) 『고백록』 VI, 4, 6.

50) 같은 책, VII, 3, 5.

51) 『믿음의 유익』 8, 20.

52) 『고백록』 VII, 7, 11.

53) 이 서적들을 읽었다는 것이 아우구스티누스의 사상을 연구하는 학자들의 관심을 지속해서 끌었다. 그들은 문헌학적 치밀함과 비범

한 박식함이라는 도구로 아우구스티누스가 플로티누스의 작품만을 읽었는지(참조: P. Henry, *Plotin et l'Occident. Firmicus Maternus, Marius Victorinus, Saint Augustin et Macrobe*, Louvain, 1934, pp.69~77) 혹은 포르피리우스의 작품만을 읽었는지(참조: W. Theiler, *Porphyrios und Augustin*, Halle, 1933, pp.1~70) 또는 플로티누스와 포르피리우스 두 사람의 작품을 읽었는지(참조: P. Courcelle, *Recherches* cit., pp.157~159) 혹은 처음에는 플로티누스의 작품을 그리고 계속해서 포르피리우스의 작품을 읽었는지(참조: O. Du Roy, *L'intelligence de la foi en la Trinité selon s. Augustin. Genése de sa théologie trinitaire jusqu'en 391*, Paris, 1966, pp.68~71) 규명하고자 노력하였다. 아우구스티누스가 『엔네아데스』에서 다음과 같은 작품들을 읽었다는 것은 매우 충분히 가능하다. I, 6, 아름다움에 대하여; I, 8, 악의 본성과 유래에 관하여; III, 2~3, 선견지명에 관하여; III, 7, 영원과 시간에 관하여; V, 1, 근원적인 실체들에 관하여; V, 2, 태초의 것을 통한 생성과 질서에 관하여; VI, 6, 수(數)에 관하여. 반면 포르피리우스의 작품 중에서는 다음의 것을 읽었을 가능성이 충분히 있다. 『영혼의 귀환』, 『신탁에서 유래한 철학』, 『명제집』 그리고 『플라톤의 파르메니데스 주석』 등이다.

54) 『고백록』 VII, 9, 13.

55) 같은 책, VII, 10, 16 - 12, 18.

56) 같은 책, VII, 9, 13-14.

57) 같은 책, VII, 16, 22.

58) G. Madec, *Saint Augustin* cit., p.39.

59) 『고백록』 VII, 17, 23.

60) 같은 책, VII, 8, 24 - 19, 25.

61) 『신국론』 X, 29, 2.

62) G. Madec, *La patria e la vita. Cristo nella vita e nel pensiero*

di Sant'Agostino(1989), Roma, 1993, pp.41~42.

63) 이 주제에 대해서는 1990년대에 치프리아니(N. Cipriani)가 발표한 두 편의 기본적인 논문을 참고하라. *Le fonti cristiane nella dottrina trinitaria nei primi dialoghi di S. Agostino*, "Augustinianum", XXXIV, 1994, pp.253~312. 그리고 *L'ispirazione tertullianea nel* "De libero arbitrio" *di S. Agostino*, in *Il mistero del male e la libertà possibile: lettura dei dialoghi di S. Agostino*, Roma, 1994, pp.165~178.

64) 『고백록』 VIII, 2, 3.

65) 같은 책, VIII, 6, 14.

66) 같은 책, VIII, 12, 29-30.

67) 같은 책, IX, 3,5-4,7. 옛 루스 카시치아쿰(Rus Cassiciacum)의 위치에 대해서는 다음을 참조하라. L. Beretta, "Rus Cassiciacum": *bilancio e aggiornamento della* "vexera quaestio" 그리고 S. Colombo, *Ancora sul Rus Cassiciacum di Agostino*, in *Agostino e la conversione cristiana*, Palermo, 1987, pp.67~92.

68) 『아카데미아학파 반박』 II, 2, 4.

69) 『고백록』 IX, 6, 14.

70) K. Jaspers, *I grandi filosofi*(1957), Milano, 1973, pp.408~414.

제2장

해석학적 순환 : 방법

제 2 장 • 해석학적 순환 : 방법

1. 신앙의 이성적 행위
2. 이해하기 위한 두 가지 길: 권위 그리고 이성
3. 참된 권위와 참된 철학
4. 지식과 지혜의 구분

1. 신앙의 이성적 행위

예를 들어 악의 문제에 대한 해결에 있어 아우구스티누스가 테르툴리아누스에게서 영감을 받았다는 것은 주지의 사실이다.[1] 하지만 한 가지 측면에서, 더욱 중요한 상이점이 있다. 신앙에 있어 학자들이 3세기 호교론의 전망을 개괄하였던 '불합리하기에 나는 믿는다'(*credo quia absurdum*)라는 표현에 아우구스티누스는 그리스도교로 회심하던 시기부터 '나는 알기 위해 믿는다'(*credo ut intelligam*)와 '나는 믿기 위해 이해한다'(intellego ut credam)라는 유명한 정식에서 간략하게 드러나고 있는 '이성적 순종'(*rationabile obsequium*)이라는 표현을 대치시키고 있다. 이미 『아카데미아학파 반박』의 마지막 부분에서 신앙과 이성 사이에 있는 일대일 성격의 결합이 예견된다.[2] 이 역동적 관계는 철학적 성격의 대화편에서 계속되며, 신부로서 혹은 주교로서 목자인 아우구스티누스의 지식에 대한 개념의 변화에도 불구하고 항상 패러다임을 형성하는데, 이를 통해 그는 『시편 상해』에서 최종적인 형태에 도달할 때까지 나아간다.

> 사실 우리가 이해하지 않는다면 믿지 못하는 것들이 있습니다. 우리가 믿지 않는다면, 이해하지 못하는 것들도 있습니다(*Alia sunt enim quae, nisi intellegamus, non credimus; et alia sunt quae, nisi credamus non intellegimus*).[3)]

아우구스티누스는 그리스도교 지성인으로서 지혜에 도달하기 위해 신앙이 인도하는 철학적 탐구에 특전을 부여한다. 목자로서 그는 『그리스도교 교양』에서 제시된 해석학적 그리고 주석적 원칙들에 따라 성경을 과학적으로 연구하는데, 이는 올바른 신앙을 정착시키고 더 나아가 가능한 한 하느님을 이해하기 위하여 이성으로써 신앙 자체를 성찰하기 위해서이다. 평신도로서 그는 신앙의 감도를 받은 철학적 성찰에 대한 명료성의 길을 걸어가며, 신부로서 성경에 근거한 성찰의 길에 특전을 부여한다. 탐구의 합리성이 일치의 요소로 이루어지는 두 전망 사이에 상이성이 있지만 동시에 조화도 있다.

이성은 '고유한 원칙에 따른'(*iuxta propria principia*) 탐구로서의 철학에 필요한 조건이지만, 신앙의 인도를 받아야 한다는 것이 요구되기에, 충분한 것은 아니다. 또한 이성은 긍정 신학의 필요한 조건이지만,[4)] 이 두 번째 경우에 성경의 권위가 이성의 권위에 선행하기 때문에 충분한 것은 아니다. 아우구스티누스가 회심하고 몇 년 후에 콘센티우스(Consentius)에게 보낸 일부 성찰을 재검토한다면, 우리는 투박한 신앙주의(信仰主義)뿐 아니라 무익한 합리주의와도 무관한 아우구스티누스의 입장을 보다 심도 있게 간파할 수 있을 것이다. 일종의 미완성 상태의 신앙주의의 영향을 받는 이 친구에게 그는 다음과 같이 상기시킨다.

> 이성 덕분에 하느님이 우리를 다른 생물들보다 우위에 있는 존재로 창조하셨는데, 그분이 이성의 능력을 혐오한다는 생각이 우리에게 멀어지기를 바랍니다. 신앙이 우리가 믿는 모든 것에 대한 이성적 설명을 발견하거나 탐구하는 것을 방해한다고 믿는 것도 우리에게 멀어지기를 바랍니다. 우리가 이성적 영혼을 갖고 있지 않다면, 더욱이 믿을 수도 없기 때문입니다. 따라서 우리가 여전히 이성으로써 이해할 수 없는(하지만 어느 날 이해할 것입니다만) 구원의 가르침에 관한 진리들을 다룰 때, 신앙이 이성을 선행해야만 합니다. 신앙은 정신을 정화하며 정신이 지고의 신적 이성의 빛을 깨닫고 견지할 수 있도록 만들어 줍니다. 또한 이것은 이성이 요구하는 것이기도 합니다! 바로 이 때문에 예언자는 '만일 여러분이 이해하지 못한다면, 믿지 못합니다'라고 합당하게 말한 것입니다. 이 문장에서 예언자는, 우리가 믿는 것을 이해할 수 있도록 무엇보다 믿으라고 우리에게 권고하면서, 의심의 여지 없이 두 능력을 구분하고 있습니다. 결국 신앙이 이성을 선행한다는 것은 이치에 합리적인 규칙입니다. 사실 이 규칙이 이성에 부합하지 않는다면, 비이성적인 것이 될 것이며, 이는 절대적으로 존재할 수 없는 것입니다. 따라서 아직 이해될 수 없는 다른 큰 실재들을 이해하기 위하여 신앙이 이성을 선행한다는 것이 합리적이라면, 이것에 대해(이 첫

번째 확언의 진리에 대해) 이해하는 이성은, 비록 작은 것임에도 불구하고, 역시 신앙을 선행합니다.[5)]

아우구스티누스에게 있어 신앙의 행위가 불합리하지 않고 합리적이라는 것을 잘 제시하는 이 본문을 철학적 관점에서 분석해 보도록 하자.[6)]

이성의 한계들을 넘어서는 것(구원의 가르침에 관한 진리들)에 대해서는 신앙이 선행하고, 이성이 뒤따른다. 지금 행한 성찰을 "이성의 한계를 넘어서는 것에 대해서는 신앙이 선행하고 이성이 뒤따른다"라고 적으면서 인용부호 사이에 넣어 보자. 이제 '인용부호 사이에 넣은 표현은 합리적인가 아니면 비합리적인가?'라고 우리는 자문하게 된다. 만일 이성의 능력을 넘어서는 것에 대해서는 이성이 신앙을 선행한다고 우리가 표현하였다면, 이 주장은 의심의 여지 없이 비합리적인 것이 될 것이다. 하지만 우리는 위에서 반대인 것을 이야기하였다. 지금 우리는 "이성의 능력들을 넘어서는 것에 대해서는 신앙이 선행하고 이성이 뒤따른다"라고 언명하는데, 이는 합리적인 진술이다. "이성의 한계들을 넘어서는 것(구원의 가르침에 관한 진리들)에 대해서는 신앙이 선행하고, 이성이 뒤따른다"는 것이 대상언어(對象言語, linguaggio oggetto)의 언명이든 그리고 '합리적인 진술이다'라는 것이 메타언어(metalinguaggio)의 언명이든 말이다. '대상언어의 언명에서 무엇이 선행하는가?'라고 우리는 자문한다. 신앙이라고 우리는 답한다. 메타언어에서 진술할 때 무엇이 먼저 나오는가? 이성이다. 내용에 관련된 것(예를 들면 삼위일체, 육화와 같은 것이다)에 대해서는 신앙이 이성을 선행한다고 아우구스티누스는 말한다. 하지만 "이성을 넘어서는 것들에서는 신앙이 선행한다"라고 우리가 단언할 때, 이 경우에는 이성이 신앙을 선행한다. 곧 내용에 관련된 그리스도교 담화에서는 신앙이 선행하고, 종교의 인식론에서는 이성이 선행하는 것이다. 우리가 볼 수 있듯이, 여기서 논증은 이중적 차원에 있는 것이다.[7)]

밀라노에 체류하는 동안 아우구스티누스는 자신의 체험과 암브로시우스 주교의 강론 내용을 점차 성찰하면서 신앙과 이성 사이의 조화를 재정리하는 것을 익혔다. 그때까지 생각하였던 것과는 정반대로 그는 교회의 권위 있는 가르침에 결속하는 것이 이성적 요구와 양립할 수 있는 사실이라는 점을 깨닫게 되었다. 신앙에 대한 불신에서 해방되면서 그는 그리스도교를 포용하였으며 동시에 철학적 탐구에 대한 열의를 가지게 되었다. 이와 관련하여 밀라노 그리스도교 공동체의 몇몇 인물들의 문화적 경향과[8)] 자연적 유대와 사회적 과정의 탄생과 발전에 관한 성찰이 어떤 역할을 했는지 기억하는 것은 적절하다. 그 자신이 『고백록』에서 다음과 같이 증언한다.

> 제가 보지도 못했고 그 사건이 일어날 적에 제가 그 자리에 있지도 않았던 무수한 일, 민족들의 역사에서 일어난 그 많은 일, 제가 본 적이 없는 그 많은 장소와 도회지들에 관한 일, 지인들에게서 듣는 그 많은 일, 의원들에게서 듣는 그 많은 일, 이러저러한 타인들에게서 듣는 그 많은 일을 제가 그냥 믿고 있다는 사실, 만약 그것들을 안 믿는다면 현세에서 저희는 아무것도 하지 못하리라는 사실을 헤아리게 하셨습니다. 끝으로, 제가 어느 부모한테서 태어났는가를 흔들리

지 않는 믿음으로 얼마나 단단히 붙들고 있는지 모릅니다. 그것도 제가 누구한테 들어서 믿어 온 게 아니라면 제가 결코 알 수 없었던 일입니다. 또 당신께서는 당신의 경전들을 두고 저를 타이르시기로 당신의 그 경전을 믿는 사람들을 탓할 일이 아니고 안 믿는 사람들에게 탓을 물어야 한다고 하십니다.[9)]

아우구스티누스에게 있어 자연적 현상으로서의 신앙은 합리적인 어떤 것인데, 그 이유는 사회생활과 문화가 신앙에 기반을 두고 있기 때문이다. 이렇게 그리스도교 신앙도 합리적인 어떤 것이다. 신앙의 원천인 그리스도의 권위가 참된 신적 권위로 드러나기 때문이다. 신앙의 첫 번째 단계이든 두 번째 단계이든 아우구스티누스의 철학적 탐구에서 생생한 회심의 개인적 체험에서 가능하게 된 출발점을 형성한다. 사실 회심은 키케로의 『호르텐시우스』를 읽은 후에 야기된 혹은 플로티누스의 『엔네아데스』를 읽은 뒤에 일어난 생각의 복된 영적 변모와 같이 잠에서 깨어난 것과 같은 성질의 것이 아니며, 더욱이 카타르시스적 사건도 아니다.[10)] 오히려 회심은 아우구스티누스의 사고방식을 근본적인 양식에서 변화시킨 유일한 사건이었으며,[11)] 그가 젊은 학생으로서 '유아기적 미신'으로 간주하였던 어머니의 신앙을 버리도록 만들었던 합리주의적 편견에서 해방되게끔 하였다.[12)] 그리스도교와의 만남은 신앙과 이성 사이의 갈등 단계에서 건설적이고 유익한 관계를 발견하는 결정적인 전환의 순간을 의미했다.

이어지는 본문에서 우리는 인식의 두 가지 길, 곧 신앙과 이성 사이에 존재하는 순환 관계에 관련된 다양한 순간들을 상세히 서술하는 방식으로 제시하고자 노력할 것이다. 여기에서 우리는 아우구스티누스가 신부 생활을 수행하는 동안 이 주제에 대해 소개할 새로운 것들을 강조할 것이다.

2. 이해하기 위한 두 가지 길: 권위 그리고 이성

『아카데미아학파 반박』에서 아우구스티누스는 사변적 탐구의 방법을 정하고 있다. 영혼과 하느님에 대한 이성적 인식에 도달하기 위해서는 그리스도교 신앙과 모순되지 않는 철학적 가르침의 요소들을 활용하면서 그리스도의 권위에서 출발하는 것이 필요하다.[13)]

『질서론』에서 그는 신앙 행위의 합리성에 근거한 방법의 유효함을 제시하는 것에 착수한다. 그는 이중적 자극, 곧 권위의 자극과 이성의 자극을 익히게끔 한다. 사실 그는 다음과 같이 적고 있다.

> 그럼 공부하는 사람들, 앞서 말한 대로 학문하며 살기로 작정했던 사람들이 어떻게 연학을 쌓아야 하는지를 얘기하는 일이 남아 있다. 우리가 가르침을 받으려면 필히 두 가지로, 곧 권위와 이성으로 지도를 받아야 한다. 시간적으로 권위가 앞서고, 실제로는 이성이 앞선다. 행동하면서 앞세우는 것 다르고, 탐구하면서 더 중시하는 것 다른 법이다.[14)]

배우는 과정에서 이성의 능력을 사용하는 것만으로는 충분하지 않고, 권위를 따르는 것도 요구된다. 미숙한 이들에게는 권위가 더 적합한 도구이고 이성은 교육받은 이들에게 더 적합한 것처럼 보임에도 불구하고, 우리 모두 무지한 상태로 태어나기 때문에 오직 권위만이 "위대하고 신비로운 선"이 어떤 것인지 배우기를 원하는 이들에게 인식의 대문을 열어 줄 수 있다. 그는 다음과 같이 계속해서 말한다.

> 누구든 그 대문을 일단 들어선다면 조금도 주저하지 않고 최선의 삶에 관한 계율을 따르게 되고, 그 계율을 통해서 가르침에 유순해지고 나면, 마침내 다음 사실을 배우기에 이를 것이다. 즉, 이성으로 추론하기에 앞서 자기가 준행한 그 계율이 얼마나 이성에 합치하는 것이었는지 배우고, 또 권위라는 요람기를 거친 다음에 튼튼해지고 적합해져서 스스로 따르고 있는 이성이 무엇인지 깨닫게 될 것이다. (…).[15]

어떠한 권위에 동의한다는 것은 인간의 고유한 것으로, 인간은 현세적 실재들 안에 잠겨 있으면서 어떤 권위에 대한 신뢰의 행위로써 시작하는 학습의 오랜 과정 후에야 사물들의 진리를 포착하게 된다. 이는 권위가 인식의 필수 불가결인 요소를 이루고, 인간적이고 사회적인 유대의 기초일 뿐만 아니라 이성 활동을 시작하기 위한 조건이라는 의미이다. 직접 체험을 통해 모든 것을 안다는 것은 불가능하므로, 현인이 도달할 수 있는 지식은 두 부류의 인식을 내포한다. 곧 눈으로 본 것들에 대한 인식과 다른 이의 증언을 통해 믿게 된 것들에 대한 인식이다.[16] 믿음은 '맹신'(盲信, *credulitas*)과 억견(臆見, *opinio*) 모두와 구분된다. 사실 첫 번째는 자신이 알지 못하는 것에 대해 어떠한 검증도 없이 결속하는 사람에게 고유한 것이다. 두 번째는 자신이 알지 못하는 것을 믿고 확언하는 자에게 고유한 것이다. 믿음은, 적어도 그 순간에는 모른다는 것 그리고 알 수 없다는 것을 인지하면서, 어떤 것을 참된 것으로 받아들이는 것을 의미한다.[17] 아우구스티누스는 이미 초기 작품들 안에서 플라톤이 가르친 믿음(*pistis*) 개념에서의 변화를 소개하는데, 플라톤에 따르면 믿음은 신념, 곧 감각적 대상들에 관련된 인식의 단계에 상응하는 어떤 형태의 억견(*doxa*)을 의미한다.[18] 억견으로 이해된 믿음은 거의 항상 속일 수 있으며 오류의 원인이 된다. 또한 참될 수 있지만 결코 자신 안에 분명한 올바름에 대한 보증을 가질 수 없으며, 관련되는 감각적인 것들이 불안정한 것처럼 항상 불안정한 상태로 남아 있게 한다.[19]

『믿음의 유익』이라는 작품에서 아우구스티누스는 '믿다'(*credere*), '이해하다'(*intelligere*) 그리고 '의견을 갖다'(*opinari*)라는 세 가지 의지적 행위들 사이에 있는 상이점들과 관계를 보다 분석적인 방식으로 제시한다. 사실 그는 현대 논리학의 기재들을 통해 분석할 수 있는 네 가지 언명을 정식화하고 있다. 그는 다음과 같이 강조한다.

> (…) 우리가 이해하는 것을 우리는 마땅히 이성에 돌려야만 한다(*quod intelligimus igitur debemus rationi*). 우리가 믿는 것을 우리는 당연히 권위에 돌려야만 한다(*quod credimus, auctoritati*). 우리가 의견으로 갖고 있는 것을 우리는 마땅히 오류에 돌려야만 한다(*quod opinamur, errori*).

이는 다음의 사실을 추론하기 위해서이다.

> (…) 하지만 이해하는 이는 누구나 또한 믿는다(*sed intelligens omnis etiam credit*). 누구나 그리고 의견을 갖고 있는 이도 믿는다(*credit omnis et qui opinatur*). 그러나 믿는 이 모두가 이해하는 것은 아니다(*non omnis qui credit, intelligit*). 그리고 의견을 갖고 있는 그 누구도 이해하지 못한다(*nullus qui opinatur, intelligit*).[20]

믿음의 인식론적 가치를 이해하기 위해 매우 중요한 이 구문은 현대 논리학의 기재들로 상징화할 수 있는 일련의 표현들과 상응하는 도형들을 제시한다. 네 가지 표현의 의미를 규명해 보자.

(a) 이해하는 이는 누구나 또한 믿는다(*Intelligens omnis etiam credit*).

"이해하다"라는 서술어(敍述語)를 'Int'로 그리고 "믿는다"라는 서술어를 'Cr'이라는 기호로 나타내 보자.

(a) 그러면 다음과 같이 된다.

$$\forall x\ Int(x) \rightarrow Cr(x)$$

모든 x에 대해서는, 만일 x가 이해한다면, 그때 x는 믿는다.

이해하는 이들의 그룹을 'I'로 그리고 믿는 이들의 집단을 'C'로 보자. 이해하는 이들의 그룹은 믿는 이들의 그룹에 포함된다. 다음의 표를 보기 바란다.

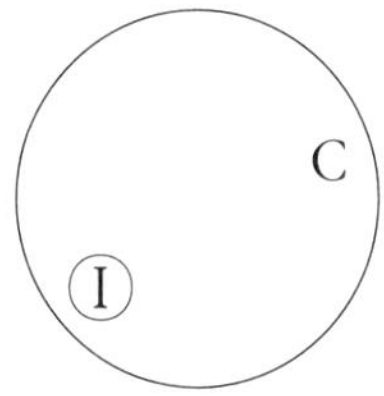

표 1

(b) 누구나 그리고 의견을 갖고 있는 이도 믿는다(*credit omnis et qui opinatur*). 두 개의 진술이 있다. 곧 누구나 믿는다. 그리고 의견을 갖고 있는 이는 (믿는다)이다[*Credit omnis et (credit) qui opinatur*].

"의견을 갖고 있다"라는 서술어(敍述語)를 'Op'라는 기호로 나타내 보자.

(b) 그러면 다음과 같이 된다.

$$\forall x\ Cr(x)\ \&\ \forall x\ O_p(x) \rightarrow Cr(x)$$

모든 x에 대해서는, x는 믿는다. 그리고 모든 x에 대해서 만일 x가 의견을 갖고 있다면, 그때 x는 믿는다.

여기서 아우구스티누스는 두 개의 진술을 표현했으므로, 우리는 두 개의 표를 만들어야만 하는데, 그중에 두 번째 표는 자세한 설명이다. 의견을 갖고 있는 이들의 그룹을 'O'로 그리고 믿는 이들의 집단을 'C'로 해보자. 의견을 갖고 있는 이들의 그룹은 믿는 이들의 집단에 포함된다. 따라서 우리는 다음과 같은 것을 갖게 된다.

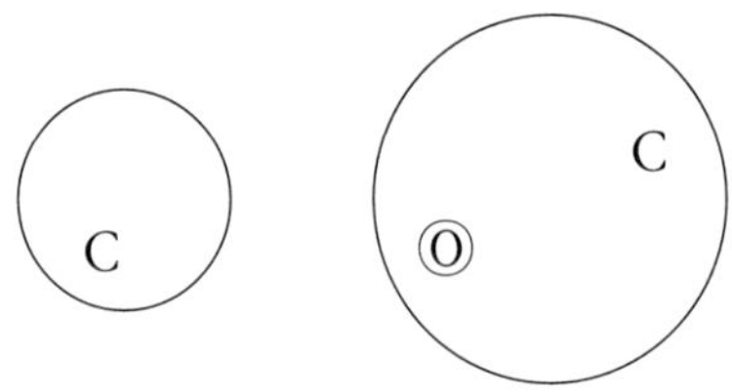

표 2

'표 1'과 '표 2'를 비교하면, 이해하는 이들의 그룹과 의견을 갖고 있는 이들의 집단은 믿는 이들의 집단보다 분명한 하위계층이다. 따라서 다음과 같이 두 개의 표가 하나로 결합될 수 있다.

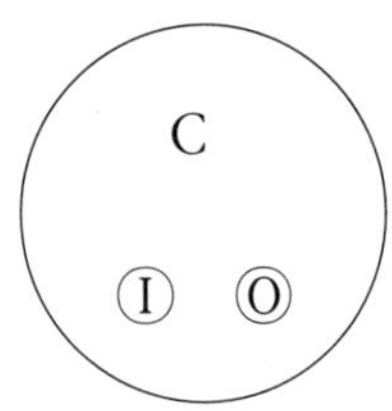

표 3

(c) 믿는 이 모두가 이해하는 것은 아니다(*non omnis qui credit, intelligit*).

이미 확정된 기호들을 사용한다면, 우리는 다음과 같은 것을 갖게 된다.

(c. 1) $\neg \forall x \; Cr(x) \rightarrow Int(x)$

모든 x에 대해서, 만일 x가 믿는다면 그때 x는 이해한다는 경우는 발생하지 않는다. 사실 '표 3'에서 믿는 이들의 집단이 이해하는 이들의 그룹보다 더 폭넓다는 것을 보게 된다. 이제 보편적인 긍정에 대한 부정은 특정한 부정 명제라는 것을 염두에 두면, 지금 상징하는 표현은 다음과 같다.

(c. 2) $\exists x: Cr(x) \,\&\, \neg Int(x)$

적어도 하나의 x가 있는데, 그것은 x가 믿으며 또한 x가 이해하는 경우가 발생하지 않는다는 것이다. (c. 1)과 (c. 2)의 표현들은 오직 언어학적 측면에서 다양한 형태를 보이고 있을 뿐이나 동일한 의미를 분명하게 지니고 있다.

'표 3'에서 다음과 같은 것이 나온다. 이해하는 이들의 집단과 의견을 갖고 있는 이들의 그룹은 믿는 이들의 집단보다 분명한 하위계층이기 때문에, 아우구스티누스에게 있어 더 광범위한 집단은 믿는 이들의 집단이라는 점이 추론된다. 간단히 말하면, 믿음 — 여기서 아우구스티누스는 초자연적 덕행으로서의 믿음이 아닌 일반적인 믿음을 언급한다 — 의 영역은 인간의 모든 차원과 결과적으로 인간의 의지적 행위들을 내포하고 있다. 만일 인간이 이해한다면, 믿는다. 만일 인간이 의견을 갖고 있다면, 믿는다. 이해하든 의견을 갖고 있든 간에 인간은 믿는다.

(d) 의견을 갖고 있는 그 누구도 이해하지 못한다(Nullus qui opinatur, intelligit).

이미 확정된 기호들을 사용한다면, 우리는 다음과 같은 것을 갖게 된다.

$$\forall x \; O_p(x) \rightarrow \neg Int(x)$$

모든 x에 대해서는, 만일 x가 의견을 갖고 있다면, 그때 x가 이해하는 경우는 발생하지 않는다.

간략히 말하면, '표 3'에서 추출하는 것처럼 믿는 이들의 집단과 의견을 갖고 있는 이들의 집단은 분리된다. 곧 두 집단에 동시에 속할 수 있는 요소가 없다는 것이다. 이는 다음과 같은 수학기호로 표현될 수 있다.

$$I \cap O = \varnothing$$

I 집단과 O 집단의 교차점은(곧 의견을 갖고 있는 이들의 집단) 비어 있는 집단인 것이다.

일반적 범주로서 믿음은 인간의 모든 의지적 활동을 내포한다는 것이 논리학적 분석을 통해 이루어진 이 모든 탐구의 결과로 나타난다.[21) 『여든세 가지 다양한 질문』의 48번 질문에서 아우구스티누스는 현안 문제가 된 내용의 유형에서 출발하여 '믿다'와 '이해하다'의 상이점을 더욱 명확하게 설명한다. 이해될 수 있다는 희망 없이 항상 믿게 되는 확실함이 있다. 이는 과거의 사건들에 관련된 확실함을 가리킨다. 반대로 믿게 되자마자 곧 이해되는 다른 확실함도 있는데, 예를 들면 수(數)와 다른 과목들에 대한 인간의 추리와 같은 것이다. 마지막으로 먼저 믿게 되어야만 하고 그다음에 이해되어야만 하는 세 번째 유형의 확실함도 있는데, 이는 신적인 것들에 관한 확실함이다.[22)] 이러한 추론을 통해 아우구스티누스는 그리스도인 안에서 이중적 믿음을 구분한다. 곧 영원한 것들에 대한 믿음(*fides rerum aeternarum*)과 우리의 구원을 위해 성취되었던 현세적인 것들에 대한 믿음(*fides rerum temporalium*)이다.[23)]

3. 참된 권위와 참된 철학

아우구스티누스는 철학적 탐구에서 어떤 권위를 따를 필요성을 제시한 후에, 지혜와 행복에 도달하기 위해 따라가야 할 참된 권위는 인간적 권위가 아니라 『아카데미아학파 반박』에서부터 육화한 말씀과 동일시되는 신적 권위인 것을 주장하는 데 있어 어떠한 의심도 하지 않는다.

> 따라서 나로서는 그리스도의 권위로부터 절대로 이탈하지 말아야겠다는 생각이 확고하다. 그보다 힘 있는 권위를 나는 발견하지 못하고 있다.[24]

하지만 그리스도의 권위를 따르는 데 있어 인간들의 권위를 무시해서는 안 된다. 비록 인간들의 권위가 매우 자주 기만적임에도 불구하고 말이다. 지성적 실재들(영혼과 하느님)에 관한 철학적 탐구와 관련되어 그는 플라톤의 주장에 대한 자신의 신뢰를 확언하지만, 철학의 다양한 측면들에 대해 다른 철학자들이 제공할 수 있는 공헌을 배제하는 것은 아니다.

『질서론』에서 그는 그리스도의 신적 권위에 대한 신뢰에 관한 논증을 시작하는데, 『믿음의 유익』과 『신국론』 제10권에서 더욱 폭넓게 발전될 논거를 통해서 이를 수행하고 있다. 아우구스티누스가 전개하고 있는 성찰들은 한편으로는 육화한 말씀의 참되고도 유일하며 최고의 신적 권위를 제시하는 것을 목표로 한다. 다른 한편으로는 신술(神術, *theurgia*)을 학문으로 선호하는 그리고 철학적 조밀함을 담고 있는 종교로서 전통적인 다신론을

선호하는 신플라톤주의 철학자 포르피리우스를 논박하는 것을 목표로 하고 있다.[25)]

그는 다음과 같이 적고 있다.

> 권위는 일부는 신적이고 일부는 인간적이지만, 참되고 확고한 최고 권위는 역시 신적이라고 부르는 권위다. 신적 권위에 있어서 우리가 두려워해야 할 바는 공중 생물(空中生物)들의 기묘한 속임수이다. 그것들은 육체의 감관에 미치는 사물들을 두고 몇 가지 점술과 능력을 발휘하여 영혼들, 특히 없어질 재산에 호기심을 두거나 허황한 권세를 탐하거나 황당한 기사(奇事)에 벌벌 떠는 영혼들을 아주 쉽게 기만하는데 익숙하다. 여하튼 다음과 같은 권위를 신적 권위라고 불러야 한다. 우선 그 권위는 밖으로 드러나는 그 감각적 표지에서도 인간적 능력을 모조리 초월할뿐더러, 인간을 부리면서도 인간을 위하여 신적 권위가 어디까지 자신을 낮추었는지 보여 주며, 신기한 것들이 감관에 나타날지라도 감관에 머물지 말고 오성을 향해서 도약하라고 명한다. 그러면서 그 권위가 이 세상에서 얼마나 위대한 일들을 행할 수 있는지, 그리고 왜 그것을 행하는지, 그러면서도 그런 신기한 일들을 얼마나 하찮게 여기는지 인간에게 가리켜 보인다. 그 권위는 행동을 통해서 자기의 권능을 가르치고, 겸손으로 자기의 자비를 가르치며, 권위 있는 말씀(*praeceptio*)으로써 자기의 본성을 가르치게 되어 있다. 그리고 우리 일행이 갓 입문한 성경을 통해서 내밀하게 또 결연하게 전수해 준다. 그런 것을 통하면 선인들의 삶이 아주 용이하게 정화되는데,

> 그 일은 장황한 토론을 통해서가 아니라 드러난 신비들의 권위(*mysteriorum auctoritas*)에 의해서 이루어진다.[26]

이 구문에서 이루어지고 있는 성찰들은 『신국론』 제10권의 조명하에 분석할 때 더욱 정확하게 이해될 수 있는데, 이 책에서 참된 신적 권위의 정체성에 관한 질문이 철학적 관점에서든 혹은 종교적 관점에서든 더욱 폭넓게 다루어지고 있다.[27]

포르피리우스는 비록 신술을 두려운 것으로 정의하였음에도 불구하고 신탁들의 권위를 신적 실재로 인정하였다.[28] 인간에게 있어 구원의 보편적 길의 필요성을 직관했음에도 불구하고, 그는 어떠한 가르침도 아직 이 길을 제시하지 않았다고 주장하였다. 하지만 아우구스티누스는 하느님의 섭리가 인간을 그의 운명에 방치하지 않았고 인간의 역사 안에 개입하였으며 육화한 말씀의 권위를 통해 드러났다고 확언한다. 더욱이 그는 악마들의 권위와 비교해서 그리스도의 권위가 지니는 우위성을 구분하기 위한 규범들을 열거한다. 악마는 인간이 공통으로 가진 이성에 있어서는 인간보다 우위에 있지 못함에도 불구하고, 인간을 위해 특별한 감각적 표징들을 수행할 수 있다. 반대로 경이로운 감각적 표징들 안에서 온갖 인간적 능력을 초월할 뿐 아니라, 같은 인간적 조건을 취하면서 인간을 위해 낮아지면서까지 인간에게 자신을 드러내었던 권위가 신적이며 온전히 믿을 수 있는 것이다. 더욱이 그러한 권위는 그 특별한 표징들을 터득하게 하는 감각들에 얽매이지 말고 지성계를 향해 초월하도록 인간에게 명한다. 동시에 그 권위는 자신이 이 세상에서 얼마나 많은 것들(*quanta*)을 행할 수 있는지, 왜(*cur*) 그것들을 하는지 그리고 얼마나 작은 것으로(*quam parvi*) 그것들을 평가하는지 제시한다. 마지막으로 그 권위는 구체적인 사실들로써 자신의 능력을, 겸손으로써 자신의 호의를 그리고 권위 있는 말씀으로써 자신의 본성을 알려 주어야만 한다. 이것이 육화한 말씀이 지닌 권위의 고유한 특성들이다.

아우구스티누스에 의하면 이러한 진리들은 성경을 통해 분명한 방식으로 전달되며 지극히 참된 철학적 규범을 통해 합당하게 해석된다.[29] 이 규범은 방법상 그리고 내용상 참된 철학(*germana philosophia*)으로 드러나는데,[30] 플라톤과 아리스토텔레스가 감각계와 구별되고 그것보다 우위에 있는 지성계에 관해 참되게 가르쳤던 것들을 이어받았기 때문이다. 육화한 말씀의 권위가 인도하는 그러한 철학은

> (…) 이성을 약속하며 겨우 극소수 인간만을 구출해 내지만,[31]

진리에 대한 참된 인식에 도달하는 것을 목표로 삼게 하는데,[32] 이 인식은 수학적 원리들에 대한 인식과 유사한 것이다.[33] 특별히 영혼과 하느님에 대한 지성적 인식에 도달하는 것을 의도한다. 다른 한편으로 그러한 철학은 신앙의 인도 하에서 탐구하지만, 극소수 인간만을 해방하는데, 그 영역이 꽃을 피우는 자유교육(*ordo eruditionis*)이 소수의 특권이고 또한 윤리적 정화(*ordo vitae*)를 요구하기 때문이다. 아우구스티누스는 다음과 같이 계속해서 적고 있다.

> (…) 그 소수에게나마 (신앙의) 신비들을 멸시하지 말라고 할 뿐만 아니라, 오직 그 신비야말로 진지하게 이해할 만한 것

> 으로 간주하고서 그것만을 이해하라고 촉구한다. 그러나 참된 철학, 말하자면 순정(純正)한 철학이려면 다음의 것을 가르치는 일 외에 딴 임무가 없다. 만유의 원리 — 원리 없는 원리 — 가 무엇인지, 그 안에 얼마나 위대한 오성이 깃들어 있는지, 또 우리 구원을 위하여 그 원리에서 무엇이 발출하였는지 — 물론 거기서 발출하면서 아무것도 격하됨이 없었다 — 가르쳐야 한다. 그가 유일하고 전능하신 하느님이시고, 그분이 삼중으로 능하신 성부와 성자와 성령이시라고 가르쳐야 한다. 이것은 경외해야 마땅한 신비가 가르치는 바이고, 그 신비는 신실하고 흔들리지 않는 신앙을 가지고서 백성들을 구해낸다. 그 신비가 가르치는 바는, 몇몇 사람이 하는 식으로 혼란스러운 것도 아니고 또 많은 사람이 하는 식으로 경멸할 만한 것도 아니다.[34]

종합한다면, 참된 철학은 가능한 한 현재의 상태에서 그리스도교 신앙의 가르침에 따라 한 분이시며 세 위격이신 하느님의 신비에 대한 인식 자체에 도달하고자 하는 원의와 함께 지성계의 본성을 탐구한다.[35]

4. 지식과 지혜의 구분

아우구스티누스가 처음부터 정확한 탐구 방법과 동시에, "다듬어지지 않은 신앙의 내용"을 출발점으로 갖고 있으면서 지성적 실재들에 대한 확실하고도 분명한 인식에 도달하기를 제안하는 형태의 철학을 채용하고 있다는 것을 식별하는 것이 필요하다.[36] 이 첫 번째 탐구 단계에서 아우구스티누스는 이성의 고유한 논거들을 대체해야만 하는 논거들의 원천으로서 신앙을 활용하지 않는다. 다양한 사변적 문제들에 대한 분석은, 인간이 소유하고 있는 두 개의 인식 동인, 곧 권위와 이성 사이의 상호 보완과 조명의 역동성을 제시하기 위해 "해석학적 순환" 혹은 "순환적 패러다임"으로 올바로 정의되었던 방법을 통해 이루어진다.[37)]

여기서 아우구스티누스가 그리스도교 신앙을 사는 두 개의 다른 가능성, 곧 신앙에서 출발하여 지성적 실재들을 탐구하기를 제안하는 철학자의 가능성과 오직 믿음만으로도 만족하는 단순한 이들과 모니카의 가능성을 강조하고 있음을 상기할 필요가 있다.[38)] 이 첫 번째 단계의 연구에서 지식과 지혜의 개념이 일치한다.[39)] 하지만 사제직을 수행하는 동안 히포 사람은 자신의 성찰에서 하나의 전환을 이루는데, 철학적 성격의 연구에서 성서적·신학적 성격의 탐구로 넘어가고 있다. 우리는 그의 사고에서 두 번째 단계에 있다. 사제 서품은 그에게 새로운 직무, 곧 강론과 가르치는 직무 그리고 이단자들과 열교자들의 논거를 거슬러 신앙을 옹호하는 직무를 부여한다. 다른 한편으로 그는 성 바오로가 지식의 은사와 지혜의 은사를 구분하고 있음을 깨닫는데, 바로 이 때문에 무엇보다 신앙의 진리들에 관한 깊은 연구를 해야 할 필요가 있는 것이다. 아우구스티누스는 계속해서 동일한 방법의 연구를 유지하면서 도구를 바꾸는데, 그것은 이제 '성경'에 대한 심도 있는 비판적 연구와 동일시된다. 그는 일부 이교도 철학자들이 가르친 지혜 개념에서부터 출발하여 지혜의 개념과 대칭되는 새로운 지식의 개념을 도입한다. 우리가 지적하였던 것처럼 근본적으로 방법의 체계를 변경하지 않는 이러한 변화는 무엇보다 아우구스티누스 사상에서 고유한 "점진적인" 성격을 염두에 둔다면 놀랄만한 것도 아니다. 이 성격에 대해 아우구스티누스 자신이 다음과 같은 증언으로 정의하고 있다.

> 진보하면서 저술하고 저술하면서 진보하는 이들 안에 제가 포함되도록 노력한다는 것을 저는 고백합니다.[40]

그는 인간의 정신 안에서 이성의 이중적 역할을 구분하는데, 첫 번째 역할은 물질적이고 시간적 질서의 활동을 주도하며, 다른 것은 지성적이고도 불변하는 진리들에 대한 관조적 활동을 주도하는 것이다.[41] 그는 이 구분에서 출발하여 일부 이교도 철학자들이 "인간사(人間事)와 신사(神事)에 관한 지식"으로 표현한 지혜의 정의를 재해석한다. 사도 바오로에게서 영감을 받아 그는 다음과 같은 것이 필요하다고 확언한다.

> (…) 신사(神事)에 관한 지식을 지혜라 불러 손색이 없고 인간사(人間事)에 관한 지식은 그냥 지식이라는 이름을 얻어 손색이 없다.[42]

이 구분은 『삼위일체론』 제12권에서도 제시되는데, 여기에서 아우구스티누스는 한편으로는 인간의 내면에서 삼위일체의 모상을 발견하기 위해 인간 심리의 심층부를 탐구하며, 다른 한편으로는 플라톤과 피타고라스가 가르친 상기설을 논박한다.

우리가 무엇을 하든 지혜롭게, 용기 있게, 절도 있게, 정의롭게 행동한다면 그것은 지식 혹은 규율에 해당하는 일이고 이 규율에 따라서 우리 행동이 악을 피하고 선을 추구하는 데로 향한다. 그리고 삼가야 할 본보기든 본받아야 할 본보기든, 사물들에 관해서 우리 행동거지에 준용해야 할 자료들은 우리가 역사적 인식(*historica cognitio*)을 통해서 수집한다. 이런 것들에 관해 말할 때 나는 그것이 지식의 말이라고 여기며 지혜의 말씀과는 구분되어야 한다고 본다. 과거에 존재한 사물은 지혜에 속하지 않으며, 미래에 존재할 것도 지혜에 속하지 않고 오로지 현재 존재하는 것만이 지혜에 속한다. 그러면서도 그것들이 자리 잡고 있는 곳이 영원이라는 사실 때문에, 시간의 변화가 일절 없으면서도 그것들은 과거에 존재했고 현재에 존재하고 미래에 존재할 것이라는 표현을 쓰기는 한다.[43]

『삼위일체론』 제12권에서 아우구스티누스는 요한 복음 서언을 간략하게 분석하는 것에서 출발하여 역사적 인식의 일반적 개념에서 더욱 확실한 성서적 개념으로 넘어가며 지식과 지혜의 구분을 결정적으로 명확하게 한다. 지식은 신앙의 기초에 있는 역사적 진리들을 탐구하며, 지혜는 인간 지성이 관조하는 대상인 영원한 진리들을 추구한다. 마지막에 요점을 되풀이하여 이야기하기 전에 그는 자기 생각을 다음과 같이 훌륭하게 종합한다.

육이 되신 말씀이 우리를 위하여 일정한 시간과 공간에서 행하고 겪은 이런 모든 일은, 우리가 지금 논증하기로 채택한 구분에 따르면 지식에 속하지 지혜에 속하지 않는다. 시간이 없고 공간이 없는 말씀은 아버지와 더불어 영원하며 어디서나 전체로 계신다. 이분에 관하여, 누가 그럴 능력이 있어, 하는 데까지 진실한 말을 발설할 수 있다면 그가 말하는 것은 지혜에 속할 것이다.[44)]

이러한 지식의 내용은 역사적·시간적 일부 실재들 그리고 특별히 구세사의 사건들과 윤리 계명들에 대한 인식으로 구성된다. "주로 적은 수의 사람들이 갖고 있는" 그리고 "선한 이들의 유익을 위해 그리고 악한 이들로부터 보호하기 위해" 있는 이 역사에 대한 심도 있는 인식은 "인간을 행복으로 이끄는 신앙을 낳고, 기르며, 보호하고, 강화한다."[45)] 고유한 의미에서 이것이 성경에 대한 깊은 성찰에 기초한 "거룩한 지식"이라고 아우구스티누스가 부르는 참된 지식이다. 이 지식을 통해 그리스도교 신앙에 대한 정확한 인식에 도달할 수 있다. 이제 그는 그러한 형태의 연구만이 지혜로 준비시키고 인도한다고 확신한다. 더욱이 그는 세속적 지식도 활용해야만 하는 이 거룩한 지식을 위한 일련의 해석학적 원리들, 곧 『그리스도교 교양』의 첫 세 권의 내용을 형성하는 그 원리들을 세밀하게 완성한다. 히브리인들이 이집트를 나오면서 더 유익하게 사용하게 될 금과 은으로 된 그릇과 의복 그리고 다른 물건들을 소유하였던 것처럼, 거룩한 지식의 연구자는 참된 종교에 유익한 모든 인식을 소유하는 데 주저해서는 안 된다.[46)]

지식이든 지혜이든 모두 성경에서 내용물을 추출하지만, 구원의 사건들에 대한 지식이 지혜를 선행하고 지혜로, 곧 신적 실재들에 대한 지성적 인식으로 이끈다. 사실 인간은 성경에 대한 인식에서 이루는 진보에 따라 더욱 지혜롭게 혹은 덜 지혜롭게 말하거나 생각한다.[47] 아우구스티누스는 자신이 사제직을 수행하는 시기부터 세밀하게 완성한 두 형태의 인식을 구분하면서 지식과 지혜를 분리하고자 의도한 것이 아니다. 오히려 그와는 반대로 지식과 지혜의 내적 결합을 강조한다. 그는 이 거룩한 지식의 발전과 옹호에 많은 양의 지성적 열정을 쏟는데, 이 지식으로 그리스도교 신앙의 교의적 내용을 심도 있게 연구하려는 목적으로 다수의 성경의 책들을 해석할 것이다. 이 거룩한 지식에 중세 학자들은 철학과 구분하여 신학이라는 이름을 부여할 것이다.

사용된 방법의 복잡함을 제시하기 위한 지속적인 노력은 순수한 인간적 혹은 그리스도교적 신앙 또는 이성에 부여된 인식의 기본 요인들로서의 중요성에 대한 분명한 증언이다. 이성은 자신의 논쟁적인 과정에서 자율적임에도 불구하고 신앙의 인도를 받는다면 철학적 탐구에서 강화되어 나타난다. 내적 조명의 활동에 어떠한 장애물이 놓이지 않는다면, 이성은 자신의 인식 영역을 지성적 실재들까지 연장할 수 있다.[48] 아우구스티누스는 이성의 활동의 출발점으로서 권위를 제시하면서 이성적 진리들과 가능한 한 신앙의 진리들을 연구하는 방법을 만들고 있다. 더욱이 그는 플라톤 철학이 감각계와 지성계 사이에서 제시하는 근본적인 대립을 메우고 있다. 이러한 방식에서 존재론적 층계에서의 위계의 존재도 제시되며 육화한 말씀이 지닌 중재의 중요성도 묘사된다. 이 중재는 인간이 감각적 실재들에 대한 인식에서 지성적인 실재들에 대한 인식으로 넘어가는 인식론적 관점에서 또는 인간이 사멸하는 상황에서 영원한 위치로 넘어가는 존재론적 관점에서도 인간이 구원에 이르는 데 필요로 하는 것이다.[49) 『삼위일체론』에서 그는 플라톤이 다음과 같이 『티마이오스』에서 언명한 비교를 상기시킨다.

> 영원이 시간적인 것보다 우위에 있는 것처럼 마찬가지로 진리가 믿음보다 우위에 있다.

이는 분명 올바른 비교이지만 그리스도가 참된 중개자이며 시간적 실재들에 대한 믿음의 씨앗을 인간 안에 뿌리며 영원한 실재들에 대한 진리를 드러내는 통일의 원리인 것을 첨가하면서 보완되어야 하는 것이다.

> 우리에게는 진리를 통해서 영원한 생명에 이르리라는 언약이 있지만, 영원으로부터 사멸이 거리가 요원하듯 우리 신앙은 투명한 진리와 너무도 동떨어져 있다. 그래서 지금은 우리가 시간적으로 발생한 사건에다 신앙을 기울이고 있고 그 신앙을 통해서 우리가 정화된다. 그래야만 우리가 실상(實相)을 보게 될 때, 신앙에 뒤이어 진리가 오듯이 사멸에 뒤이어 영원이 온다.[50)

주석

1) N. Cipriani, *L'ispirazione tertullianea* cit., pp.165~178.
2) G. Reale / G. Antiseri, *Quale ragione?*, Milano, 2001, pp.201~204.
3) 『시편 상해』 118, s. 18, 3.
4) 명료함을 위해 여기서 우리는, 후에 살펴보겠지만, 아우구스티누스가 거룩한 지식(*scientia sacra*)으로 일컫는 것을 지적하기 위해 시간이 흐름에 따라 구체화한 용어를 사용한다.
5) 『서간』 120, 1, 3.
6) R. Holte, *Béatitude et sagesse. Saint Augustin et le problème de la fin de l'homme dans la philosophie ancienne*, Paris, 1962, p.324.
7) 대상언어와 메타언어에 관해서는 다음을 참조하라. R. Carnap, *Introduction to Semantics and Formalization of Logic*, Cambridge(Massachusetts) - London, 1975, pp.3~5. 또한 M. Malatesta, *La logica primaria*, Napoli, 1988, p.11.
8) P. Courcelle, *Recherches* cit., p.252.
9) 『고백록』 VI, 5, 7. 참조: E. Portalié, *A Guide to the Thought of Saint Augustine*(1902), Chicago, 1960, pp.115~116.
10) O. Du Roy, *L'intelligence* cit., p.456.
11) K. Jaspers, *I grandi* cit., pp.408~410.
12) 『행복한 삶』 1, 4.
13) 『아카데미아학파 반박』 III, 20, 43.

14) 『질서론』 II, 9, 26. 이미 신피타고라스주의자들과 같은 고대 수사학은 인식의 시작으로 권위의 원리에 대해 말하였음을 상기할 필요가 있다. 아우구스티누스는 이러한 사상의 전통에 접하고 있다. 이에 관해서는 다음과 같은 중요한 논문을 참고하라. K.H. Lütke, *Auctoritas bei Augustin*, Stuttgart, 1968, pp.13~58.

15) 『질서론』 II, 9, 26.

16) 『서간』 147, 3, 8. 참조: G. Madec, *La patria* cit., pp.146~150; M.F. Sciacca, *S. Agositno* cit., p.269; A. Carlini, *Le ragioni della fede*, Brescia, 1959, pp.8~35.

17) 『믿음의 유익』 XI, 22. 참조: O. Grassi, Prefazione a *L'utilità del credere*, in *Agostino. Il filosofo e la fede*, Milano, 1989, p.237.

18) K.H. Lütke, *Auctoritas* cit., p.70.

19) 플라톤, 『국가』 V, 476e-477b. 참조: G. Reale, *Storia della filosofia antica* II, Milano, 1979, pp.96~98.

20) 『믿음의 유익』 XI, 25; 『교사론』 XI, 37.

21) 추가 정보를 위해서는 다음과 같은 내 논문을 참고하라. Auctritas e ratio: *via alla vera libertà*, in *Il mistero del male e la libertà possibile: linee di antropologia agostiniana*, Roma 1995, pp.103~109. 아울러 다음의 책도 참조하라. M. Malatesta, *La logica delle funzioni. Strumenti pr una indagine transculturale, I. Logica dei predicati, delle classi e delle relazioni*, Roma 2000, pp.171~189.

22) 『여든세 가지 다양한 질문』 48.

23) 『신앙과 신경』 4, 6-8.

24) 『아카데미아학파 반박』 III, 20, 43.

25) M. Cutino, *I dialoghi di Agostino dinanzi al* "De regressu animae" *di Porfirio*, "Recherches Augustiniennes", XXVII, 1994, pp.41~74.

26) 『질서론』 II, 9, 27. 참조: J.J. O'Meara, *St. Augustine's View of Authority and Reason in A.D. 386*, "Irish Theological Quarterly", XVIII, 1951, pp.338~346.

27) J.J. O'Meara, *Porphyry's Philosophy from Oracles in Eusebius'* "Preparatio Evangelica" *and Augustine's Dialogues of Cassiciacum,* "Recherches Augustiniennes", VI, 1969, pp.103~139.

28) 『신국론』 X, 27. 참조: N. Cipriani, *Il rifiuto del pessimismo porfiriano nei primi scritti di S. Agostino*, "Augustinianum", XXXVII, 1997, p.133.

29) 『아카데미아학파 반박』 III, 19, 42.

30) 『질서론』 II, 5, 16.

31) 같은 곳.

32) 『참된 종교』 24, 45.

33) 『독백』 I, 5, 11-6, 12.

34) 『질서론』 II, 5, 16.

35) R. Holte, *Béatitude* cit., pp.87~109; G. Madec, *Petits études augustiniennes*, Paris, 1994, p.168; G. Madec, *Saint Augustin* cit., p.20; N. Cipriani, *Il rifiuto* cit., pp.135~136; V. Pacioni, *L'unità teoretica del* "De ordine" *di Sant'Agostino*, Roma, 1996, pp. 212~217.

36) H.-I. Marrou, *S. Agostino e la fine della cultura antica*(1971), Milano, 1986, p.308.

37) G. Reale / D. Antiseri, *Quale* cit., p.202.

38) 『질서론』 II, 5, 15; II, 17, 45-46.

39) 『아카데미아학파 반박』 III, 3, 5; 『독백』 I, 4,9-5,11; 『자유의지론』 II, 9, 26-27.

40) 『서간』 143, 2. 이에 대해 우리는 질송이 다음의 책에서 주장하는 것에 동의한다. E. Gilson, *Introduzione allo studio di S.*

Agostino(1969), Casale Monferrato, 1983, p.272. "아우구스티누스의 심리학적 진보가 있었다. 세부적으로 볼 때 많은 변화가 있었다. 이러한 변화 중 다수는 우리가 지적했지만, 일부 그의 핵심적인 본문에서 마땅히 최소한의 철학적 변화를 발견하지는 못했다. 성 아우구스티누스는 회심의 순간부터 자신의 주요 생각을 고정했다고 우리는 믿는다. 특별히 은총에 관련된 생각은 그러하였다. 그리고 그는 한번 확립한 다음에는 항상 이 자산 위에서 살아갔다."

41) 『삼위일체론』 XII, 33.

42) 같은 책, XIV, 1, 3.

43) 같은 책, XII, 14, 22-23.

44) 같은 책, XIII, 19, 24.

45) 같은 책, XIV, 1, 3.

46) 『그리스도교 교양』 II, 40, 60. 참조: E. Gilson, *Introduzione* cit., pp.147~148.

47) 『그리스도교 교양』 IV, 5, 7.

48) 조명이라는 주제는 본서 제6장에서 보다 깊게 다루어질 것이다.

49) R. Holte, *Béatitude* cit., p.325.

50) 『삼위일체론』 IV, 18, 24. 참조: G. Madec, "Chritus, scientia et sapientia nostra". *Le principe de cohérence de la doctrine augustinienne*, "Recherches Augustiniennes", X, 1975, pp.78~79.

제3장

아우구스티누스 성찰의 시작

제 3 장 • 아우구스티누스 성찰의 시작

1. 진리의 기준
2. 최고선의 본성
3. 하느님의 섭리와 역사 안에서의 악

1. 진리의 기준

386년 가을 교사직을 사임한 후 아우구스티누스는 자기 벗인 베레쿤두스의 별장이 있는 카시치아쿰으로 떠날 것을 결심하였다. 이때 어머니인 모니카, 동생인 나비기우스, 아들인 아데오다투스, 사촌인 라스디디아누스와 루스티쿠스, 벗인 알리피우스 그리고 두 명의 제자 리켄티우스와 트리게티우스 등이 그를 동반하였다. 5개월 동안 그는 신아카데미아학파의 주요 대표자인 카르네아데스(Carneades)의 주장을 논박하고 있는 『아카데미아학파 반박』, 최고선의 본성을 깊이 다루고 있는 『행복한 삶』, 하느님의 섭리와 악의 본성에 관련된 문제들을 다루고 있는 『질서론』 등과 같은 다양한 철학 작품들을 저술하였다. 이를 함께 묶어 일반적으로 카시치아쿰의 대화편이라고 부른다. 이 논쟁에 밀접하게 연결된 작품이 아우구스티누스와 이성 사이의 독창적인 대화인 『독백』과 먼 곳에 있는 친구들에게 보낸 일부 서간 등이 있다.

아우구스티누스는 『아카데미아학파 반박』을 통해 아카데미아주의자들의 논제들을 논박하고 진리의 객관적 기준의 존재를 분명히 하려는 목표를 드러낸다. 대화 상대자들에게 질문을 하면서 토론을 시작하는 것이 아우구스티누스 방법론의 특징이다.

> 우리가 진리를 알아야 한다는 사실을 두고 도대체 의심이 생기는가? (…) 진리를 파악하지 못해서 우리가 행복할 수 있다고 여러분은 믿는가?[1)]

리켄티우스는 신아카데미아학파의 주장에 의지하여 진리를 찾는 것만으로도 충분히 행복할 수 있다고 주장한다. 이에 반대하는 견해를 밝힌 트리게티우스는 진리의 탐구만이 아닌 진리의 소유가 참된 행복의 조건이라고 확언한다. 리켄티우스는 키케로의 권위에 호소하면서 인간은 따라야 할 유일한 기준, 곧 개연성의 기준을 갖고 있다고 생각한다. 진리가 도달할 수 없는 목표이기 때문이다. 트리게티우스는 친구의 주장이 키케로와 일치한다는 점을 깨닫고는 탐구에서 그 어떤 저자에 의해 얽매이지 않은 자유로운 방식으로 진행할 권리를 요구한다. 또한 그는 끊임없는 탐구는 어떤 객관적 진리에 도달하지 않으면 오류로 이끈다고 덧붙인다. 리켄티우스는 오류가 허위를 진리로 인정하는 것(*error mihi videtur esse falsi pro vero approbatio*)임을 그리고 단순한 탐구도 지혜의 표징임을 강조하면서 대답한다. 훌륭한 논법가(論法家)인 리켄티우스가 이 점에 있어서는 약점이 없다는 것을 알고 있는 트리게티우스는 "지혜는 진리로 인도하는 바른 길이다"[2)]라는 정의를 제시하면서 토론의 논제를 지혜의 개념으로 옮기려고 결심한다. 리켄티우스는 지혜가 순수한 길이요, 순수한 방법이며 순수한 탐구라고 반박한다. 이때 아우구스티누스가 개입하여 지혜에 대한 다른 정의를 제시한다. "지혜는 인간사와 신사에 관한 지식이다."[3] 리켄티우스는 스승의 정의에 대해서도 반박한다. 사실 이 정의의 입장에서 본다면, 유명한 난봉꾼이며 매춘 알선업자이지만 신통한 점을 치는 능력을 갖고 있던 카르타고의 알비케리우스(Albicerius)라는 점쟁이를 현자라고 불러야만 할 것이고 리켄티우스는 주장하고 있다. 여기에서 그는 지혜가 인간사와 신사에 대한 지식이거나 열성적인 탐구라고 결론을 내린다. 지식에 해당되는 것은 하느님의 것이며, 탐구에 해당되는 것은 인간의 것이다. 하느님은 전자로 행복하고, 인간은 후자로 행복해진다.[4] 아우구스티누스는 토론을 끝내기 전에 그동안 행한 논의를 종합하면서, 트리게티우스의 주장을 옹호하고 리켄티우스가 옹호한 신아카데미아학파의 철학자들을 비판적으로 판단할 것임을 강조하면서, 논쟁을 재개할 때 본인이 직접 개입할 것이라 약속한다.

토론은 일주일 후에 재개된다. 아우구스티누스는 리켄티우스의 제안에 따라 자신이 키케로의 『아카데미카』(*Academica*)를 읽으면서 알게 된 아카데미아학파 철학의 학설들을 요약해서 들려준다.[5] 아카데미아학파에 따르면, 어떠한 표상에도 동의를 유보하는 것이 요구된다. 생각이나 감각적 지각은 진리의 기준이 될 수 없기 때문이다. 실제적인 행동의 차원에서는 개연적(probabile) 혹은 진리에 근사한(veri simile)이라는 입장을 따르는 것만으로 충분하다. 이제 알리피우스는 아카데미아학파 철학의 역사적·문화적 기원을 설명하면서 아르케실라스(Arcesilas)와 카르네아데스의 중기 아카데미아학파(Media Academia)와 아스칼론의 안티오쿠스

(Antiochus)의 제5 아카데미아학파(Quinta Academia) 사이의 차이점을 분명하게 드러낸다. 알리피우스는 아카데미아학파의 역사를 재구성하면서 플라톤과 소크라테스의 권위에 호소하여 충분한 검토 없이 함부로 동의하지 않는다면 오류로부터 자신을 보호할 수 있다는 사상을 제시한다. 그는, 허위로부터 구분될 정도로 참되지 않는 한 아무것도 진리로 파악될 수 없고 따라서 현자는 대중의 의견에 근거하여 확언해서는 안 된다는 것을 스토아 철학자 제논(Zenon)이 주장하였다고 강조한다. 아울러 그는 아르케실라스가 이 주장을 알게 된 후 인간에게 유일한 인식의 원천은 감각계이기 때문에 인간은 그런 확실한 인식을 할 수 없고, 따라서 현자는 어떤 사안에도 동의해서는 안 된다고 주장하기에 이른다. 그리고 그는 이어서 필론의 제자인 아스칼론의 안티오쿠스가 나타나 회의주의적 아카데미아학파를 거슬러 현자는 진리를 파악할 수 있다고 가르치면서 플라톤의 참된 사상을 회복시켰음을 상기시키면서 결론을 내린다.

아우구스티누스는 이러한 알리피우스의 설명이 끝난 후에, '개연적' 혹은 '진리에 근사한'이라는 주장에 대해 엄격하게 비판하면서 안티오쿠스의 비판적 주제를 재개한다.[6] 『아카데미아학파 반박』 제3권은 가장 고귀하며 가장 필요한 책무인 진리 탐구에 대한 강력한 요구로 시작한다. 지식과 의견의 본성에 관해 아우구스티누스가 제기한 일련의 질문 후에, 알리피우스는 회의주의를 포기하고 개연설의 주장들을 옹호하는 쪽으로 돌아서지만, 자신의 견해를 지탱해 주는 더 이상의 이성적 논거들을 발견하지 못하면서 프로테우스(Proteus) 신화를 상기시킨다.[7] 고대 신화론에서 프로테우스는 강제적으로만 신탁에 의한 알림이라는 호의를 허락하는 예언자였다. 그는 사로잡히면 사자나 표범 혹은 용으로 변신하는 술수를 사용해 해방될 수 있었던 반면, 그를 붙잡으러 다니는 이는 놀라 전리품을 포기하곤 하였다. 비밀은, 모든 변신에도 불구하고 원래 모습으로 돌아올 때까지 그를 꼼짝 못 하게 묶어 놓는 데 있었다. 오직 그때만 상위의 힘에 굴복하여 필요한 정보를 넘겨주었다. 신화적인 프로테우스는 진리의 모상(模像)이며, 인간은 어느 신령이 자신에게 오지 않는 한 그것을 붙잡을 수 없다.

알리피우스의 이 마지막 성찰에 놀란 아우구스티누스는 신아카데미아학파의 주장을 반박하기 전에 벗에게 다음과 같이 호의에 찬 말을 한다.

> 알리피우스, 자네는 과연 진리를 보여 줄 수 있는 존재가 누군지를 얘기했네. 나는 자네에게 한 말에 이의를 제기하지 않으려고 무던히 노력해야 하는 처지일세. 자네는 진리가 무엇인지는 어떤 신령만이 인간에게 보여 줄 수 있다는 말을 했지. 간결하지만 경건함을 담은 표현이기도 하네. 우리의 이 대화에서 내가 들은 얘기 중에서 자네의 그 말보다 더 기껍고 더 진지하고 더 개연성 있고, 내가 믿는 대로 신령이 돕는다면야, 이보다 더 진실한 말이 없었네. 저 유명한 프로테우스를 자네가 상기시킨 것은 얼마나 심원한 지성에서 우러난 일인지 모르며, 얼마나 진지하게 최선의 철학을 향하여 우리의 주의를 돌리게 만든 일인지 모르네. 그 프로테우스는 진리의 모상이네. (…) 프로테우스는 진리를 표상하며, 인간이 거짓 표상에 기만당하면서 포착의 매듭을 느슨하게 만들

> 거나 놓아 버린다면, 아무도 그를 붙잡지 못한다. (…) 나의 절친한 친구는 인생의 개연성에 관해서뿐만 아니라 종교심 자체에도 나와 일치한다. 그건 자네가 나의 진짜 친구라는 가장 뚜렷한 표이기도 하지. 우정이란 '호의와 사랑으로 이루어진, 인간사와 신사에 대한 공감'이라고 정의되는데, 이건 정말 올바로 또 성스럽기까지 한 정의라고 하겠네.[8)]

이 시점에서 아우구스티누스는 중기 아카데미아학파의 철학적 전제들을 탐구하는 쪽으로 넘어간다. 우리가 이제 분석하려는 『아카데미아학파 반박』의 부분(III, 10, 22~13, 29)의 일부 철학자들과의 이상적 대화를 형성한다. 아우구스티누스는, 논쟁의 대상에서 교사로 탈바꿈하면서, 선생의 역할을 위해 산파술 철학자의 역할을 내려놓고자 한다. 논쟁은 독백이 되며, 이를 통해 선생은 다음과 같은 회의주의적 아카데미아학파의 두 가지 전제들을 논박하고자 노력한다. a) "아무것도 파악할 수 없다"(*Nihil posse percipi*), b) "아무것에도 동의해서는 안 된다"(*Nulli rei debere assentiri*).[9)] 첫 번째 명제는 확실성의 문제와 관련되어 분석해야 한다. 아우구스티누스는 카르네아데스가 아무것도 파악할 수 없다는 확언의 타당성을 증명하기 위해 철학자들 사이의 논쟁과 견해차에 호소한다. 아우구스티누스는 이 아카데미아학파 철학자가 언급하는 철학자들 사이의 비판에 관해서는 관심이 없다고 대답한다. 사실 아직 철학자가 아니지만 분명한 방식으로 일부 개념들을 갖는 것은 확실하다. 아우구스티누스는 다음과 같이 계속해서 말한다.

> 내가 확실히 아는 것은, 세계가 하나이거나 하나가 아니라는 점이다. 하나가 아니라면 숫자가 유한하거나 무한하거나 둘 중 하나다(*Certum enim habeo, aut unum esse mundum, aut non unum; etsi non unum, aut finiti numeri, aut infiniti*).[10)]

첫 문장의 진술을 이해하기 위해서는 히포 사람 아우구스티누스가 사용하고 있는 스토아학파의 일부 논리학 요소들에서 출발할 필요가 있다. 스토아 철학자들은 비록 아리스토텔레스의 사망 이후에 발견했지만 그가 정교하게 발전시킨 용어들의 논리학의 기초를 이룬 명제 논리학을 사용하였다.[11)] 더욱이 스토아 철학자들은 일반적으로 다음과 같은 구분을 하였다. 곧 그들은 단순 명제들과 단순하지 않은 명제들에 대해 말하였다. 우리 현대인들은 원자 명제와 분자 명제에 대해 말한다. 스토아 철학자들은 단순하지 않은 명제 중에 조건 명제[우리의 함축(含蓄)], 연결 명제(우리의 논리적 산물) 그리고 반립 명제 등을 숙고하였다. "낮이라면 빛이 있다"는 것은 조건 명제의 예이다. "낮이고 빛이 있다"는 연결 명제의 예이다. "낮이거나 밤이다"는 선언 명제의 예이다.[12)] 더욱이 스토아 철학자들이 현대 기호논리학의 것과 유비적인 기호화를 사용하지 않고서도 진리표까지 발견했다는 것은 주지의 사실이다. 이렇게 해서, 예를 들면, 연결 명제를 구성하는 모든 단순 명제들이 참되다면 그리고 오직 참될 때만이 그 연결 명제는 참되다. 반립 명제를 구성하는 단순 명제 중 하나가 그리고 오직 하나만이 참되고 다른 것은 거짓이라면 그 반립 명제는 참되다. 계속 그러하다. 마지막으로 스토아 철학자들은 담화 혹은 논증과 정상적인 연결(*synemménon yghiés*) 사이의 관계들을 발견하였는데, 이 연결은 동의어 반복이 취할 수 있는 가능한 형태 중의 하나이다.[13] 논증(*lógos*)은 서론과 결론으로 구성된 체계이다. 서론은 결론을 제시하기 위해 수용된 명제이며, 결론은 서론에서 출발하여 제시된 명제이다. "낮이라면, 빛이 있다. 하지만 낮이다. 따라서 빛이다"라는 논증을 예를 들어 보자. 여기서 '빛이 있다'는 결론이고, 나머지 명제들은 서론이다.[14] 동의어 반복은 항상 참된, 모든 가능한 세계 곧 분자 명제를 구성하는 원자 명제들의 진리의 가치와 의미와 독립적인 모든 상황에서 참된 분자 명제이다.[15]

이제 아우구스티누스에게로 돌아가자. 그는 "세계가 하나이거나 하나가 아니다"를 단순하지 않은 명제를 제시하면서 이 명제를 형성하는 두 개의 단순 명제 중 어떤 것이 참된 것인지 알지 못한다. 하지만 그는 두 명제 중 하나가 필수적으로 참되다는 확실함을 갖고 있다. 따라서 그는 진리가 있고, 이는 동의어 반복이기 때문에 단순하지 않은 명제에 의해 보증된다는 것을 알고 있다.[16] 우리가 보다시피 여기서 아우구스티누스는 스토아 철학자들에 비해 앞으로 한 걸음 나아가고 있다. 그들에게 있어 동의어 반복들(올바른 연결)은 자신들의 반소요학파적이요 반플라톤주의적 비판 속에서 논증들의 정확함을 증명하기 위해 사용되는 반면, 아우구스티누스에게 있어서는 확실함의 문제를 해결하기 위해서이다.

이 시점에서 아우구스티누스는 반어적인 음조로 카르네아데스가 갑자기 오랜 잠에서 깨어나 단순하지 않은 명제를 구성하는 단순 명제 중 하나, 오직 하나만을 선택하는 것을 완고하게 요청하고 있다고 추측한다. 아우구스티누스는 다음과 같이 대답한다.

> 나는 그렇게 하고 싶지 않다. 그렇게 하라는 말은 '네가 아는 바는 제쳐 두라!(*relingue quod scis*) 그리고 네가 모르는 바를 말하라!(*dic quod nescis*)는 소리나 마찬가지이다.[17)]

더욱이 단순하지 않은 명제는 그러한 방식으로 매달려 있는 것이라는 카르네아데스의 반박에 그는 다음과 같이 응수한다.

> 떨어지느니 차라리 매달려 있는 편이 확실히 낫다. 명제(*sententia*)는 평평하게 매달려 있다. 그렇다면 명제가 참이거나(*aut*) 그렇지 않으면(*aut*) 거짓이거나 둘 중 하나라는 말을 할 수 있는 까닭이다. 나는 명제가 참이거나 거짓이거나 둘 중 하나라는 이 점을 알고 있다고 말한다(*hanc ergo me scire dico*).[18)]

아우구스티누스는 '나는 이 점을 알고 있다고 말한다'라는 단언을 통해 단순하지 않은 참 명제를 알고 있는 자각을 언급하고자 한다.[19)] 위에서 언급한 반립 명제는 허위와 아무것도 공통적인 것이 없기에 참되다는 점을 카르네아데스에게 상기시키면서 확실성의 문제에 관한 토론을 종결한다.

적어도 논리적 영역에서 무언가를 파악할 수 있다는 점을 제시한 후 아우구스티누스는 동의에 관한 아카데미아학파의 두 번째 언명에 직면한다. 확실성의 문제는 동의의 문제와 엮여 있기 때문이다. 확실성에 관한 첫 번째 문제의 해결책은 한 가지 전제, 곧 세계의 존재 위에 형성된다. 사실 위에서 제시된 반립 명제들은 — 아카데미아학파 철학자는 이것의 확실성을 부인할 수 없다 — 세계의 존재가 아닌 세계의 본성에 관련된 것이다. 세계의 존재는 오직 전제되고 있다.[20] 동의에 관련된 문제에 있어 아카데미아학파 철학자는 세 가지 반론을 개진한다.

첫 번째는 다음과 같다.

> (…) 하지만 만일 감관이 속는다면, 저런 세계가 존재함을 무엇으로 아는가?[21]

아우구스티누스는 다음과 같이 대답한다.

> 당신들의 논증은 (…) 감관의 힘을 철저히 배제할 수 있었던 적은 한 번도 없었다. 우리에게 아무것도 보이지 않는다고 결코 우리를 설득할 수 없었다. 당신들도 감히 그런 일까지 시도하지는 않았다. 단지 당신들은 사물이 감관에 보이는 것과는 달리 존재할 수 있다는 점을 설득시키려고 무던히 노력하였다. 그런데 나는 저 전체를 세계라고 부르는 바다. 그것이 어떤 것이든지 간에 우리를 품고 우리를 키우는 그것, 내가 말하거니와 내 눈에 나타나고 나에게 지각되는 그것, 땅과 하늘을 갖추고 있는 것으로 나에게 지각되고 그렇지 않으면 적어도 땅 비슷하고 하늘 비슷한 것을 갖추고 있는 것으로 나에게 지각되는 그것을 나는 세계라고 부른다.[22]

더 나아가 아우구스티누스의 대답은 다음과 같이 설명된다.

그대가 실제로 나에게 아무것도 보이는 것이 아니라고 말하더라도, 나는 조금도 오류를 범하지 않을 것이다. 오류를 범하는 것은 자기에게 보이는 것이 보이는 그대로 존재한다고 여겨 함부로 동의하는 사람이다. 당신들은 지각하는 사람들에게 거짓이 보일 수 있다는 말을 하지, 아무것도 안 보인다는 말은 하지 않는다.[23)]

아카데미아학파 철학자는 또 다른 반론을 이렇게 제기한다.

당신이 잠들었을 때에도 그대가 보는 것이 이 세상인가?[24)]

아우구스티누스는 대답한다.

이미 말했지만, 무엇이든지 나에게 보이는 그것을 통틀어 나는 세상이라고 부르고 있다. 깨어 있는 사람들에게 또는 정신이 온전한 사람들에게 보이는 그것만을 세상이라고 부르고 싶거든, 그대가 할 수 있다면 그렇게 해보라. 그리고 잠자고 있는 사람들과 발광하는 사람들은 세상에서 발광하는 것이 아니고 세상에 잠자고 있는 것이 아니라고 시비해 보시라. 그래서 나는 이렇게 말한다. 저 물체들의 덩어리와 장치 전체를 세계라고 부른다고. 우리가 잠을 자든 발광을 하든 깨어 있는 제 정신이든, 그 속에서 우리가 존재하고, 그것이 하나든(*aut*) 하나가 아니든(*aut*) 그 속에서 우리가 존재하는 그 전체를 나는 세계라고 부른다는 말이다.[25)]

세 번째 반론이 제기된다.

> 그대는 아우구스티누스가 깨어 있을 때 파악하는 것이 잠자는 동안에도 그에게 보였을 수 있다고, 그러니까 허위와 아주 유사할 수 있다(*ideoque hoc potest esse falso similimum*)고 반박할 수 있겠다.[26]

아우구스티누스는 이렇게 대답한다.

> 세계가 하나 있고 또 여섯 있다면 합쳐서 일곱 세계가 있다는 것이 분명해진다. 이 사실은 내가 어떤 처지에 있었느냐는 상관없다. 내가 그 사실을 내가 안다는 것을 경솔함이 없이도 긍정할 수 있다.[27]

그는 속임수가 감각적 인식에 해당하는 것이지 결코 이성적 인식에 관련된 것이 아니라고 결론을 내린다.

현재 다루고 있는 이 작품의 26절에서 우리는 아우구스티누스와 어느 에피쿠로스학파 철학자 그리고 어느 아카데미아학파 철학자 사이의 또 다른 대화를 발견한다. 첫 번째 대화에서 아우구스티누스가 병리학적 환상과 환각들에 대해 간략하게 묘사하였다면, 이제 그는 생리학적 환상이라는 문제를 다루고 있다. 여기서 그는 에피쿠로스학파로부터 일부 예를 취하고 있다. 물속에서 꺾여 보이는 노(櫓), 움직이는 전쟁 탑의 흔들림, 조류가 취하는 조건에 따라 색깔을 변화시키는 새들의 날개 등이다. 이때 그 에피쿠로스학파 철학자가 이러한 현상들에 대한 이성적 설명을 개진하기 위해 처음으로 개입한다.

그 아카데미아학파 철학자는 다음과 같이 반론을 제기한다.

> 내가 동의하는 경우 내가 속는 것이다(*ego tamen fallor, si assentior*).[28]

하지만 아우구스티누스는 그 아카데미아학파 회의주의자가 다음을 주목하도록 만든다.

> 그대에게 그렇게 나타난 것이 참되다고 그대가 생각하는 것에 더 이상 동의하지 마시라. 그러면 아무런 기만도 발생하지 않는다(*noli plus assentiri, quam ut ita tibi apparere persuadeas, et nulla deceptio est*).[29]

그리고 아우구스티누스는 다섯 개의 언명으로 토론을 끝맺는다.

> 나한테는 이것이 하얀 것으로 보인다는 사실을 나는 안다(*scio*). 이것이 내 청각을 즐겁게 한다는 것을 나는 안다(*scio*). 이것이 나한테는 기분 좋은 냄새를 풍긴다는 것을 나는 안다(*scio*). 이것이 나한테는 달콤한 맛을 낸다는 것을 나는 안다(*scio*). 이것이 나한테는 차게 느껴진다는 것을 나는 안다(*scio*).[30]

확실성의 문제가 스토아주의자들이 말하는 단순하지 않은

명제들을 활용하여 해결된다면, 동의의 문제는 단순 명제들에 대해 숙고하면서 해소된다. '이 대상이 나에게 하얀 것으로 보인다'(단순 명제이다)라고 내가 말할 때, 이것이 나에게 하얀 것으로 보인다는 사실을 나는 안다(*hoc mihi candidum videri scio*). '이 소리가 내 청각을 즐겁게 한다'라고 내가 말할 때, 이 소리가 내 청각을 즐겁게 한다는 것을 나는 안다. 간략하게 말한다면, 스토아주의자가 단순하지 않은 어떤 명제의 요소로 단순 명제를 고려하는 것으로 한정 짓지만, 아우구스티누스는 단순 명제에 대한 분석에서 자기 인식의 원리를 발견하고 있다. 회의주의자는 감각적 지각의 대상을 논의에 두고 있지만, 이 순간 내가 어떤 것을 지각하고 있음을 내가 알고 있다는 사실을 논쟁할 수는 없다. 진리의 문제는 이렇게 바뀐다. 더 이상 사물(*res*)과 지성(*intellectus*)의 일치(*adequatio*)로서의 진리가 아니라 비판적 능력과 나의 삶 사이의 일치(*adequatio*)로서의 진리이다. 스토아주의자들이 단순하지 않은 명제들을 형성하기 위해 단순 명제들로부터 출발하는 반면, 아우구스티누스는 반대로 간다. 곧 단순 명제들의 진리를 발견하기 위해 단순하지 않은 명제들의 진리에서 출발한다. 스토아 철학자들은 부분에서 전체로 나아가지만, 아우구스티누스는 전체에서 부분으로 나아간다. 그는 두 명제 중 하나는 필연적으로 참되다는 것을 논리적 사고 구조에서 발견한다. 모순적인 명제 중 하나가 참된 것이어야만 한다는 것을 보장한 후에 그는 지각한 것을 확언하는 데 더 이상 동의하지 않고 지각 행위를 자기 인식에 귀착시키면서 진리의 기준을 고정시킨다.

2. 최고선의 본성

키케로의 작품인 『아카데미카』를 읽으면서 아우구스티누스는 철학적 성찰은, 진리의 기준에 관한 문제를 해결한 후에, 인간 본성의 목적(*télos*), 곧 최고선에 관한 문제를 탐구해야만 한다는 점을 직관하였다. 『아카데미아학파 반박』 다음에 저술된 『행복한 삶』이라는 대화에서는 키케로가 『호르텐시우스』에서 개진하였던 심리학적 경구인 '우리는 행복해지고 싶다'[31]가 다시 나타나고 있는데, 이는 원하는 것의 참된 본성을 결정지으려는 의도이다. 인간 삶의 목적이라는 문제는 선들의 본성에 관한 분석에서 출발하여 연구된다. 『고백록』에서[32] 아우구스티누스는 카시치아쿰 시기로 돌아가 그 문제가 회심 전의 나날 동안 알리피우스와 네브리디우스 사이의 토론의 주제였다고 말한다.

『행복한 삶』이라는 대화에서 논쟁은 아우구스티누스와 대화 상대자들 사이의 짧은 질문과 대답의 교환으로 시작하는데, 이는 인간 존재가 영혼과 육체로 구성되어 있고, 두 요소의 일치는 인간이 가진 자기의식에 의해 주어진다는 점을 강조하기 위해서이다. 육체든 영혼이든 자신의 고유한 자양분을 찾아간다. 육체는 건강을 보장하기 위해 물질적 음식을 원하고, 영혼은 성찰과 덕성으로 양분을 얻으려고 한다.[33] 분명 소요학파에서 기인한 이러한 인간학적 질서[34]에 대한 지적 후에 아우구스티누스는 인간 존재들의 본질적인 행복에 대한 염원의 본성에 대한 탐구를 시작한다. 이 토론이 대화 서두에서 어느 정도 제시된 인간학적 모델이 아닌 인간이 바라는 선들의 본성에 관한 분석에서 시작하여 진행된다는 것은 중요하다. 참석한 이들은 자신이 원하는 바를 가지지 못한 사람은 행복할 수 없다는 것과 원하는 바를 가졌다고 해서 필연적으로 행복한 것은 아니라는 점을 인정한다. 행운의 변화나 불운한 일들에 종속될 수 없는 항상 지속적인(*semper manens*) 선에 도달하는 사람만이 행복하다.[35] 모니카는 물질적인 재화를 풍족하게 갖고 있지만, 욕심내는 데 스스로 한계를 정해두고 있는 사람도 행복할 수 있다는 생각을 개진한다. 아우구스티누스는 분명 스토아학파에서 기인한 이 행복에 대한 정의의 가치를 인정함에도 불구하고 "영원하고 항상 존속하는 것"과 하느님 자신을 동일화하면서 앞으로 나아간다. 따라서 하느님을 모슨 사람은 행복하다. 생각의 전개는 아카데미아학파에 대한 명확한 논쟁에서 이루어진다. 곧 진리가 발견될 수 없다고 믿는 이는 하느님이든 행복이든 가질 수 없다.[36]

34절에서 아우구스티누스는 법도(*modus*)라는 용어의 스토아주의적 의미에서 플라톤주의적 개념으로 전환하면서 자신의 성찰들을 추가로 제시한다. 사실 아리스토텔레스와 스토아 철학자들은, 영혼이 두 개의 반대되는 것 사이에서 균형을 유지하게끔 해 주는 올바른 중도(*mesótes*)로서 법도를 이해했다. 또한 그들은 이 올바른 중도를 통해 인간 행위에서 가장 상위의 단계로서 덕행을 이해하였다. 플라톤은 이미 이전에 법도(*métron*)라는 용어를 형이상학적 의미에서 '최초의 일치' 혹은 '가장 정확한 법도' 등에 적용하였다.[37] 아우구스티누스는, 그러한 '최고의 법도'가 인간의 목적과 행복의 가능성을 형성하고 있다고 강조한다.[38] 소요학파 철학에서 고유한 행복론적 경향을 수정한 후 아우구스티누스는 자신의 신학에서 특징적인 정식을 구성하는 '하느님을 향유하는 것'(*Deo frui*)[39]이라는 표현을 도입하면서 그리고 고유한 그리스도교적 의미에서 행복의 정의를 제시하면서 이렇게 결론을 내린다.

> 바로 이것이 인간의 충일한 만족, 즉 행복한 삶이며, 바로 그것이 경건하고 완전하게 아는 앎이다. 바로 그에 의해서 인간은 진리로 인도되고, 바로 그 진리를 향유할 것이며, 바로 그 사실을 통해서 최고의 법도에 결속되기에 이를 것이다.[40)]

『가톨릭교회의 관습과 마니교도의 관습』이라는 작품에서 아우구스티누스는 역동적인 욕구의 원리(*appetitus*)로서 이해된 인간 본성의 개념에서 시작하여 최고선의 본질을 탐구하고 있다. 이때 그는 행복론적 특성의 경향이 있는 바로(Varro)의 인간학적 모델에 호소하면서도 그것이 지닌 내재론적 폐쇄성을 거부하고 있다.[41)] 이 작품에서도 아우구스티누스는 행복에의 욕구(*appetitus beatitatis*)[42)]가 모든 사람에게 공통적인 특성임을 확인하면서 시작한다. 더욱이 그는 무엇이든 간에 자신이 사랑하는 것을 소유하지 못한 이, 자신에게 해가 된다면 사랑하는 것을 소유하고 있는 이, 최상의 것이라고 하더라도 소유하고 있는 것을 사랑하지 않는 이는 행복한 사람으로 간주할 수 없음을 지적한다. 사실 도달할 수 없는 것을 바라는 이는 고통을 당한다. 원해서는 안 되는 것을 획득한 이는 잘못을 범한 것이다. 획득해야만 하는 것을 원하지 않는 이는 병에 걸린 자이다. 결국 이러한 마지막 가능성이 남는다. 잃어버릴 두려움 없이 자신의 최고선을 형성하는 것을 사랑하고 소유하는 이가 행복한 자이다.[43)] 이것의 본성을 알기 위해서는 인간 존재의 존재론적 구조를 탐구해야만 한다. 여기에서 아우구스티누스는 인간 본성의 본질에 관해 철저한 묘사를 하지 않지만, 일부 측면들을 다음과 같이 강조한다.

> 우리가 영혼과 육체로 이루어져 있음을 거의 우리 모두가 받아들이기에 혹은 분명 — 이것은 충분합니다 — 나와 내가 지금 다루고 있는 것들이 동의하고 있기에, 여기서 인간 자체가 무엇인지 질문해야만 한다고 봅니다. 곧 내가 언급했던 이 두 가지 각각이 육체만인지 아니면 영혼만인지 말입니다. 사실 영혼과 육체가 두 가지라면, 그리고 이 두 가지 그 어떤 것도 다른 것이 없을 때 인간이라고 부르지 못하지만(사실 영혼이 없다면 육체는 인간이 아니며, 영혼이 육체에 생명을 주지 않는다면 영혼도 인간이 아닙니다), 이 두 가지 중 하나를 인간으로 간주하고 그렇게 불리는 것도 발생할 수 있습니다. 그렇다면 우리는 인간에 대해 어떻게 생각합니까? 쌍두마(biga) 혹은 켄타우루스의 양식대로 영혼과 육체로 혹은, 등불이라는 이유에도 불구하고 등불과 그릇 모두가 아닌 오직 그릇으로만 등경을 부르는 것처럼, 육체를 지탱하는 영혼이 사용하고 있기에 육체만으로 생각합니까? 혹은 육체를 지탱하기에 인간은 영혼 외에 다른 것이 아니라고 부릅니까? 마치 말을 몰고 갈 수 있다는 사실로 인해 말과 사람 모두가 아닌 사람만을 기사라고 부르는 것처럼 말입니다. 이 논쟁에 대해 무언가 결론을 내리는 일은 어렵습니다. 혹은 적어도 쉽다면, 긴 토론을 요구하며 지금은 수고를 떠맡고 이에 대한 지체를 감당할 필요는 없습니다. 어쨌든 간에 그리고 다시 말해 인간이라는 이름은 영혼과 육체 모두에게 혹은 육체에

> 만 혹은 영혼에만 적용되는 것이든 아니든 간에 육체의 최고선은 인간의 최고선이 아니기 때문이다. 하지만 육체와 영혼 모두 혹은 영혼만의 최고선은 인간의 최고선이다.[44]

아우구스티누스는 에피쿠로스학파가 주장하듯이 인간 존재의 신원을 육체에서 찾거나 플라톤주의자들이 원하는 것처럼 영혼에서 찾지 않고, 비록 지금 영혼과 육체의 관계가 지닌 특성을 깊게 탐구하지는 않지만, 영혼과 육체의 통합에서 찾아야 한다고 주장하고 있다는 점에서 바로(Varro)와 의견을 같이한다. 마니교도들도 동의하는 인간학적 전제를 결정지은 후 아우구스티누스는 분명 바로에게서 유래한 의견으로 시작하면서 인간의 최고선의 본성을 탐구하는 쪽으로 나아간다. 곧 육체는 기쁨, 고통의 부재, 힘, 아름다움, 민첩함과 같은 일부 첫 번째 선들을 소유하고 있는 선한 실재이다. 그렇지만 이러한 선 중 그 어느 것도 육체의 최고선이 되지 않는다. 오히려 육체의 최고선은

> (…) 분명 영혼이다. 영혼은 자신의 현존으로 인해 육체에 열거된 모든 선을 부여하고 아울러 모든 선보다 우위에 있는 것, 곧 생명 자체를 부여한다.[45]

영혼은 육체보다 더 좋은 것이며 육체에 활력과 생명을 주기(*corpore melius et quo ei vigor et vita praebetur*)에 육체의 최고선이다. 영혼보다 상위의 존재, 곧 영혼을 완전하게 하고 그 유형에서 개선하는 존재의 본질을 발견한다면, 영혼을 인간의 최고선으로 간주할 수는 없다.[46] 여기서 아우구스티누스가 어떤 특별한

최고선의 개념을 사용하고 있음을 명확하게 제시하는 것이 중요하다. 곧 그는 인간의 원의를 만족시키는 것만이 아니라 영혼 자체를 개선하고 완전하게 해 주는 실재로 최고선을 생각하고 있다.[47] 이미 바로가 그리고 그 이전에는 아스칼론의 안티오쿠스와 소요학파가 육체적 그리고 지성적 능력의 완전함에 대한 인간의 자연적 욕구의 존재를 인정하였다.[48] 그들은 영혼의 의복 내지 자질인 덕행이 현인의 가르침이나 지도의 도움을 통해 획득하며,[49] 인간 영혼의 완전함과 개선의 조건을 형성한다고 가르치기도 하였다. 아우구스티누스는 근원적 중요성의 수정을 요구하면서 이러한 인간학적 가르침을 다시 취한다. 덕행을 배우기 위해서는 윤리적 가르침과 지혜로운 지도가 필요하다는 것을 그는 인정하지만, 참된 윤리적 가르침은 덕행을 배우기 전에는 어리석었던 그 주체 자신이든 덕행과 지혜에 도달하지 못한 어떤 사람이 확실하게 보증할 수도 없고 결정지을 수 없음도 주장한다. 자신의 동의를 거슬러 그리고 자신의 저항에도 불구하고 현존하는 덕행을 빼앗길 수 있기 때문이다. 따라서 아우구스티누스는 오직 하느님만이 참된 윤리적 가르침을 보증할 수 있고 따라서 인간 영혼의 완성도 보증할 수 있다고 확언하면서 결론을 내린다.[50]

한편으로 아우구스티누스는 인간 본성에서, 특별히 행복에의 자연적 욕구(*appetitus beatitatis*)에서 시작하여 최고선을 찾아야만 한다는 원리를 자신의 것으로 만들었다. 다른 한편으로는 인간의 최고선을 하느님 자신과 동일시하였다. 만일 인간학적 체계에 속하는 첫 번째 이유가 바로의 고유한 인간학과 윤리학의 행복론적 경향과 직면하여 이루어진 결가부좌과라면, 형이상학적 체계에 있는 두 번째 이유는 예를 들면 하느님을 향하는 인간의 본성적 부르심에 관련된 주제와 같이 신플라톤주의적 형이상학의 일부 주제와 직면하여 얻게 된 결과이다. 아우구스티누스는 후대 작품에서 인간 본성의 근원적 욕구 안에서 인간을 하느님과 연결하는 최고 목적의 표징을 볼 정도 이 두 가지 측면을 심화시킬 것이다.

많은 존재가 성부의 영원한 진리 혹은 지혜에 의해 만들어졌지만, 그것을 향해서 존재하지는 않는다(*sunt per ipsam facta, ut non sint ad ipsam*)고 아우구스티누스는 『참된 종교』에서 적고 있다. 반면, 이성을 갖춘 존재들은 진리 혹은 지혜에 의해 창조되었는데, 그것을 향해서 만들어졌을 정도이다(*sic sunt per ipsam, ut ad ipsam etiam sint*).[51) 『고백록』에서 하느님을 향한 인간의 본성적 자세는 특유의 무게 표상으로 제시된다.

> 모든 물체는 제 무게에 따라서 제 자리로 기웁니다. 무게는 꼭 밑으로만 아니고 제 자리로 기웁니다. 불은 위로 향하고, 돌은 아래로 향합니다. 제 무게를 향해 움직이면서 제 자리를 찾습니다. 기름은 물 밑으로 붇더라도 물 위로 솟아오르고, 물은 기름 위로 붇더라도 기름 밑으로 가라앉습니다. 제 무게를 향해 움직이면서 제 자리를 찾습니다. 그런 질서가 덜한 곳에는 불안하고, 질서가 잡히면 평온합니다. 저의 무게는 저의 사랑입니다. 사랑으로 어디로 이끌리든 그리고 제가 끌려갑니다.[52)]

많은 이교도 철학자가 인간을 폐쇄적 존재로 간주하면서 인간 본성의 한계 속에 인간을 가둬 두고 덕행의 실천에서 최고선을 찾도록 강요하였다면, 반대로 아우구스티누스는 인간을 행복할 수 있는 존재(*capax beatitatis*)로 간주한다. 행복에 대한 자연적 욕구가 있기 때문이다. 『삼위일체론』에서 그는 인간을 "자신의 창조주를 기억하고 인식하고 사랑할 수 있는" 창조주의 모상으로 말하면서[53] 최고 본성에 참여할 수 있는(*summae naturae capax*) 존재로 인간을 정의한다.[54]

3. 하느님의 섭리와 역사 안에서의 악

카시치아쿰의 작품들을 재검토하면서 아우구스티누스는 다음과 같이 주석을 달고 있다.

> 나는 질서의 개념에 관한 두 권의 책도 저술하였다. 이 책에서 하느님 섭리의 질서가 모든 선과 모든 악을 포함하고 있느냐는 중요한 문제가 다루어진다.[55]

아우구스티누스가 밀라노에서 선견지명과 악들의 본성에 관한 플로티누스의 저술을 읽었다는 것은 주지의 사실이다. 이 작품에서 신플라톤주의 철학자는 보편적인 운명론이 온 세계를 다스리고 있으며, 자신이 행한 선과 악에 대해 책임을 갖고 있는 인간에게 상을 주고 벌을 주기도 하는 운명적인 법칙에 종속된 개별 인간의 주도권을 능가하는 어떤 필연적이며 불변한 질서가 있다고 주장한다. 선견지명의 본성을 제시하면서 플로티누스는 특별한 선견지명(*prónoia eph'ecásto*)과 보편적인 선견지명(*tou pan-*

tòs prónoia)을 구분한다. 첫 번째는 행동하기 전에 숙고하는 인간의 선견지명으로, 행동으로 옮기는 것이 필요한지 아니면 필요하지 않은지 그리고 행동으로 옮긴다면 우리에게 어떤 결과가 나타나는지 그리고 행동으로 옮기지 않는다면 어떤 결과가 있는지를 질문하는 것으로 이루어진다. 간략하게 말한다면, 특별한 선견지명은 인간의 영역에서 지혜로운 사람의 선견지명이다. 두 번째는 보편적인 선견지명이다. 이는 인간의 선견지명과의 유비 속에서든 다른 양식으로든 이해될 수 있다. 플로티누스는 인간적인 특별한 선견지명을 간과하며 세계는 영원하다는 그리스 철학의 교의에 기초하여 인간의 선견지명과의 유비에서 이해된 보편적 선견지명을 거부한다. 플로티누스가 한편으로는 스토아학파의 섭리 개념을 취하고 있고, 다른 한편으로는 창조에 대한 성서적 개념을 공격하고 있음은 분명하다.[56)]

악의 본성에 관한 문제는 선견지명의 문제와 긴밀하게 연결되어 있다. 플로티누스는 다음과 같이 진술한다.

> 생명체들 사이에는 투쟁과 파멸이 필요하다. 그것들이 태어나고 영원하지 않기 때문이다. 그리고 그것들은 태어난다. 이성이 모든 물질을 점유하고 있기 때문이다. 또한 그것들은 지성적인 하늘에 있기에, 이성은 자신 안에 모든 생명체를 담고 있기 때문이다.[57)]

아우구스티누스는 카시치아쿰으로 물러나 있는 동안 섭리와 악의 문제 사이의 연결을 규명할 수 있었다. 이 두 가지 문제는 『질서론』 제2권 7장까지 대화의 중심 내용을 이룬다. 플로티누스 역시 『엔네아데스』 제3권에서 이 연결을 보았다. 하지만 이 연결에 있어서 두 가지에 관한 문제 제기 방식이 논의의 여지가 있지만, 접근 방식은 다르며 그리고 우리가 뒤에 살펴보겠지만 결론도 근본적으로 상이하다.

에피쿠로스학파와 스토아학파의 우주론적 가르침에 대해 비판적으로 언급한 후에 아우구스티누스는 대화의 서론에서 플로티누스의 입장과도 거리를 둔다. 그는 다음과 같이 적고 있다.

> (…) 인간 기술로 간여한 바가 전혀 없음에도, 자연 전체를 통해서(*per universam naturam*) 그 낱낱의 부분들에 이르기까지 완벽하게 질서 지어져 있음을 두고 탄복하면서도, 우리가 보잘것없고 황당한 사상에 말려들다 보니(*ullis nugis vane opinionis*), 그 현상을 지존의 내밀한 의지에(*secretissimum Maiestatis arbitrium*) 돌리지 않으려고 감히 수작을 부리거나 합니다.[58)]

이 시점에서 아우구스티누스가 비록 매우 간략한 형태이지만 역사 문제를 소개하고 있다는 것은 흥미롭다.

> (…) 이 점이 의문으로 가득 차 있습니다. 벼룩 한 마리의 지체들은 놀랍고 짜임새 있게 만들어졌다고 하면서도, 인생 전체는 무수한 시련의 불안정으로 흔들리고 동요하게 되어 있겠느냐는 점입니다(*humana vita innumerabilium perturbationum inconstantia vexetur et fluctuet*).[59)]

이와는 반대로 플로티누스는 인간 삶의 추이를 뒤흔드는 의

문들과 극적인 일들을 거의 단순한 연극 장면을 바라보듯이 매우 거리를 두고 묘사한다.

> 사람들은 사멸하기 때문에 서로를 거슬러 무장한다. 그리고 그들의 잘 조직화한 전투는 호전적인 춤과 비슷하게 보이니, 사람들의 일이 단순히 놀이와 같고 죽음은 두려워할 것이 못 된다는 점을 우리에게 드러낸다. 그리고 전쟁과 전투에서 죽는 것은 노년의 끝을 약간 선취하는 것이고 후에 새롭게 다시 떠나기 위해 보다 빨리 떠나는 것뿐이다. (…) 연극 장면처럼 우리는 삶에서 불행과 죽음까지도 관조해야만 한다. (…) 모든 것이 장면과 의상의 변화요 연극의 슬픔과 탄식인 것처럼 말이다.[60)]

『질서론』의 가장 중요한 부분에서 아우구스티누스는 하느님의 섭리가 비록 초월적이지만 마지막 그리고 미소한 것들까지 포괄하고 있고 인간 삶에 현존하는 윤리적 악들은 하느님의 의지에 귀속시킬 수 없고 어떤 필연성이라는 형태의 결과로도 간주할 수 없음을 제시하고자 한다. 더욱이 대화가 진행되면서 중요성이 드러나게 되는 질서의 개념에 관련된 구분을 소개하고 있다. 곧 각각의 존재에 고유한 사물들의 질서(*ordo rerum*)와 세계를 규정하고 지탱하는 보편적 질서(*ordo universitatis*)가 있다. 두 질서에 대한 이해는 적어도 윤리성(*ordo vitae*) 혹은 학문적 양성(*ordo eruditionis*)이라는 두 가지 조건 중 하나를 요구한다. 논쟁은 중심인물들의 소개로 시작한다. 이미 아카데미아 철학과 거리를 둔 리켄티우스는 시적 영감이 풍부한 젊은이요 토론에 보다 열정적으로 참여하는 인물이고, 이제는 스토아학파의 운명론적 결정론의 옹호자로 나타난다.[61] 또 다른 중심인물은 리켄티우스보다 덜 분명하게 묘사되고 있는 트리게티우스이다. 그는 젊은이지만 나이든 사람처럼 역사를 사랑한다. 또한 추상적 사변에 대한 능력과 주요한 것과의 비교 능력을 갖고 있지 않지만 사실에 더 큰 중요성을 부여한다. 그는 리켄티우스처럼 열정적인 추진력을 갖고 있지 않지만 진지한 현실주의자이다. 세 번째 인물은 처음에는 부재중이었던 알리피우스이다. 그는 밀라노에서 카시치아쿰으로 돌아온 직후, 두 번째 토론에 참여하였다. 마지막으로 아우구스티누스의 동생인 나비기우스가 있다. 반면 어머니 모니카의 이름은 명명되지 않지만, 마지막에는 참된 철학의 대변자인 것처럼 중요한 역할을 그녀에게 남겨둘 것이다.

세 번째 장으로 실질적인 참된 토론이 시작된다. 여명이다. 아우구스티누스는 사색하기 위해 베레쿤두스의 별장에 있는 한 방의 침대에 누워 있다. 그 자신은 이렇게 말한다.

> (…) 물소리가 욕탕 가까이서 들렸고 (…) 그 소리가 내 귀를 사로잡았고 으레 하던 대로 갈수록 귀를 세우게 만들었습니다. 같은 물이 자갈 위를 흐르면서 때로는 또렷하게 때로는 낮게 소리를 내는 점이 신기했습니다. 그래서 필시 무슨 까닭일까 스스로 묻기 시작했습니다.[62]

옆방에 있던 리켄티우스는 귀찮게 뛰어다니는 쥐들로 인해 깨어 바닥을 반복적으로 치고 있다. 아우구스티누스는 그 제자에게 이렇게 관심을 불러일으킨다.

(…) 네 뮤즈가 불을 밝혀 주어 네가 계속 일할 수 있도록 해 주었구나. 시냇물 소리가 어떻게 달라지는지 느껴 보았느냐?[63)]

리켄티우스는 그에게 다음과 같이 대답한다.

제게는 (…) 처음이 아닙니다. 때로 밤에 눈이 떠져서, 날씨가 제발 맑았으면 해서 비가 오지 않나 귀를 기울이다 보면 저 물이 지금처럼 소리를 내곤 했습니다.[64)]

다른 방에서 자고 있던 트리게티우스도 깨어났다. 결국 리켄티우스는 다른 이들을 위해 즉흥적으로 그 현상에 관해 설명하면서 변함없는 물의 흐름은 드러난 질서지만, 비규칙적인 흐름은 드러난 무질서라고 강조한다. 하지만 중단되는 현상의 리듬에 대해 어떤 이유가 있기에, 사실 이 상황은 우리의 즉각적인 인지를 벗어나는 어떤 질서에 포함된다. 결론은 드러난 무질서가 있지만, 그 자체로 보면 아무것도 질서밖에 없다는 것이다.[65)] 처음에 우연히 시작된 대화는 열정적인 철학 논쟁으로 변화한다. 아우구스티누스와 트리게티우스의 단서에 무관심한 리켄티우스는 이미 플로티누스가 자신의 것으로 수용한 스토아 철학의 결정론[66)]에 매우 깊은 영감을 받은 자신의 주장을 심화시킨다. 질서 밖에서 일어나는 것은 아무것도 없다(*nihil praeter ordinem fieri potest*).[67)] 사물의 근본 구조가 섭리가 사물을 다스리는 보편적인 질서의 법에 순응하기 때문이다. 따라서 원인 없는 결과는 존재하지 않는다(*nihil fieri sine causa*). 질서는 본성상 원인들의 연속(*ordo causarum*)과 상응하기 때문이다.

15절부터 우주론적 문제 해결을 유보하고 탐구는 질서와 악, 하느님과 악들 사이에 존재하는 관계로 넘어간다. 트리게티우스는, 비록 악들도 질서 안으로 다시 들어옴에도 불구하고, 질서 밖에서 일어나는 것은 아무것도 없음을 리켄티우스에게 지적한다. 또한 질서가 하느님에게서 유래하고 그분이 원하시는 것이라면, 인간 삶을 괴롭히는 악들은 하느님의 의지 탓으로 돌려야만 한다. 이러한 결론에 도달하는 것을 피하고자 리켄티우스는 새로운 주장을 소개한다.

> 이 질서와 안배, 바로 그것이 이런 구분 자체 속에서 우주의 조화를 수호하고 따라서 악한 것 또한 존재함이 필연적이라는 결과를 낸다. 그래서 우리 언어로든 듣기 좋게 들리지만, 일종의 반명제(反命題)에서, 일종의 대당(對當)에서 만유의 아름다움이 한데 형상화하는 것이다.[68]

이미 플로티누스는 윤리적 악들이 인간 본성에 반대되는 무질서를 형성하지만, 보편적 질서 밖에 있는 것은 아니라고 가르쳤다.[69] 리켄티우스는 하느님의 정의의 개념이 자신이 제시한 주장의 이성적 증거가 된다고 확언하면서 계속 이어간다. 수사학적 질문의 문학적 형식하에 그는 세 가지 문제에 집중한다. (a) 구분이 없다면, 일체의 보답도 없다. 그리고 정의는 갚아 주는 것, 곧 각자에게 자기 것을 주는 것으로 이루어진다는 것임은 알려져 있다. (b) 모두가 선한 것이라면 아무런 구분도 없다. (c) 만약 하느님의 정의가 선한 사람과 악한 사람을 각자의 공로에 따라 이루어지는 것이라면, 아무것도 질서 밖에서 발견될 수 없다. 이 세 가지 중 첫 번째 것과 두 번째 질문의 기저에 있는 논리학적 구조는 이러한 것이다. 모든 것이 선하다면 구분도 없다. 구분이 없다면 보답도 없다. 하지만 보답이 있다. 따라서 모든 것이 다 좋은 것만은 아니다.[70]

어느 정도 여담이 있고 난 뒤에 이 논점에 관한 토론은 『질서론』 제2권의 22절에서 재개된다. 대화에서 핵심적 사건이 일어나는 사건이다.[71] 모니카도 참석하고 있다. 아우구스티누스는 리켄티우스가 이전에 한 확언과 부합하여 하느님의 정의는 하느님이 의인과 악인을 구분하고 각자에게 자기 것을 돌려준다는 점을 상기시킨 후에, 참석자들에게 한 난제를 제시한다. 사실 그는 리켄티우스의 논거를 부너뜨리고 최종 결론으로 토론을 이끌려는 분명한 의도로 다음과 같이 질문한다. 혹시 하느님이 의로우시기에 사람들의 선과 악을 심판하신다면, 선과 악이 항상 존재하는 것인지 혹은 악이 없었을 때는 하느님이 의로운 분이 아니셨던 것인지.[72] 리켄티우스가 옹호한 것처럼 결정론적 유형의 어느 철학에 의하면, 제시된 난제에 대한 대답은 결론이 예측된다. 이때 트리게티우스가 리켄티우스의 이교도적 관점과 그리스도교 관점 사이의 단절을 드러내는 새로운 구분을 제안하면서 개입한다.[73] 하느님은 처음부터 자신 본성의 속성으로 정의를 갖고 있기에 항상, 악이 존재하기 시작하기 전에도 의로우신 분이라는 점이 분명하게 제시된다. 그런데 하느님은 악이 시간 안에서 실현될 때만 의로운 심판을 통해 정의를 수행하신다. 이 주장은 키케로의 예를 통해 더욱 설명된다. 키케로는 카틸리나(Catilina)의 음모를 밝힌 후, 카틸리나가 공화국에 끼칠 엄청난 재앙을 준비하기 전에도 이미 갖고 있던 덕목인 현명, 정의, 용기 그리고 절제의 실현에 도달하였다. 트리게티우스는 이렇게 결론을 내린다.

> 덕이란 인간에게서도 그 자체로 고찰해야지 이런 식의 어떤 업적을 가지고 평가할 것이 아닙니다. 그렇다면 하물며 하느님께는 어떻게 해야 하겠습니까? (…) 우리가 이해하기로는 하느님은 항상 의로운 분이었고, 일단 악이 존재하기에 이르자, 그것을 선으로부터 갈라놓으셨으며, 각자에게 자기 것을 부여하시는 데 조금도 소홀함이 없으셨습니다. 악이 존재하기 시작한 시점에서야 정의를 배운 분이 아니셨고, 당신이 항상 지니고 계시던 정의를 그때 가서야 발휘하셨다는 뜻입니다.[74)]

트리게티우스가 하느님의 속성으로서의 정의와 하느님이 정의를 사용하는 것의 차이를 설명한 후, 아우구스티누스는 다의적 의미에서 질서의 개념을 사용하면서 토론에 새롭게 이바지한다. 사실 그는 사물들의 질서(*ordo rerum*)와 보편적인 질서(*ordo universitatis*)의 개념들을 사용하는 것에서 하느님의 질서(*ordo Dei*)의 사용이라는 개념으로 넘어간다. 리켄티우스를 향해 그는 다음과 같이 강조한다.

> 질서 밖에서는 아무것도 이루어지지 않는다고 네가 강력하게 주장하던 바는 어디 갔느냐? 악이 발생하는 일은 분명히

> 하느님의 질서(*ordo Dei*)로 이루어진 것은 아니다. 하지만 일단 발생하면 하느님의 질서에 내포된다.[75]

윤리적 악은 하느님의 질서와의 모순 그리고 인간 영혼의 고유한 질서의 모순에서 나온 무질서이다. 현세적 기원이 있기에 하느님의 질서와 똑같이 영원하고 필수적인 것으로 간주할 수 없다. 그러나 윤리적 악은 하느님의 의로운 심판을 통해 그분 자신이 정한 질서 안으로 다시 들어오기 때문에 벌받지 않은 채로 남아 있지 못한다. 이 시점에서 모니카가 토론의 맥락을 요약하면서 그리스도교 신앙의 영감을 받은 결정적인 관점에서 논쟁의 결론을 맺는다.

> 어머니가 말하기를, 하느님의 질서 밖에서 아무것도 생기지 않는다고 난 생각지 않는다. 악이 일단 발생하면 절대 하느님의 질서에 의해서 발생하는 것이 아니다. 그렇지만 하느님의 정의는 그것을 무질서한 채 버려두지 않으셨고, 정의에 합당한 질서로 되돌려 왔고 강제로 통합시켰다.[76]

모니카의 말을 잘 이해하기 위해 세 가지 관찰을 할 필요가 있다. 『질서론』 대화를 깊이 탐구하지 않은 전통적인 역사 방법론은 이 작품의 내용, 특별히 악의 문제를 종종 신플라톤주의적 의미로 해석하였기 때문이다.[77] 플로티누스에게 있어 윤리적 악은 인간 영혼의 본성에 반대되는 것이지만, 모든 것의 질서에 부합하는 것이지만, 아우구스티누스에게 있어 윤리적 악은 모든 존재의 질서든 신적이고 보편적인 질서에 반대되는 것이다. 두 번째로 하느님의 질서 밖에서 시간 안에서 나온 악들은 보편적인 본성에 힘입어 자동으로 질서에 다시 들어오는 것이 아니라, 신비롭고도 의로운 하느님의 심판에 의해 강요되는 것이다. 마지막으로 아우구스티누스는 악들을 다시 들어오게끔 하는 새로운 질서가 벌의 질서(ordine penale)임을 분명하게 제시한다.[78] 결론적으로 아우구스티누스는 악의 필요성에 대한 플로티누스의 주장에 반대한다. 곧 우주의 완전함을 위해 윤리적 악들(죄)이나 벌로 받는 악들은 필요하지 않다. 악이 절대 들어오지 않았다면 세상은 완전할 것이다.[79]

최근의 연구에 따르면 아우구스티누스는 테르툴리아누스에게서,[80] 후에 정의하는[81] 사법적 질서(*ordinatio iudiciaria*) 개념과 인간이 의지적으로 범하는 죄이든 하느님의 의로운 단죄로 인해 인간이 고통받는 벌이든 악에 관련된 구분을 취하였다. 여기서 모니카의 결론을 고취하는 그러한 악의 구분은 『자유의지론』 제1권 서두에서 분명하게 소개될 것이다.[82] 『고백록』에서 아우구스티누스는 세례 이전 밀라노에 체류하는 동안 그러한 구분에 대해 들었다고 기억할 것이다.[83]

『질서론』에 관련된 마지막 조망으로 섭리와 윤리적 악의 문제에 관한 이 여정(*excursus*)의 결론을 다음과 같이 내릴 수 있다. 아우구스티누스는 이미 제1권 2절에서 영원한 신적 지성의 반영인 시간의 고정되고 불변한 플로티누스의 관점을 극복하고 있다. 이는 인간 존재에서 이전과 이후를 구분하는 스토아 철학의 고유한 관점에 도달하기 위해서이다. 모든 것이 좋고 하느님이 원하신 완벽한 질서가 다스리던 때가 있었다. 이제는 의로우신 재판관이신 하느님이 정한 또 다른 질서, 곧 인간이 범한 악이 무질서하고 벌받지 않은 채로 남아 있지 않은 질서가 있다.

마니교도들을 반대하는 논쟁을 명확한 방식으로 시작하는 『가톨릭교회의 관습과 마니교도의 관습』이라는 작품에서 아우구스티누스는 윤리적 악의 본성에 관한 문제를 해결한 뒤에 마니교의 형이상학적 이원론이 주장하는 고유한 실체적 악의 개념이 지닌 불합리함을 지적하기 시작한다. 한편으로는 신플라톤주의의 일부 측면(예를 들면, 윤리적 악의 문제)을 비판하기 위해 그리스도교 전통에서 뽑아낸 일부 가르침이 유용한 결과를 내었다면, 다른 한편으로는 마니교들과의 논쟁에서 일부 신플라톤주의적 개념들을 사용하는 것이 결정적인 결과를 자아내기도 하였다. 곧 최고선인 하느님의 개념, 현세적인 것들의 실체적 선성 개념 그리고 마지막으로는 선의 결핍 혹은 감소로서 이해된 악의 개념 등이다. 이미 카시치아쿰에 체류하던 시기에 아우구스티누스는 그리스도교 신앙에 의해 수정된 그러한 철학적 개념들이 마니교의 형이상학적 그리고 인간학적 이원론이 지닌 불합리함을 논박하기 위해 효과적인 사변적 도구가 될 수 있음을 직관하였다.

주석

1) 『아카데미아학파 반박』 I, 2, 5.

2) 같은 책, I, 5, 14.

3) 같은 책, I, 6, 16.

4) 같은 책, I, 8, 22.

5) J.J. O'Meara, *The Young* cit., p.11.

6) 『아카데미아학파 반박』 II, 7, 19 - 13, 30.

7) 같은 책, III, 2, 5.

8) 같은 책, III, 6, 13.

9) 같은 책, III, 10, 22.

10) 같은 책, III, 10, 23.

11) W.C. Kneale / M. Kneale, *Storia della logica* (1962), Torino, 1972, p.207.

12) J.M. Bockénski, *Elementa logicae grecae*, Roma, 1937, p.84.

13) M. Malatesta, *La logica primaria*, Napoli-Roma, 1988, p.49.

14) J.M. Bockénski, *La logica formale dai presocratici a Leibniz* (1956), Torino, 1972, p.166.

15) M. Malatesta, *Dialettica e logica formale*, Napoli, 1982, p.21.

16) 추가적인 고찰을 위해서는 다음을 참조: V. Pacioni, *La struttura logica del principio di autocoscienza, in Interiorità e intenzionalità in Sant'Agostino*, Roma, 1990, pp.64~67.

17) 『아카데미아학파 반박』 III, 10, 23.

18) 같은 곳.

19) M. Malatesta, *St. Augustine's Dialectic from the Modern Logic Standpoint. Logical Analysis of* "Contra Academicos" III, 10,22-13,29, "Metalogicon", VIII, 1955, p.103. 같은 저자의 작품인 다음도 보라. *La problematica linguistica del* "Contra Academicos" *alla luce della filosofia del linguaggio contemporanea*, "Metalogicon", X, 1997, pp.46~63. 이 글은 아우구스티누스가 회심 직후에 저술한 작품에서 고찰하고 있는 명제적 태도(attitudini proposizionali)와 언어 행동(atti linguistici)에 대해 현대 해석학적 도구로 행한 숙고이다. 상징논리학의 기재를 통해 아우구스티누스의 본문을 처음으로 분석한 공덕은 부커(T.G. Bucher)에게 돌린다. 이에 대해 다음을 보라. T.G. Bucher, *Zur formalen Logik bei Augustinus*, "Freiburger Zeitschrift für Philosophie und Theologie", XXIX, 1982, pp.3~45; T.G. Bucher, *Augustinus und der Skeptizismus zur Widerlegung in* "Contra Academicos", in *Atti del Congresso internazionale su S. Agostino nel XVI centenario della conversione*, vol. II, Roma, 1987, pp.381~392.

20) M. Malatesta, *St. Augustine's* cit., p.104.

21) 『아카데미아학파 반박』 III, 11, 24.

22) 같은 곳.

23) 같은 곳.

24) 같은 책, III, 11, 25.

25) 같은 곳.

26) 같은 곳.

27) 같은 곳.

28) 같은 책, III, 11, 26.

29) 같은 곳.

30) 같은 곳.

31) 『행복한 삶』 2, 10.

32) 『고백록』 VI, 16, 26.

33) 『행복한 삶』 2, 8-9.

34) R. Holte, *Béatitude* cit., p.195.

35) 『행복한 삶』 2, 10-11.

36) 같은 책, 2, 14.

37) 플라톤, 『법률』 716 c 4-5.

38) 『행복한 삶』 4, 35.

39) 같은 책, 4, 34.

40) 같은 책, 4, 35. 참조: R. Holte, *Béatitude* cit., p.197

41) N. Cipriani, *L'influsso di Varrone sul pensiero antropologico e morale nei primi scritti di S. Agostino*, in *L'etica cristiana nei secoli III e IV: eredità e confronti*, Roma, 1996, p.374. 아우구스티누스가 이미 세례를 받던 시기에 작성한 작품에서 시작하여 활용한 그러한 모델의 특성들을 우리는 다음 장에서 넓게 설명할 것이다.

42) 『가톨릭교회의 관습과 마니교도의 관습』 I, 11, 18.

43) 같은 책, I, 3, 4.

44) 같은 책, I, 4, 6.

45) 같은 책, I, 5, 7.

46) 같은 곳.

47) N. Cipriani, *L'influsso di Varrone* cit., p.376.

48) 키케로, 『최고 선악론』 V, 9, 25-26.

49) 『신국론』 XIX, 3, 1. 다음의 작품도 보라. 아리스토텔레스, 『니코마코스 윤리학』 X, 9, 1179b 21 그리고 33-34; 키케로, 『최고 선악론』 V, 21, 59-60.

50) 『가톨릭교회의 관습과 마니교도의 관습』 I, 6, 9-10.

51) 『참된 종교』 44, 82.

52) 『고백록』 XIII, 9, 10.

53) 『삼위일체론』 XIV, 12, 15.

54) 같은 책, XIV, 4, 6; 8, 11.

55) 『재론고』 I, 3, 1.

56) 플로티누스, 『엔네아데스』 III, 2, 1. 플로티누스의 이 본문 해석을 위해 나의 저서를 보라. *L'unità teoretica* cit., pp.86~98.

57) 플로티누스, 『엔네아데스』 III, 2, 4. 여기서 사용한 본문은 다음의 작품에서 인용한 것이다. Plotino, *Enneadi, Rusconi,* Milano, 1992, traduzione di G. Faggin.

58) 『질서론』 I, 1, 2. 이 구문에 대한 해석을 위해서는 나의 저서를 참고하라. *L'unità teoretica* cit., pp.90~92.

59) 같은 곳.

60) 플로티누스, 『엔네아데스』 III, 2, 15.

61) A. Dyroff, *Über Form und Begriffsgehalt der augustinischen Schrift* "De ordine", in *Aurelius Augustinus,* a cura di M. Grabmann e J. Mausbach, Köln, 1930, p.27. 다음의 글도 보라. J. Doignon, *Le* "De ordine": *son déroulement, ses thèmes,* in *L'opera letteraria di Agostino tra Cassiciacum e Milano,* Palermo, 1987, p.120.

62) 『질서론』 I, 3, 6.

63) 같은 곳.

64) 같은 곳.

65) 같은 책, I, 3, 8.

66) 플로티누스, 『엔네아데스』 III, 3, 1.

67) 『질서론』 I, 3, 9.

68) 같은 책, I, 7, 18.

69) 플로티누스, 『엔네아데스』 III, 2, 7.

70) 『질서론』 I, 7, 19.

71) A. Dyroff, *Über Form* cit., p.38.

72) 『질서론』 II, 7, 22.

73) N. Cipriani, *Il problema del male in S. Agostino*, in *Agostino non è (il) male*, a cura di G. Fidelibus, Chieti, 1998, p.31.

74) 『질서론』 II, 7, 22. 아우구스티누스는 "역사의 순환 이론"를 논박하려는 의도로 『신국론』 XII, 21에서 "자신의 의지에 어떠한 새로움 없이 새로운 것들을 만드는" 하느님의 영원성에 관련된 질문을 심화할 것이다.

75) 『질서론』 II, 7, 23.

76) 같은 곳.

77) 이에 대해 우리는 다음과 같은 두 명의 저자를 인용한다. G.R. Evans, *Augustine on Evil*, Cambridge, 1982, pp.93~98; K. Flasch, *Agostino d'Ippona. Introduzione all'opera filosofica* (1980), Bologna, 1983, pp.97~99.

78) N. Cipriani, *Il problema del male* cit., p.33.

79) 『자유의지론』 III, IX, 26.

80) V. Pacioni, *L'unità teoretica* cit., pp.231~236.

81) 『율리아누스 반박 미완성 작품』 1, 66.

82) N. Cipriani, *L'ispirazione tertullianea* cit., pp.166~168.

83) 『고백록』 VII, 3, 5.

제4장

인간학적 가르침

제 4 장 • 인간학적 가르침

1. 인간의 구성
2. 영혼의 불멸성
3. 영혼의 영신성
4. 욕구(appetitus)의 역동적 원리로서의 인간 본성

1. 인간의 구성

간혹 형언할 수 없는 혼합(*ineffabilis permixtio*)[1] 또 어떤 때에는 본성적 유대의 결합(*connexio vinculi naturalis*)[2]이라고도 정의되는 영혼과 육체 사이의 형이상학적 체계의 관계는 첫 작품들 안에서 두 개의 핵심 용어로 소개된다. 첫 번째를 우리는 『영혼 불멸』(*De immortalitate animae*)에서 발견한다.

> 사실 육체를 향하는 영혼의 모든 욕구(*appetitus*)는 육체를 소유하기 위함이거나, 육체를 살리기 위함이거나, 어떤 방식으로든지 육체를 빚어내기 위함이거나, 그렇지 않으면 어떤 양상으로든지 육체를 보살피기 위해 존재한다.[3]

이러한 욕구는 영혼 자신에게 동성적인(*connaturale*) 것이며, 이 영혼에 대해 인간 육체는 이질적인 실재가 아니다.

두 번째 용어는 『음악론』(*De musica*)에 나타난다.

> 사실 행위자의 의향을 통해서가 아니라면(*nisi intentione facientis*) 영혼이 이 육체에 생명을 불어넣는다고 나는 생각하지 않는다. 더욱이 영혼이 육체에 의해 변화된다고 생각하지도 않으며, 육체에 그리고 하느님의 섭리로 영혼의 지배에 종속된 육체 안에서 영혼이 작용한다고 생각한다.[4)]

의향(*intentio*)이라는 용어는 육체를 살아 있게 하고 다스리는 의지에서 나오는 긴장, 긍정적인 충동을 의미한다. 다이흘(A. Dihle)[5)]과 오데일리(G. O'Daly)[6)]가 잘 지적한 것처럼, 의향에 대한 아우구스티누스의 개념에 영감을 불어넣은 가르침은 아마도 스토아 철학에서 기인하며 이 철학이 영혼의 결합이나, 영혼의 지성적 능력 등을 숙고하는 토노스(*tónos*), 영혼의 긴장 개념일 것이다. 비록 아우구스티누스의 관점과는 달리 토노스(*tónos*)는 행위를 향해 움직이는 의지의 힘과 어떠한 관계도 맺고 있지 않은 것처럼 보임에도 불구하고 말이다. 영혼과 육체의 일치에 관한 가르침은 『영혼의 위대함』(*De quantitate animae*) 13, 22에 나타나는 영혼에 대한 정의나 『질서론』(*De ordine*) II, 11, 31과 『가톨릭교회의 관습과 마니교도의 관습』(*De moribus Ecclesiae catholicae et de moribus manichaeroum*) I, 27, 52 각각에 나타나는 두 가지 정의 등을 분석하면 더욱 분명하게 나타난다.

『영혼의 위대함』의 본문을 보자.

> 하느님이 영혼을 만드셨지만 그것이 나름의 실체를 가진다

> 고 알아들어야 하네. 그 실체는 흙 같은 실체도 아니고 불 같은 실체도 아니고 공기 같은 실체도 아니고 습한 실체도 아닐 테지. (…) 자네에게 영혼(*animus*)을 정의해 주기 바란다면, 그래서 영혼이 무엇이냐고 묻는다면 간단하게 대답하겠네. 내가 보기에 영혼이란 육체를 다스리기에 적합한, 이성을 갖춘 어떤 실체일세(*substantia quaedam rationis particeps, regendo corpori accomodata*).

아우구스티누스에게 실체라는 용어는 본질이라는 용어와 동의어임을 상기할 필요가 있다. 영혼은 육체를 다스리고 지배한다. 인간을 구성하는 두 개의 근본적인 요소는 이원론적으로 반대되는 것, 곧 이질적인 것이 아니다. 이 요소들은 무형의 구성 요소가 유형의 구성 요소에 대한 수위권을 갖고 있음에도 불구하고 상호 통합되는 두 가지 차원으로 이해된다. 아우구스티누스는 엔텔레키아(*enteléchia*), 곧 육체의 형상(*forma*)으로 영혼을 바라보는 아리스토텔레스의 관점을 수용하지 않는다. 신플라톤주의자들의 의견에 동의하는 그는 질료(質料) 형상론(*hylomorphism*)의 가르침을 믿지 않는다. 그의 눈에는 그러한 주장이 영혼의 불멸성과 비육체성을 위태롭게 하는 것이다. 하지만 육체의 본질, 존재 그리고 운동의 원리로서 영혼을 이해할 때는 아리스토텔레스의 관점에 동의한다.[7] 플로티누스에게 영혼은 육체와 이질적인 실체, 곧 자신의 존재가 육체 안에 자리하고 있다는 사실 덕분이라면,[8] 아우구스티누스에게 영혼은 창조되었고 육체에 생기를 불어넣고 다스리도록 예정되었다. 이 목적은 우연성이 아니며, 그 존재의 본질적인 내포이다. 육체와 관련된 영혼 활동의 이러저러한 행위는 우연적이다. 반면 영혼이 자기 육체에 생명을 주기 위해 창조되었다는 것에 있어서는 육체와 동일 본질이다.[9] 영혼은 하느님이 자기 모상대로 창조하였다.[10] 이는 플로티누스가 가르치듯이 현존재 이전의 죄를 경감시키기거나, 포르피리우스가 생각하듯이 질료를 형성하는 악을 알기 위함도 아니다. 오히려 육체에 생기를 불어넣어 주고 다스리는 긍정적 기능을 위한 것이다.[11] 우리가 여기서 자세히 설명한 영혼의 정의는 분명 표현이나 내용에서 신플라톤주의의 인간학과는 거리가 멀다. 문헌학적 그리고 사변적 노선에서 행한 치프리아니(N. Cipriani)의 엄정한 연구는[12] 『영혼의 위대함』에 나타나는 정의가 바로(Varro)로부터 영감을 받았을 수 있음을 분명히 제시하였다. 이 주장의 정당성을 입증하기 위해서는 바로가 주장했고 아우구스티누스가 세 번이나 인용한 가설을 연구하는 것이 필요하다. 첫 번째 인용은 『질서론』 II, 6, 18에, 두 번째는 『가톨릭교회의 관습과 마니교도의 관습』 I, 4, 6 그리고 세 번째는 바로에 대해 명확하게 언급하고 있는 『신국론』 XIX, 3, 1이다. 아우구스티누스의 작품 안에 퍼져 있는 이 구문들은 으뜸가는 중요성을 지니며 학자들의 많은 관심을 받지 않은 주제였기 때문에, 온전히 분석해 보자.

『질서론』 II, 6, 18에서 아우구스티누스는 자기 제자인 리켄티우스와 영혼과 육체의 합일체를 주제로 토론하는데, 여기서 리켄티우스는 영혼이 육체 안에 있지만 육체에 의해 단죄되지 않은 방식으로 존재한다고 스승에게 제시한다. 다음과 같은 대답이 이어진다.

나도 그런 말을 하는 게 아니다. 기사가 말 위에 있어도 말

> 이 기사를 통솔하는 것이 아니다. 단지 말이 움직여 주기 바라는 그 모양대로 기사도 움직여야 한다는 것은 필수적이다 (*necesse esse*).

아우구스티누스는 기사와 말의 표상을 사용하면서 육체와 영혼의 합일체가 우연적인 것이 아니라 필수적임을 강조한다. 말보다 상위에 있는 기사와 유비적으로 영혼이 원리로서 육체에 상위적이라면, 사실 영혼은 육체 없이 움직이는 데 자유롭지 못하다. 두 원리가 비록 형이상학적으로 다르지만, 필수적인 합일체를 형성하기 때문이다.[13]

기사와 말의 표상은, 영혼(기사)이 인간과 동일시될 수 있을 뿐만 아니라 육체(말)를 다스리는 데 정해졌음을 강조하기 위해, 『가톨릭교회의 관습과 마니교도의 관습』 I, 4, 6에 다시 나타난다.

> 결국 인간에 대해 우리는 무어라고 생각하는가? (…) 영혼이 아니라면 우리는 인간이라 부르지 않는다. 하지만 영혼이 다스리는 육체 때문에, 마치 말과 인간 모두를 가리켜 기사라고 부르지 않고 말을 통솔하는 데에 정해졌다(*quod regendo equo sit accomodatus*)는 사실 때문에 인간 만 기사라고 부르듯이 말이다.

『신국론』 XIX, 3, 1에서 아우구스티누스는 기사와 말의 표상이 인간 구성의 합일체를 설명하기 위해 바로까지 거슬러 올라간다는 것을 분명하게 확언한다. 바로는 영혼이 육체와 필수적인 관계에 있음을 주장하기 위해 이 표상을 사용하였다.

그(바로)는 인간이 과연 어떤 존재인가에 대한 질문을 먼저 던져야 한다고 생각한다. 인간의 본성에는 두 가지가 있는데 육체와 영혼이 그것이라 한다. 이 둘 가운데 영혼이 더 훌륭하고 더 탁월하다는 점에 대해서는 전혀 의심하지 않는다. 하지만 영혼만으로도 사람이냐, 육체는 마치 기사의 기마와 같은 것이냐는 질문을 던진다. 기사는 사람과 말이 아니고 사람일 뿐이다. 그래도 기사라고 부르는 것은, 어떻게든 말과 연관되기 때문이다.

이러한 방식으로 이해하는 것은 분명 바로에게서 영감을 받은 것으로, 그에 따르면 영혼은 육체와 긴밀한 관계(*regendo corpori accomodata*)에 있는 한 인간과 동일시될 수 있다.[14)]

유사한 생각이 이미 『영혼의 위대함』에서 개진되었다.

사안이 이러한데, 영혼이 육체에 주어진 것은 육체를 움직이고 통솔하기 위함이라는 사실을 두고 함부로 시비할 사람이 누구겠는가? 사물의 질서가 이보다 더 훌륭하게 영혼과 육체를 결합시킬 수 없는 터에 말일세.[15)]

종종 학자들 사이에서 대립적인 해석의 대상이 되었던 인간에 대한 두 가지 정의로 돌아가 보자. 우리가 제시하였듯이 첫번째 정의는 『질서론』 II, 11, 31에 다음과 같이 나타난다.

고대 현자들(*veteres sapientes*)에 의해서 인간 자체가 다음과 같이 정의된 사실이 우리에게 매우 인상적이다. 인간은 이성적이고 사멸하는 동물이다(*animal rationale mortale*).

이 정의는 유(類)를 가리키는 동물(*animal*)이라는 용어를 담고 있다. 그리고 인간을 짐승들과(*a bestiis*) 구분시켜 주고 신적인 것으로부터(*a divinis*) 거리가 떨어져 있음을 드러내는 이성적(*rationale*) 그리고 사멸하는(*mortale*) 이라는 두 개의 종차(種差)가 첨가되어 있다. 이 두 종차는 인간에게 어느 쪽으로 가야 하는지 그리고 어디에서부터 멀어져야 하는지를 상기시킨다. 신플라톤주의자들보다 더 이전의 철학자들인 고대 현자들(*veteres sapientes*)에게까지 거슬러 올라가는 아리스토텔레스적-스토아주의적 특성이 있는 정의이다.[16] 아우구스티누스가 제시하는 정의의 원천에 관해서는 다양한 가능성이 있다. 아풀레이우스(Apuleius)는 『해석』(*De interpretatione*) 271, 12~13에서 『질서론』에 나타난 인간에 대한 정의와 같은 것을 인용하고 있다. 아풀레이우스의 맥락은 빈사(賓辭)에 관한 분석에서 볼 수 있듯이 전형적인 아리스토텔레스적이다. 아풀레이우스 이전에도 동일하지는 않지만 유사한 표현이 두와뇽(Doignon)이 지적하듯이[17] 내포(*comprehensio*)에 대한 스토아주의의 가르침을 분석하고 있는 키케로에게서[18] 발견된다. 이와 같은 정의가 퀸틸리아누스(Quintilianus)에게서 발견되며,[19] 확실함의 기준을 주제로 토론하면서 에피쿠로스(Epicurus)에게 다른 이들(altri)을 대치시킨 회의주의 철학자 섹스투스 엠피리쿠스(Sextus Empiricus)에게서 재발견된다.[20] 결국 고대 현자들(*veteres sapientes*)은 심오한 교의적 상이함을 넘어 소요학파 논리학자들과 스토아주의 및 다른 철학 전통의 논리학자들을 연결하는 전통에서 규명하게 된다. 이 정의가 신플라톤주의자인 포르피리우스에게서, 곧 아리스토텔레스의 『십범주론』(*Categoriae*) 입문의 한 본문에서 재발견된다는 것은 우연이 아니다. 최근에 치프리아니(N. Cipriani)는[21] 위에서 언급한 정의를 정식화하는 데 있어 아우구스티누스에게 영감을 불어넣어 준 원천이 위의 정의를 그리스 원천에서 뽑아냈을 바로(Varro)의 작품에서 다시 찾아야만 한다는 점에 주목하게 하였다.

『가톨릭교회의 관습과 마니교도의 관습』 I, 27, 52에는 즉각적으로 어떤 혹자[22]에게 신플라톤주의를 연상시켰던 또 다른 정의가 나타난다.

> 인간은 사멸하며 지상의 육체를 사용하는 이성적 동물이다 (*anima rationalis est mortali atque terreno utens corpore*).

이 정의는 아리스토텔레스적-스토아주의적 영감을 받은 다른 정의의 대안으로 보이지 않는다.[23] 비록 아리스토텔레스 역시 『영혼론』(*De anima*)에서 이렇게 표현하고 있지만 말이다.

> (…) 모든 자연적 육체는 영혼의 도구이다. (…).[24]

유사한 개념이 『니코마코스 윤리학』(*Ethica nicomachea*)에 나타난다.

> 지배자와 피지배자 사이에 공동인 것이 전혀 없는 곳에는 정의도 없으므로 우정도 없다. 가령 기술자와 도구, 영혼과

육체, 주인과 노예 사이처럼 말이다.[25)]

아우구스티누스의 인간학적 관점에서 이 두 정의는 각각의 대안이 아니다. 다르지만 보완적 소임을 수행하고 있다. 『질서론』에 나타나는 첫 번째 정의는 사변적 윤곽하에서 더욱 정확하며, 무형의 요소와 유형의 요소 사이의 통합을 명확하게 한다. 『가톨릭교회의 관습과 마니교도의 관습』에 등장하는 두 번째 정의는 윤리적 질서라는 의도에서 육체에 대한 영혼의 수위권을 강조한다. 사실 아우구스티누스는 『가톨릭교회의 관습과 마니교도의 관습』에서 이웃 사랑의 개념을 심화하고 있다. 곧 육체에 대한 유익이라면 약이라 부르고, 반면 영혼에 관한 유익이라면 규율, 교육, 가르침이라고 부르는 사랑이다.[26)]

한편, 바로의 인간학적 모델이 지닌 스토아주의 및 아리스토텔레스적 요소들은 아우구스티누스가 자신의 인간학에 나타나는 이원론적 표현을 줄이는 데 도움을 주었다. 이러한 표현은 초기 작품들 곳곳에 등장하는 아마도 영지주의적-마니교적 과거의 유산이거나 밀라노에서 읽었던 플라톤주의자들의 서적의 영향일 것이다. 다른 한편으로 이 요소들은 영혼의 선익만이 아니라 육체와 사회생활의 선익을 긍정적으로 평가하는 쪽으로 그를 이끌었다. 이 마지막 측면은, 이미 작품 활동의 초기에 바로의 노선을 따라 "(…) 육체 없이도 영혼 없이도 사람일 수 없다는 것은 우리가 모두 동의하는 바이다"라고 확언한 것처럼,[27)] 아우구스티누스가 육체를 인간 존재의 구성 요소로 이해한다는 사실에 대해 부가적으로 확언하고 있음을 보여 준다. 아울러 『자유의지론』 제1권과 『가톨릭교회의 관습과 마니교도의 관습』 제2권에서도[28)] 육체와 사회생활의 선익이 지닌 확실성이 강조되고 있다.

사회생활에 대한 욕구와 감각적 쾌락의 본능에 관한 두 유형의 선익은 각각 간략한 주해를 할 가치가 있다. 이미 『질서론』에서[29] 우리는 사회적 책무의 선성과 공적인 일의 수행을 위해 적절한 양성의 필요성에 관한 강조를 발견한다. 인간은 사회생활에서 평화를 증진해야만 하고,[30] 배움을 장려하기 위해, 농지를 경작하기 위해, 국가의 질서(*ordo civitatis*)를 이끌기 위해 그리고 다양한 직업 활동을 확산시키기 위해 노동을 발전시켜야만 한다.[31] 아우구스티누스가 미소한 선익으로 간주한 육체적 즐거움은[32] 일부 본성적 요구들(*prima naturae*)을 만족시키는 데 도움을 주기 때문에 긍정적인 기능을 갖고 있다. 이 점에 있어 아우구스티누스는[33] 키케로와[34] 거리를 두고 있다. 키케로는 감각적 쾌락을 본성의 선익 속에 두지 않지만, 아스칼론의 안티오쿠스의 입장에서는 선익으로 인정된다. 그가 쾌락(*voluptas*)을 육체의 선익으로 간주하기 때문이다. 마지막으로 삶의 목적을 유형한 선익과 덕행 안에 두었던 바로와는 달리, 아우구스티누스는 우리가 후에 보겠지만 윤리성(*ordo vitae*)에 관한 자신의 개념이 의존하고 있는 사용-향유(*uti-frui*) 이론에 따라 초월적 단계에 선익들을 종속시키면서 그것들을 상대화하고 있다. 이는, 유형한 선익들이 영적인 선익들에, 하위의 것들이 상위의 것들에게, 현세적인 것들이 영원한 것들에 종속되는 한도 내에서 사랑의 질서(*ordo amoris*)가 된다.[35]

2. 영혼의 불멸성

인간 본성의 근본적 요소가 되는 불멸하고도 무형한 영혼의 차원을 다루기 전에, 사변적 체계로 구성된 머리말을 하는 것이 필요하다. 아우구스티누스는 처음부터 고전 철학에 관련된 전망의 변화를 철학적 탐구 안에 도입하였다. (소크라테스와 한정된 범위 내에서 소피스트들을 예외로 한다면) 고대 철학자들에게 철학의 초점(*focus*)이 우주론적 문제에 관한 것이었다면, 아우구스티누스에게 초점은 인간학적 따라서 신학적 문제에 관한 것이다. 그리스 철학이 추구하던 것은 세계를 이해할 수 있게 해 주는 원리였다. 탈레스부터 플로티누스까지 그리스 사상은 일자와 다수의 관계 문제에 집중하였다. 여기서 기본 사항의 의미와 특성을 변화시키지 않고 처음부터 오직 내포된 두 용어와의 관계에서 이를 결정지었던 두 개의 다른 문제가 나온다. 하나는 소크라테스학파와 함께 드러난 인간의 문제이고, 다른 하나는 신플라톤주의와 함께 나타난 하느님의 문제이다. 사실 세계는 하느님 없이 설명되지 않는다. 하지만 그리스 사상에서 인간과 하느님은 오직 세계를 설명하기 위해, 세계를 관조하는 인간에게 세계를 이해시키기 위해서만 개입한다. 인간이 자신의 존재 근거도 재발견할 수 있도록 하기 위해서이다. 반면 아우구스티누스에게 철학의 출발점은 인간적이요 신학적 체계에 속한다. 무엇보다 하느님은 인간 존재의 원천이요 원리이며, 따라서 세계의 존재 이유도 된다.[36) 『질서론』에서 아프리카 출신의 사색가는 철학적 탐구의 계획을 이렇게 개략적으로 말한다.

> 철학에는 두 과제가 있다. 하나는 영혼에 관한 것이고, 다른 하나는 하느님에 관한 것이다. 첫째 것은 우리 자신을 알자는 것이고, 다른 하나는 우리 기원을 알자는 것이다. (…) 전자는 우리를 행복한 삶에 적합한 사람으로 만들고, 후자는 우리를 행복하게 만든다.[37]

이러한 전망의 변화라는 조명하에 아우구스티누스는 이미 『아카데미아학파 반박』에서 언급되었던 플라톤주의의 기원을 둔 형이상학적 전제를 활용한다.[38] 이는, 자기 인식에서 출발하여 인간 영혼의 불멸하고도 무형한 성격에 대해 숙고하기 위해 감각계와 지성계를 구분하는 것에 관련된 것이다.

카시치아쿰에서 저술한 『독백』 제2권에서는 밀라노에서 작성한 소책자인 『영혼 불멸』에서 다시 나타나는 인간 영혼의 불멸성이라는 주제가 다루어지고 있다. 이미 『아카데미아학파 반박』과[39] 『행복한 삶』에서[40] 검토한 인간의 자기 인식이라는 주제는 영혼의 불멸성에 관해 아우구스티누스와 이성이 나눈 대화의 서언으로 나타난다.

> 아우구스티누스: 한동안 우리 작업이 중단되었다. 그러나 사랑은 참을성이 없으며, 사랑하는 대상이 사랑에 주어지지 않는 한 눈물에 한정이 없는 법이다. 그러니 우리로서는 둘째 권을 시작하기로 하자.
>
> 이성: 그럼 해보자.
>
> 아우구스티누스: 하느님이 보우(保佑)하시리라 믿기로 하자.
>
> 이성: 당연히 믿기로 하자. 믿는다는 이 일이 우리 능력에

달렸다면 하는 말이지만.

아우구스티누스: 바로 그분이 우리 능력이시다.

이성: 그러면 기도를 드려라. 그대가 할 수 있는 만큼 아주 짧고 아주 완벽하게.

아우구스티누스: "하느님, 여일(如一)한 분이시여, 당신을 알고 싶고 나를 알고 싶나이다." 기도를 마쳤다.

이성: 그대를 알고 싶다는데, 그대가 존재함을 아는가?

아우구스티누스: 안다.

이성: 어떻게 아는가?

아우구스티누스: 모르겠다.

이성: 그대가 단순하다고 느끼는가? 복잡하다고 느끼는가?

아우구스티누스: 모르겠다.

이성: 그대가 변하고 있음을 아는가?

아우구스티누스: 모른다.

이성: 그럼, 그대가 생각하고 있음을 아는가?

아우구스티누스: 안다.

이성: 그러니까 그대가 생각하고 있다는 것은 참이다.

아우구스티누스: 참이다.

이성: 그대가 불멸하는 존재임을 아는가?

아우구스티누스: 모른다.

이성: 그럼 그대가 모른다고 말한 이 모든 것 가운데 어느 것을 먼저 알고 싶은가?

아우구스티누스: 내가 불멸하는 존재인지를 먼저 알고 싶다.

(…)

이성: 그대가 희구하는 바가 무엇인지 이제 다 알겠다. 그대

는 앎이 아무도 불행하게 만들지 않는다고 믿는데, 그 말에 따르면 인식이 사람을 행복하게 만들 개연성이 있다. 사람은 살아 있지 않는 한 아무도 행복하지 못하며, 존재하지 않는 한 아무도 살아 있지 않다. 그대는 존재하고 싶고 살아 있고 싶고 인식하고 싶다. 하지만 존재함은 살아 있기 위함이고, 살아 있음은 인식하기 위함이다. 그런데 그대는 자기가 존재함을 알고 있다. 그대가 살아 있음을 안다. 그대가 인식하고 있음도 안다.[41]

아우구스티누스는 영혼의 불멸성의 본성을 탐구하려는 원의를 이성에 전한다. 곧 그가 알지 못하는 모든 진리 중에서 무엇보다 이것이 그가 알기를 바라는 진리이다. 그는 자신이 단순한지, 하나인지 아니면 복잡한지 모른다. 감각들이 전해 주는 것이 무엇인지 알지 못한다. 그가 변화에 종속되어 있는지 아닌지 모른다. 그렇지만 그는 자신이 존재함(*esse*)을 알고 있고, 생각하고 있음(*cogitare*)을 알고 있다.

어떠한 형태의 추론으로 바꿀 수 없는 세 가지 분명한 사실을 담고 있는 정식을 통해[42] 아우구스티누스는 존재하고, 살아 있고, 인식한다는 세 가지 진리를 아는 것을 강조한다. 더욱이 그는 '존재함' '살아 있음' 그리고 '알고 있음'이라는 세 가지를 이러한 체계로 희망한다. 곧 살아 있고 싶어 존재하고 알기 위해 살아 있기를 원한다. 사실 인식 안에 존재의 목적이 있다. 그는 존재하고, 살아 있고, 인식한다는 것을 알고 있지만, 존재하는 것, 살아 있는 것, 인식하는 것이 덧없는 것인지 영원한 것인지, 혹은 부분적으로는 덧없는 것이고 부분적으로는 영원한 것인지 알지 못한다.[43] 계속해서 우리는 『참된 종교』(39, 72), 『신국론』(XI, 2-27), 『삼위일체론』(IX, 3; IX, 4, 9, 4, 5-6; X, 4, 6)에서 이루어지는 숙고 주제의 발전과 심화를 분명하게 제시하기 위해 자기 인식 이론을 재검토할 것이다. 우리는 『독백』 제2권과 『영혼 불멸』에서 언급하고 있는 영혼의 불멸성에 관한 논증적 과정을 이해하는 데 유익한 측면을 강조하려는 것뿐이다. 이 두 작품에서 아우구스티누스는 플로티누스가 주장하는 내향성의 개념[44]과 거리를 두고 아카데미아학파적-소요학파적 기원을 가진 오이케이오시스〔oikeiosis, 자기화(自己化)〕 개념에 접근하려는 것으로 보이는데, 이 개념에 따르면 우리는 우리 자신을 사랑해야만 하고, 보존해야만 하며 알아야만 한다.[45] 여기서 영혼의 불멸성에 관한 논증이 시작된다.

아우구스티누스는 다음의 방법으로 진행한다. 그는 후에 포기하지만, 최종 논증을 위한 예비적 기능이 있는 기본적인 논증을 한다. 첫 번째 논증은 허위의 영속성 개념에 관한 것이다. 진리는 존재한다는 확언에서 시작한다. 회의주의자들을 반박하는 『아카데미아학파 반박』에서 이루어지는 모든 논증은 '허위(*falsitas*)도 존재한다'는 확실한 결론에 도달하였다. 이제 허위는 인간 영혼이 감관이 체험하는 속임수에 동의할 때 나타난다. 따라서 허위가 존재한다면 그리고 다른 방식으로 있을 수 없다면, 불멸의 힘으로서 감관이 존재한다는 점을 허위는 전제로 한다. 하지만 감각의 주체는 영혼이지 육체가 아니다. 따라서 이와 반대되는 경우 허위는 더 이상 세상 안에 존재하지 않기 때문에 감관이 영속적이라면, 감각 작용의 주체로서의 영혼 역시 불멸하다. 또한 영혼이 느낄 수 있도록 하기 위해서는 영혼이 살아 있다는 것이 요구되며, 따

라서 영혼은 항상 살아 있다는 점이 추론된다.[46)]

이성은 이렇게 논증을 재요약한다.

> 허위는 감각 없이는 존재하지 못한다고 그대가 말했다. 또 허위가 존재하지 않는 일은 있을 수 없다는 말도 했다. 그러나 영혼 없이는 아무 감각도 존재하지 않는다. 그러므로 영혼은 영속한다. 살아 있지 않으면 무엇을 감지하지도 못한다. 그러니 영혼은 항상 살아 있다.[47)]

아우구스티누스는 영혼의 불멸성을 허위의 영속성 위에서 주장하는 것은 가능하지 않음을 곧 깨닫는다. 첫 번째 논증은 이렇게 포기된다.

이제 두 번째 논증으로 넘어간다. 아우구스티누스와 이성은 참과 허위의 본성을 탐구하는 방향으로 돌아선다. 공통된 의견에 따르면, 인식자에게 보이는 그대로 존재하는 것(*quod ita se habet ut cognitori videtur*)이 참이며, 보이는 것과 달리 존재하는 것(*quod aliter quam est, videtur*)은 허위이다.[48)] 참과 거짓은 인식자의 개입을 통해 존재한다. 존재하는 것을 보는 사색가의 인식의 존재가 참의 조건이 되는 것이다. 하지만 육체의 존재 역시 인식자의 존재에 필요조건이 된다. 구초(A. Guzzo)는 다음과 같이 주석한다.

> 따라서 어떤 육체가 참이라면, 그렇게 보는 의식이 있을 때만 그러하다. 그것이 참된 육체인 경우에만 육체이기 때문에, 그렇게 보이는 한 참된 육체라는 인식이 있을 때만 그것은 육체이다. 이러한 방식으로 육체들의 존재는 정신의 존

재에 의존하게끔 하며, 따라서 그것들이 참된 육체일 때 육체들이 된다.[49)]

이성은 이렇게 명확하게 개입한다.

따라서 여태까지 한 말대로라면 보이는 그대로 존재하는 것이 아니면 아무것도 참이 아니다. 물체적인 것은 감관에 의해서만 보이듯이 영혼에 의해서가 아니면 지각되지 않는다. 진짜 육체가 아니면 육체일 수가 없다. 이제 남은 얘기는 영혼이 먼저 존재하지 않는다면 육체는 존재하지 못한다는 사실이다.[50)]

결국 아무것도 그 자체로는 존재하지 않는다. 육체는 참된 육체이어야, 곧 육체를 생각하는 이성(*ratio*)이 있어야 존재한다. 이성과 아우구스티누스는 오늘날의 관념론과 유사한 역설적 위치에 도달하였다. 따라서 이성의 제자가 즉시 알려 주듯이 아무것도 그 자체로 존재하지 않는다는 점을 추론해야만 한다.[51)]그러므로 땅의 품속에, 곧 지각하는 이가 없는 곳에는 돌이 존재하지 않음을 믿을 필요가 있다. 이 돌은 우리가 보지 못하면 존재하지 않는 셈이 된다. 그리고 우리가 떠나 버리고 다른 사람이 그 자리에 임석하며 그 돌을 보아주지 않으면 돌로 존재하지 않는 셈이 된다.[52)]

이성의 제자는 드러난 모순이 이전에 개진한 참의 정의에서 나오는 것을 깨닫는다. 결국 두 번째 논증 역시 포기된다.

이성이 이 문제를 지적하기 위해 개입한다.

그대가 하려는 말이 무엇인지 보라. 물체들은 감관에 의하지 않고도 보일 수 있다는 말인가? 영혼 아니고도 무엇을 지각할 수 있다는 말인가? 돌이나 그 밖의 무엇이 존재하면서도 진짜가 아닐 수 있다는 말인가? 그렇지 않으면 참이라는 말 자체가 달리 정의되어야 한다는 말인가?[53)]

아우구스티누스는 이성에 간청한다.

부탁이니 그중 마지막 명제를 따져 보기로 하자.[54)]

질문과 대답을 서로 주고받은 후에 참된 것에 대한 새로운 정의가 제시된다.

존재하는 것은 참된 것이다.[55)]

하지만 이 정의 역시 유보된다. 사실 존재하는 모든 것이 필연적으로 참이면, 그 어떤 것도 더 이상 허위일 수 없다. 이제 허위의 개념을 탐구하는 방향으로 돌아가야만 한다. 지금 우리는 10절에 있다.

허위는 참된 것이 아니지만, 참된 것과 어떤 유사성을 지니고 있는 것이다. 그림 안에 채색되어 있는 나무, 거울 속에 비친 얼굴, 항해하는 이들의 눈앞에 보이는 탑들의 움직임, 반쯤 잠긴 노의 외관상으로 나타나는 꺾여 보임 등등을 우리는 허위라고 부른다. 이 현상들이 진짜와 유사하다는 유일한 이유 때문이다. 유사성이 허위의 이유인 것처럼 보인다. 다음과 같은 반론을 제기한다. 우리가 허위라고 정의하는 것이 동시에 우리가 진짜라고 정의하는 것과 다르지 않다면, 참일 것이다. 온전히 참된 것과 유사한 것은 참이기 때문이다. 두 예가 제시된다. 서로 매우 유사한 두 달걀은 진짜 달걀이다. 반대로 꿈에서 본 여인은 진짜가 아니다. 우리가 깨어 있을 때 손으로 만질 수 있고, 그의 말을 들을 수 있으며, 질문할 수 있는 실제 여인과 다르기 때문이다. 우리는 다음과 같은 점을 연역할 수 있다고 이성은 강조한다.

> 유사성(*similitudo*)은 진리의 모체이고 비유사성(*dissimilitudo*)이 허위의 모체이다.[56]

용기를 주는 이성의 몇 마디 말 후에, 아우구스티누스는 계속해서 논증을 전개한다. 허위의 원인이 되는 유사성에 관한 가설뿐 아니라 허위의 원인이 되는 비유사성에 관련된 가설이 모든 것은 허위라는 결론을 내리도록 강요한다.

> 만약 비유사성을 기준으로 거짓이라고 한다면 거짓이 아니라고 말할 사물이 하나도 없을 것이다. 우리가 참이라고 인정하는 사물과 조금이라도 상이하지 않은 사물은 아무것도 없는 연고다. 또 유사하다는 점에서 거짓으로 불려야 한다고 말할라치면 상대방들은 달걀의 예를 들고나올 것이다. 달걀들은 아주 유사하는 점에서 진짜이니까. 모든 사물이 어느 부분에서든 서로 유사하다는 사실을 내가 부인할 수 없다는 점 때문에도, 피치 못 하게 나더러 모든 것이 거짓이라고 공언하도록 강요할 사람이 있을 것이다.[57]

그렇다면 어떤 것들을 거짓이라고 정의하게 하는 원인이 유사성과 비유사성 모두라고 확언해야만 할 것인가? 하지만 이 경우에도 모든 것은 서로 한편으로는 유사하고 다른 한편으로는 유사하지 않기 때문에, 모든 것은 거짓이라고 우리가 결론을 내리도록 강요하는가?[58)]

첫 번째 입장으로 되돌아가는 것이 필요하다. 존재하는 것과 다르게 보이는 것은 거짓인가? 하지만 우리는 인식하는 주체가 있다면 참이고, 속는 주체가 있다면 허위라고 확언해야만 하기에 조금 전 피했다고 생각한 어려움에 다시 떨어지게 된다. 혹은 모든 것은 참되고 아무것도 거짓이 아니라고 결론을 내리기 위해, 그리고 존재하는 모든 것은 참되기 때문에, 존재하는 것으로 보이는 것이 아니라 존재하는 것이 참되다는 생각으로 물러서야만 한다.

이 시점에서 절망한 아우구스티누스는 이성에 다음과 같이 호소한다.

> 그러다 보면 저 심란한 문제가 다시 돌아오고, 문제를 질질 끄는 그대의 행보에 맞추느라 내가 크나큰 인내심을 발휘했음에도, 나로서는 도대체 무슨 진전을 얻은 것 같지 않다고 생각한다.[59)]

이성은 거짓에 대한 다른 정의를 제시하는데, 이에 따르면 오류를 범하는 의식에 이질적인 실재 안에 거짓이 있다.

> 거짓을 올바로 규정하면, 존재하지 않는 것이 스스로 존재

> 한다고 가장하거나(*aut*), 존재하기를 지향하지만 존재하지 않는 것이거나(*aut*) 둘 중 하나다.[60]

첫 번째 경우에서 우리는 기만적(*fallax*)이거나 진실을 말하지 않는(*mendax*) 행위 앞에 직면해 있다. 속이려는 어떤 의도를 품은 경우가 기만적이다. 진실을 말하지 않는 행위는 진리를 말하지 않는 이에게서 나오며, 기만적인 행위가 항상 속이려는 의도가 있는 한 기만적 행위와 구분된다. 반면 참되지 않은 것들을 말하는 이가 항상 속이려는 것은 아니다. 두 번째 경우에서 우리는 영상들 앞에 직면해 있는데, 이 영상들은 존재하려고 하지만 없으며, 자신들이 비치는 사람들이 되기를 거의 원하지만 영상으로만 남아 있게 된다〔예를 들면, 화상(畫像), 연못에 비친 영상, 꿈에 나타남 등이다〕. 속이려는 의향으로써 혹은 속이려는 의도 없이도 가장이라는 현상에 관련된 경우에 집중해 보자. 예를 들면 여우는 자연 본성적 본능을 통해 속이지만, 인간은 때때로 정신의 교활함을 통해 속인다. 하지만 무대 위에서 프리아무스(Priamus) 역할을 맡은 연기자는 속이려는 의도 없이도 진실되지 않은 행동으로 가장한다. 여기서 역설적 사실이 나타난다. 로스키우스(Roscius)라는 배우는 한편으로는 가짜 프리아무스이지만, 다른 한편으로는 진짜 비극 배우임을 이성은 아우구스티누스에게 상기시킨다. 가짜이면서도 진짜인 것들의 한 예이며,[61] 오직 그 사실만이 분명한 목적으로 인해 가짜인 것들을 진짜로 만들어 준다. 대화는 놀라운 진실에 이르렀다.

> 모르겠다. 그 점은 내게도 매우 이상하다. (…) 우리가 모색

할 저 진리는, 서로 상반된 명분으로 양면을 띠고서 한편으로는 참이고 다른 편으로는 허위인 그런 것이 아니다.

즉시 이성은 이렇게 대답한다.

그대가 요구하는 바는 참 위대하고 신성하다. 하지만 만약 우리가 그것들을 발견하게 된다면, 바로 그것들로 저 진리 자체가 구성되고 축조되었다고 수긍하지 않겠는가? 그리고 어떤 식으로든 참이라고 일컬어지는 모든 것이 바로 그 진리에 의해서 참이라고 명명된다고 하지 않겠는가?

제자는 동의한다.

그 점은 내가 자진해서 수긍하겠다.[62)]

이 『독백』의 구문에 대해 주석하면서 구초(A. Guzzo)는 다음과 같이 말한다.

그것은 최종적으로 개념으로 이끈다. 곧 감각의 질서와 다른 질서도 있다는 것, 그 안에서 오직 참되고 어떤 측면에서는 참이지 않고, 다른 측면에서는 거짓인 진리를 발견하게 된다. 이런 식으로 아우구스티누스 역시 진리가 오류의 가능성에서 멀리 떨어져 있고 분리된 순수 진리가 되는 감각계와 다른 세상으로 피신하면서 진리와 오류의 문제가 자신을 얽히게 한 어려움에서의 탈출구를 발견한다. 그러나 『독백』 제2권이 밀접한 유사함을 보이는 플라톤의 『테아이테토스』에서는 같은 일이 일어나지 않았다. 『테아이테토스』에서도 진리를 인식하는 주체에 관련되지 않는 한 진리는 존재하지 않음을 수용할 필요성이 예상된다. 『테아이테토스』에서도 유사한 입장 앞에서 뒤로 물러서며, 외관에 얽매여 항상 어떤 것은 참되다고 또 다른 어떤 것은 거짓인 감각적 인식 안에서 진리를 발견하기를 원하는 것에 악한 근원을 돌린다. 따라서 『테아이테토스』는 항상 그리고 동시에 참되거나 거짓인 감각계가 아닌 감관과 거리가 먼, 곧 순수 개념의 세계 안에서 영혼이 자진해서 하는 추론에서 진리를 발견하려는 엄정한 이해 안에서 구원이 제시된다.[63]

아우구스티누스는 자신의 여정을 통해 플라톤이 다다른 결론과 동일한 결론에 도달한다. 곧 한편으로는 진리 자체가 자존하고 있는 지성적 단계가 있고, 다른 한편으로는 우리가 시각과 촉각으로 지각하는 감각적 단계가 존재한다는 것이다. 첫 번째는 참이고 두 번째는 참고 유사하다. 하지만 플라톤이 이데아 안에 진리가 자리하게 하였다면, 아우구스티누스는 『질서론』에서 학문 중의 학문(*disciplina disciplinarum*)으로 이미 정의한 변증술 안에 두고 있다. 이 변증술은 진리를 그 자체로 그리고 추론 능력의 기초를 형성하는 규칙과 정의, 구분, 분할의 법칙 모두를 포착하는 학문이다.[64] 마치 언명들 사이의 관계를 규제하고 논리적 추리와 법칙들을 발견하는 것처럼 말이다.[65]

이제 완결된 여정은 영혼은 영원한 진리의 필수적인 운반자이기 때문에 불멸하다는 결론을 이성이 내리도록 한다.

> 어떤 주체 안에 있는 모든 것이 항상 존속한다면, 그 주체 역시 항상 존속할 필요가 있다. 그런데 모든 학문은 영혼을 주체로 삼아 그 안에 존재한다. 따라서 학문이 항상 존속한다면 영혼도 항상 존속할 필요가 있다. 그리고 학문은 진리이며, 이 책 첫머리에서 이성이 보여 주었듯이, 진리는 항상 존속한다. 따라서 영혼은 항상 존속하고, 영혼이 죽었다는 말은 결코 하지 않는다. 그러므로 위의 명제들 가운데 어떤 것이 잘못 긍정되었다고 설복하는 사람만이 영혼이 불멸함을 부정하고서도 모순을 범하지 않는다.[66)]

『영혼 불멸』에서 제시될 영혼의 불멸성에 대한 논증은 우리가 『독백』에서 발견하였던 이 논증의 유형을 따를 것이다. 영혼의 불멸성이라는 주제는 아우구스티누스가 다른 문제들을 전문적으로(*ex professo*) 다룰 때도 아우구스티누스 일관된 성찰이다. 본문 분석을 통해 분명하게 제시될 수 있는 것은 영신성의 지표 및 결과적으로 불멸성의 형이상학적 전제인 자기 인식에 대한 고찰에서 영혼 안에 현존하는 지성적 내용으로의 지속적인 전이가 존재한다는 점이다.

3. 영혼의 영신성

역시 대화 형식 구조로 이루어진 『영혼의 위대함』에서 인간 영혼의 무형한 본성이 탐구된다. 서두에서는 피조물로서의 인간 영혼의 특성이 강조되는데, 신적 실재와 그리고 물질적 실체들에서 구분되어 인간 영혼이 나타난다.

> 나는 하느님 자신이 영혼의 집이요 고향과 같다고 믿는다. 왜냐하면 그분이 영혼을 창조하셨기 때문이다.[67)]

아우구스티누스는 플로티누스가 가르치듯이 인간 영혼이 신성과 동일 실체라는 것 혹은 바로(Varro)와 모든 고대 아카데미아 학파 사람들(*veteres academici*)이 생각하듯 보편적 본성(*universa natura*)의 부분이라는 사상을 거부한다. 하지만 아우구스티누스는 감각(*sensus*)과 이성(*ratio*) 그리고 지성(*intellectus*)에 연결된 역할을 할 수 있는 비물질적 실재로서 영혼을 간주할 때 바로와 플로티누스를 따르고 있다.[68)] 이 논거에 대해서도 큰 노력이 요구되는데, 이 탐구가 헛된 지식의 호기심이 아닌 실존적이며 사변적인 성격의 필요성에 의해 행해지는 것이기 때문이다.[69)] 사실 그리스도교로 회심하기 전 그는 9년이라는 시간 동안, 이 주제에 대한 성찰에 직면하였다. 이윽고 그리스도인이 된 후에 그는 당시 고대 유물론적 경향의 입장을 거슬러 인간 영혼의 무형성이라는 개념을 철학적으로 토대를 잡는 중요성을 깨닫는다.[70)] 『질서론』에서는 영혼을 안다는 것이 자기 자신, 결국 자신의 궁극적 원인을 아는 것을 의미한다는 점이 확언되었다. 플로티누스 역시 『엔네아데스』에서 철학에서 이 문제가 지닌 중요성을 강조하였다. 아우구스티누스도 동일한 의견을 갖고 있으며 영혼에 관한 연구를 지성적 온 삶의 버팀목으로 그리고 모든 다른 사변적 제문제(諸問題)를 알게 해 주는 열쇠로 간주한다.[71)]

『영혼의 위대함』에서는 일부 반대 의견에 답변하면서 영혼의 무형성에 관한 증명이 상술되고 있다. 영혼이 불멸하고 하느님의 모상으로 창조되었다는 것을 반복한 후에,[72] 아우구스티누스와 그의 대화 상대자인 에보디우스와의 토론의 출발점이 분명해진다.

모든 물질적 실재는 길이(*longitudo*)와 넓이(*latitudo*) 그리고 높이(*altitudo*)라는 세 가지 차원을 갖고 있다. 이러한 공간적 특성들을 갖고 있지 않은 실재들이 존재한다는 것을 증명할 수 있다면, 비물질적인 실체를 지닌 존재를 받아들이게 되며, 따라서 인간 영혼의 무형적 본성에 관한 탐구를 시작할 수 있을 것이다.[73]

에보디우스는, 아우구스티누스가 그러하였듯이, 비물질적 실재의 존재를 받아들이는 데 어려움을 갖고 있다.[74] 그는 정의와 덕처럼 삼차원적이 아닌 일부 실체들이 존재한다는 점은 용인한다.[75] 하지만 이러한 것들에 인간 영혼이 포함될 수 없는데, 바람과 비슷한 물질적 실체로 간주하였기 때문이다.[76] 바람은 실제적 실재이지만 비가시적이고, 두드러지는 유형물이다. 인간 영혼은 이와 유사한 어떤 것이요, 자신에게 속해 있는 육체와 함께 외연적인 비가시적 힘일 수도 있다.[77] 영혼이 삼중적 차원의 실체가 아니라는 점을 에보디우스가 받아들일 수 있도록, 이제 토론은 영혼의 능력 중의 하나인 기억에 대한 것으로 바뀌는데, 이 능력이 육체에 속한 것이 아니라는 결론에 도달하기 위해서이다. 우리는 기억을 통해 먼 지역, 곧 우리의 직접적인 지각이 닿지 않는 곳의 상(像)들을 보존할 수 있다. 이 예는 영혼과 육체가 구조적으로 상이한 실체라는 생각을 암시한다.[78] 일부 기하학의 개념들에 대한 분석이 토론에 몰두할 수 있도록 한다. 길이와 넓이 그리고 높이를 소유하고 있기에 삼차원적 물체들이 존재한다. 예를 들어 만일 어떤 정육면체에서 한 차원이 없다면, 우리는 이차원적인 평면도형을 갖게 된다. 만일 우리가 평면도형에서 두 번째 차원을 제거한다면, 우리는 한 선을 얻게 된다. 이 형상은 길이만 소유하고 있다. 이제 우리가 선을 한 점으로 축소한다면, 길이도, 넓이도, 높이도 갖고 있지 않은 실체를 갖게 된다. 사실, 점은 결코 분리할 수 없는(*id erit igitur quod dividi nequeat*) 그리고 오직 이성으로만 알 수 있는 기하학적 실체이다. 에보디우스는 스토아학파의 논리학에 기인하는 변론으로 자신의 성찰을 종결한다. 만일 점이 가분적(可分的)이라면, 이때 그 점은 길이를 갖고 있거나 그 점이 연장(延長)을 갖고 있는 것이다. 만일 그 점이 길이를 갖고 있다면, 이때 그 점은 선이다. 만일 그 점이 연장이 있다면, 이때 그 점은 또 다른 중심을 요구한다. 그 점은 선이 아니다. 그 점은 또 다른 중심을 요구하지 않는다. 따라서 그 점은 가분적(可分的)이지 않다.[79] 비슷한 것은 유사한 것을 지각한다는 원칙에 근거하여 인간 정신은 비물질적인 실체들을 지각하기 때문에, 물질적 본성을 지니고 있지 않으며, 동시에 그 정신이 직관하는 기하학적 실체들보다 우월하다고 결론을 내리게 된다. 만일 영혼이 물질적인 것이 아니라면, 길이 안에서 연장되지 않고, 면적에서 넓어지지 않고, 용적으로 고체가 되지 않는다는 것에 놀랄 필요가 없다고 아우구스티누스는 강조한다. 더욱이 영혼은 육체 안에서 모든 지체를 다스릴 정도로 그리고 그것들의 원동자가 될 정도로 강한 사실에 놀랄 이유가 없다. 하지만 그것보다 더 있다. 영혼은 지성적인 실체들을 인식할 뿐 아니라 자신 안에 현존하여 있는 진리 자체로 인해 자기 자신을 인식하는 능력도 소유하고 있다.[80]

이 결론은 영혼의 비물질성에 관한 증명에서 중요한 이득으로 평가된다. 그렇지만 에보디우스는 그 논증에 수긍하면서도 두 가지 어려움을 다음과 같이 드러낸다.

> 일부 어려움이 여전히 나를 혼란스럽게 합니다. 먼저, 나이가 들어 몸이 성장함에 따라서 영혼도 성장하거나 성장하는 것처럼 보이는 까닭이 무엇이냐는 점입니다. 어린아이들을 보면 그 이성이 모모한 짐승들의 꾀에도 견줄 만하지 못함을 누가 부인하겠습니까? 그리고 아이들이 자라면서 그들 안에서 이성 또한 어느 모로 자라난다는 것을 누가 의심하겠습니까? 만일 영혼이 자기 육체의 공간만큼 퍼져 있다면, 부피가 전혀 없다는 말은 어떻게 합니까? 또 그렇게 퍼져 있지 않다면, 몸의 어디를 찔러도 자극을 받는 것은 무슨 까닭입니까?[81]

심각한 반대 의견들이다. 아우구스티누스에게도 이전에 큰 어려움을 주는 원인이 되었기 때문이다. 첫 번째 어려움에 아우구스티누스는 영혼의 성장이 육체의 성장과 동일한 방식으로 이해되는 것이 아님을 강조하면서 대답한다. 영혼의 성장은 육체가 종속된 다양한 변화와 연결된 것이 아니라 영혼의 능력들의 수행을 통해 이루어지는 것이다.[82]

영혼의 공간적 연장을 배제한 후, 영혼의 성장에 관한 질문은 언어의 습득과 관련하여 고찰된다.[83] 어린아이들이 육체적으로 성장하는 것과 동시에 그리고 그것과 같은 리듬으로 말하는 것을 배운다는 확신이 논박된다. 아우구스티누스는 언어의 현상이 온갖 유형의 육체적 성장과는 독립적으로 획득되는 능력임을 분명하게 제시하는 일련의 실례들을 통해 반대 의견을 내놓는다. 논거는 육체적이며 정신적인 성장의 다양한 단계들 사이에 가능한 모든 연결이라는 생각을 거슬러 진행된다.[84] 언어 습득이 환경적 그리고 심리학적 요인들에 의해 방해받을 수 있지만, 모방의 기술, 관찰 능력, 선생을 따라 하는 것이 언어 능력의 발전을 결정짓는 요소라는 점이 강조된다.

> 배움으로써 영혼이 성장하고, 그와 반대로 배운 것을 잊어버림으로써 위축된다는 말은 맞네. 하지만 이것은 우리가 조금 전 입증한 대로 전의적(轉義的) 어법으로 하는 말일세. 그러면서도 성장한다는 말을 할 적에는 마치 영혼이 더 큰 공간을 점유하는 것처럼 보이지 않게 조심해야 하네. 오히려 무슨 행동을 하는 데 더 능숙한 사람이 덜 능숙한 사람보다 더 큰 능력을 갖추었다는 뜻으로 알아들어야 하네.[85]

에보디우스는 육체 안에 있는 체력이 영혼의 성장과 비례하는 방식으로 성장한다고 확언하면서 스승의 입장에 계속해서 반대 의견을 제시한다. 스승은 힘의 증대가 많은 부분 자동적인 육체의 증진보다 연습과 훈련에 의존한다는 것을 분명하게 하면서 육체적 성장과 비례적인 체력의 증진 사이에 긴밀한 관계가 있을 수 있다는 것을 부정한다. 사실 인간이 갖고 있는 힘은 의지, 자극, 원의 등을 발생 요인으로 갖고 있으며, 이것들은 감정적인 자극으로서 운동에의 자극을 증대시키거나 그것을 멈추게 할 수 있다. 힘은 심신적(心身的) 현상으로, 연습과 육체적 건강을 통해 조정될 수 있다. 하지만 힘은 정신적 자극의 동력에 강한 영향을 받기 때문에, 영혼이 희망과 대담함을 제공하는 고유한 "힘"을 소유하고 있다고 추론해야만 한다.[86)]

이러한 문제들이 바로(Varro)가 수정한 영혼에 대한 정의를 정식화하는 데 장애물로 등장하지 않는다.[87)] 그는 영혼이 어떻든 간에 육체와 관계를 맺고 있는 한 인간으로 간주되며 또 그렇게 언명될 수 있다고 가르쳤다.

(…) 육체를 다스리기에 적합한, 이성을 갖춘 어떤 실체.[88)]

26절에서는 에보디우스의 두 번째 반대 의견이 제시되었는데, 이제 40항에서 다음과 같이 다시 나타난다.

영혼이 육체의 부피만큼 공간상의 부피를 가지는 것이 아니라면, 육체가 닿는 곳마다 영혼이 감지하는 까닭이 무엇입니까?[89)]

감각적 지각의 구조에 대한 분석이, 영혼은 감각 작용을 통해 자신에게 속한 육체에 온전히 한정된다는 반대 의견에 대한 답변을 제공한다.

영혼이 현존하지 않아야만 감응할 수 있는 것, 다시 말해 봄으로써 감응하는 것은 자체가 현재하지 않는 곳에서만 일어난다는 말일세. 이 사실로 미루어, 영혼은 어느 공간에도 내포되지 않는다는 사실을 누가 모르겠나? 그러니, 눈, 곧 육체

> 인 눈이 자기의 공간이 아닌 곳에서 감응하는 것은 오직 이것, 즉 영혼 없이는 결코 감응하지 못하는 이것뿐일세.[90]

여기에서 영혼은 피와 같이 온 육체에 흩어져 있지 않다는 사실이 나온다. 영혼과 육체의 관계(*contemperatio*)를 어떤 물질적 혼합의 유형으로 이해해서는 안 된다.[91]

마지막으로 영혼은 육체의 분리에도 불구하고 불가분하게 남아 있다는 것을 반복하기 위해 에보디우스에게 한 유비가 제시된다. 우리가 현재 다루고 있는 작품에서 아우구스티누스는 스토아학파의 기호론에 대해 성찰하면서도 영혼의 비물질성에 이른다.[92] 이미 스토아 철학자들에게 있어 소리로서의 말은 물질적인 데 반해, 그것의 의미 혹은 참되거나 거짓일 수 있는 표명된 실체 레크톤(*lektón*)은 비물질적인 것이다.[93] 아우구스티누스는 이러한 스토아학파의 주장에서 출발하여, 한편으로는 레크톤(*lektón*)과 소리로서의 말 사이의 유비를 그리고 또 다른 한편으로는 영혼과 육체 사이의 유비를 결정짓는다. 말이 시간 안에서 연장되고 따라서 여러 요소로 구성되는 것처럼, 육체도 그러하다는 것이다. 하지만 어떤 말의 의미가 이 연장된 것 안에서 살아 있지만 연장되지 않는 것처럼, 육체에 관련된 영혼에서도 동일한 것이 확인된다. 스토아 철학자들은 언명된 것들의 논리학을 구성하기 위한 목적으로 기호학을 사용하였고, 아우구스티누스는 형이상학적 목적들을 위해, 곧 영혼의 비물질성을 증명하기 위해 기호학을 활용하고 있다.

4. 욕구(*appetitus*)의 역동적 원리로서의 인간 본성

인간학에 도입한 독창적 내용을 이해하기 위해서는 아우구스티누스가 기울인 노력의 기저에 있는 존재론적 체계에 속한 두 가지 전제들을 지적할 필요가 있다. 인간 존재는 구성 요소로서 자신의 구조 안에 존재, 질서 그리고 일치에의 경향성을 갖고 있는데, 이는 그의 존재를 허용하는 근원적인 동력으로 자리하고 있다.

> 모든 본성은, 존재하는 것이 되기 위하여, 일치로 향하며(*appetat*), 가능한 한 자기 자신과 비슷하게 있으려 하고, 공간 안에서, 시간 안에서 그리고 물질 안에서 자신의 고유한 체계를 마치 자기보존처럼 결연한 균형을 통해 유지한다.[94]

첫 번째 전제의 결과인 두 번째 전제는 이렇게 언명될 수 있다. 곧 인간 안에 있는 본성적 힘은 모든 종(種)의 대상을 향해 나아가기 쉬운 무차별적 충동(*impetus*)으로 표현되지 않는다. 반대로 각자가 어떤 대상과 매우 분명한 목적이 있는 경향들의 위계에 따라 나타난다. 아우구스티누스에 의하면 이 본성적 동력들은 회심 직후에 저술된 대화인 『질서론』에서 아우구스티누스가 초점을 맞추었던 것처럼 '사물들의 질서'(*ordo rerum*)에 의해 지배된다.[95] 이러한 사상에서 인간의 본성을 성장의 원리로 이해하는, 곧 이 원리를 통해 만물에 스며든 영(*pneuma*)이 생명의 원리, 감각(*sensus*)과 혼(*psyché*)이 되며 인간 존재들 안에서는 로고스(*lógos*)가 된다는 스토아학파의 영향을 확인할 수 있다.[96] 여기서 고려되고 있는 인간 본성의 개념은 플라톤의 개념 및 아리스토텔레스의 개념과 상이하게 나타난다. 플라톤에게 피시스(*physis*)는 자기 자신 안에 운동의 원리를 갖고 있는 본질이며 이질적 요인으로 육체와 결합하여 있는 비물질적 영혼과 동일한 것이다. 플라톤의 인간학에 나타난 이러한 이원론적 요소가 아리스토텔레스 안에서 완화되는데, 그에 따르면 피시스(*physis*)는 내재적 목적성을 통해 작용하는 힘이다. 인간 본성은 개별적 육체의 영혼, 에이도스(*eidos*)와 동일하다. 하지만 엔텔레키아(활력, *enteléchia*)로서 영혼은 형상으로서 긴밀하게 필요한 양식으로 육체에 속해 있다.

『가톨릭교회의 관습과 마니교도들의 관습』에서 우리는 다음과 같이 본성에 대한 일반적인 정의를 발견한다.

> 본성 자체는 자신의 유(類, genus)에서 존재하는 어떤 것으로 간주되는 것 외에 다른 것이 아니다. 더욱이 우리가 '존재하다'에서 파생된 새로운 명사를 사용하면서 말하자면 실체라고도 우리가 부르는 것을 본질이라고 부르는 것처럼, 이러한 명사들을 갖고 있지 않았던 고대인들도 본질과 실체를 통해 본성이라 명명하였다.[97)]

하지만 아우구스티누스가 구체적으로 인간 본성에 대한 탐구로 넘어갈 때, 이 인간 본성은 근원적 경향들의 역동적 원리 또는 욕구(*appetitus*) 혹은 사랑(*amores*)으로 이해된다. 그러한 동력은 근본적으로 두 방향으로 정향된 힘이다. 한편으로는 현세적 전망 안에 있는 일부 욕구들을 충족하도록 만들고, 다른 한편으로는 일시적 수준을 초월하는 단계를 향해 움직인다. 사실 우리 안에는 현세적 실재들 너머에서 만족을 찾으려는 근본적인 경향이 있다.[98] 치프리아니(N. Cipriani)가 이미 강조하였듯이,[99] 욕구들에 대해 아우구스티누스는 자신의 인간학을 정립하면서 바로(Varro)가 『철학론』(*De philosophia*)에서 제시하였지만 아스칼론(Ascalon)의 안티오쿠스(Antiochus)까지 거슬러 올라가는 근원적 경향들(prima naturae)에 대한 가르침을 받아들였다. 안티오쿠스도 스토아 철학자들로부터 이 가르침을 유출하여 아리스토텔레스적 의미에서 수정을 가하였다. 내재주의적 폐쇄성에서 해방된 그러한 인간학적 모델을 후에 아우구스티누스는 다양한 문제점들에 대한 탐구의 전제로 사용할 것이다. 동시에 행복론적 접근이 초월성에 대한 개방으로 바뀔 것이다. 그러한 근원적 경향들을 상세하게 고찰하는 것은 흥미로운 일이다.

인간 존재를 움직이는 근본적인 태생적 자극은 자기보존, 자아 인식, 자신 육체의 온전함, 정돈된 욕구들의 안식(*quies*)에 대한 욕구(*appetitus*)이다.

『음악론』에서 스승은 제자에게 이렇게 말한다.

> 하지만 감각적인 쾌락이 아니라 육체를 통해 그리고 육체의 격정에 대한 반작용으로서 이루어지는 모든 음률을 육체적인 만족이 아닌 육체의 건강에 돌리는 개별자를 너는 어떻게 판단하는가? 혹시 그가 자신과 연결된 사람들의 영혼을 통해 얻게 되는 혹은 영혼을 연결하기 위해 이루어지고 기억 속에서 보존되는 모든 음률을 개인의 사회적 위신이 아닌 영혼 자신들의 유익으로 환원하는가? 혹은 감각적 지각에서 중재자의 역할과 지나가는 것들에 대한 관찰자의 역할

이 두 범주 안에서 갖고 있는 음률을 공허하고도 해로운 현학적인 태도가 아닌 필요불가결한 승인이나 불가의 목적으로 사용하고 있는가? 아마도 그는 이 모든 음률을 그물 안에 넣지 않고 구성하고 있는 것은 아닌가? 사실 그의 목적은 육체의 건강이 위태롭지 않도록 하는 것이며, 공통법의 자연적 결합에 따라서 자기 자신처럼 사랑해야 할 이웃의 선익으로 이 모든 행동을 환원시킨다.[100)]

육체 감관의 동력을 동반하는 쾌락(*voluptas*) 이면에 안식(*quies*)에 대한 자연적 욕구가 감추어져 있다.

육체의 쾌락도 안식을 찾는 것이 아니겠으며, 그 안식(*quies*)이란 결핍이 전혀 없고 부패가 전혀 없는 곳에 있는 것이 아니겠는가?[101)]

자기보존과 안식(*quies*)으로 정향된 자신 육체의 온전함에 대한 자연적 경향은 '오이케이오시스'(*oikeiosis*) 또는 자기 사랑(*amor sui*), 곧 모든 살아 있는 존재가 자기 자신과 자신의 안이(安易)를 지키고자 하는 원의의 결심 외에 다른 것이 아니다.[102)] 각자의 본성은 자신의 안이를 지키고 자기 자신을 사랑하라는 자극을 받고 있다. 후에 아우구스티누스는 고대 아카데미아학파 철학자들, 특별히 아스칼론의 안티오쿠스가 제시한 인간학적 가르침과의 열정적인 대조를 통해 동일한 사상을 다음과 같이 반복한다.

그들이 하는 말로는, 자연 본성의 첫째가는 큰 목소리가 있

> 다면 그것은 인간이 한사코 자신을 감싸고 본성적으로 죽음을 기피하려고 하는 것인데 이 말만은 참말이다. 실제로 인간은 자신에게 너무도 우호적이어서 자신이 단일한 생명체로서, 곧 육체와 영혼이 결합된 채로 살아남기를 간절히 바라고 욕구한다.[103]

두 번째 자연 본성의 욕구(*appetitus*)는 참된 것을 알고자 하는 경향으로 구성된다. 인간 본성의 그러한 경향을 증명하는 표현들이 아우구스티누스의 거의 모든 철학 작품 안에 흩어져 있다.

> 그렇다면 무엇 때문에 우리는 그토록 허위를 두려워하고, 진리를 무슨 대단한 선처럼 여기면서 모색하는가?[104]

카시치아쿰에서 작성된 첫 작품인 『아카데미아학파 반박』 전체가 인간 이성 안에 뿌리내린 억제할 수 없는 진리 인식 충동을 증명하고 있다. 때때로 '진리에 대한 원의'(*cupiditas veri*)[105] 또는 '진리를 발견하리라는 사랑'(*amor inveniendi veri*)[106]으로 부르는 이 자극은 탐구와 수고스러운 연구를 하게 한다. 하지만 현재 조건에서 인간은 종종 진리를 이해하고 인식하는 데 어려움에 봉착한다.

> 그래? 지성을 정욕이 지배하는 그것, 지성이 풍부한 덕성을 박탈당하고 빈곤하고 주접스러워져서는 여러 갈래로 끌려가는 사태가 작은 벌이라고 여긴다는 말인가? (타락한 지성은) 방금 거짓을 참으로 (알고) 수긍하는가 하면, 금방 그 (거짓

을) 옹호하는 태도를 보인다. 방금 인정하던 것을 금방 부인하고 그 밖에도 갖가지로 거짓으로 내닫는다. 이제는 (진리에 대한) 동의를 유보하는가 하면, 저제는 명료한 논증들마저 등지는 일이 흔하다. 이제는 도대체 진리를 발견할 수 있다는 가능성에 대해서 전적으로 절망하는가 하면, 저제는 어리석음이 어둠 속으로 깊이 묻혀 버리곤 한다. 이제는 인식의 빛을 향해서 발걸음을 내딛는가 하면, 저제는 곧장 지쳐서 주저앉아 버린다.[107)]

하지만 인간 본성의 고유한 모순점들에도 불구하고 각 인간의 이성 안에 새겨진 '진리의 개념'(*notitia veritatis*)[108)]이나 '지혜에 대한 개념'(*notio sapientiae*)을 그 무엇도 파괴할 수 없다. 후에 아우구스티누스는 다음과 같이 언명한다.

모든 이가 진리를 즐기기를 원하나이다. 많은 사람이 속이기 좋아함을 보았사오나, 속으려 하는 이는 없었습니다.[109)]

이렇게 세 번째 자연 본성의 욕구(*appetitus*)가 묘사된다.

우리는 패배하지 않으려고(*invicti*) 하며, 이는 옳은 생각이다. 우리 영혼의 본성이 이것을 하느님께로부터 받았으며, 우리 영혼은 하느님의 모상대로 창조되었다.[110)]

모든 인간은 자력으로 불패의 인간이 되는 것이 아니라, 저 불변하는 법의 힘으로 그렇게 되는 것이며, 그 법에 복종하

는 사람만이 자유로운 사람이다.[111)]

패배하지 않으려는 그리고 자유로워지려는 원의는 수월하게 행동하는 자연 본성의 경향과 일치한다. 아우구스티누스는 인간을 사회 활동으로 이끄는 '행동에 대한 욕구'(*appetitus actionis*)와 '수월하게 행동하려는 욕구'(*appetitus ad agendum cum facilitate*) 혹은 '행동에 대한 사랑'(*amor actionis*)에 대해 말한다.[112)] 불패성의 개념에서 아우구스티누스는 자유의 개념과 행위의 용이성이라는 개념으로 넘어간다. 우리 안에 행동하는 욕구와 수월하게 행동하려는 욕구가 있기에, 우리는 순수 육체적 활동에서 인식 활동 및 사회 활동에까지 이르게 되는데, 이는 승리와 평화에 도달하기 위해[113)] 그리고 이웃에 대한 유용성(*utilitas proximi*)[114)] 및 사회적 유익에 도달하기 위한 것이다. 이러한 행동에 대한 자극은 인간이 '사랑의 결속'(*societas amoris*)인 가정과 '도시의 질서'(*ordo civitatis*)로서의 사회를 건설하도록 그리고 공공의 일을 수행하는 과정에서 협력하도록 이끈다. 사회적 삶의 모든 단계에 열려 있는 이러한 인간 본성의 개념은 신플라톤주의자들을 향해서만 옹호되는 것이 아니다. 스토아 철학자들과의 논쟁에서도 반복된다.

> 그들은(스토아 철학자들은) 현자의 삶이 사회적 삶이 되기를 바라며, 우리는 이를 보다 넓은 의미로 받아들인다.[115)]

사회적 삶에 대한 자극은 인간이 성장하게끔 하였는데, 인간은 이렇게 해서 장인들의 기술들을 창안하였고, 밭을 경작하고 다양한 건축물과 기념물들로 도시를 건설하는 것을 배웠으며,

'문자로, 말로, 동작으로'(*in litteris, in verbis, in gestu*) 된 표지들의 다채로운 조합을 만들었다. 이는 과거에 대한 기억을 전해 주기 위해 그리고 시민 사회 안에서 집단경험의 성장을 증진하기 위한 것이었다.[116] 행동하려는 욕구가 감각 활동, 인식 활동 그리고 사회 활동을 움직이는 것이다.

> 저 사나운 맹수들도 (…) 교미하고 새끼를 낳고 새끼에게 젖을 먹여 기우면서, 일종의 평화 속에서 자기 종족을 보존한다. (…) 하물며 인간이야말로 어느 모로 자기 본성의 법칙에 따라서 사람들과 더불어, 가능하다면 모든 사람과 더불어 사회관계를 맺고 평화를 달성하려고 힘쓰지 않는가?[117]

아리스토텔레스와 스토아학파의 사상들을 이용하여 아스칼론의 안티오쿠스가 고안한 인간 본성에 대한 이 주장은 바로(Varro)의 『철학론』(*De philosophia*)을 통해 아우구스티누스에게 전달되었다. 그는 이러한 인간 본성에 대한 행복론적 개념을 수용하였지만, 동시에 바로가 연결되어 있던 스토아 철학에서 부족한 부분인 초월적인 개방을 이 개념에 언급하였다. 이미 첫 대화론에서 아우구스티누스는 인간 본성에 대한 이러한 관점을 수용하고 있는데, 이에 따르면 인간은 현세적 사물들의 세상이 아닌 세상에서만 온전한 만족에 도달할 수 있는 욕구(appetitus)를 소유하고 있다. 플라톤 서적들을 읽으면서 갖게 된 형이상학적 차원을 통해 아우구스티누스는 바로의 관점에 대해 수정할 수 있었다. 이로써 인식 욕구(*appetitus cognoscendi*)가 실재의 궁극적 기초를 알고자 하는 열망이 되며 또한 건강(*salus*)과 안식(*quies*)에 대한 욕구(appetitus)가 행복에 대한 원의(appetitus)[118] 및 최고선과 참된 안식(*Quies*)에 대한 바람이 된다. 그리고 패배하지 않고 자유로워지고자 하는 자극이 진리에 대한 자유로운 복종이 된다. 이렇게 해서 바로의 인간학적 모델은 플라톤의 형이상학적 원리에서 출발하여 수정되고 풍요로워지는데, 이 원리에 따르면 실재는 두 층, 곧 감각적인 층과 지성적이며 초월적인 층으로 구분된다. 이를 아우구스티누스는 이미 『아카데미아학파 반박』에서 인식하고 수용하였음을 제시하고 있다.[119]

주석

1) 『창세기 문자적 해설』 III, 16, 25.
2) 『서간』 238, 2, 12.
3) 『영혼 불멸』 13, 20. 참조: N. Cipriani, *L'influsso di Varrone* cit., p.284.
4) 『음악론』 VI, 5, 9; 『창세기 문자적 해설』 VIII, 21, 42.
5) A. Dihle, *The theory of will in Classical Antiquity*, in *Sather Classical Lectures*, Berkeley-Los Angeles-London, 1982, p.62.
6) G. O'Daly, *La filosofia della mente in Agostino*(1987), Palermo, 1988, p.67. 다음도 참조하라. C. Di Martino, *La* intentio *nella psicologia di Agostino: dal* "De libero arbitrio" *al* "De Trinitate", "Revue des Études Augustiniennes", XLVI, 2002, pp.173~198.
7) 『영혼 불멸』 15, 24. 참조: N. Cipriani, *L'influsso di Varrone* cit., p.390.
8) 플로티누스, 『엔네아데스』 IV, 7, 8(5), 40-47.
9) M.F. Sciacca, *Introduzione a S. Agostino, La Trinità*, Roma, 1973, p.LXVIII.
10) 『영혼 불멸』 1, 2 - 2, 3.
11) 같은 책, 36, 81.
12) N. Cipriani, *L'influsso di Varrone* cit., pp.383~396.
13) V. Pacioni, *L'unità teoretica* cit., p.220.
14) N. Cipriani, *L'influsso di Varrone* cit., p.387. 다음도 참조: G.

O'Daly, *La filosofia* cit., p.81.

15) 『영혼 불멸』 36, 81.

16) V. Pacioni, *L'unità teoretica* cit., p.258. 다음도 참조: N. Cipriani, *Sulla fonte varroniana* cit., pp.205~206. 그리고 G.M. De Durand, *L'homme raisonable mortel: pour l'histoire d'une définition*, "Phoenix", XXVII, 1973, pp.328~344.

17) J. Doignon, *Le* "De ordine" cit., p.134.

18) 키케로, 『아카데미카』 II, 7, 21.

19) 퀸틸리아누스, 『웅변가 교육』(*Institutia oratoria*) VII, 3, 15.

20) 섹스투스 엠피리쿠스, 『피론주의 개요』(*Hypotyposeon Pyrrhoneion*) II, 25-26; 포르피리우스, 『입문서』(*Isagoge*) 1, 3과 이후 구절. 루소(A. Russo)는 자신이 엮은 『피론주의 개요』(*Schizzi Pirroniani*) 편집본(Bari, 1988, p.65, n.27)에서 잘 알려진 아리스토텔레스 원천만이 아니라 스토아 철학자들도 올바로 언급한다. 이에 대해 참조: V. Pacioni, *L'unità teoretica* cit., p.259.

21) N. Cipriani, *L'influsso di Varrone* cit., pp.379~380.

22) I. Hadot, *Arts liberaux et Philosophie dans la pensée antique*, Paris, 1984, p.189.

23) N. Cipriani, *Sulla fonte varroniana* cit., p.208.

24) 아리스토텔레스, 『영혼론』(*De anima*) II, 4, 415b, 18-19.

25) 아리스토텔레스, 『니코마코스 윤리학』 VIII, 11, 1161 a32 - 1161b. 다음의 책도 검토하라. C. Mazzarelli, *Introduzione ad Aristotele Ethica nicomachea*, Milano, 1993, p.15. 여기서 저자는 아리스토텔레스가, 『니코마코스 윤리학』에 나타난 정의를 발견하는 것처럼, 영혼의 개념을 숙고하는 두 번째 단계에서 영혼 자신이 육체의 주인이고 육체를 수동적 도구처럼 사용한다고 강조하였다고 주장한다.

26) 이 문제에 있어 다음과 같은 질송의 의견에 동의해야 한다고 우리

는 느끼지 않는다. E. Gilson, *Introduzione* cit., p.63. "우리는 때때로 그가 그런 정의에 내포된 형이상학적 논의의 어려움을 토론하지 않거나 심지어는 주목조차 하는 않는 것에 놀란다. 그런 이유는 단순히 인간의 형이상학적 구조에 대한 추상적인 문제가 그에게는 무익한 것으로 보였기 때문이다. 그의 관심을 끄는 것은 지존한 선에 대한 도덕적 문제였다."

27) 『행복한 삶』 2, 7.

28) 『자유의지론』 I, 15, 32; 『가톨릭교회의 관습과 마니교도의 관습』 II, 9, 14-15.

29) 명확하게 바로와 피타고라스를 언급하고 있는 『질서론』 II, 8, 25; 20, 54; 『여든세 가지 다양한 질문』 30; 『신국론』 XIX, 5.

30) 『신국론』 XV, 3-4; XIX, 11.

31) 『창세기 문자적 해설』 VIII, 9, 17.

32) 『참된 종교』 XLV, 83. 『영혼의 위대함』 33, 71과 그리고 무엇보다 『혼인의 선익』 16, 18과 비교하라.

33) 『신국론』 XIX, 3, 1; 『고백록』 X, 31, 43-44.

34) 키케로, 『최고 선악론』 V, 16, 45.

35) 『여든세 가지 다양한 질문』 30; 『그리스도교 교양』 I, 22, 20~21; 『서간』 140, 2, 3-4; 『삼위일체론』 X, 10, 13.

36) A. Carlini, *Perché credo*, Brescia, 1952, pp.133~134.

37) 『질서론』 II, 18, 47.

38) 『아카데미아학파 반박』 III, 17, 37.

39) 같은 책, III, 10, 2214, 31.

40) 『행복한 삶』 2, 7.

41) 『독백』 II, 1, 1.

42) F. Cayré, *Initiation à la philosophie de saint Augustin*, Paris, 1947, pp.186~188.

43) 구초는 다음의 책에서 이렇게 말한다. A. Guzzo, *S. Agostino dal*

"Contra Academicos" *al* "De vera religione", Torino, 1957, p.54. "모든 이가 데카르트의 '생각한다. 고로 나는 존재한다'(*cogito, ergo sum*)를 생각한다. 하지만 아우구스티누스의 입장은 데카르트와 다르다. 감관이 우리에게 전해 주는 것, 예를 들면 우리가 움직이는지 아닌지를 아는 것에 대해 말할 수 없다는 선언은 공통적이다. 하지만 감관의 단순한 자료에 대한 이러한 과학적 가치의 부정은 적어도 플라톤 이후로 공통적이다. 움직이는지 알지 못하면서도 생각하는 것에 대해서는 알고 있다는 확언 역시 공통적이다. 하지만 데카르트가 생각하는 것을 알고 있는 한 존재한다는 것을 알고 있다고 말하는 반면, 아우구스티누스는 존재함을 알고 있고, 살아 있음을 알고 있으며, 생각하는 것을 알고 있다고 언급한다."

44) 카를리니는 다음의 저서에서 다음과 같이 말한다. A. Carlini, *Cattolicesimo e pensiero moderno*, Brescia, 1953, p.110. "플로티누스 역시 내향성의 의미를 매우 강조하였다. 하지만 영혼의 자기 자신에 대한 내향성이 아니라, 영혼 밖에 있는 것들이 갖고 있는 참된 의미와 가치가 영혼 안에서 지닌 내향성을 강조한다."

45) R. Radice, *Oikeiosis. Ricerche sul fondamento del pensiero stoico e sulla sua genesi*, Milano, 2000, p.112.

46) A. Guzzo, *S. Agostino* cit., p.50.

47) 『독백』 II, 4, 4.

48) 같은 책, II, 5, 8.

49) A. Guzzo, *S. Agostino* cit., p.50.

50) 『독백』 II, 4, 6.

51) 같은 책, II, 2, 5, 8.

52) 같은 책, II, 5, 7.

53) 같은 곳.

54) 같은 곳.

55) 같은 책, II, 5, 8.

56) 같은 책, II, 7, 13.

57) 같은 책, II, 8, 15.

58) 같은 곳.

59) 같은 곳.

60) 같은 책, II, 9, 16. 참조: A. Guzzo, *S. Agostino* cit., pp.51~52.

61) 같은 책, II, 10, 18.

62) 같은 곳.

63) A. Guzzo, *S. Agostino* cit., p.52.

64) 이 개념들에 대해 더욱 심화시키기 위해서는 다음을 보라. M. Malatesta, *La logica* cit., pp.45~66.

65) 『독백』 II, 11, 19-21.

66) 같은 책, II, 13, 24.

67) 『영혼의 위대함』 1, 2.

68) N. Cipriani, *Sulla fonte varroniana* cit., pp.210~220.

69) 『재론고』 I, 8, 1.

70) 『창세기 문자적 해설』 VII, 12, 18-19; 21, 27; X, 25, 41; 26-45.

71) E.L. Fortin, *Augustine's* "De quantitate animae" *or the spiritual Dimensions of human Existence*, in "De moribus ecclesiae catholicae et de moribus manichaeorum", "De quantitate animae" *di Agostino d'Ippona*, Roma, 1991, pp.136~138.

72) 이 맥락에서 영혼은 하느님의 모상이라고 확언된다. 후에 아우구스티누스는 영혼이 삼위일체의 모상대로 창조되었다고 확언할 것이다.

73) E.L. Fortin, *Augustine's* cit., p.150.

74) 『고백록』 VII, 1, 1.

75) 『영혼의 위대함』 4, 5.

76) 같은 책, 4, 6.

77) 같은 책, 5, 7. 참조: G. O'Daly, *La filosofia* cit., p.43.

78) 『영혼의 위대함』 5, 9.

79) 같은 책, 11, 18. 추론 도식은 올바르다. 상응하는 함의(含意), 곧 전제로써 서언의 논리적 결과물을 그리고 결과로써 결론이 있는 함의가 논리학적 법칙 혹은 동의어 반복임이 명백해지기 때문이다. 참조: G. Balido, *Strutture logico-formali e analisi linguistiche di testi agostiniani*, Roma, 1998, pp.11~12.

80) 『영혼의 위대함』 14, 23-24.

81) 같은 책, 15, 26.

82) E.L. Fortin, *Augustine's* cit., p.154.

83) 『영혼의 위대함』 18, 31.

84) G. O'Daly, *La filosofia* cit., p.45.

85) 『영혼의 위대함』 19, 33.

86) G. O'Daly, *La filosofia* cit., p.46.

87) N. Cipriani, *L'influsso di Varrone* cit., p.387.

88) 『영혼의 위대함』 13, 22.

89) 같은 책, 22, 40.

90) 같은 책, 30, 60.

91) G. O'Daly, *La filosofia* cit., p.47.

92) 『영혼의 위대함』 32, 65와 이후 구절.

93) 섹스투스 엠피리쿠스, 『수학자 반박』(*Adversus mathematicos*) VIII, 2.

94) 『음악론』 VI, 17, 56.

95) R. Holte, *Béatitude* cit., pp.251~259.

96) SVF II, 458-462; 714-716. 참조: G. Reale, *Storia* cit., pp.380~381.

97) 『가톨릭교회의 관습과 마니교도의 관습』 II, 2, 2.

98) 『여든세 가지 다양한 질문』 35.

99) N. Cipriani, *L'influsso di Varrone* cit., pp.373~374.

100)『음악론』 VI, 14, 45;『독백』 I, 10, 17.

101)『참된 종교』 LII, 101;『그리스도교 교양』 I, 25, 26. "어떻게 자신을 사랑하는 것이 자기에게 이로울지 배워야 한다. 자신을 사랑하고 자기에게 유익하기 바라는 사실을 의심하는 것은 미친 사람이나 한다. 어떻게 자기 몸을 사랑하여 절도 있고 현명하게 몸을 보호할 것인지도 배워야만 한다. 자기 몸을 사랑하는 것과 몸을 건강하고 온전히 지니려고 하는 것은 똑같다. 그러나 혹자는 자기 육체의 건강과 안녕 이상으로 자기 몸을 사랑할 수 있다. 왜냐하면 자원해서 고통이나 어떤 지체의 상실을 받아들인 사람들이 적지 않게 발견되는데, 이것은 그들이 더 사랑하는 다른 것을 얻기 위해서다. 다른 것을 더 사랑한다고 해서 그들이 자기 육체의 건강과 안녕을 사랑하지 않는다고 말하면 안 된다. (…)."

102) N. Cipriani, *Lo schema dei tria vitia* (voluptas, superbia, curiositas) *nel* "De vera religione": *antropologia soggiacente e fonti*, "Augustinianum", XXXVIII, 1998, pp.166~168. 참조: M. Pohlenz, *La storia di un movimento spirituale* I, Firenze, 1978, pp.228~230; R. Radice, *Oikeiosis* cit., pp.110~121.

103)『신국론』 XIX, 4, 5.

104)『독백』 II, 10, 18.

105)『아카데미아학파 반박』 I, 3, 8.

106)『질서론』 I, 3, 6.

107)『자유의지론』 I, 11, 22;『참된 종교』 XLIX, 94-95;『고백록』 X, 35-54.

108)『고백록』 X, 23, 33.

109) 같은 곳.

110)『참된 종교』 XLV, 85.

111) 같은 책, XLVI, 87.

112)『음악론』 VI, 13, 39;『신국론』 XIX, 4, 2. 참조: N. Cipriani, *Lo*

schema cit., pp.171~172.

113)『참된 종교』 LIII, 102-103.

114)『음악론』 VI, 14, 45;『마니교도 반박 창세기 해설』 I, 25, 43.

115)『신국론』 XIX, 5.

116)『영혼의 위대함』 33, 71 - 33, 72.

117)『신국론』 XIX, 12, 2. 참조: M. Pohlenz, *Stoa* cit., p.407. 여기서 저자는 이 자연 본성적 욕구를 스토아 철학자인 파네티우스(Panaetius)를 통해 예증한다.

118)『가톨릭교회의 관습과 마니교도의 관습』 I, 11, 18.

119)『아카데미아학파 반박』 III, 17, 37. 참조: G. Reale, *Introduzione ad Aurelio Agostino, Natura del bene*, Milano, 1995, pp.17~18.

제5장

인식 이론

제 5 장 • 인식 이론

1. 감각적 지각
2. 기호 자료의 현상학
3. 상상
4. 기억
5. 이성적 인식
6. 변증법의 역할과 기능
7. 지성적 인식과 조명의 본성

1. 감각적 지각

아카데미아학파를 논박하면서 아우구스티누스는 궁극적으로 진리의 기준을 명확하게 밝혔다. 감각적 지각 행위에서 이성은 자기 자신에 대해 숙고하면서 자신에 대한 인식과 지성계에 대한 인식에 도달한다. 동시에 이성은 자신의 외부에 감각적 실재가 존재한다는 점을 인정하고 이 실재에 동의하도록 강요된다. 외적 객체들의 행위를 통해 감관에 만들어진 모든 변화는, 비록 절대적 의미에서 참된 인식을 제공하지 못함에도 불구하고,[1] 감각적 정보들의 다수성의 존재를 확실히 보증한다.[2] 이때 감각 작용은 자신이 존재하는 것을 통한 단순한 나타남으로써 무류적이다. 감각기관들이 자리하고 있는 인간의 유형한 영역에 감각적 객체들이 던지는 메시지를 수정하기 위해 개입하는 것이 이성의 책무이다.[3]

『영혼의 위대함』에서 우리는 감각적 지각이라는 현상을 심신(心身) 과정으로 분석하는 첫 시도를 발견한다.

> 나는 감각이 존재하며, 감각이란 육체가 감응하는 바를 영혼이 놓치지 않는 것이라고 생각하네.[4)]

감각의 지각은 외부 주체의 행위로 인해 신체 기관에 만들어진 변화이다.

같은 작품 안에서 발견되는 두 번째 정의는 지각 행위에서 수행하는 영혼의 능동적 역할을 다시 한번 지적한다.

> 분명히 감각은 영혼이 놓치지 않는 육체의 모든 감응이다.[5)]

감각적 지각 행위는, 한편으로 감각기관 안에 육체적 각인을 산출하는 외적 객체의 존재를 내포하며 — 이 첫 번째 순간에 우리는 일반적으로 감지(感知, *passio corporis*)라고 부르는 것을 갖는다 — 다른 한편으로 외부로부터 산출된 감응을 인지하면서 육체에 개입하는 영혼의 행위를 수반한다. 지각 행위에서 나타나는 그러한 영혼의 능동적 특성은 다른 작품들 안에서 반복하는 표현으로 강조된다. '감지한다는 것은 육체가 아니라 육체를 통해 영혼에서 일어난다'(*sentire non est corporis sed animae per corpus*).[6)]

학자들은 이러한 감각적 지각 개념의 기원을 플로티누스에게 돌리는 데 동의한다.[7)] 그는 영혼이 외부 객체들을 통해 어떠한 각인이나 감응을 갖지 않는다고 본다. 오히려 영혼은 지각 행위에서 능동적이라고 본다. 그 자체로 영혼이 모르지 않는 어떤 물질적 감응으로 인해 그러한 지각 행위가 (발생한 것이 아니라)

야기된 것임을 인정해야만 하는 데도 말이다.[8)] 영혼이 없다면 물질적 각인 혹은 감정만 있을 뿐이다. 영혼의 동반적 개입으로 물질적 감응은 이성이 그 사물들의 질을 판단할 수 있도록 감각적 지각이 된다.

『음악론』에서 시작해 이 심신 과정은, 비록 비물질화된 것이지만, 토노스(*tónos*)라는 스토아 개념의 반향인 지향(*intentio*), 정신 집중, 긴장이라는 개념을 통해 해석된다.[9)]

> 사실 나는 행위자의 의지를 통해서가 아니라면(*nisi intentione facientis*) 이 육체가 영혼으로부터 생명을 받은 것으로 생각하지 않는다. 또한 영혼이 육체로부터 영향을 받은 것으로 생각하지 않는다. 오히려 하느님의 섭리에 따라 자신의 지배하에 놓인 육체에 그리고 육체 안에서 영혼이 작용한 것이라 본다. 영혼은 어떨 때는 용이하게 또 어떨 때는 어렵게 영향을 미치는데, 이는 자신의 품격에 따라 물질적 존재가 자신에게 어느 정도 종속되어 있느냐에 따른 것이다.[10)]

그런데 영혼은 육체에 의존하지 않음에도 불구하고 육체의 원의, 긴장을 소유하고 있으며, 자신의 행위를 육체의 행위에 합치하면서 육체를 통솔하고 육체에 생명을 불어넣어 주며 육체를 보호하기 위해 육체와 일치하려는 경향을 보인다. 이러한 영혼의 육체에 대한 적응은 신피타고라스학파 철학의 일부 가르침을 사용하면서 해석된다. 사실 『음악론』에서 감각적 지각의 선행적 특성에 새로운 요소가 첨가된다. 이 감각적 지각은 외부 객체들에 의해 만들어진 자극을 향한 영혼의 관심과 인지에 연결된 정당한 과정으로만 분석되지 않는다. 욕구와 혐오, 외부 객체들과의 일치(*congruentia*), 리듬(*numerositas*) 그리고 불일치의 원동력으로도 이해된다.[11] 따라서 어떤 감각 작용은 만족을 주지만, 어떤 것은 고통스럽다.

신피타고라스 철학의 반향이 분명한 다음 구문을 보자.

> 인간 영혼이 자신에게 반대되고 자신에게 종속된 물질을 자신 행위의 방식에서 힘들게 강요하는 객체에 저항할 때, 어려움으로 인해 그 행위에서 더욱 주의를 기울이도록 한다. 이 어려움은 관심으로 인해 주목받지 않고 넘어가지 않을(*non latet*) 때 감각 작용을 하고 있다고 일컬어진다. 그리고 이 경우에 고통이나 수고로움으로 불린다. 반면 외부에서 끼어들거나 현존하는 객체가 동의할 때, 영혼은 쉽게 그 객체 모두를 움직이거나 자신 행위의 방향에 필요한 부분에서 움직인다. 그리고 고유한 육체가 동의하는 외부의 어떤 물체와 접촉하게끔 하는 이러한 영혼의 행위는 주목받지 않고 넘어가지 않는다. 임시적인 어떤 것의 이유로써 더욱 큰 관심으로 수행되기 때문이다. 하지만 동의로 인해 만족할 만한 감각 작용이 일어난다.[12]

만족할 만한 감각 작용은 우리의 신체 기관과 외부 행위자의 합치(*congruentia*)에 의해 만들어진다. 따라서 우리는 기쁨(*delectatio*), 아름다움, 조화(*numerositas*) 등을 체험한다. 반대로 고통스러운 감각 작용은 합치 부족의 결과이다. 따라서 우리는 불쾌감과 고통을 느낀다. 이러한 감각 작용의 개념에서 이미 『질서론』에서 만날 수 있는 신피타고라스학파 가르침의 영향을 인정하는 것은 어렵지 않다. 따라서 우리가 체험할 수 있는 기쁨, 아름다움, 조화는 리듬, 일부 수의 흔적(*vestigia numerorum*)의 감각적 현현이다. 감각 작용에 대한 해석에서 수가 갖고 있는 역할의 중요성은 유명한 암브로시우스의 찬미가인 「만유의 창조주 하느님」(*Deus creator omnium*)의 첫 구절에서 시작하여 탐구된 수의 세밀한 분류에 의해서도 문서로 증명된다.

엄격한 기술적 그리고 독창적인 방법으로 아우구스티누스는 다양한 종류의 수 혹은 리듬을 이렇게 분류한다. 1) 판단하는 수(*numeri iudiciales*). 이는 감관이 마음에 들거나 마음에 들지 않는, 적합하거나 그렇지 않은 리듬을 구분하는 능력에 관련된 것이다. 2) 진행하는 수(*numeri progressores*). 이는 어떤 구절을 낭송하거나 운율에 맞추어 발음할 때 우리가 산출하는 리듬이다. 3) 마주치는 수(*numeri occursores*). 이는 외부 객체의 행위를 경험하는 육체의 조화를 유지하기 위한 목적으로 영혼의 개입을 통해 인지된 반응의 리듬이다. 4) 기억할 수 있는 수(*numeri recordabiles*). 이는 기억 속에 놓아둔 리듬으로 우리는 이를 통해 외부 움직임이 우리의 귀를 진동시키지 않더라도 과거의 감각 작용을 다시 만들어 낸다. 5) 소리를 내는 수(*numeri sonantes*). 지각되거나 그렇지 않다는 사실에서 독립적으로 우리 밖에서 다시 소리를 내는 리듬이다.[13] 이러한 수 혹은 리듬의 위계는 하위인 것은 상위인 것에, 육체는 영혼에 작용하지 않는다는 원칙에 근거해 결정된다. 반대로 육체에 명령을 내리는 것은 영혼이며, 긴장 혹은 의지를 통해 자신의 행위를 육체를 자극하는 외부 행위자의 행위에 적응하려는 경향을 가진 것도 영혼이다. 더욱이 아우구스티누스가 느낀 리듬(*occursores*)과 기억할 수 있는 리듬(*recordabiles*)을 소리를 내는 리듬(*sonantes*)에 의해 산출된 것이 아니라고 간주하는 것은 놀랄 일이 아니다.[14] 우리가 아는 한, 플로티누스나 그의 제자인 포르피리우스도 『음악론』 제6권에 나타난 것처럼 감각적 지각에 대해 그토록 분명하게 신피타고라스주의의 철학적인 주장을 가르치지 않았다. 아우구스티누스 자신이 이 점에 있어 신피타고라스주의적 전통을 신플라톤주의적 전통과 합치하고자 노력했다고 추정할 수 있다.[15]

2. 기호 자료의 현상학

감각 작용의 개념에 관해 숙고한 후 아우구스티누스는 기호의 본성에 연결된 문제를 탐구한다.

이미 잘 알려진 것처럼, 철학의 제 문제를 다루는 것부터 『시학』(*Poetica*)에 관련된 것에 이르기까지 아리스토텔레스의 저서들 안에는 언어의 문장론적 차원과 기호학적 차원이 재발견된다.[16] 하지만 기호학의 문제에 대한 어느 정도의 체계적 심화는 스토아학파에 의해 이루어지는데, 이 학파는 기호와 기호의 해석 사이의 이성적 측면을 상술하면서 문장론적 차원뿐 아니라 실용적 차원과 의미론적 차원의 결합에, 곧 언어의 삼중적 차원에 도달한다.[17]

한때 위작으로 간주한 작품인 아우구스티누스의 『변증법』(*De dialectica*)[18]에서, 초기 작품에서 사용되었고 후에 언어의 기호 이론에 도달하기 위해 다시 정교하게 만들어지는 아리스토텔레스적-스토아적 주제들의 동화를 증언하는 동인(動因)을 추적하여 밝혀낼 수 있다. 이 이론은 심리학적이요 의사소통의 특성만을 갖고 있지 않고, 대상언어(對象言語, linguaggio oggetto)와 메타언어(metalinguaggio) 그리고 다른 차원의 메타언어 사이의 관계도 고찰한다.[19] 『변증법』에서는 '표현할 수 있는'(*dicibile*)과 스토아학파의 '레크톤'(*lektón*) 사이의 상응과 동시에 '말'(*verbum*)을 기표(記表, significante)와 기의(記意, significato)가 만들어 내는 표현이라고 생각하면서 스토아학파의 개념과 단절하고 있는 것도 규명할 수 있다.[20] 의미작용(意味作用, significazione)에서 지시작용(指示作用, designazione)의 단계로 이전하면서 한 단어의 지시적인 이중적 측면을 강조해야만 한다. 이는, 아우구스티누스가 말(*verbum*)이 자기 자신을 언급하는 언어적 표현이거나 언어 이외의 존재를 거론하는 표지인 경우와 단어가 '발언'(*dictio*)이라는 명칭을 취하는 경우를 구분하도록 이끈다.[21] 후에 스콜라학파는 이와 유사하게 '질료 지칭'(suppositio materialis)과 '형상 지칭'(suppositio formalis)에 대해 언급할 것이다. 이러한 전망에서 이미 잘 알려진 것처럼, 서술적인 결합에 논리적 역할을 일으키면서 언어 내적 기능이 있는 본래적인(categorematici) 혹은 기술하는(descrittivi) 술어와 그 말 자체만으로는 별 뜻이 없지만 다른 말과 결합하면 완전한 뜻을 주는(sincategorematici) 혹은 기술적이지 않은 술어 사이의 구분이 주변부적인 정보는 아니다.[22] 당연히 아우구스티누스의 저술들 속에서 지속해서 적용되고 있는 정확하고도 적합한 논리학적 도구의 사용은, 아우구스티누스가 고전 세계가 제시하는 논증적 기법에 대해 깊은 이해를 하고 있다는 것뿐만 아니라 그러한 기법들이 보다 최근 시대에 이루어진 사용에 대한 섬세하고도 지성적인 선구자라는 사실을 드러낸다.[23] 언어의 기능과 본성에 대한 명확한 이해는 무엇보다 『교사론』(*De magistro*)과 『그리스도교 교양』(*De doctrina christiana*)에서 우리에게 제시되지만, 『입문자 교리교육』(*De catechizandis rudibus*)과 『보이지 않는 사물들에 대한 믿음』(*De fide rerum quae non videntur*)에서도 흥미로운 언급들이 나타난다. 첫 두 작품의 구조적 요소들을 지적하는 것으로 한정 짓자. 『교사론』에서 아우구스티누스는 기호의 범주 안에 군대 문장(insigne militari)처럼 말로 하지 않는(non verbale) 기호뿐 아니라 음성 언어의 표현들도 포함한다.[24] 이로써 그는 모든 단어가 기호이지만 모든 기호가 단어는 아니며 기호와 단어 사이에는 처음에 단어와 명사 사이의 차이에 부여한 속(屬)과 종(種)의 관계가 있다는 결론에 도달한다.[25] 따라서 기호(*signum*), 단어(*verbum*) 그리고 명사(*nomen*) 사이에는 다음과 같은 방식으로 관계가 형성된다. "단어들의 집합인 *Verba*(V)는 *Signa*(S)의 집합의 외연과 비교할 때 상대적으로 덜 외연적이다. *Verba*와 *Nomina*의 두 집합 사이에는 일대일 대응이 있다. 곧 집합(V)의 모든 요소에 집합(N)의 한 요소가 상응하는 것이며, 역도 마찬가지이다. 마땅히 명명된 언어적 표현의 집합인 *Nomina*(N)는 *Signa*(S)의 부분집합이다. 우리가 발음되지 않은 언어에 속하는 요소들을 *Signa*(S)에서 제거하면서 이 집합의 연장을 제한한다면, *Signa*, *Verba* 그리고 *Nomina* 사이에 유일한 등가(等價) 관계를 우리는 갖게 될 것이다."[26]

아우구스티누스는 『교사론』에서 한편으로는 알고 있는 것을 전달할 수 없고,[27] 다른 한편으로는 사람들 사이에 이루어지는 소통의 도구라는 기능을 못 하게 하는[28] 기호학을 우리에게 제시하면서 신적 활동을 밝히는 시도를 하고 있다.

『그리스도교 교양』에서, 영혼의 이성에 관련된 사물들에 적합한 것으로 변증법을 간주하는 언어학적 전망에서,[29] 아우구스티누스는 "하느님이 사물들 안에 넣어 주신 이성적 결합에 대한 인식의 포착을 생각의 이성적 결합 안에서"[30] 본다. 따라서 표지(*signa*)는 사물들(*res*)에 대한 가장 이해할 수 있는 영역 안으로 다시 들어온다. 표지들이 사물에 속해 있기에 감관에 의해 지각될 수 있는 특성이 있기 때문이다. "다른 것을 가리키는 것, 표지들을 지각하는 이의 의식 안에 현존함으로써 표지들이 존재하는 방식과 다른 어떤 것을 생각하도록 해 주는"[31] 특성 역시 더욱 흥미롭다. 이렇게 해서 자연적 표지(*signa naturalia*)와 약정적 표지(*signa data*)의 구분에 이른다. 약정적 표지는 (예를 들어 연기, 발자국, 표정에 관련된) 사연석 표시와는 날리, 배타석인 인간관계의 지향성에 결합하며, 따라서 표지로부터 가시적 언어(*verba visibilia*)로 정의된 것이 파생한다.

언어학적 표지가 지닌 메타언어적 능력으로 인해 다른 표지들에 대해 갖는 우위성과 여기에서도 저작물에 의해 이루어진 표지의 체계에 대한 가장 광범위한 조사 속에 포괄적인 기호학적 담론이 포함되어야만 한다는 점을 이해시키는 데 목적을 둔 아우구스티누스의 노력이 얼마나 열렬한지 강조할 가치가 있다.[32] 이러한 전망에서 신학적 담론이 성경을 깊게 읽고 이해하기 위한 문화적 담론과 조화를 이루고 있다. 마지막으로 아우구스티누스는 인간 자신이 제정한 것(*res institutae ab hominibus*)을 대상으로 하는 학문과 인간 행위가 하느님에 이해 미리 질서 지어진 계획(*res divinitus institutae*) 안으로 삽입되는 인간이 고안해

내지 않은(*ab hominibus non institutae*) 학문 사이를 구분한다.[33)]

『교사론』에서 확언된 것을 반복하면서 표지에 대한 간략한 성찰로 결론을 내릴 수 있다. 곧 하느님만이 (감각계에 대한 인식 기저에 있는) 지성적 진리들을 내적으로 가르친다. 인간의 언어는 하느님이 보상으로 장식할 인식 노력에 대해 오직 촉구하고, 권고하고 자극할 수 있다.[34)] 『그리스도교 교양』에서는 세 가지 심화 인도자들(철학적, 신학적 그리고 윤리-문화적)은 중개자이신 육화하신 말씀이 인간 언어의 무력함을 해결하는 그리스도론적 관점에서 피조계와 창조주 사이의 차이를 유비적으로 해석할 수 있는 기호론적 존재론으로 아우구스티누스의 사상을 이끈다.[35)]

3. 상상

『서간』 VII에서는 이미 보았던 혹은 결코 보지 못했던 객체들을 마음에 그리는 인간의 능력에 대해 말한다. 이 능력은 상상(*imaginatio*)과 동일시되며, 이를 통해 우리는 외부로부터 받은 표상들을 활용하면서 인지한 객체들의 무형하고도 기억 속에 담겨 있는 상(像)들을 작동시키거나 새로운 상(像)들을 만들어 낼 수 있다.[36)]

『음악론』에는 상상(*phantasia*)과 환영(*phantasma*) 개념이 소개되고 있다. 전자를 통해서는 외부 객체들에서 시작하여 상(像)들을 형성하고, 후자를 통해서는 상(像)들의 상들(*imaginum imagines*)이 나타난다.

따라서 기억 속에 보존되어 있고 영혼의 움직임에서 기인하며 육체의 감응에 대한 반응인 모든 객체는 그리스어로 '판타시아이'(*phantasiai*)라고 일컫는다. 이를 라틴어로 어떻게 명명해야 하는지 나는 찾지 못하겠다. 그러한 표상들을 확실한 인식으로 생각하는 것은 오류의 문지기인 회의주의에 대한 결속이다. 하지만 이 움직임이 이를테면 의식 행위의 대조적인 상이한 바람으로 인해 흔들리는 바다와 조우하고 그 바다가 될 때, 다른 움직임에 의해 움직임이 나오게 되는데, 육체의 감응 쇄도 때문에 갖게 되는 감각 기관 안에 새겨진 움직임이 아니라 비슷한 움직임, 거의 상들의 상들인 움직임이다. 이를 '판타스마타'(*phantasmata*)라고 부르도록 가르쳤다. 사실 어떤 의미로는 내가 종종 보았던 나의 아버지를 재현하며, 다른 한편으로는 내가 전혀 보지 못했던 할아버지를 드러낸다. 첫 번째는 상상이고, 두 번째는 환영이다. 나는 이 상상을 내 기억에서 발견하며, 기억 속에 보존된 객체들에서 기인하는 영혼의 움직임에서 환영을 발견한다. 따라서 내가 인간의 육체를 절대 보지 않았더라면, 어떠한 방식으로든 가시적 형상으로 내면에서 재현할 수 없을 것이라 나는 생각한다. 내가 보았던 객체에서 만들어 내는 것을 이제는 기억으로 하는 것이며, 따라서 기억에서 환영의 상상을 발견하는 것과 기억에서 환영을 밖으로 뽑아내는 것은, 다른 것이다. 그러나 영혼의 역동성이 이를 할 수 있다.[37]

따라서 상상은 새로운 표상들을 만들어 내는 것뿐만 아니라 기억 속에서 상들을 재창출하는 능력을 갖추고 있다.[38] 이 과정에서 기억이 중요한 역할을 수행하는데, 기억은 어떠한 형태이든 지각된 상들이 다시 깨어나기를 기다리면서 축적된 거대한 용기와 같이 작용한다.[39] 인간은 이성과 의지를 통해 상상의 창조적 과정을 조종할 수 있는 어떤 힘을 갖고 있다.[40] 『창세기 문자적 해설』의 한 구문에서 우리는 상상력(*vis imaginativa*)이 물질적인 객체들의 무형한 상들을 만들어 내는 여러 방식에 대한 개괄을 본다.

> 이제 나는 물질적 객체들의 상들을 형성하는 영적 본성이 우리 안에 분명하게 존재한다는 점을 제시하는 것이 충분하다고 믿는다. 이 본성은 육체의 감관으로써 우리가 어떤 객체를 인지하고 즉시 정신 안에서 그 객체의 상을 형성하고 기억 속에 보존할 때든, 우리가 정신 안에서 상들을 고심하기 전에도 영 안에 이미 존재하는 상들을 통해 어떤 영적 전망을 형성하기 위해, 부재하지만 이미 인식한 객체들의 상들을 정신 안에서 고심할 때든 활동한다. 이는 우리가 알지 못하지만, 그 존재는 부정하지 못하는 육체들이 있는 그대로가 아니라 보이는 대로 자신을 드러낼 때도 마찬가지이다. 혹은 우리의 의지나 우리의 상상에 따라 존재하지 않거나 우리가 그 존재를 알지 못하는 다른 객체들을 그릴 때 혹은 우리의 협력 없이 혹은 우리의 의지에 반해 영혼에 육체의 다양한 형태의 상들이 제시될 때도 그러하다. 더욱이 이 영적 본성은 육체 활동을 수행하려는 의도로 그 행위 안에서 실현되어야 할 계획을 각각의 것 안에 준비할 때 그리고 각각의 것 모두를 생각 안에서 선행할 때 우리 안에서 활동한

다. 혹은 행동 과정에서 우리가 말하면서 다른 것을 행할 때, 육체의 모든 움직임을 실행할 수 있도록 그것의 상들을 통해 정신의 깊은 곳에서 우리에게 이 움직임을 드러내며 — 비록 짧다고 해도 어떤 음절도 (상상 안에서) 예견되고 소리를 내지 않고는 자신의 올바른 자리에서 발음되지 않기 때문이다 — 그 육체의 모든 움직임을 선행할 때도 활동한다. 아울러 잠을 자면서 의미가 있거나 없는 꿈을 꿀 때도 활동한다. (…).[41)]

아우구스티누스는 우리 안에서 상들이 형성될 수 있는 8가지 방식을 이렇게 구분한다. 1) 영혼이 지각된 외부 객체들의 자극에서 기인하고 기억 속에 보존된 상들을 드러내는 행위. 2) 기억 행위. 이를 통해 우리에게 실제적인 것으로 더 이상 나타나지 않지만 알고 있는 객체들에 대한 어떤 영적 전망을 우리는 갖게 된다. 3) 기억의 활동이 아닌 새로운 상들에 대한 일종의 정신적 투사에 의해 드러난 행위. 이는 우리가 알지 못하지만 그 존재에 대해서는 확실한 어떤 육체의 상을 만드는 활동이다. 4) 네 번째는 세 번째와 유사한 상상의 행위이다. 만들어진 상이 상상보다 더 우연적이고 가설적인 활동의 산물이라는 점에 차이가 있는 것으로 보인다. 5) 다섯 번째 상상 행위는 우리가 만들고 원하는 것 없이 우리의 정신 안에 단순히 현존하고 있는 상들에 대한 언급으로 보인다. 아마도 아우구스티누스는 여기에서 『삼위일체론』 XV, 11, 20에서 묘사되고 있는 내적 체험을 언급하는 것처럼 보인다. 이 구문에서 그는 인간이 말의 소리를 생각하고 입술을 움직이지 않고도 내면에서 시를 낭송하는 능력을 지니고 있음을 상기시킨다. 그러한 소리는, 이를 드러내는 무형의 상들을 통해, 침묵 속에서 상응하는 기억이 흘러나오게 하는 이들의 생각 속에 현존하여 있다. 6) 여섯 번째는 상상의 행위이다. 이를 통해 우리가 어떤 행위를 수행하는 계획을 세우는 순간 어떻게 이 행위를 수행하려고 하는지 양식과 시간을 미리 인지한다. 7) 미리 생각한 행위를 실행하는 동안 바로 다가올 미래를 예지하는 행위이다. 곧 어떤 행동을 하거나 어떤 말을 하려고 할 때, 바로 다음 순간에 무엇을 하거나 말하고 싶은지 내적 상들을 통해 예견하는 것이다. 8) 우리가 잠을 자는 동안 체험하는 꿈의 현상과 결합한 상상의 행위이다.

4. 기억

아우구스티누스의 작품 안에서 기억이라는 주제에 대한 지속적인 관심과 점진적인 심화를 강조할 수 있다. 따라서 우리는 아우구스티누스가 오랫동안의 성찰 후에, 기억에 대한 분명하고도 최종적인 개념에 어떻게 도달하였는지 강조하기 위해 통시적인 방법으로 이 능력의 본성에 관해 탐구할 것이다.

기억에 관한 첫 암시를 우리는 『질서론』에서 발견하는데,[42] 여기에서 전적으로 감각계에 연결된 기억의 개념이 비판받고 있다. 또한 여기에서 기억은 인간 영혼의 하급 기능들 내부에서 어떤 역할만을 수행하는 것이 아니라, 예를 들어 아는 것을 가르치는 것처럼 인식 영역에서 중요한 역할을 점유하고 있다는 점도 강조되고 있다. 『영혼의 위대함』에서[43] 그리고 『서한』 7에서,[44]

기억은 부재한 어떤 대상의 상(像)들을 생각하는 능력으로 혹은 그 대상과의 거리를 정신적으로 결정짓는 힘으로 이해된다. 지성으로 투과된 기억은 공간에 대한 어떤 종류의 특별한 감관을 소유하고 있다.[45] 과거의 것들에 도달하는 능력 외에도 기억은 회상을 통해 지금도 존재하는 실체를 인지하는 속성을 지니고 있다. 뒤이어 아우구스티누스는 기억이 활동하는 영역을 확장할 것이다. 이는 잠시적 실재들에서 지성적이며 영속적인 실재들로 연장되면서 이루어진다.

'영혼의 힘'(*vis animi*)으로 정의된 기억의 본성에 관한 간략한 고찰이 『고백록』에 나타나는데,[46] 여기에서 기억 안에 지성적 개념들의 현존을 전제로 하는 정신의 건설적 활동인 '사유'(*cogitatio*)와 플라톤의 상기설(想起說) 사이의 차이가 명확하게 제시되고 있다.[47] 기억이 지닌 네 가지 종류의 내용물이 구분된다. 첫 번째는 감각기관을 통하여 또는 상상(*imaginatio*)의 공상적 창조를 통하여 들어온 물질적 실체들의 상(像)들로 이루어진다(X, 8, 12). 두 번째는 자유 학예(*artes*)의 정의들, 수의 구분들, 개념들(*rationes*)과 법칙들(*leges*)처럼 우리가 교육을 통해 배웠던 개념들과 행복 그리고 일치에 대한 적극적인 원의로 구성된다(X, 9, 16; 12, 9; 20, 29 - 21, 31). 세 번째 유형의 내용물은 과거의 일부 행위와 동일시된다. 예를 들면 어떻게 무언가를 배웠는지(X, 13, 20), 어떻게 참과 거짓을 구분하는 것을 배웠는지, 어떻게 무언가를 배웠거나 망각하였는지(X, 16, 24-25)와 같은 것이다. 마지막 종류는 슬픔과 기쁨의 감정처럼 과거의 심리적 체험들과 동일시할 수 있다. 이러한 내용물들은 다양한 양식으로 기억 안에 현존하고 있다. 곧 그것들의 상(像)들을 통한 물질적 실체들이 있다(X, 8, 15;

17, 26). 지성적 실체들과 과거의 행위들은 그것 자체들로 현존하여 있다(X, 9, 16). 반면 두려움, 공포, 기쁨의 감정처럼 과거의 심리적 체험들에 대해서는(X, 14, 21), 그것들이 상(像)들을 통해 혹은 다른 방식으로 기억 안에 현존하여 있는지 말하기가 어렵다.[48)]

기억의 능력은 다수의 상(像)과 지성적 실체들의 보고(寶庫)뿐 아니라 개인의 모든 체험과 주체가 자기 자신에 대해 갖고 있는 의식의 일치 도구로서도 간주되는데(X, 8, 14-15),[49)] 기억 자체가 영혼 및 인식 주체와 동일시될 정도이다.

> 기억의 힘은 대단합니다. 저의 하느님, 기억은 무서움의 감정까지 또한 그의 무한하고도 심오한 복잡함의 감정까지도 넣어 줍니다. 이게 바로 내 영혼, 이게 바로 저 자신입니다.[50)]

동일화는 인간 주체의 단계에서 일어나는데, 그 주체 안에서 정신(*mens*)이 아우구스티누스의 인식론에서 회상(*admonitio*)의 임무를 수행하는 구체적인 체험의 정보들을 정리하면서 판단하는 것을 통해 수의 개념들(*rationes*)과 법칙들(*leges*)을 발견한다.[51)] 솔리냑(Solignac)은[52)] 여기서 기억이 인간 정신으로 하여금 영원한 이성들에 참여토록 하는 것으로 이해된다고 강조한다. 더욱이 기억은 자신이 유래하는 곳에 있는 정신, 자신의 원천에 있는, 곧 행복과 진리에 대한 태생적 원의가 나오는 곳에 있는 정신으로 이해되기에, 이러한 원의에서 우리는 우리의 궁극적 기원을 찾는 데 이르게 된다.

> 사실 행복한 삶은 진리를 향유하는 것이요, 이것은 곧 진리이신 당신을 향유하는 것입니다. 오 하느님, 나의 빛이시며 내 얼굴의 구원이요, 나의 하느님이여. 누구나 다 이 행복한 삶을 원하고, 누구나 다 오직 하나 행복한 이 삶을 원하고, 누구나 다 진리를 향유하기를 원하나이다. 많은 사람이 속이기 좋아함을 보았사오나, 속으로 하는 이는 없었사온데 진리를 알지 않고서야 어디서 이 행복을 알았겠습니까? 속지 않으려기에 사랑하는 것이요, 진리를 향복하는 행복을 사랑하는 것이 곧 진리를 사랑하는 것이라면 약간이나마 그 개념이 기억 안에 있지 않은 이상 사랑할 수도 없을 것입니다.[53)]

『삼위일체론』에서는 기억에 대한 성찰이 인간학에서 신학으로 넘어가기 위한 교차점 중 하나이다. 한편으로 아우구스티누스는, 인간 정신에 가능한 한, 인간 심리의 조명하에 신학적 신비를 탐구하며, 다른 한편으로는 삼위일체 신비의 조명하에 인간을 이해하려고 노력하면서 인간 주체 안에서 삼위일체의 모상을 직관하는데 이르고 있다. 또한 삼위일체에 대해 기억(*memoria*), 지성(*intelligentia*), 의지(*voluntas*)와 같은 유비적인 모상을 제시한다.[54)] 아우구스티누스는 '기억(memoria), 지성(intelligentia), 자신의 의지(*voluntas sui*)'(l. X)와 '기억(*memoria*), 지성(*intelligentia*), 하느님의 의지(*volunta Dei*)'(ll. XIV-XV)를 구분하고 있다.[55)]

기억의 개념이 이 맥락에서 취하고 있는 전개를 간략하게 묘사하기 위해 『삼위일체론』 제10권, 14권, 15권에서 뽑은 일부 본질적인 구문들을 강조하는데 한정 짓기로 하자.

아우구스티누스는, 그 누구도 온전히 알지 못하는 것을 사랑할 수 없음에 주목한다.[56] 따라서 자신이 알지 못하는 것을 탐구하길 원하는 이는 부분적으로 이미 그것을 알고 있으며, 자신이 알지 못하는 것을 알기 바라는 어떤 것을 향한 사랑을 증언한다.[57] 인간의 지성(*mens*)은 안다는 것이 무엇인지 알고 있으며, 아는 것을 사랑하면서 자기 자신을 알지 못하기 때문에 그 자신까지 알기 바란다. 하지만 이미 일부 양식으로든 알고 있지 않다면, 알고자 하는 원의를 갖지 못하는 것이다.

> (…) 그것(지성)은 찾는 행위에서 이미 스스로를 알게 된다. (…) 따라서 자기를 인식하려고 모색할 때는 자기가 〔자기를 인식하려고〕 모색하는 〔주체임을〕 이미 인식하고 있다. 그러므로 이미 자기를 인식하고 있는 것이다. 그러니 자기를 전혀 모를 수 없다. 자기가 모른다는 사실을 알고 있는 이상, 당연히 자기를 알고 있다. 자기가 모른다는 사실을 모른다면 자기를 알려고 모색하지도 않을 것이다. 그러므로 자기를 알려고 모색한다는 바로 그 점에서 자기가 자기에게 미지의 존재이기보다 기지(旣知)의 존재임이 확인된다. 자기를 인식하려고 모색하는 이상, 자기가 모색하는 사람이면서도 또한 모르는 사람임을 알고 있다.[58]

지성은 자신에 대해 세 가지를 알기에 자기 자신을 알고 있다. 곧 이해한다는 것을 알고 있고, 존재한다는 것과 살아 있다는 것을 알고 있다.[59] 따라서 자신에 대한 무지는 자신에 대한 망각이며, 자신에 대한 인식은 자신에 대한 기억 외에 다른 것이 아니다. 아우구스티누스는 독창적인 구분을 한다. 곧 영혼은 실제로 그리고 의지적으로 스스로 생각하지 않을 때에도(*se cogitare*) 자신을 알고 있다(*se nosse*)는 것이다. 영혼이 자기 자신을 생각할 때, 자신에 대해 기억하는 것이다.[60] 지성(*mens*)의 내적 구조는 기억, 지성 그리고 자신에 대한 사랑으로 구성된다.[61] 근원적이고 원초적인 기억에 지성과 의지가 내재하고 있다.[62] 지성이 자신의 원천에 있는 것처럼 첫 자리는 기억에 있다.[63] 여기서 아우구스티누스는 삼위일체에 적합하지 않으나 유의미한 표상을 직관하고 있다.

> 사실 비록 인간의 기억이 (…) 나름대로 표현하고 있음에도 불구하고, 이러한 삼위일체의 모상에서 비교할 수 없을 정도로 동등하지 않은 그리나 성부와 완선히 다르지도 않은 유사성을 갖추고 있다. 그와 마찬가지로 인간의 인식도 성자와 유사성을 갖고 있다. 아는 바를 발설할 때 사유의 지향성을 거쳐서 마음의 말 — 이 말은 어느 국어에도 해당하지 않는다 — 이 형상화한다는 점에서 어느 모로 성자의 유사성을 갖고 있다. 인간의 사랑 또한 성령의 유사성을 갖는다. 사랑은 지식에서 발하고, (…) 기억과 인식을 결합시킨다는 점에서 매우 불완전하지만 성령의 유사성을 그 모상에서 발견한다. 하지만 삼위일체의 모상에서는 이 셋이 한 인간이 아니고 오직 한 인간의 것이다. 다만 저 모상이 유래한 지존한 삼위일체에서는 저 셋이 한 분 하느님의 것이면서 또한 한 분 하느님이고, 그러면서도 세 위격이지 한 위격이 아니다.[64]

5. 이성적 인식

인간 영혼은 외부 객체가 감각기관에 만들어 낸 변화에 주의를 기울이고 기억 능력이 자신 안에 보존하고 있는 물질적 유사함(*similitudines corporales*)을 형성할 수 있을 뿐만 아니라 감각적 현상들을 판단할 수 있는 능력까지도 갖추고 있다. 이 능력은 『질서론』에서 다음과 같은 정의로 제시되는 이성(*ratio*)의 능력과 동일시된다.

> 우리가 학습하는 것을 구분하고 종합하는 지성의 작용이다.[65)]

이성은 지성(*mens*)의 능력이며 현상들을 식별하고 정의하며 구분하고 이 현상들을 종합하는 법칙들을 포착하는 소임을 수행한다. 『영혼의 위대함』에서 아우구스티누스는 계속해서 이성(*ratio*)의 개념을 심화하면서, 대화 상대자인 에보디우스의 소견에 이렇게 응답한다.

> 조금 전 자네는 이성에 앞서 우리가 지식을 갖추고 있다는 사실을 두고 내가 자네에게 동의하지 않으면 안 된다고 했지. 그 근거로는 이성이 우리를 미지의 것으로 인도할 때에는 그 기지(既知)의 무엇을 바탕으로 삼아 그런 노력을 한다는 요지였네. 그런데 지금 그런 작용이 일어날 때 그것을 이성이라고 불러서는 안 된다는 사실을 우리가 발견했네. 건전한 지성은 항상 이성을 갖추고 있지만, 항상 그런 작업을

하고 있는 것은 아니기 때문일세. 오히려 그것은 추리(推理, *ratiocinatio*)라고 부를 만하며, 이성이 지성의 시선(*mentis aspectus*)이라면 추리는 이성의 탐구(*rationis inquisitio*)라고, 달리 말하자면 지성이 바라보아야 할 대상들을 향하는 지성의 시선의 운동이라고 하겠네.[66]

이성은 추리와 구분되는 영속적 역할인 지성의 시선으로 정의되고 있다. 추리는 이성이 이끄는 탐구이며, 검토해야 할 객체들에 대한 지성의 시선이 활동하는 움직임이다.[67] 이 움직임 속에서 객관적 규범이 이성을 인도하는데,[68] 이 규칙에 기초하여 이성은 감각적 자료를 판단한다. 곧 외부 객체들에 알려진 원리들을 적용한다. 이러한 규칙은 불변의 진리들, 공통된 진리들로서 지성(*mens*)에 현존한다. 하지만 각 사람이 사신의 이성으로 그 진리들을 파악할 수 있음에도 불구하고, 이 진리들은 개별 이성이 갖고 있는 고유한 소유물은 아니다.

이성의 능력은 무엇보다 판단하는 것이다.[69] 이성의 활동을 통해 우리는 물에 잠긴 노가 똑바른 것임에도 불구하고 꺾여 보이는 이유를 알게 된다. 그리고 우리는 왜 눈이 이러한 감각 작용을 체험하는지를 배운다. 사실 시각은 현상의 객관성만을 증언할 수 있을 뿐이며 그 현상에 관한 판단은 내릴 수 없다.[70] 이성을 통해 우리는 감관의 속임수와 환상에서 해방된다. 사리를 판단하는 사람은 객관적 자료들을 확인하고 판단한다. 판단은 '어떤 다른 것'(*aliquid*)의 의미를 첨가하는데, 이는 대조하고 '이래야만 한다'(*dover essere*)고 결정할 수 있도록 하기 위함이다. 이 '어떤 다른 것'(*aliquid*)은 감각적 자료들의 영역인 경험에서 나오지 않는다. 더욱이 가변적인 실재임에도 불구하고 불변적이고 필수적인 원리에 따라 판단하는 이성에서 나오는 것도 아니다. '어떤 다른 것'은 판단의 조건이며, 한편으로는 경험을 선행하며 다른 한편으로는 이성 자체보다 상위에 있는 규범이다.[71] 한 인식에서 다른 인식으로의 전이, 감각적 자료들의 결합부터 구분으로의 전이에서 이성은 개별 현상들 사이의 관계를 발견하고 동시에 진리 자체와 일치로 향하는 욕구를 드러낸다.

『질서론』 제2권에서[72] 아우구스티누스는 규범 혹은 원리의 조명하에 감각적 자료들에 대한 관리로 향하는 지성(*mens*), 곧 이성의 담론적 능력 과정을 묘사한다.

이성 활동의 첫 단계는 언어의 고안이다. 여기서 아우구스티누스는 동시대의 기호학 용어를 사용하기 위해 언어의 어용론(語用論), 구문론(構文論) 그리고 의미론(意味論)의 차원을 포착하고 있다. 인간은, 사물에 이와 부합하는 이름, 의미 있는 발음을 부과하는 것이 필요하다는 것을 성장 초기부터 이해하고 있다. 사실 단어들은 의미론적 가치로 특징지어진다. 분절적인 발음인 언어는 사물(*res*)을 칭하면서 사회적 의사소통에서 특전적 도구를 형성하게 된다. 이성은 멀리 떨어져 있거나 그 자리에 없는 사람들과 만나는 데에는 언어가 지닌 불충분함을 증언하면서 문자(*litterae*)를 만들 필요성을 지각하며, 이럼으로써 문자, 음절 그리고 수를 고안해 낸다. 글자와 산수를 고안함으로써 우리는 문법의 유년기에 있다.[73] 인간은 (『참된 종교』 XXX, 54에서 언급되듯이) 경험을 통해(*quae notatur experiendo*) 그리고 (『참된 종교』 XXX, 54에서 지적되듯이) 추리를 통해(*quae ratiocinando indagatur*) 이성적 능력과 기술(*ars*)을 발전시킨다. 동시에 인간은,

『질서론』 II, 12, 35가 언급하듯, 윤리학(*artes in faciendo*), 논리학(*artes in dicendo*) 그리고 자연학(*artes in delectando*) 등을 만들어 낸다. 인간은 행동하면서 실천적인 목적, 결과, 유익함(*utilitas*)을 제시한다. 곧 이럼으로써 우리는 윤리학을 갖게 되는데, 이 윤리학은 본성의 필요(*necessitates naturae*) 단계에 관련된 바로(Varro)의 용어에 따르면 유익하게 행동하는 기술(*artes utiliter operandi*) 또는 통속적인 기술(*vulgares*) 그리고 잘 사는 기술(*artes bene vivendi*, 『신국론』 XIX, 1, 2와 이하)로 세분된다. 잘 사는 기술(*artes bene vivendi*)로써 우리는 윤리학의 탄생을 목전에 두고 있다. 곧 이 시점에서 인간은 자신과 자기 행동에 대한 문제를 제기한다. 인간은 자기 행동이 선을 향해야만 한다는 점을 깨닫는다. 윤리학(*artes in factis*)의 고유한 단순 행동의 영역을 극복하면서 우리는 인간이 대화하고, 설득하며 가르치기 위해 사용하는 논리학(*artes in dicendo*)을 갖게 된다. 이성은 문법과 수사학 그리고 변증법을 고안하는 데 이른다. 음악, 기하학, 천문 그리고 수학인 자연학(*artes in delectando*) 혹은 잘 사는 기술(*artes bene vivendi*)이 논리학(*artes in dicendo*)의 뒤를 따른다. 음악 혹은 소리 학문에 대해 말하면서 아우구스티누스는 스토아 철학이 최고로 심화시킨 기호학에 관한 개념을 풍요롭게 만들고 있음을 우리는 주목해야만 한다. 사실 스토아 철학의 기호학을 한마디로 요약하자면 발화 언어의 철학이다. 반면 근대 기호학뿐 아니라 아우구스티누스의 기호학은 모든 기호를 포괄하고 있으며, 이 중 발화 언어의 기호가 한 부분, 가장 중요한 부분까지도 형성한다. 이 시점의 여정에서 이성은 삼중(三重)의 기호-소리로 구성된 음악 언어를 발견한다. 곧 단어인 기호-소리로 표현되는 발화 음악 언어, 관악기가 만들어 내는 기호-소리로 표현되는 언어, 타악기가 만들어 내는 기호-소리로 표현되는 음악 언어 등이다. 첫 번째는 가수들에게 해당되고, 두 번째는 피리와 같은 악기들에서 나는 것으로 간주되며, 세 번째는 거문고, 현금(玄琴) 등이 속한다.[74] 또한 이성은 춤과 같은 모방 언어와 건축과 같은 비유언어(比喻言語)도 발견한다.[75] 우리는 철학의 문턱에 있으며, 이를 통해 인류는 자신의 궁극적 기원에 관해 자문(自問)한다.

최근 연구물에 따르면 이러한 체계의 자유 학예는 아스칼론의 안티오쿠스 혹은 라리사의 필론 혹은 포시도니우스의 작품에서 기인한 것이며 바로의 저술을 통해 아우구스티누스에게 전해진 것이라고 본다.[76]

6. 변증법의 역할과 기능

아우구스티누스의 시대에 변증법은 플라톤 철학에서 기인하는 모든 요소, 아리스토텔레스 오르가논(*Organon*)의 모든 주제, 모든 기호학, 심리학 그리고 메가라-스토아학파(*megario-stoica*)에 기원을 둔 형식논리학이 융합된 모음집이다.

아우구스티누스는 『질서론』에서[77] 변증법을 학문 중의 학문(*disciplina disciplinarum*)으로 정의한다. 이러한 영예로운 역할을 형이상학이 아닌 변증법에 부여하는지 우리는 묻게 된다. 이에 대한 대답은 음악, 기하, 천문 그리고 수학이라는 사분법 외에 고대 후기(*tardo-antico*) 스토아 철학에 기원을 둔 논리학, 물리학 그리고 윤리학이라는 삼분법과 함께 문법, 변증법, 수사학이라는 아카데미아-스토아학파에 기원을 둔 삼분법까지 — 아스칼론의 안티오쿠스와 바로를 보라 — 확언하고 있다는 사실을 숙고할 때만 분명해질 것이다.

변증법의 대상이 형이상학의 대상과 다르다면, 변증법이 형이상학의 도구가 된다는 것은 분명해질 것이다. 『자유의지론』 제2권에 나타나는 하느님 존재에 대한 이성적 증명은, 우리가 후에 보겠지만, 변증법도 제공하는 논쟁적 도구들로 수행되고 있으며, 동일한 것이 『여든세 가지 다양한 질문』이라는 작품의 많은 부분에서 검증되고 있음을 잊지 말아야 한다.

고대 후기(*tardo-antico*) 변증법에 부여된 기능에 아우구스티누스는 다른 것을 첨가한다. 먼저 변증법은 교육적 기능을 가지고 있다. 곧 변증법은 가르치는 것을 가르치고(*docet docere*) 배우는 법을 가르친다(*docet discere*). 디욱이

> (…) 이성은 이 학문에서 이성이 무엇인지, 무엇을 바라는지, 무슨 능력을 가졌는지 분명하게 드러낸다.[78]

후에 칸트(Kant)는 완전히 다른 차원에서 문제를 제기하지만, 그가 초월 논리학에 부여한 기능과 아우구스티누스가 변증법에 부여한 기능 사이의 유사함을 인지하기는 어려운 일이 아니다. 쾨니히스베르크(Königsberg)의 사색가에게 초월 논리학은 경험의 객체들에 선험적으로(*a priori*) 귀착시킬 수 있는 개념들의 기원(*Ursprung*), 영역(*Umfang*) 그리고 객관적 유효성(*objektive Gültigkeit*)을 결정짓는 학문이다. 반면 타가스테의 철학자에게 변증법은 이성의 본질(*quae* ratio *sit*)에 대한 학문이요, 이성의 바람(*quid* ratio *velit*)에 대한 학문이고, 이성의 능력(*quid* ratio *valeat*)에 대한 학문이다. 칸트의 초월 변증법이 이성의 능력을 제안하는 반면, 아우구스티누스의 변증법은 무한의 문턱에 이르기까지 이성의 능력을 강화하고 있다고 말할 수 있을 것이다.

하지만 변증법의 기능은 여기서 끝나지 않는다. 아우구스티누스에게 변증법은 여전히 열렬한 자기 인식(*scit scire*)의 학문이다. 곧 변증법은 인간들에게 인식하게 만들려고 할 뿐만 아니라, 실제로 그렇게 만들 능력이 있다(*sola scientes facere non solum vult, sed etiam potest*).[79] 인류 사상사에서 처음으로 변증법에 부여된 이 특성에 전통적으로 이 학문에 부여된 특성이 첨가된다. 이 책의 제3장에서 확실함의 문제를 다루기 위해 아우구스티누스가 어떻게 스토아학파의 논리학을 사용하였는지를 보았다. 『그리스도교 교양』 제2권에서 아우구스티누스는 성경 이해를 위해 스토아학파의 논리학을 또다시 사용하고 있다. 여기서 아우구스티누스가 스토아 철학자들의 메타 정리(metateorema)를 취하고 있음에 주목하는 것은 흥미로운 일이다. 스토아 철학자들은 여러 전제(前提)의 결합에서 시작하여 결론에서 끝을 맺는 연결(*sunemménon*)이 건실할(*ughiés*) 때 논거가 완결된다는 것을 발견하였다.[80] 더욱이 그들은 완결된 논거 중에 일부는 진실이고 다른 것은 허위임을 보았다. 여러 전제의 결합과 결론에서 기인하는 연결이 건실할 뿐만 아니라, 결론이 참이고 여러 전제의 결합도 참일 때 논거가 참된 것이다.[81]

아우구스티누스는 다음과 같이 세 가지 예를 든다.

1. 부활이 없다면, 그리스도께서도 다시 살아나셨을 리가 없

다. 그런데 그리스도께서는 다시 살아나셨다. 따라서 죽은 자들의 부활은 있다.

2. 달팽이가 동물이라면, 소리를 낼 줄 알 것이다. 하지만 달팽이는 소리를 낼 줄 모른다. 따라서 달팽이는 동물이 아니다.
3. 그가 의로운 사람이라면, 선한 사람이다. 그런데 그는 의로운 사람이 아니다. 따라서 선한 사람이 아니다.[82)]

첫 번째 예에 대해 아우구스티누스는 다음과 같이 전망한다.

부활에 대해서 논하고 있는 인용 구문에서 추론의 규칙도 옳고 여기에서 유추된 결론도 옳다.

두 번째 예에 대해 그는 이렇게 관찰한다.

이 결론은 허위이지만, 허위의 명제를 수긍했었기 때문에 결론의 추론만은 참이다. 따라서 명제의 진리는 그 자체로 유효한 것임에 비해 추론의 진리는 대답하는 상대방의 의견 또는 수긍에 의해서 성립이 된다.

세 번째 예에 대해 그는 다음과 같이 전망한다.

이 모든 명제가 비록 참이라고 하더라도 결론의 논리 법칙은 옳지 못하다. 결론을 배제하면 필연적으로 전제가 배제된다고 하지만, 전제가 배제된다고 해서 필연적으로 결론이

배제되지는 않기 때문이다.[83)]

말라테스타(M. Malatesta)는 다음과 같은 방식으로 종합한다. "이 세 논거 중 두 번째는 형식상 올바르지만, 첫 번째 전제는 실질적으로 틀렸기에 논거는 유효하지 않다. 세 번째 논거는 형식상 올바르지 않은데, 이는 후건(後件)에 대한 부정에서 전항(前項)에 대한 부정을 연역하는 것은 가능하지 않기 때문이다. 이 모든 것은 아우구스티누스의 중요한 결론으로 이끈다. 곧 논리적 관계를 통솔하는 규칙(곧 형식상 정확함을 보증하는 규칙)을 아는 것과 명제의 진리를 안다는 것은 별개의 문제이다["추론의 법칙을 안다는 것과 명제의 진리를 안다는 것은 별개의 문제다"(aliud est nosse regulas connexionum, aliud sententiarum veritatem): 『그리스도교 교양』 2. 34. 52"].[84)]

간단히 말하면, 형식상 올바르고 유효한 논거(첫 번째 예)가 있다. 또 형식상 올바르지만 유효하지 않은 논거(두 번째 예)가 있다. 그리고 형식상 올바르지 않은 논거(세 번째 예)가 있다. 아우구스티누스가 스토아 철학의 논리학을 사용하고 있는 것은 너무나도 분명하다.[85)]

7. 지성적 인식과 조명의 본성

판단은 이성의 특징적 기능으로, 이성은 참된 인식의 기초가 되는 규칙을 내포하고 있다. 인간의 이성은 네 가지 유형의 판단, 곧 인지 판단, 미학적 판단, 윤리적 판단, 존재론적 판단을 형성할 수 있으며,[86)] 이 네 유형은 인간이 참된 인식을 할 수 있게끔 한다. 이러한 판단 활동은 감각으로 얻은 어떠한 외부적인 자료로 축소될 수 없는 지성(*mens*)의 내적 객체인 진리의 빛에 의해 가능해진다. 이렇게 이성은 규범들을 배치하게 되는데, 이 규범들을 통해 이성은 판단할 수 있고 이 규범들에 따라 이성 자신이 판단 받는다. 그러한 규범들이 이성에 주어진 것이지 이성에 의해 만들어진 것이 아니기 때문이다.

감각적 자료들에 규칙들을 적용하는 이성적 인식과는 구분되는 지성적 인식이 인간 안에 있다.[87] 이성이 진리의 반사적 현존을 내포하고 있다면, 이에 반해 오성은 진리의 직접적 현존, 지성(*mens*)과 관련된 객관적 진리의 현존, 한편으로는 진리 자체의 내재성을 배제하면서 다른 한편으로 오성에 관련된 초월성을 내포하고 있는 일종의 내향성을 향유한다.[88]

이성의 논증적 활동과 구분되는 활동인 지성적 인식의 본성을 이해하기 위해 두 가지 근본적인 문제를 고찰하는 것이 필요하다. 첫 번째 문제는 오성의 직관 대상이 되는 이데아의 본성에 관련된 것이고, 두 번째 문제는 조명(*illuminazione*) 이론이다.

이성(*ratio*)과 오성(*intellectus*)의 구분은 아우구스티누스 인식론에서 근본적인 전제이다. 오성은 이성보다 상위의 능력이고, 이해의 원리이며, 영혼의 참된 눈이다.[89] 이성의 올바른 사용이 지식의 기초가 되고, 올바른 판단을 가능하게 하며, 논증을 형성한다면, 상위 빛의 조명을 받은 오성의 올바른 사용은 지성계를 관조하기 위한 조건이다. 『독백』에서[90] 오성은 관상(*visio*)으로 이성은 쳐다보는 행위인 시선(*aspectus*)으로 정의된다. 오성을 통해 인간은 지성적 객체로 정신 안에 현존하는 보편적 관념을 직관한다. 이 관념은 태생적인 것이 아니라, 항상 현존하고 있다. 인

간이 이 관념에 묘연(杳然)할 때도 그러하다.[91]

이와 관련하여 『여든세 가지 다양한 질문』의 다음 본문을 살펴보도록 하자.

> 사실 이데아는 사물에 대한 첫 번째 형상 혹은 고정적이고 불변한 이성이다. 만들어진 것이 아니기에 관념은 영원하며 항상 자기 자신과 같고 신적 지성 안에 담겨 있다. 기원도 끝도 없다. 더욱이 태어나고 죽을 수 있는 모든 것과 태어나고 죽는 모든 것은 자신들의 모델에 의해 형성된다고 일컬어진다. 이성적 영혼을 제외한 그 어떤 영혼도 자신의 가장 고귀한 부분을 통해, 곧 지성과 이성을 통해 마치 얼굴을 마주 보는 것처럼 혹은 지성의 내적 시선을 통해 이데아를 관조할 수 없다. (…) 따라서 창조되어야 할 혹은 창조된 모든 사물의 이성들이 신적 지성 안에 존재한다면 그리고 신적 지성 안에는 영원하고 불변하지 않은 것은 그 어떤 것도 존재하지 않는다면—플라톤은 이러한 사물의 근본적인 이성을 이데아라고 부른다—이데아는 존재할 뿐 아니라 참된 것이기도 하다. 왜냐하면 영원하고 항상 영원하고 불변한 채로 남아 있기 때문이다. 존재하는 모든 것은, 존재 양식이 어떠하든 간에 이 이데아에 참여하면서 존재한다. 하지만 이성적 영혼은 하느님이 창조하신 모든 사물을 초월한다. 이 영혼이 순수할 때 하느님께 가까이 있으며, 하느님에 의해 지성적 빛으로 조명을 받고 스며드는 사랑을 통해 하느님께 결속하는 만큼 육체의 눈이 아닌 영혼을 우월하게 만드는 존재의 특별한 요소인 지성으로 이데아의 이성을 관상

한다. 이 이성을 바라봄은 영혼을 온전히 행복하게 만든다.[92)]

아우구스티누스는 다양한 방식으로 이러한 이데아를 부른다. 곧 불변의 형상, 영원한 진리, 영원한 이성, 본보기가 되는 원인, 사물들이 형성케 되는 패러다임 등이다. 『자유의지론』에서 그는 일부 이데아를 열거한다. 곧 수와 수를 통솔하는 법칙(II, 8, 23), 도덕률(II, 10, 28), 아름다움의 법칙(II, 16, 41), 논리학의 법칙 등이다. 자연적 질서에서 오성의 주요 행위는 내면 혹은 정신 안에 있는 말의 형성으로,[93)] 이 말은 지역과 언어에 따라 변화될 수 있는 외적 언어를 통해 전달된다. 우리는 이데아를 직접적으로 보지 못하지만, 상(像)과 참여를 통한 이데아의 반영, 유비적인 심상(心象)을 갖고 있다.[94)] 이러한 이유로 우리는 진리 그 자체를 보지 못하지만, 진리의 단편인 참된 것들(*veri*), 진리의 지표(*index veritatis*)를[95)] 본다. 지성(*mens*) 안에 각인된 이러한 이데아는 필연적으로 외적 형상을 다시 돌아보게 하고, 이럼으로써 이데아를 직관하는 오성은 진리에 참여하게 된다.

오성적 인식의 고유한 대상을 구성하는 형상은 어떻게 인식될 수 있는가? 아우구스티누스는 오성적 진리들을 습득하기 위한 도구로서 그리고 비록 모든 인간이 사려 깊은 방식으로 의식하지 못한다고 하더라도 진리가 모든 인간 지성에 부여한 자연적이요 규범적인 실례(實例)로 조명(*illuminazione*) 이론을 제시한다.[96)] 이 이론은 플라톤주의와 신플라톤주의의 인식론을 숙고하던 시기에 그리고 동시에 성경에 대해 묵상하던 시기에 나온 산물이다. 우리는 아우구스티누스의 작품 안에서 이 이론의 많은 흔적을 발견한다.[97] 특별히 두 본문에 우리의 관심을 기울여 보자.

첫 번째 본문은 『삼위일체론』의 것으로, 여기서 아우구스티누스는 플라톤이 『메논』(*Menon*)에서 제시하는 상기설(想起說)을 비판하고 있다. 플라톤은 기하학에 관한 몇 개의 질문에 대해 그 학문의 스승처럼 대답하는 한 종에 대해 말한다. 이 그리스 철학자에 따르면 이 사실은, 그 아이가 전생에서 자신의 학문적 인식을 펴 올리고 있음을 증명한다. 아우구스티누스에 따르면, 이것이 전에 배워서 알게 된 진리에 대한 기억이라면, 극소수의 사람들만이 기하에 관련된 질문에 대답할 수 있을 것이다. 전생에서도 극소수만이 기하학자였을 것이고, 지금도 그 학문에 전념하는 이들이 아주 드물기 때문이다. 아우구스티누스가 개진한 논거의 유효함을 검토하지 않고도 다음과 같이 이어지는 문장을 강조하는 것은 흥미로운 일이다.

> 창조주의 섭리로, 오성적 지성(*mens*)의 본성이 자연적 차원에서는 가지적 사물들에 도달하되, 일종의 비물체적인 빛 속에서(*in quadam luce sui generis incorporea*) 그것들을 바라보도록 만들어져 있다고 믿어야 할 것 같다. 마치 육체의 눈이 지금의 물질적 빛 속에 에워싸인 채 놓여 있는 사물들을 바라보듯이 말이다. 육안이 물질적 빛을 수용하고 그 빛에 상응하게 창조되었음은 물론이다.[98]

이 구문은 다양한 해석의 대상이 되었기 때문에, 무엇보다 우리는 '일종의'(*sui generis*)라는 아우구스티누스의 표현이 만들고 있는 매듭을 풀기 위해 노력해야만 한다.[99] 이 표현은 문법의 관점에서 볼 때 지성(*mens*) 혹은 빛(*lux*)이라는 용어에 관련될 수 있다. 만일 우리가 첫 번째 가설을 받아들인다면, 다음과 같이 해석할 수 있다. "오성은 자신과 같은 본성을 지닌 일종의 비물체적인 — 영혼의 본성과 같은 비물체적인 — 빛 속에서 가지적 사물들을 바라본다." 만일 우리가 두 번째 가설을 수용한다면, 이렇게 해석할 수 있다. "오성은 독특한 종류의(혹은 특별한 비물체적인 빛에 있는) 특별한 빛 속에서(혹은 일종의 빛 속에서) 가시적 사물들을 바라본다." 첫 번째 가설은 토마스 아퀴나스에 의해 제시되었는데(『영적 피조물에 대한 토론문제집』 제10항), 그는 아우구스티누스의 조명 이론을 능동 지성의 빛(*lumen intellectus agentis*) 이론과 결합시키는 데 이르렀다. 오성적 진리들을 이해할 수 있도록 하는 빛은 인간의 영혼이 소유하고 있는 조명하는 힘이다. 하느님이 조명하시지만 능동 지성의 활동을 통해 간섭적인 방식으로 하시며, 이 능동 지성은 감각적 환영을 오성적으로 활동하게끔 하는 빛이 될 것이다. 지난 세기 부와이에(Ch. Boyer)와 같은 많은 토마스주의자는 이러한 해석을 다시 주장하였다.

두 번째 해석 가설은 졸리베(R. Jolivet), 특별히 시아카(M.F. Sciacca)와 피에몬테세(F. Piemontese)에 의해 제시된 것으로, 여기서 우리는 이 가설을 따른다.[100] 시아카와 피에몬테세의 해석에 따르면, 진리의 빛은 주체가 자기 능력으로 소유하고 있는 주관적 힘과 동일하지 않다. 아우구스티누스가 언급하는 빛은 생각하는 주체의 능력이 아닌 모든 지성에서 발견되는 객관적 현존으로 이해된다. 오성적 힘과 동일시되지 않는 특별한 종류, 곧 비물체적인 종류로 하느님에 의해 창조되었고 주어진 일종의 빛이다. 하느님에 의해 지성에 분여한, 그래서 이러한 의미에서 특별한 객관적 빛이다. 따라서 하느님으로부터 오지만 하느님과 자신이 아닌 빛이다. 인간 오성과 결합하는 데 적합하게 이루어진 존재로, 이 존재를 통해 모든 오성적 실재를 직관할 수 있다. 초자연적인 빛이 아니라 자연적, 곧 인간 오성에 적합한 빛이다. 지성의 본성은 오성적 실재와 결합하고 이를 따르는 방식으로 형성되어 있다. 따라서 인간 오성은 영원한 진리의 모상인 오성적 진리들에 종속되어 있다.

두 번째 『삼위일체론』의 구문에서 인간 오성의 객관적, 창조된, 구성적 빛이요 우리 안에 그리고 우리 앞에 현존하는 창조되지 않은 신적 빛의 모상으로 이해된 조명 개념은 더욱 명료하게 나타난다. 판단하는 데 있어 규범이 수행하는 기능도 강조되고 있기 때문이다.

> 불경한 사람들마저도 영원을 생각한다거나 인간들의 행동거지에서 다수의 것을 올바로 질책하고 올바로 칭송함도 여기서 유래한다. 그러면 사람들은 어떤 규범에 따라 이것들을 판단하는 것일까? 자기들이 규범에 따라 살지는 못할지언정 사람이 어떤 규범에 따라 살아야 할 것인지는 알고 있는 것이 아닐까? 그러면 어디서 저런 규범들을 보는 것일까? 자기의 본성 속에 그것이 보이는 것은 아니다. 자기 지성에 그것이 보이는 데는 의심의 여지가 없지만 인간들의 지성들이 가변적임은 분명하다. 그런데 이 규범들이 불변함은 누구나 안다. 누구든지 이런 규범들을 보는 사람은 이것들이 불변한다는 이 사실을 규범에서 볼 수 있을 것이다. 그렇다고 이것이 자기 지성의 성상(性狀)에 깃들어 있는 것도 아니니 예

를 들어 정의의 규범들일 경우에 그 규범을 보는 사람들의 지성이 의롭지 못함은 확실하기 때문이다. 그러면 도대체 어디에 이 규범들이 기록되어 있으며, 불의한 인간마저도 무엇이 정의로운지를 어디서 인지하며, 자기가 갖추지 못한 것을 갖추어야 한다는 생각을 어디서 감지하는 것일까? 진리라고 일컫는 저 빛의 서책이 아니면 어디에 기록되어 있겠는가? 모든 정의로운 법이라면 저기서 옮겨 쓰는 것이고, 정의를 실천하는 인간의 마음속으로 옮겨지는 것도 저기서 비롯한다. 옮겨진다고 하더라도 그냥 이동되는 것이 아니라 마음속에 각인되느니, 마치 반지에 새겨진 조상(彫像)이 밀초에 옮겨지면서도 반지를 떠나지 않는 것과 흡사하다.[101)]

아우구스티누스는 우리의 오성이 창조되지 않은 빛의 모상으로 객관적이고 창조된 빛을 소유하고 있다고 주장한다. 이 빛을 통해 모든 이가 형상, 윤리적·인식론적·미학적·형이상학적 차원의 판단을 내리게끔 하는 영원하고 절대적 규범을 볼 수 있다. 그러한 형상은 자신의 토대를 자기 본성(*in sua natura*)에 갖고 있지 않으며 — 우리의 지성은 가변적이고, 규범은 불변하다 — 지성의 성상(*in abitu mentis*)에 깃들어 있는 것도 아니라 — 때때로 우리의 지성이 불의하지만, 윤리적 규범은 정의의 규범이다 —, 진리 자체인 빛 안에 갖고 있다. 이러한 관념 혹은 법은 진리라는 신적 서책에 담겨 있는데, 여기에서 그러한 관념 혹은 법이 거의 지성 안으로 옮겨지면서 인간에게 드러난다. 하지만 그냥 인간으로 이동하는 의미가 아니라(*non migrando*), 곧 하느님 안에 있는 규범을 인간이 소유하고 마치 하느님 안에 있는 것처럼 그 자체로 볼 정도로 규범이 오성에 선물로 주어지는 의미가 아니다. 오히려 인간 지성 안에 그 신적 규범의 모상이 각인되는(*imprimendo*) 의미이다. 이 모상은 반지에서 밀초로 옮겨지는 형상과 유사한 것이다. 신적 관념은 아무것도 잃어버리지 않고 인간 지성 안에 자신의 모상을 각인한다. 바로 분여(*participatio*) 개념이다.[102] 그러한 빛은 관념과 비슷한 모습을 용인하며, 이럼으로써 인간 지성은 신적 관념에 거울을 통해(*per speculum*) 참여하면서 이성(*ratio*)이 내린 판단의 진실함을 보증받는데 이른다.

이 주제에 대한 연구물의 역사를 재검토하기보다 비판적 학자들이 첨가한 일부 긍정적인 측면을 강조하길 원하는 몇몇 성찰로써 이 단락을 마무리 짓도록 하자.

1930년대부터 1950년대까지 아우구스티누스의 조명에 관련된 문제는 새롭게 등장한 많은 논쟁의 주제였다. 대다수 학자는 조명의 존재론적 해석을 배제하는 데 동의하였다. 신스콜라주의 학파, 특별히 부와이에(Ch. Boyer)는 아우구스티누스가 말하는 조명이 아리스토텔레스-토마스주의 전통의 추상 개념과 다르지 않다는 주장을 내세웠다. 이에 대해 부와이에(Ch. Boyer)에게 시아카(M.F. Sciacca)는 답변하는데, 그는 조명 개념이 해결하고자 하는 참된 문제는 판단의 진실에 관한 것이지 아리스토텔레스의 추상이 갖는 고유한 문제인 개념의 형성이 아니라는 견해를 지니고 있다. 이러한 해석 노선에 질송(E. Gilson)도 합류한다. 그는 존재론적 해석과 토마스주의자의 해석을 거부하면서 아우구스티누스주의는 모상에서 직접적으로 오성적인 존재를 읽을 수 있는 능력을 갖추고 있는 사고(思考)가 진리의 샘이 어디에 있는지 아는 것에 더욱 몰두해야만 한다고 주장한다.[103] 그는 사고에 대한 조명 행위가 어떠한 내용을 수반하지 않는 순수한 조정 역할, 규범적 역할, 정규적 역할로 압축된다고 첨언한다. 조명의 기능은 일정 관념의 진실성을 판단하고 그 판단을 표현하는 능력을 이성에 부여하는 것이 될 것이다. 이러한 질송의 해석은 의심의 여지 없이 존재론적 차원을 부여할 수 있는 아우구스티누스 개념이 지닌 깊이에 대해 생각하지 못하고 있다고 오데일리(G. O'Daly)는 주장하였다.[104] 사실 조명은 지성의 내용물, 곧 관념과 규범에 대한 오성의 접근을 설명하려는 시도이지만, 판단 능력의 순수한 공식적 설명을 표현하지는 못한다.

위에서 인용한 본문들의 도움을 통해 우리는 이렇게 확언할 수 있다고 본다. 아우구스티누스에 따르면, 절대적이고 자존하는 진리와 비슷한 모상이요, 하느님에게서 직접적으로 나오면서 창조되고, 객관적이고 오성 자체를 구성하는 어떤 빛 속에서 오성적 진리들이 인간 지성에 부여되었다.[105] 이 빛이 용인하는 오성적 진리들에 대한 인식은 본성적이지만, 유비적 본성의 것이다. 사실 우리는 관념 그 자체가 아닌 관념의 모상을 인식한다. 오성에 현존하는 진리의 빛은 일종의 진리 자체의 유비적 심상(心象)이요, 신적 진리에 대한 창조된 분여이다. 오성에 분여되는 것은 진리의 객관적 빛이지 실재적이며 구분되는 관념이 아니다. 그러한 빛은 불명확하고 불가사의적인 객관적 현존이며, 여기에서 이따금 특정적인 관념이 나온다. 그 빛에서 태생적인 형성 방식이 나오며, 오성에 물질적 애착에 대한 경고 이면에서 오성적 사물을 볼 수 있도록 한다. 또한 인식론적·미학적·윤리적·존재론적 차원의 판단을 이성이 할 수 있도록 만든다.

주석

1) 『여든세 가지 다양한 질문』 9. "(…) 감관에서는 진리에 대한 판단이 이루어지지 않는다"(*non est constitutum iudicium veritatis in sensibus*).
2) 『서간』 XIII, 4. "감관이 정보를 주었던 이를 제외하고 그 누구도 이 육체가 존재하는지 알 수 없다"(*nemo de illo corpore utrum sit intelligere potest, nisi cui sensus quidquam de illo nuntiarit*).
3) M.F. Sciacca, *S. Agostino* cit., p.158.
4) 『영혼의 위대함』 23, 41. 참조: V.J. Bourke, *Augustine's Quest of Wisdom*, Milwakee(Wisconsin), 1945, pp.111~112.
5) 『영혼의 위대함』 25, 48. 참조: G. O'Daly, *La filosofia* cit., p.114; J. Rohmer, *Intentionalité des sensations chez St. Augustin*, in *Augustinus Magister I*, 1955, p.492; K. Svoboda, *L'esthétique* cit., pp.80~81; E. Gilson, *Introduzione* cit., pp.75~86.
6) 『영혼의 위대함』 23, 41; 『창세기 문자적 해설』 III, 5, 7; XII, 11, 23.
7) 플로티누스, 『엔네아데스』 IV, 4, 19; VI, 21.
8) T. Manferdini, *Comunicazione ed estetica in S. Agositno*, Bologna, 1995, p.146.
9) G. O'Daly, *La filosofia* cit., p.113.
10) 『음악론』 VI, 5, 9; 『창세기 문자적 해설』 XII, 12, 25.
11) G. O'Daly, *La filosofia* cit., p.114.

12) 『음악론』 VI, 5, 9; 『참된 종교』 XLII, 79.

13) 『음악론』 V, 6, 16. 참조: M.F. *Sciacca, S. Agostino* cit., p.166; U. Pizzani, *Il sesto libro*, in "De musica" *di Agostino d'Ippona*, Palermo, 1990, p.70.

14) 『음악론』 VI, 5, 8. "따라서 우리가 경청할 때 소리에서 지각하는 것들의 영향으로 리듬이 영혼 안에 형성되지 않는다"(*non ergo, cum audimus, fiunt in anima numeri ab iis quos in sonis cognoscimus*).

15) N. Cipriani, *Lo schema* cit., p.164.

16) 문장론적 차원에 대해서는 아리스토텔레스의 『명제론』 1-5와 『시학』 20을, 기호학적 차원에 대해서는 『자연학』 263b, 13 그리고 『형이상학』 993a, 17과 996b, 8을 보라.

17) 섹스투스 엠피리쿠스, 『수학자 반박』 VIII, 11-12. 더욱 깊이 있는 이해를 위해 다음을 보라: B. Mates, *Stoic Logic*, Los Angelos, 1973. 기호학적 요소에 대한 접근을 위해 매우 중요한 것으로 다음을 꼽는다: M. Malatesta, *La logica* cit., pp.9~24.

18) Aurelius Augustinus, *De dialectica, translated with introduction and notes by B. Darrell Jackson*, Dodrecht-Boston, 1975; J. Pèpin, *Saint Augustin et la dialetique*, Villanova (Pennsylvania), 1976.

19) G. Balido, *Strutture logico-formali* cit., pp.27~29.

20) G. Manetti, *Le teorie del segno nell'antichità classica*, Milano, 1987, p.227.

21) *Ibid*., p.228.

22) M. Malatesta, *La logica* cit., pp.39~41.

23) G. Balido, *Strutture logico-formali* cit., p.5.

24) G. Manetti, *Le teorie del segno* cit., p.226.

25) G. Balido, *Strutture logico-formali* cit., p.32.

26) *Ibid.*, pp.33~34.

27) 『교사론』 13, 42.

28) E. Riverso, *Introduzione a Sant'Agostino, Il maestro*, Roma, 1990, p.79; F.J. Crosson, *Show and Tell: the Concept of Teaching in St. Augustine's* "De magistro", in "De magistro" *di Agostino d'Ippona*, Palermo, 1993, pp.13~65. 크로슨에 따르면, 『교사론』에서 이루어지고 있는 연구는 두 가지 형태의 교육이 결합할 수 없음을 분명하게 제시하고 있다. 첫 번째 형태의 교육은 기본적인 의미에서 이해된 것으로, 무언가를 현존케 하는 목적이 있는 교육이다. 두 번째는 신적 의미에서 이해된 것으로, 우리가 영원한 진리들을 이해시키려는 목적이 있으며, 우리보다 더 큰 힘의 개입이 없으면 도달할 수 없는 목적인 영원한 삶으로 인도하는 교육이다. 이러한 심화의 조명하에서 이렇게 확언할 수 있다. 인간의 교육이 장점과 한계를 지닌 언어를 사용하는 반면, 내적 스승의 교육은 말이 드러내는 불명확함을 명료하게 할 수 있는 메타언어적 토대가 되는 가르침이다.

29) E. Riverso, *Introduzione* cit., p.64.

30) *Ibid.*, p.65.

31) U. Pizzani, *Il secondo libro del* "De doctrina christiana", in "De doctrina christiana" *di Agostino d'Ippona*, Roma, 1995, pp.41~42.

32) *Ibid.*, p.46.

33) *Ibid.*, p.63.

34) 『교사론』 14, 46. 참조: E. Riverso, *Introduzione* cit., p.118.

35) L. Alici, *Il primo libro del* "De doctrina christiana", in "De doctrina christiana" *di Agostino d'Ippona*, Roma, 1995, pp.11~37.

36) 『서간』 VII, 3; 『삼위일체론』 VII, 9; X, 17; XI, 5, 8.

37) 『음악론』 VI, 11, 32.

38) G. O'Daly, *La filosofia* cit., pp.137~146.

39) L. Hölscher, *The Reality of the Mind. Saint Augustine's Philosophical Arguments for the Human Soul as a Spiritual Substance*, London - New York, 1986, p.58.

40) 『음악론』 VI, 32; 『서간』 VII, 6.

41) 『창세기 문자적 해설』 XII, 23, 49. 모든 학자의 관심을 끌지 않았던 인용 본문의 중요성은 처음으로 다음의 학자에 의해 강조되었다: L. Hölscher, *The Reality of the Mind* cit., pp.45~57.

42) 『질서론』 II, 2, 6-7.

43) 『영혼의 위대함』 5, 7; 33, 71.

44) 『서간』 VII, 2.

45) M.F. Sciacca, *S. Agostino* cit., pp.254~255.

46) 『고백록』 X, 8, 12 - 27, 38.

47) A. Solignac, *Le livre X des Confessions*, in "Le Confessioni" *di Agostino d'Ippona*, Palermo, 1987, p.20.

48) L. Hölscher, *The Reality of the Mind* cit., pp.62~63.

49) A. Solignac, *Le livre* cit., pp.20~21.

50) 『고백록』 X, 17, 26.

51) 같은 책, X, 10, 17.

52) A. Solignac, *Le livre* cit., p.21.

53) 『고백록』 X, 23, 33.

54) 『삼위일체론』 XV, 3, 5.

55) A. Trapè, *Introduzione a S. Agostino, La Trinità*, Roma 1973, p.XL.

56) 『삼위일체론』 X, 1, 1.

57) 같은 책, X, 1, 3.

58) 같은 책, X, 3, 5.

59) 같은 책, X, 10, 13.

60) 같은 책, X, 11, 17-18; 12, 19; XIV, 5, 7-8.

61) 같은 책, XIV, 14, 19.

62) 같은 책, XV, 21, 41.

63) A. Solignac, *Le livre* cit., p.23.

64) 『삼위일체론』 XV, 23, 43.

65) 『질서론』 II, 11, 30. 참조: V. Pacioni, *L'unità teoretica* cit., pp. 256~260.

66) 『영혼의 위대함』 27, 53.

67) L.J. Van der Linden, Ratio *et* Intellectus *dans les premiers écrits de s. Augustin*, "Augustiniana", VII, 1957, pp.26~27.

68) 『자유의지론』 II, X, 28-29.

69) 『고백록』 VII, 17, 23.

70) 『참된 종교』 XXIX, 53. 참조: L. Hölscher, *The Reality of the Mind* cit., pp.100~103.

71) 『참된 종교』 XXXI, 58. 참조: O. Grassi, *Prefazione a* "La vera religione", in *Aurelio Agostino Il filosofo e la fede*, Milano, 1989, p.149.

72) 『질서론』 II, 12, 35 - 15, 43. 참조: V. Pacioni, *L'unità teoretica* cit., pp.271~301.

73) 『질서론』 II, 12, 35.

74) 같은 책, II, 14, 39.

75) 같은 책, II, 12, 34.

76) N. Cipriani, *Sulla fonte varroniana* cit., pp.203~224.

77) 『질서론』 II, 13, 38.

78) 같은 곳.

79) 같은 곳.

80) 섹스투스 엠피리쿠스, 『피론주의 개요』 II, 137.

81) 같은 책, II, 138.

82) 『그리스도교 교양』 II, 33, 51.

83) 같은 곳.

84) M. Malatesta, *Dialectic*, in *Augustine through the Ages. An Encyclopedia*, Grand Rapids(Michigan), 1999.

85) 더욱 철저한 논증을 위해서는 다음의 연구물을 참조하라. J. Pépin, *Saint Augustin et la dialectique*, Villanova(Pennsylvania), 1976; G. Balido, *Regole e leggi logiche in alcuni passi del* "De doctrina christiana" *di Agostino*, in "De doctrina christiana" *di Agostino d'Ippona*, Roma, 1995, pp.121~131.

86) 『참된 종교』 XXXII, 59 - XXXVI, 67.

87) 『창세기 문자적 해설』 XII, 7, 16; 『삼위일체론』 XII, 15, 25.

88) M.F. Sciacca, *Filosofia e Metafisica*, Milano, 1961, p.125.

89) 『질서론』 II, 2, 5.

90) 『독백』 I, 6, 13.

91) M.F. Sciacca, *Filosofia* cit., p.113.

92) 『여든세 가지 다양한 질문』 46, 2.

93) 『삼위일체론』 IX, 7, 12; XIV, 14, 24. 참조: E. Gilson, *Introduzione* cit., p.113; L. Alici, *Il linguaggio come segno e come testimonianza. Una rilettura di Agostino*, Roma, 1976, pp.59~60.

94) 『삼위일체론』 XIV, 15, 21; XV, 23, 44.

95) 『질서론』 II, 15, 43.

96) L. Hölscher, *The Reality of the Mind* cit., p.107.

97) 『아카데미아학파 반박』 III, 6, 13; 『행복한 삶』 IV, 35; 『영혼 불멸』 10, 17; 『교사론』 11, 38; 『자유의지론』 II, 9, 27; 『참된 종교』 XXXIX, 72; 『고백록』 VII, 17, 2-3.

98) 『삼위일체론』 XII, 15, 24.

99) 여기서 우리는 아우구스티누스의 사상에 가장 부합한다고 보는 본

문의 해석을 제시하는 것만 주목한다. 근본적으로 중요한 이 문제에 대해 우리는 시아카(M.F. Sciacca)와 피에몬테세(F. Piemontese)의 해석이 명확한 설명을 위해 중요한 이바지를 하고 있다고 본다.

100) R. Jolivet, *Dieu soleil des esprits. La doctrine augustinienne de l'illumination*, Paris, 1934, pp.149~165. 다음도 참조하라: M.F. Sciacca, *S. Agostino* cit., pp.224~243; F. Piemontese, *La* Veritas *agostiniana e l'agostinismo perenne*, Milano, 1963, pp.67~77.

101) 『삼위일체론』 XIV, 15, 21.

102) F. Piemontese, *La Veritas agostiniana* cit., pp.75~76.

103) E. Gilson, *Introduzione* cit., pp.109~110.

104) G. O'Daly, *La filosofia* cit., p.251.

105) R. Jolivet, *Dieu soleil* cit., pp.149~165; M.F. Sciacca, *S. Agostino* cit., p.223; F. Piemontese, *La Veritas agostiniana* cit., pp.113~123.

제6장

자유로운 의지와 윤리적 문제

제 6 장 • 자유로운 의지와 윤리적 문제

1. 의지의 이성적 자유재량(自由裁量)
2. 정념(情念)의 본성
3. 본성적 요구들(prima naturae)과 세 악습(tria vitia) 가르침
4. 사용(uti)과 향유(frui)의 구분
5. 영원법과 자연법

1. 의지의 이성적 자유재량(自由裁量)

아우구스티누스는 자유의지의 개념을 체계적 방식으로 형성한 최초의 서방 사색가이다. 그는 사변적인 삼중적 성찰에서 시작하여 이러한 결과에 도달하였다. 첫 번째는 플로티누스 및 마니교도들과의 논쟁에서 이루어진 악의 기원에 관한 성찰이다(『자유의지론』). 두 번째는 '원하다'(*velle*)와 '원하지 않다'(*nolle*)로 양분되는 의지의 내적 대립의 본성에 관한 것이다(『고백록』). 이 두 번째 성찰은 성 바오로의 서한을 읽으면서 영감을 받은 것이다. 세 번째는 지성(*mens*)과 자신에 대한 앎(*notitia sui*) 사이의 심리학적 과정에서 의지가 수행하는 중보적 역할에 관한 성찰이다(『삼위일체론』). 자유의지의 개념은 아카데미아학파적-소요학파적 전통의 오이케이오시스(*oikeiosis*)와 본성적 요구들(*prima naturae*)이라는 입장에 대해 아우구스티누스가 행한 깊은 탐구의 결과이기도 하다. 자유의지 개념의 흔적은 『영혼의 위대함』, 『참된 종교』, 『고백록』 그리고 무엇보다 『삼위일체론』에 나타난다.

모든 생명체에는 자기보존에 대한 욕구, 생식(生殖)과 행동에 대한 욕구와 같이 근원적인 욕구(*appetitus*)가 있다. 이성적이든 비이성적이든 모든 생명체의 구성 요소가 되는 이 욕구를 아우구스티누스는 공통된 원의(*voluntates communes*)라고 부른다. 결국 넓은 의미에서 의지(*voluntas*)의 첫 번째 의미는 욕구, 보다 정확하게 말한다면 행동에 대한 욕구(*appetitus ad agendum*)와 결합된다. 광의(廣義)에서 이러한 측면의 의지(*voluntas*)를 처음으로 강조한 공덕은 아바냐노(N. Abbagnano)의 몫이다. "때로 의지는 전반적인 행동의 원리, 곧 욕구와 동일시되었다. 이러한 의지의 일반적 개념을 제시한 첫 인물은 성 아우구스티누스이다."[1)]

> 모든 움직임에는 의지가 있다. 아니, 차라리 모든 움직임이 의지 외에 다른 것이 아니라고 해도 과언이 아니다.[2)]

따라서 의지는 근원적인 욕구 중에 무엇보다 그리스인들이 오르메(*ormè*)라고 명명했던 행동에 대한 욕구(*appetitus ad agendum*)와 동일시된다. 인간은 감각과 이성과 같은 인식 능력과 행동으로 이끄는 원리를 갖고 있다. 이러한 전망은 키케로의 『의무론』(*De officiis*)과 『최고 선악론』(*De finibus*)에 의해 바뀌게 되는데, 키케로는 쾌락과 인식에 대한 욕구를 탐구한 후에 인식적, 윤리적 그리고 국가적 형태의 다양한 활동으로 인간을 이끄는 행동에 대한 욕구(*appetitus ad agendum*)를 부각시켰다. 그런데 아우구스티누스는 이보다 더 나아가 그러한 의지의 개념을 계속 이어서 분석한다. 『신국론』 제5권에서 그는 동물적 존재에게는 욕구,

감각 그리고 기억이 현존하는 반면, 이성적 존재에게는 이 세 가지 자질 외에 지성, 오성 그리고 의지가 더해지고 있음에 주목한다.[3] 이 본문에서 논의되고 있는 의지는 이성적 존재의 특별한 힘(*vis*), 곧 자유의지를 갖춘 능력이다. 넓은 의미에서 의지가 끝까지(*ad unum*) 제한적이라면, 좁은 의미에서 이해된 의지는 자기 결정, 곧 어떤 것을 원하든가 원하지 않는 능력이다.

인간의 특별한 능력이라는 이러한 두 번째 개념을 아우구스티누스는 『자유의지론』에서 영혼의 힘(*vis animi*), 곧 주체가 좋게 사용하거나 나쁘게 사용할 수 있는 중간선으로 정의한다. 이는 인간 윤리성의 조건이며, 『자유의지론』 제3권 1장에서 발전된 개념이다.

위에서 두 개의 특별한 문제가 다루어진 작품에서 아우구스티누스와 에보디우스 사이의 토론이 재개된다. 에보디우스는 영혼이 불변의 선으로부터 등을 돌려 가변적인 선으로 향하는 움직임이 어디에서 유래하는지 그리고 그러한 움직임이 본성적이고 필연적인지 아니면 자의적인지 질문한다. 두 개의 가설에 명료한 답변이 주어진다. 아우구스티누스는 영혼이 불변하는 선으로부터 등을 돌려 가변적인 선으로 향하는 움직임이, 예를 들면 돌이 떨어지는 운동이 돌의 고유한 운동인 것처럼, 영혼의 고유한 운동임을 주목하게 한다. 아울러 그는 두 운동 사이의 질적 차이가 있음을 첨언한다. 곧 돌의 운동은 물리적 법칙에 따라 규정된 본성적인 운동인 반면, 영혼의 운동은 우리에게 의존한다는 의미에서 자의적인 것이다. 우리의 통제력 안에(*in nostra potestate*) 놓여 있는 것이다. 욕구(*appetitus*)는 외부의 객체로 향하며 끝까지(*ad unum*) 제한적인 움직임이지만, 자유의지의 운동은 그 어떤 강압도 없이(*cogente nullo*) 자기 자신에 대해 그리고 자신이 하기를 원하는 것을 결정할 수 있다.[4)] 에보디우스는 다음과 같이 동의한다.

> 사실 내가 의지를 가졌고 무엇을 향유토록 나를 움직여 가는 것이 의지라는 사실보다 내게 강렬하고 친숙하게 느껴지는 바가 또 없습니다. 내가 무엇을 좋아하고 싫어하는 의지가 내 것이 아니라면, 과연 무엇이 내 것일지 모르겠습니다. 그러니까 내가 의지로 악하게 행동하는 바를 나에게 돌리지 않으면 누구에게 돌리겠습니까? 그러고도 선하신 하느님이 나를 만드셨고 내 의지를 통해서가 아니면 내가 아무 선도 행하지 못하는 이상, 의지가 선하신 하느님으로부터 주어졌음이 제대로 드러납니다. 의지가 이리저리로 쏠리는 움직임이 자의적이요 또 우리 통제력 안에 놓여 있지 않다면, 의지의 중추를 돌려서 인간이 상위의 사물들을 향하더라도 칭찬받을 것 없고 하위의 것을 향하더라도 지탄받을 것 없습니다. 더군다나 하위의 것들을 버리고 영원한 사물들을 획득하기를 바라라고, 악하게 살기를 그만두라고, 선하게 살기 바라라고 충고할 여지도 없습니다. 그런데 이런 충고를 해서는 안 된다고 여기는 자가 실제로 있다면, 그가 누구든지 인간 무리에서 쫓겨나야 마땅할 것입니다.[5)]

윤리적 행위를 원천으로 돌아가게 하고 악의 원인이 의지 자체의 판단과 결정에 있음을 확언케 하는 능력으로 의지의 본성을 묘사한 후, 아우구스티누스는 자유로운 행위의 원천이 되는 역동적인 심리학적 과정을 제시한다. 곧 이성은 숙고한 바(*consilium*)를 결정지으며, 선택(*electio*)을 위해 판단(*arbitrium*)하고 동의(*assensus, approbatio*)하게 하면서 의지를 선이나 악으로 향하게 한다.

더욱이 아우구스티누스는 『삼위일체론』 제9권에서 지성(*mens*), 자신에 대한 인식(*notitia sui*) 그리고 의지(*voluntas*)라는 삼중 구도 속에서 인간 영혼 안에 있는 삼위일체의 모상을 보면서 인식 행위와 의지 행위 사이의 관계에 관해 탐구할 것이다.

펠라기우스 반박 논쟁에서 아우구스티누스는 서술적 단계에서 더욱 엄밀한 역사적 단계로 넘어가면서 의지의 본성에 관해 마지막으로 심화시킨다. 곧 그는 전반적으로 고려한 인간 본성의 능력으로서의 의지와 현재의 역사적 상황에 있는 인간이 소유한 능력으로서의 본성을 고찰한다. 그는 인간 역사의 흐름 속에서 자유가 충만한 온전함을 보존하였는지 자문하고 작금의 인간 현실은 원죄 이전의 상황과 다르다고 결론을 내린다. 어려움(*difficultas*)의 고통과 무지(*ignorantia*)의 맹목성으로 인해[6] 인간이 현재 갖고 있는 의지는 처음에 지녔던 선에 대한 존경에 대한 힘을 갖고 있지 않다.

2. 정념(情念)의 본성

온갖 반육체적인 이원론을 배제하는 아우구스티누스의 개념과 같은 인간학적 이해는 인간 정념의 본성을 탐구하고 이 문제에 관해 독특한 가르침을 펼쳤던 학파와의 비교도 피할 수 없다. 『신국론』 제9권과 14권에서 아우구스티누스는 정념의 본성을 탐구하며 남다른 방식으로 플라톤주의자들 및 스토아 철학자들에게 대응하고 있다. 이 논거에 대해서도 아우구스티누스의 사상은 고전적 논거의 일부 측면을 채용하고 있지만 분명 부차적이지 않은 측면들에서 획기적이기도 하다. 고대 철학에서 인간 정념에 관련된 용어와 정의들이 수용되고 있다. 아우구스티누스는 그리스어 '파테'(*pàthe*)에 상응하는 많은 라틴어 단어를 열거한다.[7] 곧 키케로에게서 취한 '혼란'(*perturbatio*), '정감'(*affectio*), '감정'(*affectus*) 등의 단어와[8] 아풀레이우스(*Apuleius*)에게서 취한 신조어 '파시오'(*passio*)이다.[9] 더욱이 아우구스티누스는 『신국론』 VIII, 17, 1에서 키케로에게서 알게 된 정념의 정의,[10] 곧 "인간의 이성을 거스르는 영혼의 동요"라는 정의를 언급한다. 또한 이 라틴 저술가의 주장을 이어받아 탐욕(*cupiditas*), 기쁨(*laetitia*), 두려움(*timor*), 슬픔(*tristitia*)과 같은 네 가지 정념이 있고, 여기에서 일부 인간 행위들의 비도덕성이 나온다고 인정한다.[11] 정념의 구성적 본성에 관해 논하면서 아우구스티누스는 무엇보다 플라톤학파에 동의하지 않는다고 주장하는데, 그들은 육체의 본성 자체에서 정념의 근원을 규명한다.

> (그들은) 영혼이 지상적 지체와 사멸할 사지들로부터 몹시 휘둘린다고 상상하며, 탐욕과 두려움, 기쁨과 슬픔의 질병이 육신으로 인해 영혼에 생긴다고 여긴다.[12]

반면 아우구스티누스에 따르면 영혼은 욕망하고 두려워하고 기뻐하고 번뇌하는 데 있어 육체에 휘둘리기 때문만은 아니고,

영혼 자신에게서 오는 동요에 의해서도 흔들린다. 그는 플라톤주의자들에게 창조주를 모욕하면서 우리의 죄와 악습에서 육체의 본성을 고발하는 것은 옳지 않다고 주장한다. 육체는 본질적으로 좋은 것이기 때문이다.

마찬가지로 아우구스티누스는 스토아학파와도 거리를 둔다. 그들은 이성의 그릇된 판단의 산물 혹은 그릇된 추측이 만들어 내는 영혼의 비이성적 움직임으로 정념을 해석한다. 더욱이 이 철학자들은, 현인은 현재 상황에서 이미 온갖 정념으로 벗어나게 된다는 평정심(*apátheia*)의 이상을 가르쳤다. 아우구스티누스는 지성이 이성을 거스르는 온갖 움직임에서 벗어나는 것은, 비록 바라는 일이지만 현세에서는 가능하지 않다고 강조한다.[13)]

정념의 본성에 관해 아우구스티누스는 자신의 인간학과 조화를 이루는 의견을 피력한다. 그는 네 가지 정념을 두 가지로 압축한다. 때때로 그는 스토아학파의 의견을 따라 네 가지 정념을 욕구(*libido*), 욕망(*cupiditas*) 혹은 사랑(*amor*)의 유일한 자극으로 축소한다. 그러한 영혼의 동요는 원의와 동의 혹은 저항과 거부라는 특성을 가진 의지의 형태 혹은 행위이다.[14)] 사실 욕망(*cupiditas*)과 기쁨(*laetitia*)은 우리가 원하는 객체에 집중하는 의지 자신이다. 두려움(*timor*)과 슬픔(*tristitia*)은 우리가 원하지 않는 객체와 거리를 두려는 의지이다. 이렇게 해서 스토아학파의 개념에 관해 중요한 새로운 사실이 제시된다. 의지가 참된 선으로 향한다면, 정념은 영혼의 좋은 감정이지만, 의지가 최고선을 배제하면서 하위의 선을 사랑하는 방향으로 돌아선다면 나쁜 감정이라는 점이다.

> 올바른 의지는 올바른 사랑이며 비뚤어진 의지는 나쁜 사랑이다. 따라서 사랑하는 바를 갖고자 탐하는 사랑이 탐욕이다. 또 사랑하는 바를 소유하고 향유하는 사랑은 기쁨이다. 자기에게 상반되는 바를 기피하는 사랑은 두려움이다. 그것이 자기에게 닥칠 때 느끼는 사랑이 슬픔이다. 여기서 사랑이 나쁘면 이것들이 나쁘고, 사랑이 좋으면 이것들도 좋다.[15)]

현인은 어떠한 정념을 겪지 않는다는 스토아학파의 이상인 평정심(*impassibilitas*)을 거슬러 아우구스티누스는 감정과 정념이 올바른 이성에 부합할 때 나쁘거나 악습에 젖은 감정으로 간주할 수 없음을 강조한다.[16)] 이 논거에 대해 성찰은 감각적 지각, 육체와 오성 사이의 상호 행동의 복잡함을 강조하기 위해 성적 욕구와 성적 기관의 작용에 대한 일련의 관찰로써 끝을 맺는다.

3. 본성적 요구들(*prima naturae*)과 세 악습(*tria vitia*) 가르침

인간학 가르침을 제시하면서 아우구스티누스는 바로(Varro)가 가르친 근원적 욕구 혹은 본성적 요구들(*prima naturae*)에 관한 가르침을 활용하고 있다. 이미 『영혼 불멸』에서[17)] 아우구스티누스가 계속해서 심화시키는 인간학적 모델에 대한 흔적이 나타난다. 여기서 인간 영혼이 갖고 있는 세 가지 욕구가 지적된다. 곧 알려는 욕구(*appetitus sentiendi-sciendi*), 행하려는 욕구(*appetitus agendi*), 살려는 욕구(*appetitus vivendi*) 등이다. 이 살려는 욕구는 가장 낮은 단계로 스토아주의자들이 말하는 오이케이오시스(*oikeiosis*) 개념에 상응한다. 바로의 인간학적 모델의 사용은 『가톨릭교회의 관습과 마니교도의 관습』, 『영혼의 위대함』, 『음악론』 그리고 무엇보다 『참된 종교』와 『고백록』에서 더욱 명료하게 나타난다. 이 작품들에서[18] 아우구스티누스는 심도 있게 다음과 같은 것을 분석한다. 곧 육체의 건강 혹은 평온함에 대한 본성적 욕구, 오이케이오시스(*oikeiosis*) 혹은 자신에 대한 사랑(*amor sui*)의 결단 외에 다른 것이 아닌 욕구(*appetitus*), 자기 자신과 자신의 안녕을 보존하려는 모든 살아 있는 존재의 욕구,[19] 행동을 용이하게 하는(*facilitas actionis*) 본성적 욕구 혹은 원의[20] — 이를 통해 인간은 패배하지 않고(*invictus*) 자유롭기를(*liber*) 바란다 —, 그리고 마지막으로 진리를 알고자 하는 본성적 원의(*appetitus noscendi*) 등이다.[21]

바로의 이론을 수용하면서 아우구스티누스는 무엇보다 윤리학의 관점에서 볼 때 의미 있는 새로움을 제시한다. 그는 세 가지 본성적 욕구의 역동성 이면에 무질서가 끼어들어 옴으로써 작금의 역사적 상황에서 자신의 목적(*finis*)에 대한 각각의 욕구(*appetitus*) 방향이 종종 무질서한 다른 목적들(*fines*)로 벗어나는 일이 발생한다. 사실 자신의 건강과 온전함을 향해 나아가는 원의는 종종 쾌락(*voluptas*) 추구가 되고, 용이하게 행동하고픈 원의는 다른 이들을 지배하고 위압하는 원의(*superbia*)로 왜곡되며, 진리를 알고자 하는 본성적 원의는 호기심(*curiositas*)으로 바뀐다. '전념하는'(*studiosus*)과 '호기심이 많은'(*curiosus*) 사이의 구분을 통해 이미 어느 정도 키케로가 예고한 이러한 형태의 본성적 요구들(*prima naturae*)의 일탈(*vitia*)과[22] 제일위를 차지하기 위해 경쟁하고 싸우는 아이들에 관한 성찰은[23] 윤리학적 관점에서든 인간학적 관점에서든 아우구스티누스에 의해 깊이 탐구된다. 이어지는 세 본문의 인용은 이교도 철학자들에 대한 아우구스티누스의 사상의 발전을 명확하게 제시한다.

『고백록』은 육체의 건강과 안녕에 대한 욕구가 단순한 쾌락(*voluptas*)을 추구하는 쪽으로 변질되는 것에 관해 다음과 같이 묘사한다.

> 일상의 악덕이 또 하나 있는데, 그것도 제발 그날 하루치로 충분했으면 합니다. 육체에 오는 나날의 소용을 저희는 먹고 마심으로써 보충합니다. 당신께서 신묘한 포만감으로 그런 아쉬움을 없애주시고 이 썩을 몸을 길이 썩지 않는 것으로 입혀주실 때면 음식도 위장도 없애 버리시기 전에는 그럴 것입니다. 지금으로써는 그런 필요가 제게 오히려 쾌감이기까지 한데 저는 거기에 사로잡히지 않으려고 그 쾌감에 맞서 주먹다짐하는 중입니다. 저는 재(齋)를 지키느라 매일 전쟁을 치르는 중이고, 재계로 저의 몸을 노예로 내몰기도 합니다. 그러고서는 쾌락을 갖고 고통을 물리치곤 합니다. 왜 그러냐 하면 주림과 목마름은 일종의 고통인데 음식이라는 약물이 돕지 않는다면 고통은 열병처럼 사람을 들쑤시고 죽이는 까닭입니다. 그 약물이 당신이 주시는 위안의 선물이 되어 가까이 있고, 땅과 물과 하늘이 그것으로 저희 연약한 몸을 섬겨주므로 기갈이라는 재앙이 되레 쾌감이라고 불립니다. 마치 약을 먹듯이 음식을 들라는 이 말은 당신께서 제게 가르치셨습니다. 하지만 필요라는 아쉬움에서 포만이

라는 안도감으로 옮겨가는 동안, 옮겨가는 바로 그 순간에 욕망이라는 올가미가 저를 덮칩니다. 옮겨가는 일 자체가 일종의 쾌락이고, 옮겨가는 데 다른 방도가 없으며, 그 목표를 향해 옮겨가라고 강요하는 것은 필요이기 때문입니다. 먹고 마시는 이유가 건강임에도 불구하고 위험스러운 쾌감이 마치 수행원인 양 따라붙고, 심지어 앞장서려 들기까지 하면서, 말로나 원의로는 제가 그것을 하는 것은 건강 때문이라는 데도 마치 쾌감이 먹고 마시는 이유가 되는 양 행세합니다. 하지만 건강과 쾌감 양편의 척도가 달라서 건강에 충분한 음이 쾌감에는 부족하기 마련입니다. 과연 몸을 돌볼 필요 때문에 섭생을 요구하는지, 아니면 욕망에서 오는 기만적 쾌락으로 봉사를 추가 요구하는지 불확실한 경우가 흔한 까닭입니다. 불행한 영혼은 이런 불확실한 점을 오히려 좋다고 하면서 핑계를 대는 비호처를 마련하는 셈입니다. 건강 유지의 한계가 뚜렷이 무엇인지 제대로 드러나지 않는다는 사실을 오히려 즐기는 것입니다. 이것은 건강의 획득을 명분으로 쾌락의 도모를 덮어 두려는 뜻에서입니다.[24)]

『참된 종교』에서는 비록 인간을 참된 자유와 탁월한 윤리 방향으로 가게 하면서도 교만하게 다른 이들을 복종시키려는 원의로 변질될 수 있는 욕구(*appetitus*)가 다음과 같이 묘사된다.

우리는 패배하지 않으려고 하며, 이는 옳은 생각이다. 우리 정신의 본성이 이것을 하느님에게서 받았으며, 다만 그분의 계명을 지켜야 했으며 그것을 우리가 지키는 한 그 누구도 우리를 이겨낼 수는 없었다. 지금 우리가 부끄럽게도 그 말을 따랐던 여자는 해산의 고통에 처해 있고, 우리는 땅 위에서 힘들여 일하고 있으며, 정말 수치스럽게도 온갖 것들에게 지배당하며, 그것들은 우리를 움직이고 뒤흔들게 되었다. 그래서 우리는 인간들에게 지는 것을 원치 않는다.[25)]

『고백록』에서는 진리를 알고자 하는 욕구(*appetitus*)가 어떻게 호기심(*curiositas*)이라는 병든 원의로 변질될 수 있는지에 대해 다음과 같이 나타난다.

여기에 덧붙여 여러모로 위험한 형태의 다른 유혹이 있습니다. 모든 관능과 쾌락을 즐기는 가운데 내재하는 육신의 욕망 말고도 (그것에 예속되는 자들은 당신으로부터 멀어지다 스스로 멸망하곤 합니다), 육체의 똑같은 관능들을 경유해서 영혼에 내재하고 있는 호기심이 있습니다. 스스로 육신 안에서 쾌감을 즐긴다기보다는 육신을 통해서 허망하고 흥미 있는 것을 경험하려는 호기심이 앎과 지식의 미명으로 분장합니다. 호기심은 알고 싶은 욕구 속에 자리 잡고 있는데, 감관 중에 무엇을 인식하는데 첫째가는 것이 눈입니다. 거룩한 말씀에 따르면 '눈의 욕망'이라고 불립니다. 본래 눈에 해당하는 일은 보는 것입니다. 그런데 본다는 이 단어를 다른 감관들에도 사용하며 인식하는데도 눈을 지칭하기도 합니다. "무엇이 번쩍이는 들으라!"라거나 "얼마나 밝은지 맡으라!"라거나 "얼마나 찬란한지 맛보라!"라거나 "얼마나 눈부신지 만져라!"라는 말은 하지 않습니다. 그 대신 이것들 전부에 '본다'는 말을 합니다. "뭐가 번쩍이는 보라!"고만 하지 않습니다. 그것을 감지할 수 있는 것은 눈뿐입니다. 그럼에도 "어떤 소리가 나는지 보라!"고도 하도 "무슨 냄새가 나는지 보라!"고도 하고 "무슨 맛이 나는지 보라!"고도 하고 "얼마나 단단한지 보라!"고도 합니다. 그래서 감관들의 경험 전반이, 앞서 말한 대로, '눈의 욕망'이라고도 불리고, 보는 기능이야 눈이 첫 자리를 차지하지만, 다른 감관들 역시 뭔가를 인지하려고 탐색할 때는 '본다'는 비유를 써서 그 기능을 공유하는 것입니다.

여기서 감관을 통한 작용에서 어느 부분이 쾌감을 찾고 어느 부분이 호기심을 찾는지 훨씬 뚜렷하게 구분됩니다. 쾌감은 자태가 예쁘고 음성이 곱고 냄새가 감미롭고 음식이 맛깔스럽고 만지면 보드라운 것을 참는 데 비해, 호기심은 이것들과 정반대되는 것들마저도 (단지 고약한 것을 참고 견디는 데서 그치지 않고) 시도해 보고 경험해 보고 알아볼 욕심에서 우러나는 것입니다. 갈기갈기 찢긴 시체는 보기에도 소름이 끼칠 텐데 그 시체를 보면서 무슨 쾌감을 느낀다는 말입니까? 그럼에도 어디에 쓰러져 있든 사람들이 달려옵니다. 와서 보고는 애통해하고 얼굴이 창백해집니다. 사람들은 꿈에라도 볼까 무서워합니다. 그런데 호기심으로 그렇게 했으면서도 마치 누가 자기들더러 억지로 눈을 뜨고 보라고 시킨 것처럼, 또 멋진 구경이 있다는 소문에 넘어가서 왔다는 식입니다. 여타의 감관에서도 마찬가지이며 다 꺼내자면 긴 얘기가 되겠습니다. 이 호기심의 욕심에서 유래하겠지만 연극 공연에서는 그야말로 괴이한 일들이 연출됩니다. 이런 호기심에서 비롯하여, 알아서 아무 보탬이 안 되는 것들을 알자고 저희 밖에 있는 대자연의 비밀을 탐구하겠다고 나서는데 여기서 사람들이 욕심내는 것은 그냥 알자는 것뿐입니다. 또 여기서 똑같은 목적으로 본말이 전도된 지식을 마술을 통해서 구하기도 합니다. 또 그러다 보니 심지어 종교에서도 어떤 구원을 바라서가 아니라 그저 경험을 해보겠다고 표징과 이적을 졸라대면서 하느님을 시험하기도 합니다.[26)]

인간 본성을 구성하는 이러한 근원적 욕구들의 일탈에서 모든 죄악, 파렴치한 행동(*flagita*) 그리고 불의한 행동(*facinora*) 등이 유래한다.

이것들이 악의 세 원천인데, 지배하려는 욕망, 눈으로 보려는 욕망, 감각적으로 향락하려는 욕망에서 싹튼 것으로 그 중 하나이거나 혹은 둘, 때로는 셋이 전부 동시에 나타나기도 합니다. 지극히 높으시고 지극히 다정하신 하느님, 저런 짓들은 하나같이 십현금 곧 당신의 십계명 중에서 셋이나 일곱을 어기며 잘못 사는 짓입니다.[27)]

마지막으로 아우구스티누스는 성경의 지적을 따르면서[28)] 세 악습을 요한 복음사가가 말하는(1요한 2,17) 세 가지 욕망[육의 욕망(*concupiscientyia carnis*), 눈의 욕망(*concupiscientia oculorum*), 삶의 오만(*superbia vitae*)]뿐 아니라 광야에서 그리스도가 겪은 세 가지 유혹과 동일시한다. 후자에서 그는 더욱 일반적인 욕망(*concupiscien-*

tia)과 그릇된 욕망(*libido*)의 정의에 이르면서 이 개념들을 계속 이어서 발전시킬 것이다.

그리스도교 신앙이든 키케로와 바로에서 취한 중요한 요인들이든 아우구스티누스를 회심 초기부터 마니교와 플라톤주의의 비관주의에서 해방하며 새로운 인간학적 그리고 윤리적 전망을 구축하게끔 하였다. 아스칼론의 안티오쿠스가 가르치고 바로와 키케로의 작품을 통해 습득한 인간학적 모델에 따르면, 본성은 고통과 죽음을 피하면서 자기보존을 보증하기 위해 육체적-생물학적 차원에서 그리고 무지에서 벗어나기 위해 진리를 알고자 하는 인식론적 차원에서 인간을 움직인다. 아울러 언어를 통해 통교하고 자신과 비슷한 이들과의 우정 및 평화 관계를 형성하도록, 비천함과 멸시를 피하면서 자유와 개인의 실현을 증진하도록 본성은 부추긴다.

388~389년 아우구스티누스는 세 악습(*vitia*) 체계를 탐구하면서 그리고 인간 본성의 욕구들(*appetitus*)이 죄로 인해 어떻게 일탈에 종속되는지 분명하게 제시하면서 위에서 언급한 모델을 수정하기 시작하였다. 새로운 인간학과 윤리학의 전망은 가능성이 높은 성 암브로시우스의 영감을 통해서든, 성 요한의 첫째 서간의 조명하에서 이루어진 고전 아카데미아학파의 일부 주장을 재숙고하면서든 간에 가능하게 되었다.

4. 사용(*uti*)과 향유(*frui*)의 구분

아우구스티누스 윤리학의 개념을 형성하고 있는 사용과 향유의 구분을 이해하기 위해 매우 중요한 두 개의 성찰을 상기하는 것이 필요하다. 첫 번째는 인간학에 관한 것이고, 두 번째는 선의 본성에 관한 것이다. 인간학 주제에 관해 우리는 인간의 삶이 상호 종속적인 세 단계의 존재로 이루어져 있음을 강조하였다. 첫 번째는 식물적 삶으로 이루어지며, 두 번째는 이성적이며 사회적인 활동으로 구성되고, 세 번째는 오성적이며 관상적인 능력으로 형성된다. 본성의 질서(*ordo naturae*)는 이성적 단계가 생물학적 단계를 지배하고 오성적 단계는 이성이 판단하게끔 하는 규범들을 이성의 능력에 참여시키면서 이성적이며 사회적인 활동을 주재하기를 요구한다.[29] 상이한 욕구들(*appetitus*) 혹은 사랑들(*amores*)을 통제하는 것이 필요한데, 이는 보다 낮은 단계와 균일화되지 않고 더 높은 단계로 변화되지 않은 채 다양한 단계의 존재가 존중될 수 있도록 하기 위함이다. 종합적으로 말하면, 인간은 자신에 대한 사랑(*amor sui*)을 하느님에 대한 사랑(*amor Dei*)으로 방향을 정해야만 하는데,[30] 이때 신플라톤주의자들이 가르치는 것과는 달리 육체적 차원과 사회적 측면을 포기하지 말아야 한다.

자연 본성적 선의 본성과 가능에 관한 두 번째 성찰에서 아우구스티누스는 세 단계의 선을 구분한다. 곧 바르게 살아가게끔 해 주는 덕목들인 커다란 선들(*magna*), 행동하는 데 필요불가결하지만 선하게도 사용할 수 있고 악하게도 사용할 수도 있는 정신의 능력인 중간선들(*media*), 그리고 마지막으로 육체적인 선인 미미한 선들(*minima*)이다.[31] 더욱이 아우구스티누스는 우리가 우리의 존재와 사회 그리고 평화를 보존하기 위해 소유하고 있는 이 세 번째 유형의 선의 긴 목록을 제시한다. 이 유형의 선 중에 육체가 있다. 또한 온전한 건강, 예민한 감관, 체력, 아름다움과 같이 몸 자체의 선익이라고 일컬어지는 것들도 있다. 그다음에는 주인으로부터 해방되기를 원하는 이들이 바라는 자유민의 정치적 자유가 따른다. 그리고 부모, 형제, 배우자, 자녀, 친척, 인척 그리고 어떤 사슬에 의해 우리와 맺어진 모든 이가 있다. 이어서 누군가가 살아가며 보통 모국으로 여겨지는 국가, 관직, 칭송, 대중적 영광이 있다. 맨 마지막으로 돈이 있는데, 이 이름에 우리가 법적으로 주인이 되고 매매하고 증여할 권한 있는 모든 것 전부가 포함된다.[32] 재화를 악하게 사용하는 것에 있어 탐욕으로 인해 금과 은을, 탐식 때문에 음식을, 만취 때문에 포도주를, 난봉꾼 또는 간음 때문에 여성의 아름다움 등등을 고발할 필요는 없다.

『여든세 가지 다양한 질문』의 30번째 질문에서 사용/향유(*uti/frui*)에 대한 첫 번째 설명이 나타난다.

> 올바름과 이로움 사이의 차이는 향유와 사용 사이에 있는 차이와 동일하다. 사실 모든 올바름은 이롭고 모든 이로움은 올바르다는 것을 어느 정도 세밀하게 주장할 수 있음에도 불구하고, 그 자체로 희망하는 것을 올바름으로 그리고 어떤 다른 것을 향하는 것을 이로움이라고 부르는 것이 더욱 적합하고 공통되기 때문에, 올바름과 이로움은 서로 절대로 상호 반대되는 것이 아님을 당연하게 여기면서 이제 우리는 이 차이에 따라 말해 보자. 왜냐하면 간혹 이 두 가지가 상호 반대된다고 아무런 숙고 없이 표면적으로 생각하기 때문이다. 따라서 우리가 기쁨을 끌어내도록 해주는 것을 향유한다고 말한다. 반면 우리가 기쁨을 끄집어내는 사

물을 향하는 것을 사용한다고 말한다. 악행이라는 이름도 갖고 있는 모든 인간의 타락은 향유할 것을 사용하고자 하는 것과 사용해야 할 것을 향유하고자 하는 것으로 이루어진다. 반면 덕행이라는 이름을 지닌 올바른 질서는 향유해야 할 것을 향유하고(*frui*) 사용해야 할 것을 사용하는 것(*uti*)으로 이루어진다.[33]

사용/향유(*uti/frui*) 구분의 원천은 스토아학파가 언급한 올바름-이로움(*honestum-utile*)에 관련된 이론이다. 아우구스티누스가 잘 알고 있었던 키케로의 『의무론』(*De officiis*)은 제1권에서 올바름(*honestum*)을 다루고 있다. 제2권에서는 이로움(*utile*)을 그리고 제3권에서는 올바름(*honestum*)과 이로움(*utile*) 사이에 가능한 대비를 다루고 있다. 아우구스티누스는 선 자체(*honestum*)와 유익한 선(*utile*)이 구분되지만 반대되지 않은 두 질서라고 강조한다. 이 두 선의 차이는 선 자체가 향유되어야 할 것이지만, 유익한 선은 사용되어야만 한다는 사실에 있다. 이성적 존재인 인간은 이를 구분할 능력을 갖추고 있다. 게다가 비이성적 영혼이 음식과 그 어떤 육체적 만족을 향유한다면, 이성을 갖고 있는 영혼은 향유하는 가장 고귀한 선과 관련되어 모든 선을 사용한다.

『그리스도교 교양』은 중요한 기호학적 성격의 관찰을 한 후에 최종적으로 사용/향유(*uti/frui*)의 구분을 다음과 같이 명확하게 한다.

사물은 향유하기(*frui*) 위한 것과 사용하기(*uti*) 위한 것과 향유하고 사용하기 위한 것이 있다. 향유하기 위한 것은 우리를 행복하게 만든다. 사용하기 위한 것은 행복을 추구하게 우리를 돕고, 어떤 의미에서는 우리를 행복하게 만드는 사물에 도달하고 매달리게 붙들어 준다. 두 가지 사물을 향유하고 사용하도록 정해진 우리가 만일 사용해야 할 것을 향유하려고 한다면, 우리 갈 길이 막히고 때로는 비뚤어진다. 그 결과 열등한 사물에 대한 사랑에 말려들어 향유해야 할 사물을 획득하는 데 지연되거나 아예 최소 당할 수가 있다.[34]

이 본문에서 사용/향유(*uti/frui*) 구분은 더욱 넓은 의미를 취하고 있다. 이 구분은 세 가지 유형의 선을 내포하고 있지만, 『여든세 가지 다양한 질문』에서 인용한 본문에서 사용/향유(*uti/frui*) 구분은 두 가지 종류의 선만을 포함하고 있다. 아우구스티누스에 따르면 향유의 대상이 있고, 사용의 대상이 있으며, 향유와 사용을 동시에 하는 대상인 세 번째 유형의 선이 존재한다. 신적 성삼위와 동일시되는 첫 번째 질서의 선은 행복의 원천이다. 두 번째 질서의 선은 현세적 선과 동일시되며 행복을 향한 여정이 더욱 가속하도록 해주는 도움이다. 세 번째 유형의 선은 향유되는 사물과 사용되는 사물 사이에 존재하는 인간과 동일시된다. 이 세 번째 유형의 선에 대해 아우구스티누스가 인간 존재에서 어떤 유형의 향유를 생각하고 있음은 의심의 여지가 없지만,[35] 여기서 사용(*uti*)의 가치가 도구적 역할을 갖고 있는지 아니면 부분적으로만 도구적인지 명확하지 않다. 도구적 측면은 다음과 같이 말하는 『그리스도교 교양』의 다음 구문에서 사용되고 있는 여정의 표상 안에 내포되어 있다. "우리가 바라는 땅으로 걸어가는 우리는 탈것을 필요로 하지만 행로의 아름다운 경치에 빠져서는 안 된다."[36] 즉시 이어서 아우구스티누스는 우리의 최종 운명이 비인격적 실재가 아니라 인격적이며 공통체적 실재, 곧 위격들의 삼위일체라는 사상을 도입한다.[37] 자신과 유사한 것에 대한 사랑에 대해 말하면서 그는 사람들이 일정한 방식으로 향유의 대상이 될 수 있다고 하는 승인을 다시 다루고 있는 것처럼 보인다. 그는 인간이 다른 것 때문에(*propter aliud*) 사랑받아야만 한다는 것을 반복한다.

> 이 모든 사물 중에서 우리가 향유해야 할 것은 영원하고 불변하다고 언명된 사물들뿐이다. 그밖의 것들은 그 사물들의 향유에 도달할 수 있기 위해서 사용할 따름이다. 그러므로 다른 사물을 향유하고 사용하는 우리 자신은 또한 별개의 사물이다. 인간은 위대한 것이요 하느님의 모습대로 그리고 하느님과 비슷하게 지음을 받았고 죽을 육체에 갇혀 있기 때문에 그런 것이 아니고 이성적 영혼의 명예로 짐승들을 초월하기 때문에 그렇다. 그러므로 인간들은 자신을 향유해야 하느냐 아니면 사용해야 하느냐 아니면 둘다냐 하는 것은 중요한 질문이다. 우리에게는 서로 사랑하는 것이 계명이기 때문이다. 그러나 인간은 그 자체 때문에 인간에게 사랑받아야 하느냐 아니면 다른 것 때문에(*propter aliud*) 사랑받아야 하느냐 묻게 된다. 내 생각에는 다른 것 때문에 사랑받아야 한다. 그 자체 때문에 사랑받아야 하는 것은 그 안에 행복한 삶이 있기 때문이다. (…) 그러므로 만일 그대 자신 때문이 아니고 그대 사랑의 가장 올바른 목적이 있는 그분

> 때문에 그대를 사랑해야 하다면, 다른 사람도 그대가 하느님 때문에 그를 사랑한다고 해서 서운할 필요가 없다.[38]

미묘한 독창성이 이러한 표현에서 직관한다. 곧 다른 것 때문에(*propter aliud*) 행해야만 하는 이웃 사랑은 모든 사람에게 관련된 최종 목적 자체에서 시작하여 이해된다. 따라서 동일한 운명에 대한 사랑은 공통 감정을 낳는다. 처음에 아우구스티누스는 '공동체적 차원', 사회적 차원을 갖고 있는 우리 향유의 최종 목적(위격들의 삼위일체)에 대해 말하였다. 이제 그는 서로 사랑하는 이들의 시선이 향해야만 하는 '공통 운명'으로서의 목적에 대해 말하고 있다. 아우구스티누스는 하느님을 사랑하는 이들의 행동을 어떤 배우를 좋아하는 이가 극장에서 그에 대해 보내는 지지의 방식과 비교한다. 여기서 이웃 사랑은 온선히 하느님을 향한 원의와 사랑에 기초한 일종의 관계로서 해석된다. 하느님을 향한 공유된 사랑은 '공통된 향유'의 토대이다.

> 모두가 우리와 함께 하느님을 사랑하기를 바라야 하며, 우리가 돕는 것이든 우리가 도움을 받는 것이든 일체가 그 하나의 목적이신 분께로 귀결되어야 한다. 갖가지 악이 성행하는 곳이 극장이기는 하지만, 극장에서 만약 어떤 배우를 좋아하고 훌륭한 연기 아니면 최고의 연기를 갖추고 있다고 생각한다면, 자기처럼 그를 좋아하는 사람들을 역시 좋아할 것이며, 그 사람들 때문이 아니고 다 같이 좋아하는 그 사람 때문에 좋아할 것이고, 그 배우에 대한 열성이 뜨거울수록 보다 많은 사람들에게 그가 사랑받게 하려고 모든 수를 다하고 보

> 다 많은 사람들에게 그를 보여 주려고 모든 수를 다하며, 냉랭한 사람을 만나면 그에 관한 온갖 찬사로 그에 대한 호감을 북돋우려고 애쓸 것이다. 만일이라도 반대하는 사람을 만나면, 자기가 좋아하는 사람에 대한 미움을 격하게 증오하고 그 미움을 가시게 하려고 온갖 수를 다 쓸 것이다. 하느님께 대한 사랑의 유대 속에(*in societate dilectionis Dei*) 우리가 할 만한 일은 무엇이겠는가? 그분을 향유함이 행복하게 사는 길이요, 그분을 사랑하는 모든 이가 자기 존재와 사랑하는 힘을 그분에게서 얻으며, 그분에 관한 한 한번 알기만 하면 누구에게도 만족을 못 주실까 염려할 필요가 없다. 그분이 사랑받기를 원하신다면 당신에게 무엇이 돌아오기 때문이 아니고, 사랑하는 그 사람들에게 영원한 상이 돌아가기 위함이요, 그 상이란 그들이 사랑하는 그분 자신이다.[39)]

이 표현으로 아우구스티누스가 하느님께 대한 사랑의 유대(*societate dilectionis Dei*) 속에서 향유하는 것에 대해 특별한 요구로 인해 사용(*uti*)의 범주가 가진 도구적 특성을 완화하고자 하는 의도가 있음은 분명하다.[40)]

『그리스도교 교양』 제1권 34절과 35절에서 아우구스티누스는 하느님과 이웃에 대한 사랑을 하느님이 인간들에게 가지고 계시는 사랑을 비교한다. 이 사랑은 사용의 사랑으로, 이를 통해 하느님은 자애와 상급을 전해 주시고자 한다. 이 관점에서 사용(*uti*)의 범주는 다시 문제가 된다. 하지만 하느님은 자신이 사랑하는 존재들에게서 어떠한 이익도 뽑아내지 않지만, 인간 존재는 서로서로에게서 어느 정도 유익을 뽑아낸다. 이웃에 대한 사랑과 동일한 목적에 대한 응시는 공동의 유익을 증진하며 동시에 그렇게 행동하는 이 안에서 하느님에 대한 향유와 다른 이에 대한 향유를 이루어 낸다. 이것이 욕망(*cupiditas*)에 대한 사랑(*caritas*)의 호의요 상급이다. 인간이 더욱 안전한 초월적인 도착지를 찾으면서 가변성, 곧 불확실성의 조건 속에서 최고선을 향한다면, 반대로 하느님은 순수한 관용으로 인간에게 향한다. 이러한 절대적 선성은 온갖 도구성의 의혹에서 사용(*uti*)의 관계를 벗어나게 한다. 이러한 행동에서 유익을 뽑아내는 것은 인간이다.[41)]

현재 다루고 있는 작품의 37절에서 아우구스티누스는 하느님 안에서 인간관계의 향유에 대해 어떻게 이해해야 하는지 다음과 같이 명료하게 제시한다.

> 그대가 하느님 안에서 인간을 향유할 적에는 인간보다는 하느님을 향유할 것이니, 그로 말미암아 그대가 행복해지는 그분을 향유할 것이고 그대가 도달하고자 희망을 거는 그분에게 당도할 것이기 때문이다. 그래서 필레몬에게 바오로는 '그러므로, 형제여, 나는 주 안에서 그대를 향유코자 합니다'라고 하였다. 만약 '주 안에서'라는 글귀가 첨가 안 되고 '그대를 향유코자 한다'는 말만 했더라면, 그 사람에게 자기 행복의 희망을 건 셈이 되었을 것이다. 그러나 향유한다는 말은 기쁨으로 사용한다(*cum dilectione uti*)는 말과 매우 비슷하게 쓰인다. 그대가 좋아하는 것이 가까이 있으면 기쁨을 일으키는 것이 당연한데, 그대가 그 기쁨을 넘어서서 영속할 것으로 결부시킨다면, 그대는 그 사물을 사용하는 것이다. 따라서 그 사물을 향유한다고 누가 말한다면 잘못이고 옳지

않은 말이다. 하지만 만약 그대가 그대의 기쁨의 목적을 그 사물에 두고 애착하고 거기에 주저앉는다면, 그대는 참으로 그것을 향유한다고 말해야 옳다. 이것은 삼위일체 즉 최고이며 불변하는 선에게가 아니면, 해서는 안 될 일이다.[42)]

오코너(O'Connor)는[43)] 향유가 일종의 "결정적 사용"임을 제안하는 것처럼 보인다고 주목한다. 이는, 하느님에 대한 사랑에 어떤 도구적 마무리를 하며, 하느님이 선사하시는 행복에 대한 사랑을 위해 인간 존재가 사용할 수 있는 것이다.

『신국론』과[44)] 『삼위일체론』에서는[45)] 위에서 인용한 본문에서 사용된 방식으로 사용/향유(*uti/frui*) 구분이 적용되고 있다. 인간 본성은 사랑(*caritas*)와 욕망(*cupiditas*)이라는 두 반대되는 움직임에 의해 나아간다. 인간 존재는 하느님을 향한 원의와 함께 사랑(*caritas*)으로 질서 지워진 사랑에 따라 서로 사랑해야만 한다. 오직 이 맥락에서만 향유 자체가 온전한 의미가 있다. 반면 다른 이에 대한 사랑이 하느님 사랑을 배제할 때, 욕망(*cupiditas*)이 된다.

『삼위일체론』에서 아우구스티누스는 기억이라는 능력의 본성과 역할을 탐구하면서 우리 안에서 성삼위의 모상을 발견하기 위해 인간 정신의 구조를 연구하고 있다. 기억(*memoria*), 자기 인식(*notitia sui*) 그리고 의지(*voluntas*) 사이에 존재하는 관계를 파악하려는 시도에서 사용/향유(*uti/frui*) 구분이 새롭게 다시 나타나는데, 이번에는 의지의 능력에 관련되어 그러하다. 우리는 이 마지막 언급을 상기하고자 한다. 왜냐하면 우리가 후에 보겠지만 사용(*uti*)의 도구적 의미가 최종적으로 명확함을 받기 때문이다.

이미 오코너가 제시한 세 구문에[46] 머물도록 하자. 첫 번째 구문은 다음과 같다.

> 그러니까 이 셋 중의 둘, 기억과 이해에는 여러 사물에 대한 인식과 지식이 내포되어 있다. 그 대신 의지는 그것들을 향유하거나 사용하기 위하여 존재한다. 인식된 대상을 우리가 향유한다는 것은 그 대상들 자체를 누리면서 그 대상들 속에서 의지가 안식을 얻을 경우다. 사용한다는 것은 의지가 그 대상을 사용하면서 우리가 향유해야 할 다른 것과 결부시켜 사용할 경우다. 사람의 삶치고 대상을 잘못 사용하고 잘못 향유하는 삶보다 타락하고 허물 많은 삶이 없다.[47]

아우구스티누스는 기억과 이해를 통해 우리가 일부 실재들을 인식하지만, 의지를 통해서는 그 실재들을 사용하고 향유하는 가능성도 갖고 있음에 주목한다. 여기서 사용/향유 구분이 의지 자체의 능력 내부로 이동하고 있다. 이 의지가 대상, 곧 오성이 인식하는 대상 그리고 그 자체 때문에(*propter se*) 향유하면서 머무는 대상을 향유할 때, 우리는 향유의 체험을 갖게 된다. 반대로 의지가 다른 것 때문에(*propter aliud*) 대상을 넘어가면서 그 대상을 사용할 때, 우리는 사용의 체험을 갖게 된다. 악습은 사랑이 무질서할 때 나타나며, 이로 인해 우리는 선을 무질서하게 향유하며(*male frui*) 무질서하게 사용한다(*male uti*).

두 번째 구문은 다음과 같다.

> 열성으로 원하는 정신이 칭송을 받아야 마땅하다. 사랑하는

바는 열렬하게 사랑해야 하는 법이다. 그래서 재능, 이론, 사용, 이 셋을 이야기하려면 저 세 가지, 곧 각자가 기억, 이해, 의지로 무엇을 할 수 있느냐에 비추어 이 중의 첫째 것을 고찰해야 한다. 이 중 둘째는 각자가 기억과 이해에 무엇을 간직하고 있으며 얼마나 열성적인 의지를 가지고 어디까지 도달해 있는지를 고찰한다. 그리고 셋째인 사용은 의지에 자리 잡고 있는 것으로, 기억과 이해 속에 간직되어 있는 것을 끄집어내서 목적하는 사물에 결부시키거나 그것 자체를 목적으로 하여 향유하고 안돈(安頓)을 얻는 일이다. 사용한다는 것은 대상을 의지의 처분에 맡겨 채택하는 일이고, 향유한다는 것은 즐거움으로 사물을 사용하되, 그것을 아직 희망의 대상으로 삼는 즐거움이 아니고 실제로 소유하는 즐거움이다. 그러니까 향유하는 사람은 누구나 그 대상을 사용하고 있다. 어떤 것을 의지의 처분에 맡겨 채택하되 향락의 목적에서 채택하는 것이다. 따라서 사용하는 사람이 누구나 향유를 하는 것은 아니다. 무엇을 의지의 처분에 맡겨 채택하되, 바로 그것 때문이 아니고 다른 사물 때문에 그것을 희구한다면 향유하는 것이 아니고 사용하는 것이다.[48]

세 번째 구문은 이러하다.

창조된 것을 하느님이 아실 때에는 그것들이 생겨나 있기 때문에 아시는 것이 아니다. 오히려 하느님에 의해서 인식된다는 사실로 인해서 그것들이 생겨난다. 가변적인 사물들까지도 하느님에 의해서 불변하게 인식된다는 사실로 인해서 생겨난다. 그러므로 성부와 모상의 형언할 수 없는 저 포옹에는 향유가 없을 수 없고 사랑이 없을 수 없고 환희가 없을 수 없다. 바로 그 사랑, 환희, 행복 혹은 지목을 다른 어떤 인간 언어로 합당하게 언표할 수 있겠지만 힐라리우스는 간단하게 소용이라고 일컫는다.[49]

이 본문에서 아우구스티누스는 성삼위의 위격들 사이에 존재하는 관계에 초점을 맞추고 있다. 그리고 도구적 의미가 제거된 사용 개념이 하느님 내면에서 제시되고 있다.

우리가 지금까지 행한 사용/향유(*uti/frui*) 개념에 대한 간략한 분석은 종합적인 성격의 일부 결론을 제시한다.

사용(*uti*) 범주는 두 의미를 지닐 수 있다. 첫 번째 의미는 도구적 의미가 부여되어 있고, 두 번째 의미는 도구성의 차원이 배제된 연역적 의미이다. 우리가 규명한 사용(*uti*) 범주가 지닌 의미의 모든 뉘앙스는 아우구스티누스 윤리학의 참된 의미를 이해하는 데 도움을 준다. 인간은 질서 지워진 사랑을 구체화하기 위해 선의 질서를 존중해야만 한다. 선의 질서가 전복될 때 무질서한 사랑이 살아남는다. 이 사랑은 배타적으로 자신에 대한 향유로 향하면서 존재의 지평에서 최종적 목적이 배제된다.[50]

윤리적 명령의 기준은 사용/향유(*uti/frui*) 구분에 의존한다. 곧 영원한 선은 향유의 대상이 되어야만 하고, 현세적 선은 사용의 대상이 되어야만 한다.[51] 이는 선을 사용하는 사람의 절제를 통해 이루어지는 것이지 그 선을 사랑하는 사람의 감정에 의해 행해지는 것은 아니다.[52] 사용/향유(*uti/frui*) 원리에서 분명 까다로운 윤리적 가르침이 유래한다. 선의 위계적 개념에 기초하고 있기 때문이다. 더욱이 이 가르침은 이원론이 아닌 인간학적 개념에 기초하고 있다. 이 가르침은 사회적 책문의 필요성에 관한 강조에서도 신플라톤주의로부터 분리되고 있다. 더욱이 현세적 사물의 선성에 관한 강조에서 마니교 영지와 분리되고 있다. 마지막으로 최고선을 초월적 존재와 동일시함으로써 스토아주의에서도 분리되고 있다. 토대와 형성에서 엄격한 아우구스티누스의 윤리적 가르침은 키케로 윤리학의 스토아주의적 개념에 있는 공리주의적 특성을 사회적 차원에서 취하고 있지 않음을 우리는 강조해야만 한다. 아우구스티누스는 사용/향유(*uti/frui*)의 스토아주의적 개념을 활용하고 있지만, 그 내용에 대해서는 재고하고 있다. 사실 키케로와 마찬가지로 아우구스티누스에게 있어 인간 존재는 "사용해야만 하는 사물들" 안에 포함된다. 더욱이 키케로는 이러한 가르침을 제시한다. "(…) 덕행의 역할은 사람들의 영혼을 화해시키고 고유한 유익함을 장려하는 쪽으로 사람들을 유도한다."[53] 이는 "(…) 다른 이들의 협력을 장려하고 우리에게 유익한 쪽으로 돌아서게끔 하는"[54] 목적이 있다. 하지만 아우구스티누스는 다음과 같이 가르친다. "인간은 친구를 이용하여 호의를 주고받으며, 원수를 이용하여 자신의 인내를 단련하고, 내가 선익을 베풀 상대를 찾으며, 모든 이를 이용하여 자애를 표명한다."[55]

분명 사용/향유(*uti/frui*) 구분은 아우구스티누스의 윤리학적 사상의 중심 주제이다. 이 논거에 관련된 본문에 관한 분석은 다음과 같은 결론을 내릴 수 있게끔 한다. 이 윤리적 가르침은 니그렌(A. Nygren)이 암시하듯이[56] 자아중심주의나 도구주의로 고발할 수 없다. 이는 무엇보다 아우구스티누스가 이미 그리스도교로 회심한 직후 논거에 첨가하였던 인간학적 질서의 새로움을 염두에 둔다면 그러하다.

5. 영원법과 자연법

아우구스티누스에게 있어 인간 행위에 대한 윤리적 공정함의 원천은 두 가지이다. 첫 번째, 혹은 근접한 원천은 개인의 양심에 의해 구성되지만, 두 번째 혹은 거리가 먼 원천은 영원법에 의해 형성된다. 『파우스투스 반박』은 우리에게 다음과 같이 영원법의 정의를 전해 주고 있다.

> 영원법은 신적 이성 혹은 하느님의 의지로 자연 질서를 보전하도록 명령하고 이를 혼란케 하는 것을 금한다.[57)]

영원법은 하느님 자신 안에 토대를 두고 있으며,[58)] 보편성과 불변성이라는 특성이 있고, 개별 존재의 고유한 본성적 질서(*ordo naturae*)를 유지하도록 명령한다. 모든 창조된 실재들이 종속되어야만 하는 영원법에 그림자처럼 자연법이 상응한다. 이 자연법에서 실정법이 순응해야만 하는 규정들이 나온다.[59)] 모든 창조된 실재들은 선하며 인간은 이 실재들의 위계를 존중해야만 한다. 곧 육적 존재는 영적 존재에, 하위 존재는 상위 존재에, 현세적 사물은 영원한 사물에 종속해야만 한다.[60)] 모든 사물이 질서정연해지기 위해서이다(*ut omnia sint ordinatissima*).[61)] 인간은 영원법을 본성의 질서로 인정할 때 덕스러운 방식으로 살아간다. 『자유의지론』에서는 인식 활동과 실천 활동을 주재하는 일부 보편적 규범이 강조된다. 모든 이가 이해할 수 있는 이 규범은 자유의지에 부여되어 있는데, 이는 올바른 방식으로 이 의지가 희구할 수 있도록 하기 위함이다.[62] 이 규범은 아우구스티누스가 에보디우스에게 상기시키는 것처럼, 정의, 현명, 절제, 용기와 관련된다.

> '사람은 정의롭게 살아야 한다' '더 못한 것은 더 나은 것에 복속해야 한다' '동등한 것은 동등한 것들과 평등하게 취급되어야 한다' '각자에게 자기 몫을 돌려줘야 한다.' 이 모두가 지극히 참된 명제들이요, 이 명제들이 나에게는 물론 그대에게도 또 이것을 보아 아는 모든 이에게 공통으로 현전한다고 공언하지 않겠는가? (…) 마찬가지로 정신이 부패할 사물을 등져야 하고 부패하지 않는 사물로 향해야 한다는 것을, 다시 말해서 부패할 사물이 아니라 부패하지 않을 사물을 사랑해야 한다는 것을 누가 부정하겠는가? 또한 이러한 진리가 존재함을 인정하는 사람치고 그것이 불변하는 것임을 인식 못 한다거나, 그것을 직관할 능력이 있는 모든 지성에 그것이 공통으로 현전한다는 사실을 알아보지 못하겠는가?[63]

이 규범에 이성과 의지의 결속은 최고선에 도달하기 위한 길이다. 곧 자연 본성이 이것을 희구한다(*hoc enim natura expetit*).[64] 자연법 개념은 인간의 정신 안에 새겨져 있다.

> 하느님의 섭리로 이루어진 형언할 수 없는 지고한 사물들의 관리를 위해 자연법이 어떤 방식으로 이성적 영혼 안에 새

겨졌기에, 이 삶이 흘러가면서 그리고 지상적 방식에서 사람들이 이 관리의 표상들을 보존한다.[65]

아우구스티누스는 스토아학파가 언급한 신적 로고스(*logos*)에 부여한 규범(*nomos*)과 본성(*physis*)이라는 이항식의 진리를 받아들였다.[66] 더욱이 아우구스티누스의 전망에서 신적 로고스(*logos*)는 자연법의 토대를 이루는 초월적 실재와 부합하게 된다. 이 자연법이 윤리적 질서(*ordo vitae*), 문화적 질서(*ordo studiorum*) 그리고 국가 질서(*ordo civitatis*)의 전제이다. 어떠한 악한 행동도 인간의 마음 안에 새겨진 법을 파괴할 수 없다.[67] 모든 이가 비록 동일한 방식은 아닐지라도 이 법을 인식할 수 있다. 인간의 현재 상황이 무지(*ignorantia*), 연약함(*infirmitas*) 그리고 어려움(*difficultas*) 등으로 나타나기 때문이다.

자연의 추세는 특별한 규범(*leges naturales*)을 소유하고 있으며, 이에 따라 살아 있는 인간 정신(*spiritus vitae*)은 자유의지가 복종시킬 수는 있지만 뿌리째 파괴할 수 없는 욕구를 지니고 있다.[68] 인간은 도움으로 주어진 자연법에 순종하도록 초대를 받는다. 인간을 구성하고 있는 욕구가 일탈하지 않기 위해서이다. 아우구스티누스는 존재자들을 만들고 통솔하기에 아버지이며 동시에 이 존재자들을 돌보기에 어머니인 하느님 자신이[69] 인간에게 빛을 비춘다고 가르친다. 감관은 이성에 그리고 이성은 하느님에게 복종하는 것을 인간이 알 수 있도록 하기 위함이다.[70]

여기서 기본적 원리와 함께 소개된 윤리학적 가르침은 그리스도교로 회심하였고 고전 문화에 깊이 잠겨 있는 한 인간의 작품이다. 아우구스티누스는 바로, 키케로, 세네카 등을 연구하면서 이교도 윤리 가르침을 알게 되었다. 이들로부터 그는 『그리스도교 교양』에서 기억하듯이[71] "매우 유익한 도덕 원리들"(*utilissimi precetti morali*)을 배웠다. 가톨릭교회를 반대하는 마니교도들의 고발에 대한 응답이며 동시에 마니교 윤리에 대한 비판인 『가톨릭교회의 관습과 마니교도의 관습』을 제외하면 윤리학에 관한 어떠한 일반적인 작품을 남기지 않았음에도 불구하고, 상이한 상태의 삶, 덕행과 악행에 관한 다양한 윤리 작품이 우리에게 남겨져 있다. 아우구스티누스가 그리스도교 윤리학의 창시자로 인정받는 것이 우연은 아니다.[72]

주석

1) N. Abbagnano, *Volontà*, in *Dizionario di filosofia*, Torino, 1980, p.925.
2) 『신국론』 XIV, 6; 『삼위일체론』 XIII 3, 6 - 4, 7.
3) 『신국론』 V, 11.
4) 『두 영혼』 10, 14.
5) 『자유의지론』 III, 1, 3; 『참된 종교』 XIV, 27.
6) 『자유의지론』 III, XVIII, 52.
7) 『신국론』 IX, 4, 1.
8) 키케로, 『투스쿨란의 대화』(*Tusculanae disputationes*) III, 4, 7; IV, 5, 10.
9) 아풀레이우스, 『소크라테스의 신에 대해서』(*De deo Socratis*) 12.
10) 키케로, 『투스쿨란의 대화』 III, 24; IV, 9, 22.
11) 『신국론』 XIV, 5.
12) 같은 곳.
13) 『신국론』 XIV, 9. 참조: G. Reale, *Storia* cit., pp.423~428.
14) 『신국론』 XIV, 6. 참조: J. Brachtendorf, *Cicero and Augustine on the Passions*, "Revue des Études Augustiniennes", XLIII, 1997, pp.289~308.
15) 『신국론』 XIV, 7, 2.
16) 같은 책, XIV, 9, 3.
17) 『영혼 불멸』 13, 20.
18) 『참된 종교』 52, 101; 53, 103; 『음악론』 VI, 14, 45.

19) N. Cipriani, *Lo schema dei tria vitia* cit., pp.165~166.

20) 『참된 종교』 45, 85; 52, 101; 53, 103.

21) 『고백록』 X, 35, 54.

22) 키케로, 『최고 선악론』 V, 17, 48-49.

23) 같은 책, V, 22, 61-62.

24) 『고백록』 X, 31, 43-44.

25) 『참된 종교』 45, 85.

26) 『고백록』 X, 35, 54-55.

27) 같은 책, III, 8, 16.

28) 1요한 2, 17. 참조: N. Cipriani, *Il modello antropologico nel libro I delle Confessioni,* in *Le Confessioni di Agostino(402-2002): bilancio e prospettive,* Roma, 2003, pp.426~433.

29) 『신국론』 V, 11; 『파우스투스 반박』 22, 27.

30) 『그리스도교 교양』 II, 22, 21; II, 26, 27.

31) 『자유의지론』 II, 19, 50.

32) 같은 책, I, 15, 32.

33) 『여든세 가지 다양한 질문』 30.

34) 『그리스도교 교양』 I, 3, 3.

35) W.R. O'Connor, *The uti/frui. Distinction in Augustine's Ethics,* "Augustinian Studies", XIV, 1983, p.52. 다음도 참조하라. R. Holte, *Béatitude* cit., pp.200~206.

36) 『그리스도교 교양』 I, 4.

37) 같은 책, I, 5.

38) 같은 책, I, 22, 20 - 22, 21.

39) 같은 책, I, 29, 30. 참조: W.R. O'Connor, *The uti/frui Distinction* cit., p.53.

40) L. Alici, *Il primo libro* cit., pp.25~27.

41) 『그리스도교 교양』 I, 34-35.

42) 같은 책, I, 33, 37.
43) W.R. O'Connor, *The uti/frui Distinction* cit., p.54.
44) 『신국론』 XI, 25.
45) 『삼위일체론』 IX, 13; XI, 25.
46) W.R. O'Connor, *The uti/frui Distinction* cit., p.56.
47) 『삼위일체론』 X, 10, 13.
48) 같은 책, X, 11, 17.
49) 같은 책, VI, 10, 11.
50) 『그리스도교 교양』 III, 10, 16.
51) 『설교』 XXXVI, 5, 5.
52) 『가톨릭교회의 관습과 마니교도의 관습』 I, 21, 39.
53) 키케로, 『의무론』 2, 5, 17.
54) 같은 책, 2, 6, 20.
55) 『참된 종교』 XLVII, 91.
56) A. Nygren, *Eros und Agape*, Berlin, 1955, *passim*.
57) 『파우스투스 반박』 22, 27; 『신국론』 XIX, 6, 22.
58) 『질서론』 II, 8, 25. 참조: P. Brezzi, *I fondamenti filosofici de diritto e dello Stato in S. Agostino*, in *Sant'Agostino e le grandi correnti della filosofia contemporanea*, Roma 1955, pp.195~201.
59) 『자유의지론』 I, 6, 15; 『신국론』 XIX, 13, 1.
60) 『자유의지론』 I, 15, 32; 『창세기 문자적 해설』 VIII, 23, 44.
61) 『자유의지론』 I, 6, 15.
62) 같은 책, I, 13, 29.
63) 같은 책, II, 10, 28.
64) 『신국론』 XIV, 25.
65) 『여든세 가지 다양한 질문』 53, 2.
66) M. Pohlenz, *La Stoa*, cit., pp.267~270.

67) 『고백록』 II, 4, 9.

68) 『창세기 문자적 해설』 IX, 18, 32.

69) 『시편 상해』 XXVI, 18.

70) B. Roland-Gosselin, *La morale de Saint Augustin*, Paris, 1925, p.48.

71) 『그리스도교 교양』 II, 40, 60.

72) Th. Deman, *Le traitement scientifique de la morale chrétienne selon S. Augustin*, Montréal-Paris, 1957, pp.123~125. 다음의 책도 참조하라. J. Mausbach, *Die Ethik des hl. Augustinus*, Freiburg, 1909, 2 voll. 그리고 B. Boland-Gosselin, *La morale* cit.

제7장

하느님의 본성과 존재

제 7 장 • 하느님의 본성과 존재

1. 하느님에 대한 형이상학적 개념
2. "창조주요 조정자"(Sicut creator ita moderator)
3. 하느님 존재 증명

1. 하느님에 대한 형이상학적 개념

아우구스티누스는 그리스도교로의 회심과 신플라톤주의와의 만남이 이루어지기 전에 마니교 영지의 유물론적 관점을 수용하였다고 『고백록』에서 언급한다. 이 주장에 따르면 실재의 궁극적 기원은 선과 악이라는 두 개의 적대적인 물질적 실체로 구성되는데, 두 가지 모두 상이한 한도 내에 있음에도 불구하고 무한하다. 곧 악한 집단은 더 제한적이지만, 선한 집단은 더 연장되어 있다는 것이다.[1] 뒤에 그는 이러한 개념을 버렸다. 하지만 그는 하느님을 부패할 수 없는 존재요 불변의 존재이고 침해될 수 없는 존재로 생각하게 되었음에도 신적 실재를 육체적인 어떤 것으로 간주하여야만 한다고 확신한 채로 있었다.

> 더 이상 하느님을 사람의 형상으로 상상하지는 않았지만, 물체적인 어떤 것으로 생각하지 않을 수 없었고 장소라는

> 공간을 통해 세계에 두루 분산되거나 세계 밖에 무한한 공간으로 확산하여 있는 것으로 상상하지 않을 수 없었습니다. 비록 불후하고 불가침하고 불변하는 것 자체를 썩어 없어지고 침해당하고 변하는 것보다 앞세우기는 했지만 말입니다.[2)]

신플라톤주의의 서적들을 읽음으로써 아우구스티누스는 하느님에 대해 유물론적인 개념에서 영적인 개념으로 전환할 수 있게 되었다. 존재론적 실재가 위계적 구조를 갖추고 있다는 것을 발견한 것은 결정적이었다. 사실 플라톤을 통해 그는 실재적인 것은 위계적 질서, 곧 지성적 실재들의 체계와 감각적 실재들의 체계에 따른 구조로 되어 있음을 알게 되었다. 그는 일자(一者)를 으뜸으로 갖는 그리고 플라톤 철학 이후의 철학에서 플로티누스가 추출한 새로운 요소들로 풍요롭게 만들었던 유비적인 위계적 구조를 신플라톤주의에서 발견하였다. 더욱이 아우구스티누스는 플로티누스의 일자 형이상학이 아리스토텔레스의 존재형이상학과 교차하는 변신론(辯神論)을 포르피리우스를 통해 알게 되었다. 회심한 후 그리고 그리스도교 신앙으로 신플라톤주의의 형이상학을 대하면서 생기는 긴장에 대해 인지하게 된 아우구스티누스는 실재에 대한 그리스도교적 관점과 충돌하지 않는 신플라톤주의의 일부 측면들을 원래의 방식으로 수정하는 것을 알게 되었다.[3)] 이러한 작업의 결과는 무엇보다 '무로부터의 창조'(*creatio ex nihilo*)라는 개념을 도입하면서 플라톤주의의 체계와 한계를 바꾸었던 새로운 변신론이었다. 날카롭게 분석하고 새로운 직관들로 풍요로워진 이러한 형이상학적 개념들은 하느님에 대한 아우구스티누스의 새로운 개념에 합치된다.

이러한 역사적·비판적 성격의 서언을 하였으니, 하느님에 대한 개념의 본성을 분석해 보자. 그리고 두 번째로는 아우구스티누스가 발전시킨 하느님 존재 증명을 개진할 것이다.

하느님에 대한 사상이 도입하고 있는 초기 형이상학적 개념 중의 하나는 최고의 법도(*summus Modus*)라는 것이다.

> 어쨌든 진리가 진리로서 존재하려면 어떤 최고의 법도(*summus modus*)를 통해서 진리가 되어야 한다. 진리가 그 법도로부터 발(發)하고 자기를 완성시켜 그 법도 속으로 전향한다. 최고의 법도에는 다른 어느 법도(*modus*)도 부과되지 않는다. 만일 최고의 법도가 최고의 법도를 통해서 법도(*modus per summum modum*)가 된다면 다름 아닌 당시 자신을 통해서 법도가 된다는 말이다. 또 최고의 법도는 참된 법도(*verus modus*)일 필요가 있다. 진리가 법도에 의해서 출생하듯이 법도(*modus*)는 진리에 의해서 인식된다. (…) 아버지가 없는 분이 누구신가? 최고의 법도 아니고 누구시겠는가? 따라서 진리를 통해서 최고의 법도에 이르는 자는 누구든지 행복하다.[4]

아우구스티누스는 하느님을 한량없는 법도로 정의하면서[5] 타자가 부과한 한도와 한계의 개념을 배제하고 있다. 이 최고의 법도에서 창조 행위를 통해 현세적 존재들의 형상과 질서가 기인한다.[6]

최고의 법도는 최고선으로[7] 그리고 자신 위에 그 무엇도 존재하지 않는 영원하고도 불변하는 선으로도 불린다.[8] 모든 것이 그의 작품이며 가변성과 불안정함이라는 조건에서도 그의 선성에 참여한다. 단순하고도 불변적인 유일한 선이 존재하며, 그 안에서 존재와 소유가 동일시된다.[9] 그의 덕분에 단순하지 않고 가변적인 온갖 다른 실재들이 존재하도록 불림을 받았다.

마지막으로 최고의 법도요 최고선인 하느님은 연장 없는 그리고 최고의 일치인 일자로 명명된다. 일자는 여기서는 이렇고 저기서는 저렇거나 지금은 이렇고 다음에는 저렇거나 하지 않는다. 왜냐하면 최고로 일자이기 때문이다.[10] 모든 유한한 존재는 선일 뿐 아니라 근원적인 일자 덕분에 고유한 일치를 소유한다. 돌은, 자신의 모든 부분이 일치로 구성되어 있는 한, 돌이다. 나무는 하나가 아니라면 나무가 되지 않는다. 동물은 자신의 지체들이 일치에서 분리되는 것을 겪어야만 한다면, 존재할 수 없을 것이다. 친구들은 일치가 아니라면 무엇을 원하겠는가? 민족은 자신을 구성하는 원리들에 대한 불일치가 해롭다고 간주하기 때문에 국가이다. 동일한 인간적 감정이 강한 만족을 불러일으키는데, 주체들이 서로 사랑하고 일치하기 때문이다. 그리고 고통은 왜 치명적인가? 하나인 것을 분리하려는 경향을 보이고 있기 때문이다.[11] 근원적인 일자가 일치에의 욕구(*appetitus unitatis*)를 생명체에 집어넣었던 것이다.[12]

> 사실 형상을 받는다는 것은 어떤 것이 오직 하나의 전체로 전환된다는 것을 의미하는데, 온갖 형상의 원리가 가장 높은 단계에 있는 일치이기 때문이다.[13]

일자는 원리이며, 존재하는 모든 것이 일자에 기초하여 일치가 된다. 참된 것들은 존재하기 때문에 진실하며 모든 것의 형상인 일치와 비슷한 한 존재한다.[14]

플라톤이 처음으로 실재의 정점에 있는 척도라는 개념을 고안하였다. 척도를 통해 그는 절대자를 염두에 두었으며, 이 절대자는 선과 미를 자신 안에 가지고 있는데, 이것들은 사물들의 균형과 질서의 기초에 있는 것이다.[15]

『법률』에서[16] 이 그리스 철학자는 프로타고라스와의 논쟁에서 인간이 아니라 신이 만물의 척도라고 표현하였다. 우리는 플라톤 자신에게서 최고선으로서의 하느님에 대한 정의를 다음과 같이 발견한다.

> 그러므로 인식되는 것들에 진리를 제공하고 인식하는 자에게 그 능력을 주는 것은 선의 이데아라고 선언하게. (…) 그러므로 인식되는 것들의 인식됨이 가능하게 되는 것도 선으로 인해서일 뿐만 아니라, 그것들이 존재하게 되고 그 본질을 갖게 되는 것도 그것에 의해서요, 선은 존재가 아니라 지위와 힘에 있어서 존재를 초월하여 있는 것이라고 말하게나.[17]

일자인 하느님에 관한 생각에 대한 아우구스티누스의 사상은 플로티누스의 사상과 근접해 있다.[18]

아우구스티누스는 최고의 법도, 최고선, 근원적 일자와 같은 하느님에 대한 개념을 아리스토텔레스적 기원을 가진 최고유(最高有)라는 개념으로 보완한다. 이미 『가톨릭교회의 관습과 마니교도의 관습』에서[19] 다음과 같이 하느님에 대한 정의가 나타난다. "우리는 하느님을 사랑해야만 하는데 (…) 그분에 대해 나는 존재 자체인 것 외에 다른 것을 말하지 않을 것이다." 이 주제에 대해 아리스토텔레스의 사상으로 보완된 것이 분명한 『참된 종교』의 한 구문을 살펴보자.

> 여러분은 나에게 이렇게 반문할지 모른다. '왜 (피조물들이) 쇠하는가?' 가변적이라서 그렇다. '그러면 왜 가변적인가?' 최고유(最高有)가 아니기 때문이다. '그렇다면 왜 최고유가 아닌가?' 그것을 만든 존재보다 열등하기 때문이다. '누가 그것들을 만들었는가?' 최고유 그분이시다. '그분이 누구신가?' 불변하시는 성삼위 하느님이시니, 그분은 최상의 예지를 통해서 그것들을 만드셨고 최상의 자애로 보전하신다. '무엇 때문에 그것들을 만드셨는가?' 존재하게 하시려고 만드셨다. 존재는 제아무리 하찮은 것이라도 선한 것이니, 최고선(最高善)이란 곧 최고유이기 때문이다.[20]

바로 여기에서 '존재하다'와 '살아 있다' 그리고 '사유하다'가 하느님 안에서 같다는 사실에 이른다.

> 사실 그분은 마치 살아 있지 않으면서도 존재할 수 있듯이 해서, 존재하는 것과 살아 있는 것을 별개로 하는 분이 아니다. 또 마치 인식하지 않으면서도 살아 있을 수 있듯이, 살아 있는 것과 인식하는 것을 별개로 하는 분이 아니다. 그분은 마치 행복하지 않으면서도 인식할 수 있는 듯이 해서, 인식

> 하는 것과 행복한 것을 별개로 하는 분이 아니다. 그분에게는 살아 있음과 인식함과 행복함이 곧 존재하는 것이다.[21]

아우구스티누스는 '존재 자체인 분'(*Idipsum esse*)이라는 것보다 더 함축적인 정의를 발견하지 못하는데, 이를 통해 하느님이 영원하신 분이며 그분께 존재의 충만함이 속해 있기에 변화에 종속되지 않는 분이라는 점을 표명하기를 원하고 있다.[22] 이제 우리는 영지주의적·마니교적 이원론을 극복하는 시점에 있다.

> 그분은 최상의 단계에 있다고 그분에 대해 말해야만 한다. 그분이 항상 같은 상태에 계시고, 모든 측면에서 자기 자신과 유사하시며, 그 어떤 부분도 부패할 수 없고 변화할 수 없으며, 시간에 종속되어 있지 않고, 이전에 있던 것과 지금 있는 것이 다를 수 없기 때문이다. 사실 이는, 가장 참되게 존재하는 것이라 일컬어지는 것이다. 이 단어에 그 자체로 자존하며 자신의 상태에 불변의 상태로 머물러 있는 본성의 의미가 연결되어 있기 때문이다. 이 본성에 대해 우리는 하느님인 것 외에 다른 어떤 것을 말할 수 없다. 정확한 방식으로 그분을 찾는다면, 그와 반대되는 어떤 것을 발견하는 것이 그분에게는 불가능하다. 사실 존재는 비존재를 제외하고 반대되는 것을 갖고 있지 않다.[23]

최고의 법도이며 최고선인 하느님의 개념에 대한 원천은 플라톤이다. 일자로서의 하느님 개념의 원천은 플로티누스이다.

플라톤과 플로티누스가 존재 위에 일자를 제시하였다면, 아우구스티누스는 어디에서 일자 개념으로 보완된 순수 존재로서의 하느님이라는 아리스토텔레스적 기원을 지닌 개념을 취한 것인가? 일자이며 존재로서의 하느님에 대한 아우구스티누스의 개념에 영감을 불어넣은 사람은 포르피리우스이다. 사실 포르피리우스는 플라톤의 『파르메니데스』에 대한 자신의 주석에서 일자론(henology)과 존재론 사이의 중재를 명확하게 주장하고 있는데, 이 작품은 익명의 저자가 거듭 쓴 양피지 사본으로 우리에게 전해져 오고 있으며, 아도(P. Hadot)는 이 사본이 플로티누스 제자의 작품이라고 제시하였다.[24] 이에 대해 레알레(G. Reale)가[25] 『선의 본성』 서언에서 이미 강조하였던 구문을 인용하는 것이 유익할 것이다.

> 지금 플라톤이 다음과 같이 이해하도록 하고 있는지 주목해 보라. 곧 실체와 존재자 위에 있는 일자가 존재자도 아니고 실체도 아니며 활동도 아닌 오히려 그 스스로 행동하고 순수 행동인지 주목해 보라. 결과적으로 그 자신은 '존재자 이전에 있는 존재'일 것이다. 따라서 이 존재에 참여하면서 두 번째 일자는 근원을 갖는 존재를 소유하며, 따라서 이것은 존재자의 참여이다. 여기에서 존재가 이중적이라는 사실이 나온다. 곧 첫 번째는 존재자보다 먼저 존재하는 것이고, 두 번째는 그것 너머에 있는 일자가 산출한 것이다. 그리고 일자는 그 자신이 절대적으로 존재이다.[26]

일자이며 자기 스스로 생각하는 참된 존재로서의 하느님이라는 포르피리우스의 사상은 아우구스티누스가 자신의 철학 작업 초기부터 활용하는 것이 유익하다고 믿었던 형이상학적 모델을 형성하고 있다. 더욱이 이 히포 사람은 플라톤 이전에 '성경'이 이미 가르쳤던 것처럼(탈출 3,14) 존재 자체인 하느님 개념을 알고 있었다는 것을 기억하는 것도 필요하다.

따라서 그는 이교도 철학자들, 특별히 가장 가까이 접근한 이들(*propinquiores*)로 인정하는 플라톤주의자들의[27] 영향 아래서 자신의 형이상학을 완성한다.

하지만 이 주제에 있어 플라톤 신학과 관련되어 발전된 일부 유보 사항들을 분명히 하는 것이 적합하다. 『신국론』 제8권에서 아우구스티누스는 하느님의 초월성에 관한 플라톤 철학자들의 다수 직관들을 열거한 후에 플라톤 신학이 한편으로는 긍정적이고 풍요롭다고 간주될 수 있지만, 다른 한편으로는 모든 플라톤주의자가 자신들이 스승으로부터 시작하여 의견을 같이하였던 원칙에서 벗어났다고 간주될 수 있다고 주장한다.

> 그 어느 신도 인간과 상대하지 않는다(*nullus Deus miscetur homini*).[28]

이 원칙에 따라 플라톤주의자들은 정령의 중재, 결국 우상숭배의 필요성을 주장할 수밖에 없었다. 아우구스티누스는 그러한 원칙을 수용할 수 없는 이유가 하느님의 최고 선성과 물질의 사악한 본성을 대립시키는, 그리고 신성이 물질에서 멀리 떨어져 있고 인간들의 삶과 교류하지도 않고 이에 개입하지 않는 이원론적 개념에 있다는 것을 주목하게 한다. 플라톤주의자들은 정령들이 인간들의 소원을 가져가고 신들의 응답을 가져온다고 하면서 정령들의 중재를 통해 신과 인간들 사이의 간격을 제시하였다.[29] 아우구스티누스는 인간이 이교도 철학자들이 상상하는 것과는 다른 신적 중개자가 필요함을 강조하면서 그리고 더 나아가서는 하느님의 선성과 물질의 악함 사이에 채워질 수 없는 간격에 대한 그들의 형이상학적 원리를 고발하면서, 그러한 중재의 모순과 오류를 비판한다. 『신국론』 제11권과 제12권에서 그는 플라톤 신학을 논박하고 '무로부터의 창조'(*creatio ex nihilo*)라는 원리를 제시한다. 곧 창조 행위와 피조물의 형이상학적 구조는 플로티누스가 말하는 일자의 전개와 그리고 플라톤이 언급하였던 조물주(demiurgo)와도 동일시되지 않는다.[30]

2. "창조주요 조정자"(*Sicut creator ita moderator*)

'무로부터의 창조'(*creatio ex nihilo*)에 관한 아우구스티누스의 가르침에 있어 무엇보다 '제작'(produzione), '출산'(generazione), '창조' 등의 용어들이 이 맥락에서 갖고 있는 의미를 설명하는 것이 필요하다. 『고백록』에서 인간의 제작이라는 용어의 의미가 분명하게 나타난다. 곧 인간이 어떤 물건을 만들 때, 기존의 질료에 어떤 형상을 부여하는 것이다.

> 제작가인 인간(*homo artifex*)은 이미 존재하고 또 존재한다는 점에서는 이미 형상을 갖추고 있는 사물에다 형상(*species*)을 부여하는 것이니, 흙이나 돌이나 나무나 금이나 어떤 종류의 물건에도 그렇게 합니다.[31]

제작 행위와 출산 행위는 구분되어야만 하는데, 출산은 태어난 이의 본체가 출산한 자와 동일한 본체에서 나오는 활동이기 때문이다. 마찬가지로 한 사람이 아들을 낳거나 집을 짓는다면, 그 사람에게서(*ex ipso*) 아들이 나오고 그 사람에게서(*ex ipso*) 집이 생겨나는 것이다. 하지만 아들은 "그 사람으로부터(*de ipso*) 나오고", 게다가 태어난 것이지만, 반대로 집은 "흙과 나무로부터(*de terra et ligno*) 나오는 것이며", 더욱이 제작된 것이다. 출산 행위는 출산한 자와 태어난 자 사이에 본체의 동일성을 전제로 한다.[32] 창조 행위는 선행하는 두 개념과 구분된다. 곧 경험으로 추론할 수 있는 것이 아니라 오히려 이성으로 직관할 수 있는 것이며, 따라서 계시된 논거이며 선재하는 질료를 전제로 하지 않는 무로부터의(*ex nihilo*) 행위이다. 이것의 결과는 작용인의 본체가 아닌 이전에 질료에 의해서든 형상에 의해서든 간에 존재하지 않았던 것을 그의 온전한 본성으로 존재하도록 하는 행위에서 나오는 것이다. 따라서 아우구스티누스가 여러 곳에서 말하고 있는 '무로부터의 창조'(*creatio ex nihilo*)는 그것이 발생하는 순간에 '존재 자체인 분'(*Idipsum esse*)과 존재를 받았던 존재자 사이의 구별을 제시하는 절대적인 시작이다.[33] 이 창조는 『티마이오스』에서 묘사되고 있는 조물주를 통한 세상 조성에 관한 생각과도 구분되는데, 이 조물주는 자기 자신에게서 기인한 것으로 우주를 낳은 것이 아니라 선재하고 혼란스러운 질료를 사용하여 세상을 형성한 것이다.

아우구스티누스는 자신의 주장을 형성하면서 신플라톤주의 철학에까지 거슬러 올라가는 두 문제점과 직면하게 되었다. 첫 번째는 플라톤주의자들이 영원한 것으로 간주하고 있는 무형한 질료의 본성과 기원에 관한 것이요, 두 번째는 '무로부터의 창조'(*creatio ex nihilo*)로 인해 신적 의지 자체 안에서 야기된 것으로 추정되는 변화에 관한 것이다.[34)]

아우구스티누스는 무형한 질료라는 생각에 관해 설명하는 데 큰 노력을 기울여, 결국 '형상을 받을 능력'(*capacitas formarum*)으로 정의하는 데 이르렀다. 이는 물질적 존재자들의 가변성의 내적 원리로서 거의 무(無)이지만 정확하게 무(無)는 아니다. 한마디로 말하면, '어떤 무'(*nihil aliquid*)이며, '있고도 없는 것'(*est non est*)이다.

> 하지만 제가 열망하던 바는 추측하는 일이 아니라 확실히 아는 일이었습니다. 그런데 이 문제를 두고 당신께서 저에게 매듭을 풀어주신 바를 저의 필설이 모조리 고백한들 독자들 가운데 누가 끝까지 견디면서 감당하겠습니까? 하지만 이런 것들은 구술하는 것만으로 족하지 않으니, 저의 마음만은 이것들에 관해서 당신께 영예와 찬미의 노래를 그치지 않고 올리겠습니다. 변하는 사물들의 가변성이란 모든 형상을 수용하며, 가변적 사물들이 바로 그 형상들로 변하는 것입니다. 그렇다면 이 가변성은 도대체 무엇입니까? 혼령입니까? 물체입니까? 혼령의 형상이나 물체의 형상입니까? '어떤 무'라거나 '있고도 없는 것'이라고 일컬을 수 있다면, 저도 그렇다고 말하겠습니다. 하지만 눈에 보이고 틀이 잡힌 형상들을 수용하려면 이미 존재하던 무엇이라야 합니다.[35)]

물질은 형상 없이 존재할 수 없으며 형상을 선행하지만, 시간상 먼저인 것이 아니라 기원의 조건으로서 그러한 것이다. 이는 소리가 노래를 선행하는 방식과 유사하다.

> 질료는, 질료로부터 생겨나는 것보다 먼저겠지만 그렇다고 질료 자체가 무엇을 만들어 내기 때문에 먼저가 아닙니다. 질료 자체도 만들어지는 까닭이고, 또 질료가 시간 간격으로 선행하는 것도 아닌 까닭입니다. 그러니까 저희가 선행하는 시간에 노래도 없이 무형의 소리를 내고서는, 후속하는 시간에야 소리들을 엮어서 가곡의 형태로 빚어내는 것도 아닙니다. 목재가 먼저 있고 그것으로 상자가 제작되듯이, 은이 먼저 있어서 그것으로 은접시가 제작되듯이 하는 것은 아닙니다. 이 경우는 그런 재료가 사물들의 형상들보다 시간상으로 먼저 존재하고 형상들은 그 재료로부터 생겨나는 까닭입니다. 그런데 노래에서는 그렇지 않습니다. 노래를 부를 적에 노래의 소리가 들리더라도 먼저 소리가 무형으로 나고 그다음에 노래로 형상화하는 것이 아닙니다. 어떻게든 먼저 소리를 내는 것은 지나가고 아무것도 남지 않게 마련이며, 따라서 앞의 소리에서 남은 것을 무엇인가 되찾아 내서, 예술을 발휘하여, 뒤따라오는 소리와 합성하여 노래로 엮는 것이 아닙니다. 어떻든 노래는 자체의 소리에 풀려 있고 노래의 소리는 노래의 질료인 셈입니다. 즉 같은 그 소리가 노래가 되기 위해서 형상화하는 것입니다. 또 제가 하던 말대로, 소리를 내는 질료가 노래를 짓는 형상보다 선행합니다. 그렇지만 노래를 만들어 내는 창작력을 통해서 선행하는 것은 아닙니다. 소리가 노래를 창작해 내는 주체가 아니고 육체에 의해

서 발성되어 노래를 짓는 영혼에 귀속되며 영혼은 그 소리로 노래를 짓습니다. 또한 시간상으로 선행하는 것도 아닙니다. 소리는 노래와 더불어 동시에 발성되는 까닭입니다. 선택으로 선행하지도 않으니 소리가 노래보다 나은 것이 아니고 노래로서 존재할 때는 단지 소리일 뿐만 아니고 미려한 소리이기 때문입니다. 그러나 시원으로는 소리가 선행합니다. 노래가 형상화하여 소리가 되는 것이 아니고 소리가 형상화하여 노래가 되는 이유입니다. 이 예를 보더라도, 그럴만한 능력이 있는 사람은 다음 사실을 알아들어야 합니다. 즉 사물들의 질료가 '처음에' 만들어져서 '하늘과 땅'이라고 일컬어졌고 거기로부터 지금의 하늘과 땅이 생겨났음을 알아들어야 합니다. 그렇다고 시간상으로 질료가 처음부터 만들어진 것이 아니니 사물들의 형상이 곧 시간을 끄집어냈고 저 질료는 무형하였으며 이미 시간 속에서 동시에 인지되기 때문입니다.[36]

더욱이 하느님은 물질과 형상을 동시에 창조하였다.

무형의 질료가 시간의 순서상 형상을 받은 것들보다 먼저라고 생각해서는 안 된다. 어떤 사물을 만든 것이든 혹은 만들어진 것이든 동시에 함께 창조되었기 때문이다.[37]

따라서 예를 들면 목소리는 단어들의 질료이며 단어들은 형상을 받은 목소리를 가리킨다. 그렇기에 말하는 이는 계속해서 단어들로 구성되기 위해 확정하고 형태를 줄 수 있을 무형의 목소리를 먼저 내는 것이 아니다. 마찬가지로 하느님은 먼저 무형의 질료를 만드셨고 그다음에 두 번째 작용을 통해 다른 본성들의 질서를 따라 그 물질에 형상을 주신 것이 아니었다. 하느님은 형상을 받은 물질을 창조하셨기 때문이다.[38]

두 번째 반론에 대해 아우구스티누스는 창조 행위가 하느님 안에서 의지와 결정에 어떠한 변화도 일으키지 않으며 고전 철학이 가르친 세상의 영원성 개념에 반대되는 것이라고 주장한다. 하느님이 존재자들을 창조하고 다스리는 의지는 그분 안에서 새로운 것이 아니라, 불변적이고도 영원한 것이다. 이러한 가르침을 설명하기 위해 아우구스티누스는 한 실재가 다른 것에 대해 갖는 네 가지 양식의 선행(先行)을 구분한다. 곧 영원성에 따른, 시간에 따른, 선택에 따른, 기원에 따른 것이다. 영원성으로 인해 하느님은 사물들을 선행하며, 시간으로 인해 꽃은 열매에 먼저 있다. 가치로 인해 열매는 꽃을 선행한다. 기원으로 인해 소리는 노래를 선행한다. 언급된 첫 번째 선행과 마지막 선행은 이해하기가 매우 어렵지만, 두 번째와 세 번째 선행은 매우 쉽다.[39] 하느님은 시간과 비교될 때 단순히 시간을 선행하는 것이 아니라, 모든 시간을 온전히 선행하며, 자신의 영원한 '오늘'을 통해 선행하는데, 이것을 통해 우리의 모든 날이 연이어 이어지면서 지나간다.[40] 더욱이 창조는 출산 행위와 온갖 제작자의 제조와 구분되는 절대적 행위이다. 그러한 것인 한, 시간의 영원성에 대한 그리스 철학의 개념과 반대되는 것이다.

이 논거는 신플라톤주의자들을 거스른 논쟁적 의도로 다시 행해지는데, 그들은 세상의 영원성을 확신하면서 시간 안에서의 창조가 하느님 안에서 어떤 변화를 일으키는 것이라고 다음과 같이 주장하였다.

> 하느님은 쉬면서 활동할 줄 알고 활동하면서 쉴 줄 안다. 그분은 새로운 일에 대해 새로운 결심을 하는 것이 아니라 영원한 결심을 발휘할 줄 안다. 전에 일하지 않았던 사실을 후회하지 않고도 하지 않았던 일을 하기 시작한다. 하느님이 먼저 일하지 않았고 다음에 일했다고 말할 경우(인간들이 이것을 어떻게 이해할 수 있을지 나는 모르겠다) 먼저 또는 다음이라는 말은, 먼저는 존재하지 않고 다음에는 존재하는 사물들에 해당했음을 뜻한다는 것은 의심의 여지가 없다. 그런데 하느님에게는 선행하는 의지를 후속하는 다른 의지가 변화시키거나 제거하는 일이 결코 없으며, 하나이면서 동일하고 영원하면서 불변하는 의지를 갖고, 당신이 창조한 사물들이 존재하지 않는 동안은 먼저 존재하지 않게 했고, 존재하기 시작하였을 때는 다음에 존재하게 했다.[41]

변화는 피조물 안에 있는 것이지, 불변하신 하느님 안에 있는 것이 아니다. 이 관계가 언급하는 용어 중 어떤 것에서 변화가 있다는 것 없이도 관계가 형성될 수 있다. 곧 "따라서 우리 안에는 어떠한 변화가 있고 (…) 그분 안에서 어떠한 변화도 없다"〔*in nobis ergo fit aliqua mutatio* (…) *in illo autem nulla*〕.[42] 창조 행위로써 세계뿐만 아니라 시간도 시작하였다.

> 만일 그들이(플라톤주의자들이) 세계 밖에 아무 공간이 없는데도 무한한 공간을 상상해 내는 인간들의 생각을 허황하다고

말한다면, 그와 마찬가지로 세계 이전에 아무 시간이 없었음에도 하느님이 무위하게 보낸 지나간 시간들을 생각하는 일도 그만큼 허황하다고 대답하면 된다. (…) 영원과 시간을 올바로 구분한다면, 즉 시간은 운동이나 변화 없이 존재할 수 없고 반면에 영원은 어떤 변화도 없다는 사실을 인식한다면, 피조물이 생겨나지 않는 한 시간은 존재하지 않으며, 피조물이란 어떤 운동에 의해 어떤 변화를 일으키는 것임을 누가 깨닫지 못하겠는가? 그 운동과 변화를 보이는 두 실재는 동시에 존재할 수 없어서 하나가 하나에게 자리를 내주고 하나가 하나를 뒤따르는데, 시간은 이런 과정들 사이에서 존재하는 더 길거나 더 짧은 간격 속에서 발생한다. 그러므로 하느님의 영원성에서는 일체 어떤 변화도 없으며, 하느님은 시간의 창조자요 수여자다. (…) 그러므로 의심할 여지 없이 세계는 시간 속에서 만들어진 것이 아니고 시간과 더불어 만들어졌다(*procul dubio non est mundus factus in tempore, sed cum tempore*).[43]

'시간 속에서가 아니라 시간과 더불어'라는 표현을 통해 중요한 구분이 이루어지고 있다. 시간 속에서의 창조에 대해 말할 수 없다는 것이다. 가변적인 피조물이 존재하기 전에 시간이 있을 수 없기 때문이다. 하지만 시간과 더불어 이루어진 창조에 대해 말해야만 하는데, 시간은 변화를 전제로 하지만, 영원은 이를 배제하기 때문이다. 따라서 하느님은 '실존하는 것의 그리고 말하자면 존재하는 것의 창조자'(*existendi et ut ita dicam essendi auctor*)이다.[44]

아우구스티누스는 플라톤주의자들이 피조물을 창조주에게 연결하는 삼중적 질서, 곧 하느님이 창조된 세계의 원인이며, 정신에 빛을 비추는 진리이고, 인간을 행복하게 만들어 주는 원천이라는 사실을 직관하였기 때문에 경탄의 대상이 된다는 것을 인정한다. 하지만 그들은 물질의 선재성과 세계의 영원성에 대해 여전히 확신하고 있기에 창조의 참된 개념에 도달하지 못하였다.[45]

히포 사람에 따르면 창조 행위는 창조된 존재 안에 최고 존재와의 다름을 둔다. 창조된 존재는 상(像)으로서 자신 안에 원리와의 유사함을 구현하는데, 비록 제한된 양식임에도 불구하고 존재에 참여하면서도[46] 가변적이고도 잠시적인 상태로 남아 있다.[47] 하느님은 무형의 질료에 하느님의 영원한 이데아들에 참여하는 형상을 통해 고정적인 실존 양식을[48] 부여하였다. 그러한 행위 덕분에 질료는 완성된 실재 안에서 실현된다. 창조 행위의 결과는 모든 창조된 존재자의 구조가 다음과 같은 삼중적 구조로 이루어져 있다는 것이다. 곧 척도(*modus*), 형상(*species*), 질서(*ordo*)이며,[49] 우리는 아우구스티누스의 작품들 안에서 이 구조가 다양한 어휘적 변화 형태로 흩어져 있음을 발견한다. 곧 하나(*unus*), 수(*numerus*), 질서(*ordo*)[50] 혹은 척도(*mensura*), 수(*numerus*), 질서(*ordo*)[51] 등으로 플라톤 철학과[52] 성경에서 뽑아낸 것이다.[53]

창조된 존재자의 첫 번째 구성 요소 혹은 가장 뛰어난 성질은 척도(*modus*)로, 종결, 한계를 의미하며, 모든 유한한 존재의 한계를 정하며, 결정하고, 동일시하는 것이다. '척도'(*modus*)는 다양성 안에서의 일치를 표명하는 것과 상응한다. 창조된 존재자의 두 번째 특성은 형상(*species*)으로 주어지는데, 아우구스티누스 철학에서 미(美)를 의미하지만, 수(數)를 의미할 수도 있다. 수는 모든 창조된 존재자에게 고유한 형상을 부여한다.

> 하늘과 땅, 바다 그리고 그 안에 있는 것들, 혹은 저 위에서 반짝이는 것이든지 저 밑에서 기어다니거나 날아다니거나 헤엄쳐 다니는 것들이 (…) 형상을 지닌 것은 다름 아닌 수를 지녔기 때문이다. 그들에게서 형상과 수를 제거해 보라. 허무가 될 것이다. 그러니 (그 사물들이) 수를 받은 분에게서가 아니면 누구에게서 존재를 받았겠는가? 그것들이 수에 귀속되는 그만큼 존재를 가지기 때문이다.[54)]

수들은 분명하게 결정된 형상의 필요조건을 구성하기에 존재자가 인식될 수 있도록 한다. 수들에 그러한 기능이 있는 것은, 전형적이고도 시간을 넘어선 신적 정신 안에 있는 창조된 존재자의 형상들과 상응하기 때문이다. 그것들은 이데아들과 같다.[55)] 창조된 존재자 안에 있는 형상은 아름다움과 동의어이며,[56)] 또한 각 부분의 조화, 일치, 적합, 올바른 비율과 동의어이다.[57)] 창조된 존재의 세 번째 완전함은 『질서론』의 탐구 대상인 '질서'(*ordo*)에 의해 구성된다. 간혹 미(美, *pulchritudo*)와 동의어로 사용되는[58)] '질서'라는 단어는 두 가지 의미를 지닌다. 곧 하느님이 만드신 만물이 그것을 통해 목적으로 인도되는 원리로서의 질서이요,[59)] 동등한 것들과 동등하지 않은 것들의 고유한 자리를 각자에게 부여하는 배치(*parium dispariumque rerum sua cuique loca tribuens dispositio*)로서의 질서이다.[60)] 첫 번째 정의는 자신에게 고유한 목적에 도달하려는 모든 존재 안에 있는 경향성을 드러낸다. 두 번째 정의는 어떤 존재가 하느님의 계획에 부응하여 살아가는 조건을 가리킨다. 간혹 '질서'(*ordo*)와 동의어로 사용되는 '무게'(*pondus*) 개념은 첫 번째 의미를 언급하고 있는데,[61] 아우구스티누스는 아리스토텔레스가 존재 개념을 통해 했던 것처럼 다의적 성격을 지닌 질서(*ordo*) 사상을 착안하였다.[62] 사실 아리스토텔레스에게 있어 존재가 다양한 양식들로 언명될 수 있었듯이, 마찬가지로 아우구스티누스에게 있어 질서는 많은 방식으로 표현될 수 있었다. 다의적인 이 용어의 많은 의미 중 일부를 간과하지 않으면서 아우구스티누스가 인격적 하느님 안에서 만물 안에 현존하는 질서의 원천을 인정하는데 도달하고 있다는 것은 놀라운 일이다.

창조된 실재들의 근본적 성격은 가변성이지만(*quae mutatio in omni creatura sive possibilitate inest etiamsi desit effetu*),[63] 모든 만물이 동일한 방식으로 변화에 종속된 것은 아니다. 곧 어떤 것들은 시간과 공간에 따라 변화하고, 또 어떤 것들은 시간에 따라서만 변화한다. 오직 하느님만이 불변적이며 영원하다.[64] 창조된 존재자들의 구조는, 최고 법도(*summa mensura*)이며, 최고 수(*summus numerus*)이고, 최고 질서(*summus ordo*)이신 분의 각인으로, 이미 언급된 세 가지 선(*tria bona*)으로 구성되어 있다.[65]

창조 행위는 비록 모든 존재가 동일한 방식으로 창조되었던 것은 아니지만 시간의 간격 없이 한순간에 일어났다. 많은 존재는 완성된 방식으로 그렇게 되었던 것이지만, 다른 것들은 오직 가능태로(*potentialiter*) 혹은 씨앗으로(*seminaliter*) 그러하였다. 결국 시대가 흘러가면서 태어나고 나타나는 모든 존재는, 비록 감추어진 씨앗들처럼 쉬지 않는 하느님의 자비로운 행동 하에 시간 안에서 성장하는 '종자적 이성'(*rationes seminales*) 혹은 '원인적 이성'(*rationes causales*)임에도 불구하고, 시간의 시작에 창조되었다.[66] 『창세기 문자적 해설』은 이미 강조된 본성의 개념 안에 포함되는 것으로 종자적 이성 가르침을 제시한다. 만일 인간 본성이 욕구(*appetitus*)의 역동적 원리라고 한다면, 일반적으로 살아 있는 본성은 잠재력 혹은 능력의 역동적인 원리이다(*occulta quaedam vis*).[67] 아우구스티누스는 그러한 역동성을 '종자적 이성'(*rationes seminales*),[68] '최초의 원인들'(*causae primordiales*),[69] '최초의 씨앗들'(*primordia seminum*)[70]과같이 스토아 철학에서 기인하는 표현들로 정의한다. 세상은 처음부터 정해진 시기의 순서에 따라 계속해서 성장할 모든 존재가 숨어 있는 실재들로 갖고 있는 씨앗들, 최초의 원인들(*causa primordiales*)로 가득 차 있는(*gravidus*) 것이다.[71] 그들의 본성의 관점에서 볼 때, 종자적 이성은 물이라는 네 번째 요소에 속한 축축한 씨앗들이다. 그것들은 창조 순간에(*in ictu condendi*) 하느님에 의해 창조되어 뿌려진 것으로,[72] 잠재적인 내적 역동성으로 가득하며, 창조된 실재 안에 넣어둔 구성적인 힘과 에너지를 가져오는 많은 효과적인 수로 준비된 것이다.[73] 종자적 이성은 그러한 본질(*qualitas*)과 효능(*vis*)을 갖고 있는 요소들로 구성되어 있기에, 밀의 낱알은 잠두콩이 아닌 밀을 산출하는 것이며, 사람은 인간 존재를 낳는 것이지 결코 다른 종의 동물을 낳지 않는다. 따라서 종자적 이성은, 어떤 식물, 어떤 동물, 어떤 사람을 산출하도록 이미 정해져 있는 씨앗 자체의 가장 멀고도 감추어져 있는 원인이라고 우리는 아우구스티누스의 본문에 따라 확언할 수 있다. 종자적 이성은 창조 행위의 첫 순간부터 사물들 안에 들어온 힘이요 성질이기에, 하느님의 능력을 통해 그리고 결정된 시간에서 환경적 조건을 통해 오늘날 우리가 관측하는 각각의 종들의 첫 개별자가 만들어진다.

> 따라서 시간의 흐름 안에서 나무를 형성하기 위해 성장할 모든 요소가 함께 비가시적으로 씨앗 안에 이미 존재하고 있었다. 마찬가지로 우리는 하느님이 만물을 동시에 창조하셨을 때 세상은 날이 만들어졌을 때 자신 안에 그리고 자신과 함께 창조된 모든 요소를 동시에 함유하고 있었다고 생각해야만 한다. 곧 세상은 태양과 달 그리고 별들이 있는 하늘뿐 아니라 — 이것들의 구체적인 형상은 순환적인 움직임 동안에도 불변의 상태로 남아 있었다 — 이른바 변화하는 움직임에 종속된 그리고 〔태양〕 아래 있으면서 세상의 또 다른 부분을 구성하는 바다와 심연들도 함유하고 있었던 것이다. 더욱이 세상은 물과 땅이 시간의 흐름 안에서 나타나기 전에 잠재적으로(*potentialiter*) 그리고 인과적으로(*causaliter*) 산출하는 그리고 이제는 우리가 하느님이 현재에 이르기까지 계속해서 완성하시는 작품들로 인정하는 존재들도 함유하고 있었다.[74]

자연의 추이는 비록 우리에게는 감추어져 있음에도 불구하고 우연이나 맹목적 필연성에 종속되어 있지 않다. 오히려 하느님이 섭리가 인도하고 내적으로 통치하고 있다.[75] 아우구스티누스는, 처음에 존재하지 않은 새로운 존재들의 창조를 수행한다고 하는 어떤 형태의 창조적 진화가 존재할 수 있다는 것을 거부한다. 더욱이 그는 온갖 가능한 형태의 생물 변이설도 배제한다.[76]

'무로부터의 창조'(*creatio ex nihilo*) 개념과 함께 스토아주의와 플로티누스가 가르친 개념들과는 다른 하나님의 섭리에 관한 개념도 정립된다. 우리는 이미 앞에서 '판단의 질서'(*ordinatio iudiciaria*)에 대한 개념을 언급하면서 이 차이를 설명하였다. 여기에서는 잠시적 실재들에 대한 신의 섭리의 행위에 관한 일부 성찰들만을 첨언한다. 창조된 실재들에 대한 하나님의 섭리적 행위는 중단 없이 이루어지는데, 만일 그 행위가 덜하게 되면, 피조물들은 존재하는 것을 멈추기 때문이다. 섭리의 현세적 경륜(*dispositio temporalis*)은 각 존재의 '사물들의 질서'(*ordo rerum*)나 '우주의 질서'(*ordo universitatis*)를 돌본다.[77] 아우구스티누스는 『참된 종교』에서 다음과 같이 언명한다.[78] 하나님의 섭리는 사사로이(*quasi privatim*) 하시듯이 인간 개개인을 돌볼 뿐 아니라 인류 전체를 상대로 해서도 공공연히(*tamquam publice*) 가르친다. 하나님이 사사로이(*privatim*) 하는 것은 그것의 당사자만이 안다. 반면 인류를 위해 행하시는 것은 역사와 예언을 통해 전해진다. 『창세기 문자적 해설』에서[79] 아우구스티누스는 섭리의 하느님이 자신의 통치(*administratio*)를 통해 세상 역사 안에서의 현존을 지속하신다고 주장한다. 곧 자연적이고도 의지적인 방식으로 그리고 감추어져 있는 자연의 법칙들과 인간들이 의지와 지성에 대해 행하는 올바른 사용을 통해 하느님의 섭리는 존재들을 보살피고 있다는 것이다. 『질서론』에서 그는 존재론적 질서의 이유로 섭리에 대한 플로티누스의 개념과의 상이점을 제시하였다. 반면 그는 『신국론』에서 윤리적 질서의 이류로 키케로의 신학적 개념과 논쟁을 펼치고 있다. 키케로는 인간의 자유를 옹호하기 위하여 신의 예지(豫知)를 부정하였지만, 아프리카 사람에 따르면 하느님의 존재를 인정하고 미래 사건들에 대한 신의 예지를 거부하는 것은 몰상식한 것이다.[80] 하느님은 만사가 이루어지기 전에 모든 것을 알고 있으며, 이는 인간이 결정하는 자유를 배제하지 않으면서도 그러하다.

> 그러므로 하느님에게 모든 원인의 순서가 확실하다고 하더라도, 그것 때문에 우리 의지의 자유에 달린 것이 아무것도 없다는 결론은 따라 나오지 않는다. 또 우리 의지들도 원인들의 순서, 곧 하느님에게는 확정이 되어 있으며 하느님의 예지에 내포되어 있는 그 순서 속에 자리 잡고 있으니, 인간 의지들 역시 인간 행위들의 원인이기 때문이다. 따라서 사물들의 모든 원인을 예지한 분은, 응당 그 원인들 속에서 우리 의지들을 무시했을 리 없다. 그 의지들이 우리 행위의 원인이 되리라고 예지했을 것이기 때문이다.[81]

3. 하느님 존재 증명

『자유의지론』 제2권에는 하느님의 존재를 증명하는 방법의 논증이 더욱 폭넓게 구성되어 나타난다.[82] 이 성찰은, 사유의 능력을 갖추고 있고, 인식과 의지 작용과 판단할 수 있는 유한 실재로 이해되는 인간 존재에서 출발한다. 곧 충만한 가지성(可知性)을 요구하며 자신의 궁극적 기원에 관해 탐구하는 존재인 것이다.

이 증명은 세 가지 운동으로 전개된다. 첫 번째는 존재한다는 확실성에서 살아 있다는 것과 인식한다는 것의 확실성으로의 전이(II, 3, 7)이다. 두 번째는 감각 작용에서 출발하여 내적 감관을 거쳐 이성으로 이르는 발전이다(II, 3, 8 - 6, 13). 세 번째는 이성의 초극이다(II, 6, 14 - 15, 39). 이 세 번째 운동은 또 세 단계로 표명된다. 곧 수(數)의 진리들의 존재와 본성(II, 8, 20-24), 도덕률의 존재와 본성(II, 9, 24 - 10, 29) 그리고 정신 안에 현존하는 보편적 규범들의 원천인 자존하는 진리(II, 11, 30 - 15, 39) 등이다.[83)]

아우구스티누스는 더욱 분명한 진리들에서 시작하면서 자신의 대화 상대자인 에보디우스에게 다음과 같이 말한다.

> 그대에게 묻겠다. 그대는 과연 존재하고 있는가? 이 물음마저 대답을 잘못하여 속지나 않을까 두려워지는가? 만일 그대가 존재하지 않는다면야 속을 수도 없을 텐데도 말이다.[84)]

비판적 시각의 재개는 하느님 존재에 관한 토론의 시작을 가리킨다. 『아카데미아학파 논박』에서는 확실성과 동의의 문제들이 해결되었고 자기 인식의 원리가 확인되었다. 곧 인간의 이성은 외적 실재와 자신의 인식 활동 사이의 상응을 확인할 수 있게 해 주는 논리적 구조를 갖추고 있다는 것이 확실하다. 『자유의지론』에서는 사유하는 주체의 자기 인식 내용과 영역이 풍요로워지고 있다. 인간은 알고 있다는 것에 대해 확실하며 자신의 사유 능력보다 더 넓은 실재에 내포되어 있음도 알고 있다. 그리고 더 나아가 온갖 논증 과정과 이성이 떨어질 수 있는 온갖 의심이나 속임을 선행하는 객관적 실재인 자신의 존재에 대한 확실성도 소유하고 있다. 이러한 첫 번째 확실함에서 두 번째 확실함이 나온다. 아우구스티누스는 계속해서 에보디우스를 향해 다음과 같이 강조한다.

> 그러니까 그대가 존재함은 분명하고, 또 그대가 살아 있지 않다면 그대가 존재함이 그대에게 분명하지도 않을 터이므로, 그대가 살아 있음도 분명하다.[85)]

존재하고 동시에 살아 있는 존재만이 존재한다는 확실성을 소유할 수 있다. 에보디우스는 자신의 스승과 동의하는데, 그 스승은 세 번째 행보를 제안한다. 곧 인간은 인식 능력을 동시에 갖추고 있지 않다면 존재하고, 살아 있다는 것을 인식할 수 없을 것이다. 인간은 자신의 이성적 능력이 활동하는 척도 안에서 존재하고, 살아 있으며 인식한다는 것을 인지하게 된다. 존재함과 살아 있음과 인식함이라는 이 세 가지 중에서 예를 들어 돌은 존재하는 것만 그리고 동물은 존재하고 살아 있음만을 소유하고 있다. 그리고 마지막으로 지성적으로 인식하는 이는 존재함과 살아 있음만을 갖고 있는 것이 아니라 더 나아가 그것에 대한 확실함도 갖고 있다. 이러한 자질들을 동시에 소유하고 있는 이 세 가지 중 하나 혹은 두 개를 갖고 있지 않은 자보다 분명 월등하다.[86)] 사실 살아 있는 것은 존재하는 것이기도 하다. 하지만 이것에서 지성적으로 인식할 수 있다는 것을 도출할 수 있는 것은 아니다. 바로 그러한 것이 동물의 생명이다. 단순하게 존재하는 것이 결과적으로 살아 있음과 인식하는 능력을 갖추고 있는 것은 아니다. 우리는 시신이 존재하지만 살아 있지 않다고 말할 수 있다. 생명을 갖고 있지 않은 것은 더구나 인식하는 능력을 소유하고 있지 못하다. 인간은 살아 있는 존재로서 돌과 동물과는 달리 위에서 언급한 세 가지 자질을 소유하고 있다. 유한한 실재에서 출발하여 하느님의 존재를 증명하기 위한 출발점으로 존재하고, 살아 있으며, 인식하는 유한한 실재에, 곧 유한하지만 자기 자신과 외부 세계에 대해 성찰하는 능력을 갖추고 있는 실재에 특권을 주는 것이 적합하다는 것은 합리적이다.

인간 안에서 인식의 첫 번째 단계는 물질적 실재를 파악하는 것을 가능하게 해 주는 감각기관의 지각을 통해 이루어진다. 하지만 감각기관의 지각 내면에는 상이한 단계의 감지와 지각이 있다. 육체의 감관들에 대해 아우구스티누스와 에보디우스는 선행한 감각 작용의 본성에 대한 탐구와 비교할 때 흥미롭고도 참신함을 지닌 치밀한 토론을 전개한다.[87] 논거의 과정은 다른 존재와 비교할 때 한 존재가 지닌 단계의 우월성 기순을 개별화하는 목적을 가지고 있다. 감각적 지관과 이성적 인식의 다양한 대상들 사이에 존재하는 관계는 물론이고, 감각기관과 내적 감관 그리고 이성의 기능들이 탐구되고 있다.[88] 인간에게 천부적인 오관(五官)은 감지하는 고유한 대상을 가지고 있다. 곧 시각의 고유한 대상은 색깔이고, 청각은 소리이며, 후각은 냄새이고, 미각은 맛이며, 촉각은 부드럽거나 단단한 것, 매끄럽거나 거친 것 등을 고유한 대상으로 갖고 있다. 하지만 일부 감관들은, 분명하게 말한다면 시각과 촉각은 공통의 대상을 갖고 있다. 곧 크고 작음 그리고 동그라미 등과 같은 것들은 시각뿐 아니라 촉각에 의해서도 파악될 수 있는 것이다.

더욱이 외적 오관이 모든 것을 전달해 주는 내적 감관도 존재한다. 동물이 보는 감관이 다르고, 시각으로 감지한 것에 매료되거나 이를 거부하는 감관이 다른 것이다. 내적 감관으로 동물들은 외부 대상의 유용성이나 위험성을 감지한다. 이것은 시각, 청각, 후각, 미각, 촉각이 아닌 모든 감관을 관리하는 어떤 것과 동일시될 수 있다. 내적 감관은 이성과는 다른 능력으로, 이성만이 대상을 감각기관에서 그리고 그 감각기관을 내적 감관에서 구별할 수 있는 능력을 갖고 있다. 아우구스티누스는 다음과 같이 논거를 펼치고 있다.

> (…) 육체의 감관으로 물체들이 감지된다. 그런데 감관은 바로 그 감관에 의해서 감지되지는 못한다. 그렇지만 내적 감관에 의해서는 육체의 감관을 통해서 물체들이 감지되는 동안에 육체의 감관 자체도 감지된다. 끝으로 이성에 의해서는 저 모든 사물도, 감관과 내적 감관도, 이성 자체도 인식되고 모두가 지식에 포함된다.[89]

존재함과 살아 있음을 지배하는 인식은 이 탐구의 순간에 외적 감관, 내적 감관 그리고 이성이라는 새로운 위계적 세 단계로 분해된다.[90] 이러한 인식 능력의 질서 사이의 위계와 종속의 규범은 어떤 것인가? 육체의 감관이 눈이나 다른 육체의 감관으로 도달하는 모든 것은 오직 존재함의 단계에만 해당된다. 감관은 지각된 외적 대상보다 우월한데, 존재함의 등급을 전제로 하는 살아 있음의 단계에 속하기 때문이다. 외적 감관을 지닌 살아 있는 실재와 동일한 등급에 속해 있는 내적 감관이 왜 외적 감관보다 우월한 것이라고 간주하여야만 하는지 알고자 원할 때 어려움이 발생한다.[91] 만일 내적 감관이 외적인 것을 지각한다고 확언한다면, 이런 사실로 인해 모든 감지하는 존재가 감지된 것보다 더 뛰어난 것이라고 분명하게 연역하게 하는 규범(*regula*)을 우리는 여전히 발견하지 못하였다. 인식하는 모든 주체가 인식되는 대상보다 우월하다는 원리를 주장할 때, 예를 들면 사람이 예지를 인식한다고 해서 예지보다 사람이 훌륭하다는 것을 받아들여야만 하는 필연성에 빠지게 된다. 하지만 이는 허위이다.[92] 내적 감관이 외적 감관보다 우월하다는 것을 오류에 빠지는 위험성 없이 주장할 수 있게 하는 참된 규범은 다음과 같은 것이다. 곧 내적 감관은 외적 감관을 인도하고 판단한다는 것이다. 예를 들면, 시각에 대상을 응시하거나 시선을 두지 말라고 명령하는 것은 내적 감관이며, 이 감관을 통해 동물의 혼도 지각된다. 또는 내적 감관은 외적 감각기관이 보다 주의를 기울이도록 이끈다. 그것은 외적 감관의 중재자요 판단자의 역할을 가지고 있다는 것이다. 아우구스티누스가 다음과 같이 세운 규범을 보자.

> 판단하는 자가 판단 받는 자보다 훌륭함은 의심의 여지가 없다.[93]

위에서 언급한 규범은 이성과 내적 감관 사이에 존재하는 관계에 적용되어야만 한다. 우리의 탐구를 인도하면서 외적 감관을 대상에서 그리고 내적 감관을 외적 감관에서 구분하며 대상에 대한 외적 감관의 우월성과 외적 감관에 대한 내적 감관의 탁월함을 판단하는 것은 이성이다. 말하자면, 이성은 영혼의 수장이며 눈이다. 우리가 앞에서 강조하였듯이, 리듬들의 위계 정점에 마음에 들거나 마음에 들지 않는 리듬들의 자질을 판단하는 판결(iudiciales) 리듬들이 있다면, 이것은 우리 안에 외적 그리고 내적인 감각적 실재를 판단하고, 구분하며, 분류하는 기능을 가진 능력이 있으므로 가능한 것이다. 이것은 판단 받는 것들보다 우월하다. 인간의 본성 안에는 이것보다 더 고귀한 것이 없다.[94] 만일 인간의 본성 안에 이성보다 월등한 것이 없다면, 어떤 우월한 실재의 존재를 발견하기 위해 이성 자체를 초월하는 가능성을 탐구하는 것이 요구된다. 바로 이것을 아우구스티누스는 에보디우스에게 다음과 같이 묻고 있다.

> 그대가 우리 이성 위에 영원하고 불변하는 존재 외에 아무것도 발견하지 못하더라도 이 존재를 하느님이라 부르기를 주저하겠는가? 물체가 가변적임을 그대가 알고, 육체가 생기를 받는 생명 자체도 다양한 감정들을 통하기 때문에 가변성이 없지 않다는 것이 분명하다. 또 이성 자체도 때로는 진리에 도달하고자 힘쓰는가 하면 때로는 힘을 쓰지 않고, 어떤 때는 진리에 도달하고자 힘쓰는가 하면 때로는 힘을 쓰지 않고, 어떤 때는 진리에 도달하는가 하면 어떤 때는 도달 못 하는 등 가변적임을 뚜렷이 보여 준다. 이성이 육체의 어떤 도구를 써서도, 그러니까 촉각으로도 미각으로도 후각으로도 귀로든 눈으로도, 자기보다 열등한 어느 감관을 통해서도 아니고, 어디까지나 자기 자체를 통해서 영원하고 불변하는 무엇을 지각하고, 이성 자체가 그보다 열등함을 동시에 지각한다면, 그 존재를 자기 하느님이라고 불러야 마땅하리라.[95]

에보디우스는 그보다 상위의 존재가 없는 것만을 하느님이라고 부르겠노라고 확언한 후에 계속해서 탐구할 필요성을 아우구스티누스와 합의한다.

감각 작용의 본성에 관한 토론이 재개된다. 만일 감각기관의 자각에 대한 탐구가 어떠한 인식이 다른 인식에 대해 갖는 위계적 우월성의 규범 — 예를 들면 이성이 내적 감관의 활동을 판단하기 때문에 우월한 것처럼 내적 감관도 외적 감관의 활동을 조정하고 판단하기에 외적 감관보다 우월하다는 것 — 에 대해 조명하였다면, 이제는 다양한 유형의 인식 대상들의 속성들을 분석하는 것이 요구된다. 이 대화의 두 주인공은 그 다양한 유형의 인식이 개별적으로 외적 감관, 내적 감관, 이성적 영을 지니고 있다고 주장하는 데 합의한다. 더욱이 그들은 개별적으로 감지하는 대상들이 있고 또 우리가 동시에 지각하는 어떤 대상들이 있다는 것을 주장하는 데 동의한다. 예를 들면 두 사람이 동시에 한 잔의 꿀의 맛을 볼 수 없다. 반면 여러 사람이 동시에 하나의 멜로디를 들을 수 있고 음미할 수 있다. 하지만 감각기관의 감지에는 고유한 감각적 대상들과 공통의 감각적 대상들이 있는 것이다.

> 여기서 '각자의 고유한 사유물 같다'라고 하는 말은 각자가 자기만 가지고 혼자서 자기 안에 감지하여 고유하게 자기의 본성에만 속한다는 말이다. 그리고 '공통되고 마치 공유물 같다'라고 하는 것은 감지하는 자에 의해서 자기 것으로 분해되거나 변화되지 않은 채로, 감지하는 모든 사람에게 감지되는 것을 말한다.[96]

감각적 감지의 대상이 갖는 고유하고도 공통적인 특성에 관한 성찰은 공통된 이성의 자명성(自明性)이 지닌 초월적 특성에 관한 독창적인 탐구에 대한 실마리를 제공하는데,[97] 이 특성은 '수의 질서'(*ordo numerorum*)와 예지의 원리에 고유한 것이다. 아우구스티누스는 이성적 주체들 모두가 각자의 지성으로 모든 이들에게 현전하는 어떤 것을 공통적인 양식으로 보는지 그리고 음식이나 음료처럼 현전하는 사람들의 사용(私用)으로 변질되지 않고 언제까지나 온전하고 부패하지 않는 것으로 존속하는지 에보디우스에게 질문한다. 에보디우스는 주저하지 않고 다음과 같이 대답한다.

> 수의 이치와 진리(*ratio et veritas numeri*)가 이성 있는 자들 모두에게 현전합니다. 산수하는 사람(*computator*)은 누구나 자기 이성과 오성으로 그 이치와 진리를 파악하려고 애씁니다. (…).[98]

인간 이성은 수(數)에 관한 생각과 그것의 본성 그리고 제산(除算), 합산(合算), 감산(減算)과 같이 수의 관계들을 규정하는 법칙들을 파악할 수 있는 능력을 갖고 있다. 그러한 진리들은 불변하고 영원하며 이성의 능력을 사용하는 모든 이에게 공통적이다. 비록 처음에 육체의 감관을 통해 수들을 감지하지만, 우리가 수의 관계들을 규정하는 법칙들을 떠올리는 것은 육체의 감관이 알지 못하는 내적 빛에 의해 조명된 이성을 통해서이다.[99]

수의 본성과 규범들은 불변성과 불후(不朽)라는 수의 특성과 함께 지혜의 본성 및 규범들을 상기한다. 참된 지혜는 최고선을 식별하고 견지하는 진리이다. 그것은 최고선이 단일한 것처럼 모든 이에게 단일하고 공통된 것이다. 아우구스티누스는 에보디우스가 이 생각을 이해하도록 돕기 위해 우주의 실재에서 유출한 유비를 다음과 같이 제시한다.

> 그래서 사람들이 지혜안에서 식별하고 선택하는 저 선들이 많고 다양하므로 지혜 자체도 만인에게 공통된 하나가 아니라는 말이 뒤따르는가? 만에 하나라도 그대가 이렇게 생각한다면 태양 빛이 하나인지도 의심할 만하다. 우리가 태양 빛으로 식별하는 사물들이 많고 다양한 까닭이다. 그 많은 사물 가운데서 각자 눈의 감관을 통해서 자기가 향유할 사물을 의지로 선택한다. 어떤 사람은 어떤 산의 꼭대기를 쾌히 쳐다보면서 그 장관에 쾌감을 느끼고, 어떤 사람은 들의 광활함을, 어떤 사람은 계곡의 깊이를, 어떤 사람은 삼림의 녹음을, 어떤 사람은 바다의 물결치는 수면을, 다른 사람은 이 모든 것이나 그 중 어떤 것들을 바라보면서 구경하는 즐거움을 느낀다. 사람들이 태양의 빛 속에서 바라보고 향유하기로 선택하는 사물들이 많고 다양함에도 불구하고, 쳐다보는 각자의 시선이 그것들을 바라보고 향유하기로 선택하는 그 빛만은 단일하다. 이와 마찬가지로 선들이 다양하고, 그 가운데서 각자가 원하는 바를 선택하고서는 그것을 바라보고 붙들면서, 그것이야말로 자기한테는 참으로 최고선이라고 향유하기는 하지만, 그에 비추어 그런 선들을 바라보고 붙잡을 수 있는 그 지혜의 빛만은 지혜로운 사람들 모두에게 단일하고 공통된 것이리라.[100]

지혜는 이성을 가진 모든 영에게 단일하며 공통된 진리이다. 사실 우리의 정신 안에는 지혜의 개념(*notio sapientiae*)이 각인되어 있다. 이렇게 우리 안에 있는 진리의 봉인은 판단을 명확하게 표현할 수 있도록 해 주는 규범들의 구조로서 나타난다. 만일 처음에 탐구가 다양한 형태의 인식에 머물렀고 판단하는 이가 자신이 판단하는 것보다 훌륭하다는 확실한 결론에 도달하였다면, 이제 그 탐구는 판단의 본성과 진리에 대한 것으로 옮아간다. 더욱이 우리가 판단을 명확하게 표현하게 하는 규범들의 속성들을 분석하고 그것들의 기원을 탐구하는 것이 요구된다. 모든 시대에 사람들은 진리의 내면적 규준들을 용인하였는데, 그것들은 수와 변증법의 규범들처럼 분명하고도 참된 것이다. 각 사람의 정신에 잘 알려진 근원적인 인식의 짧은 목록이 따른다. 곧 모든 사람은 진리와 행복에 도달하기를 바란다. 정의롭게 사는 것, 열등한 것을 훌륭한 것에 복속시키는 것, 동등한 것들을 동등하게 취급하는 것, 각자에게 속한 것을 그에게 돌려주는 것이 요구된다. 그리고 불후의 것이 부패하는 것보다 더 낫고, 영원한 것이 잠시적인 것보다 더 낫고, 불가침한 것이 침범되는 것보다 더 낫다는 사실을 인정하는 것이 요구된다. 부패가 아닌 불후의 것을 사랑하는 것이 필요하다. 어떤 역경에도 흔들리지 않는 삶이 현세적 어려움에 뒤집히는 삶보다 훌륭하다는 것을 그 누구도 의심하지 않는다.[101)] 이러한 원칙들의 빛을 받아 명확하게 표현된 판단으로 조명된 삶을 사는 이를 현인(賢人)이라고 간주할 수 있다.[102)] 그러한 규범들은 이성이 결여된 기능이나 의식의 산물이 아니라 모든 이의 정신에 현전하는 불변의 진리들이라는 것을 강조하는 것이 적절하다.[103)]

더욱이 아우구스티누스는 수(數)와 지혜의 진리가 지닌 내면적 규준들이 동질임을 강조한다. 그러한 진리들이, 비록 다양한 역할로 드러남에도 불구하고 존재론적으로 공통된 성격을 지니고 있다는 것을 이해하는 데 도움을 주기 위하여 여기에서도 자연계에서 뽑아낸 유비가 다음과 같이 제시된다.

> 단일한 불에서 실체를 같이하는 광채와 열이, 말하자면, 느껴지는데, 그 둘이 서로 분리될 수 없지만 열은 가까이서 움직이는 사물들에만 당도하고, 광채는 그 대신 멀리, 넓게 퍼진다. 이와 흡사하게 지성의 능력은 지혜에 내재하면서도, 이성 혼들처럼 더 가까운 사물들을 뜨겁게 만드는 대신에, 물체들처럼 더 먼 사물들에는 (지혜의) 앎의 열기는 도달하지 않고 수의 광채만 퍼진다.[104)]

진리의 내면적 규준들은 자신들이 소유하고 있는 불변성이라는 특성으로 인해 이성보다 우월하며, 이성은 그 규준들과는 달리 변화에 종속되어 있다. 그 규준들의 기원은 물질적 실재들의 세상에 있지 않으며,[105)] 우리 영의 본성에도 속하는 것이 아니다. 이성 안에 '제3의 것'(*aliquid tertium*)으로 현전하고 있음에도 불구하고 이성을 초월하여 있는 것이다.[106)] 우리는 그러한 진리의 규준들에 근거하여 사물들을 판단하지만, 우리 중 그 누구도 그 규준들을 판단하지 않는다. 예를 들면 일곱 더하기 셋은 열이 된다는 것처럼 우리가 공식들, 윤리적 진리들 혹은 수의 진리들을 확언할 때, 그 누구도 그래야 한다는 말을 감히 못 하며, 단지 자기가 알기로는 그렇다고 할 따름이다. 검토하는 자로서 교정하는 것이 아니라 그러한 진리들을 발견하는 자로서 기뻐할 따름이다(*non examinator corrigit, sed tantum laetatur inventor*).[107)]

마지막으로 아우구스티누스는 그 과정의 마지막 단계를 이렇게 설명한다. 윤리적이며 수의 진리들과 진리와의 동일화인데, 이 진리를 식별하고 이 진리에 근거하여 판단하는 모든 이에게 불변의 실재로서 자신을 드러낸다. 수의 규준들과 윤리적 규준들은 불변의 진리가 존재하기 때문에 불변의 진리들이며,[108)] 이 불변의 진리는 불변하게 참된 모든 것을 포함하고 있다.

> 만일 그 진리가 우리 지성들과 동등하다면, 진리마저도 가변적이어야 한다. 우리 지성은 때로는 진리를 조금밖에 못 보고 때로는 진리를 더 많이 보면서, 지성 자체가 가변적임을 자백한다. 그런데 진리 자체는 스스로 존속하므로 우리에게 더 보였다고 해서 이로운 것 없고 우리에게 덜 보였다고 해서 해로운 것 없으며, 온전하고 불변한 채로 자기한테 돌아서는 자들은 광채를 비추어 즐겁게 하고, 자기를 등지는 자들은 맹목(盲目)을 내려 벌준다. 우리 지성들에 관해서까지 그 진리에 입각해서 우리가 판단하며, 그 진리 자체에 관해서는 우리가 절대로 판단할 수 없다는 것을 어찌 생각하는가? 사실 우리는 "본래보다 덜 깨달았다"라고 하거나 "깨달을 만큼 깨달았다"라고 하는 말을 쓴다. 불변하는 진리에 지성이 가까이 다가가고 귀의하는 그만큼 지성이 많이 깨닫는다. 따라서 진리는 우리 지성보다 열등하지도 동등하지도 않으므로 지성보다 월등하고(*superior*) 탁월하다(*excellentior*)는 결론만 남는다.[109)]

우리가 만지고 맛보며 냄새 맡는 모든 선은 이러한 진리와 흡사하지만, 우리가 듣고 보는 것들은 훨씬 더 유사하다. 왜냐하면 말은 모두가 듣는 사람들 모두에게 전체로 들리는 동시에 듣는 사람 각자에게 전체로 들리기 때문이다. 눈에 와 닿는 온갖 사상(事象)은 한 사람에게 보이는 그대로 동시에 다른 사람에게도 보인다. 하지만 이런 실체들은 진리와는 거리가 아주 먼 비유에 불과하다. 사실 어떠한 말도 동시에 통째로 소리를 내지 않는다. 왜냐하면 시간 안에서 연장되고 확장되어 한 소리가 먼저 나고 다른 소리가 뒤따르기 때문이다. 그리고 가시적인 온갖 사상(事象)도 말하자면 공간 안에서 확대되므로 어디에서나 통째로 존재하지 않는다. 우리가 보고 만지는 물질적인 것들보다 우월하며, 비물질적이고 불멸하는 우리의 영은 불멸하는 규준들을 파악할 수 있는 능력을 갖추고 있다. 그렇지만 우리의 영은 진리의 모상일 뿐이다. 반면 진리는 단순하게 현존하고 있고, 시간과 함께 사라지지 않으며, 한 장소에서 다른 곳으로 옮아가지도 않고, 은밀하면서도 동시에 모든 이에게 개방된 빛(*secretum et publicum lumen*)처럼 진리를 사랑하는 모든 이에게 매우 가까이에 있다. 진리는 사람을 겉으로는 훈계하고 속으로는 가르친다. 그 누구도 진리에 관하여 판단하지 못하며, 그 누구도 진리 없이는 제대로 판단하지 못한다.[110]

진리에 본성과 초월성에 관한 이러한 성찰들로써 아우구스티누스는 이성보다 우월하고 신적 속성들을 지닌 어떤 실재의 존재를 증명하였던 과정의 마지막에 도달하였다고 생각한다. 초월적인 진리의 존재를 증명하면서 하느님의 존재를 증명하기 위한 여정이 종결된 것이다. 결론이 에보디우스가 온전히 동의하는 한 추론 안에 놓여 있다.

> 만일 (진리보다) 탁월한 무엇이 존재한다면, 그는 틀림없이 하느님이시다. 만일 그런 것이 존재하지 않는다면, 진리 자체가 곧 하느님이시다. 그러므로 무엇이 존재하든 존재하지 않든, 하느님이 존재함을 그대는 부정하지 못할 것이다.[111)]

대화의 주인공들은 자신들이 도달하였던 하느님의 존재에 대한 이성적 증명이 확실하지만, 여전히 많이 연약한, 그렇지만 탐구를 계속하기 위해서는 충분한 인식을 형성한다는 점을 인정하는 데 일치한다.

주석

1) 『고백록』 V, 10, 20.
2) 같은 책, VII, 1, 1. 참조: N. Cipriani, *Dio nel pensiero di S. Agostino*, in *Dio nei padri della chiesa*, Roma, 1996, p.258.
3) 『아카데미아학파 반박』 III, 20, 43.
4) 『행복한 삶』 4, 34.
5) 『창세기 문자적 해설』 IV, 3, 8.
6) 『선의 본성』 3; 22.
7) 『독백』 I, 1, 6; 『가톨릭교회의 관습과 마니교도의 관습』 II, 1, 1; 『자유의지론』 II, 13, 36; 『참된 종교』 XVIII, 34-36.
8) 『두 영혼』 8, 10.
9) 『신국론』 XI, 10, 1.
10) 『참된 종교』 XLIII, 81.
11) 『질서론』 II, 18, 48.
12) 『자유의지론』 III, 23, 69.
13) 『창세기 문자적 해설 미완성 작품』 10, 32.
14) 『참된 종교』 XXXVI, 66.
15) M. Pohlenz, *L'uomo greco*(1962), Firenze, 1986, p.422.
16) 플라톤, 『법률』 716 c4-5; 『프로타고라스』 357 b.
17) 플라톤, 『국가』 VI, 508 a-b. 인용한 번역문은 사르토리(F. Sartori)의 것이다: Platone, *Opere complete*, Laterza, Roma-Bari, 1983.
18) 플로티누스, 『엔네아데스』 V, 4, 1, 6; V, 5, 13, 6.
19) 『가톨릭교회의 관습과 마니교도의 관습』 I, 14, 24.

20) 『참된 종교』 XVIII, 35.

21) 『신국론』 VIII, 6.

22) 『시편 상해』 121, 5. 참조: Ch. Boyer, *Sant'Agostino filosofo*, Bologna, 1965, pp.61~65.

23) 『가톨릭교회의 관습과 마니교도의 관습』 II, 1, 1.

24) Porfirio, *Commentario al Parmenide di Platone. Saggio introduttivo, testo con apparati critici e note di commento a cura di P. Hadot* (1968), Milano, 1993.

25) G. Reale, *Introduzione ad Aurelio Agostino. Natura del Bene*, Milano, 1995, p.76.

26) Porfirio, *Commentario* cit., p.91.

27) 『신국론』 VIII, 9.

28) 같은 책, VIII, 20; IX, 16, 1.

29) 같은 책, IX, 1. 참조: 플라톤, 『향연』 202e; 아풀레이우스, 『소크라테스의 신에 대해서』 5-6.

30) 이에 대해 우리는 매우 엄격한 학자이며 아우구스티누스에 관한 연구에 다수의 기여를 한 독창적인 학자인 마덱이 아우구스티누스가 『신국론』 제8권에서 플라톤주의자들과의 대조를 통해 다음의 글에서 제시한 해석에 전적으로 동의하지 않음을 강조해야만 한다. G. Madec, *Connaissance de Dieu et action de grâces. Essais sur les citations de l'Ép. Aux Romains*, I, 18-25, *dans l'oeuvre de saint Augustin*, "Recherches Augustiniennes", II, 1962, p.275. "이러한 플라톤 신학은 아우구스티누스가 주저하지 않고 자신 것으로 취한 그리스도교 가르침과 매우 가깝다[그들은 우리와 함께 알고 있다(*nobiscum sentiunt*)고 그는 적고 있다]. 아우구스티누스가 『신국론』 제8권 시작에 제시하는 이러한 플라톤 철학에 대한 제시에서 볼 수 있는 것은 '그리스도교 철학의 종합'이라는 점이다." 동일한 주장이 다음의 책에도 나타난다. G. Madec, *Saint*

Augustin e la philosophie. Notes critiques, Paris, 1996, p.120. 반면 우리는 『신국론』 제8권에 대한 주의 깊은 강독을 통해 아우구스티누스가 플라톤 신학에 관한 동의(VIII, 10)와 반론(VIII, 13; 20)도 강조할 수 있다. 우리의 주장과 유사한 것이 피델리부스가 최근에 출판한 연구물의 중심 논점을 이루고 있다. G. Fidelibus, *Ragione, religione, città. Una rilettura filosofica del libro VIII del* "De civitate Dei" *di Sant'Agostino*, Teramo, 2002.

31) 『고백록』 XI, 5, 7.

32) 『선의 본성』 27. 참조: G. Reale, *Introduzione a Aurelio Agostino* cit., p.23.

33) W. Beierwaltes, *Agostino e il neoplationismo cristiano*, Milano, 1995, p.140.

34) A. Trapè, *La nozione del mutabile e dell'immutabile secondo sant'Agostino*, Roma, 1959, pp.53~54.

35) 『고백록』 XII, 6, 6.

36) 같은 책, XII, 29, 40.

37) 『창세기 문자적 해설』 I, 15, 29.

38) 같은 책, I, 15, 29. 참조: Ch. Boyer, *Sant'Agostino* cit., p.76.

39) 『고백록』 XII, 29, 40.

40) 같은 책, XI, 10, 12-13. 참조: A. Trapè, *La nozione del mutabile* cit., p.53.

41) 『신국론』 XII, 17, 2.

42) 『삼위일체론』 V, 16, 17.

43) 『신국론』 XI, 5-6.

44) 『가톨릭교회의 관습과 마니교도의 관습』 II, 4, 6.

45) G. Reale, *Introduzione ad Aurelio Agostino* cit., pp.25~27.

46) 『삼위일체론』 VII, 6, 12에서 아우구스티누스는 상이한 유사함(*dissimilis similitudo*)에 대해 말한다.

47) 『창세기 문자적 해설 미완성 작품』 III, 8.
48) 『창세기 문자적 해설』 V, 5, 13-14.
49) 『자유의지론』 III, 12, 35; 『선의 본성』 3; 『신국론』 V, 11; XI, 45.
50) 『음악론』 VI, 17, 56.
51) 『마니교도 반박 창세기 해설』 I, 16, 21; 『자유의지론』 II, 20, 54.
52) 플라톤, 『티마이오스』 I, 374, 27.
53) 지혜 11, 21. 참조: G. Reale, *Introduzione ad Aurelio Agostino* cit., pp.52~53; W. Beierwaltes, *Agostino* cit., pp.144~157.
54) 『자유의지론』 II, 16, 42; 『음악론』 VI, 17, 57; 『창세기 문자적 해설』 IV, 3, 7.
55) W. Beierwaltes, *Agostino* cit., p.149.
56) 『참된 종교』 XX, 40.
57) 『질서론』 II, 11, 33.
58) 같은 책, I, 2, 4; 7, 18.
59) 같은 책, I, 16, 28. 참조: V. Pacioni, *L'unità teoretica* cit., p.147.
60) 『신국론』 XIX, 13.
61) 『고백록』 XIII, 9, 10; 『파우스투스 논박』 XXI, 6.
62) 아리스토텔레스, 『형이상학』 Γ, 1300b, 5. 참조: V. Pacioni, *L'unità teoretica* cit., p.14.
63) 『창세기 문자적 해설』 IV, 1, 1.
64) 『삼위일체론』 VI, 6, 8-9, 10.
65) 『마니교도 반박 창세기 해설』 1, 16, 26.
66) 『창세기 문자적 해설』 V, 23, 45; V, 7, 20. 참조: E. Gilson, *Introduzione* cit., pp.235~240; Ch. Boyer, *Sant'Agostino* cit., pp.76~81.
67) 『창세기 문자적 해설』 VI, 10, 17; IX, 17, 32.
68) 같은 책, VI, 10, 17.
69) 같은 곳.

70) 같은 책, V, 7, 20.

71) 『삼위일체론』 III, 9, 16.

72) 『창세기 문자적 해설』 V, 7, 20. 참조: E. Gilson, *Introduzione* cit., pp.235~237.

73) 『창세기 문자적 해설』 V, 14.

74) 같은 책, V, 23, 45. 참조: Ch. Boyer, *Sant'Agotino* cit., pp.79~80.

75) 『창세기 문자적 해설』 VIII, 26, 48.

76) 같은 책, V, 23, 46. 참조: E. Gilson, *Introduzione* cit., p.237.

77) 『질서론』 I, 1, 1.

78) 『참된 종교』 XXV, 46.

79) 『창세기 문자적 해설』 VIII, 9, 17.

80) 『신국론』 V, 9, 1.

81) 같은 책, V, 9, 3.

82) 하느님의 존재라는 주제는 『여든세 가지 다양한 질문』의 질문(quaestio) LIV과 『참된 종교』 XXX~XXXII 장에서도 다루어지고 있다.

83) F. De Capitani, *Il* "De libero arbitrio" *di S. Agostino. Studio introduttivo, testo, traduzione e commento*, Milano, 1987, p.118.

84) 『자유의지론』 II, 3, 7.

85) 같은 곳.

86) 같은 곳.

87) 『영혼의 위대함』 33, 71; 『음악론』 6, 5, 8과 이후.

88) 『자유의지론』 II, 3, 8; 4, 10.

89) 같은 책, II, 4, 10.

90) 같은 곳. 참조: E. Gilson, *Introduzione* cit., p.27.

91) 『자유의지론』 II, 5, 12. 내적 감관에 대한 아우구스티누스 이론이 지닌 희랍 교의적 기원에 관해서는 다음을 보라. F. De Capitani,

Il “De libero arbitrio” cit., pp.120~121.

92) 『자유의지론』 II, 5, 12.

93) 같은 곳.

94) 같은 책, II, 6, 13.

95) 같은 책, II, 6, 14.

96) 같은 책, II, 7, 19.

97) F. Cayré, *Initiation à la philosophie de saint Augustin*, Paris, 1947, p.121.

98) 『자유의지론』 II, 8, 20.

99) 같은 책, II, 8, 23. 여기서 아우구스티누스는 『서간』 III, 2에도 나타나는 이해 가능한 수(numero intelligibile)와 정성 숫자(numero quantitativo)의 구분 자체를 염두에 두고 있다.

100) 『자유의지론』 II, 9, 27.

101) 같은 책, II, 10, 28.

102) 같은 책, II, 12, 33.

103) 같은 책, II, 10, 29.

104) 같은 책, II, 11, 32.

105) 같은 책, II, 8, 23-24.

106) 같은 책, II, 12, 33-34.

107) 같은 곳.

108) F. De Capitani, *Il* “De libero arbitrio” cit., p.121.

109) 『자유의지론』 II, 12, 34.

110) 같은 책, II, 14, 38.

111) 같은 책, II, 15, 39. 스토아 물리학과 수학적 개념과 아무런 관련이 없는 형이상학적 명제를 증명하기 위해 아우구스티누스가 스토아 논리학의 추론 체계〔구성적 양도논법(dilemma costruttivo)〕를 활용하면서 하느님의 존재에 대한 이성적 증명을 제시하고 있음을 쉽게 볼 수 있다.

제8장

“세기들의 질서 (ordo saeculorum): 시간과 역사

제 8 장 • "세기들의 질서"(ordo saeculorum): 시간과 역사

1. 시간의 본성
2. 역사의 시간
3. 두 사랑(Duo amores): 두 도성(duo civitates)

1. 시간의 본성

많은 학자가 주장하였듯이 시긴에 대한 성찰은 『고백록』 제11권이 아니라 『창세기 문자적 해설 미완성 작품』으로 시작한다. 여기서 아우구스티누스는 시간과 창조 행위의 본성을 다루고 있으며, 마니교도의 공격에서 창세기의 내용을 옹호하고, 동시에 밀라노의 암브로시우스가 발전시킨 천사들의 창조에 관한 이론을 기록하고 있다. 암브로시우스는 "한처음에 하느님께서 하늘과 땅을 창조하셨다"(*In principio Deus fecit coelum et terram*)라는 창세기 1장 1절의 구절을 해석하면서, 다음과 같이 확언한다. "세상은 하느님과 함께 영원한 것이 아니다. 창조되었고, 존재하기 시작한 것이다. 반면 이전에는 존재하지 않았다. 그러나 하느님의 말씀은 한처음에 계셨고 항상 계셨었다. (…)." 그리고 다음과 같이 덧붙인다. "하지만 천사들도, 주품 천사들도, 능품 천사들도 정해진 순간에 존재하기 시작하였다면, 그들은 이 세상이 창조되었을 때는 이미 존재하고 있었던 것이다."[1] 마찬가지로 "(…) 시간은 이 세상이 존재하면서 시작된 것이지, 세상 이전에 그러한 것은 아니다."[2]

암브로시우스는 천사들이 세상 이전에 하느님에 의해 창조되었다고 주장하였다. 동시에 그는 시간의 창조를 이 세상의 창조와 일치시켰는데, 시간의 개념을 물체들의 운동과 연결하였기 때문이었다. 아우구스티누스는 『창세기 문자적 해설 미완성 작품』에서 자신이 거부하고 있는 그러한 해석의 이상함에 주목하면서 다음과 같이 적고 있다.

> 만일 우리가 (천사들이) 시간이 시작될 때 지음을 받았다고, 그래서 결과적으로 시간이 그들과 함께 시작되었다고 확언한다면, 일부 사람들이 주장하는 것, 곧 시간이 하늘과 땅과 함께 존재하기 시작하였다고 주장하는 것이 틀린 것이라고 말해야만 한다.[3]

천사들이 이 세상 이전에 창조되었다는 가설에서는, 시간의 존재가 하늘과 땅의 창조에 선행한다는 사실을 인정하는 것이 필요하다. 사실 비물질적 운동을 통해 시간의 흐름을 유발하였던 피조물들이 이미 존재하고 있었다. 더욱이 그러한 피조물들과 함께 영혼의 경우에 유비적으로 시간 역시 존재하고 있었으며, 영혼은 자기 생각들로써 운동할 수 있는 것이다.[4] 암브로시우스가 했던 것처럼 천사들이 시간 이전에 창조되었다고 주장한다면, 그들이 하느님과 함께 영원한 존재들이라고 결론지어야만 한다. 따라서 아우구스티누스는 이 이론의 모순점을 깨닫고 있으며 물체들의 운동과 연결된 시간 개념을 극복하면서 물질적 존재들과 비물질적 존재들의 고유한 가변성의 개념에 시간 개념을 연결하고 있다. 시간은 감각적이든 영적이든 상관없이 창조된 모든 실재의 운동의 연속인 것이다. 아우구스티누스는 물질적·비물질적 모든 창조된 존재들이 운동하는 자연적 조건으로서 시간에 대한 보다 광범위하고도 긍정적인 개념을 『고백록』을 저술하기 이전에 이미 발견하였던 것이다.

『고백록』 제11권에서는 시간에 본성에 대한 탐구가 체계적인 방식으로 다루어지고 있다. 하지만 일부 이교도 철학자들이 '무로부터의 창조'(*creatio ex nihilo*)의 개념에 관해 제시하였던 반대 의견이 서언으로 먼저 제시되고 있다.

> 낡은 사상에 젖어 있는 이들이 우리에게 묻기를 "천지를 창조하기 이전에 하느님이 무엇을 하고 있었는가?"라고 합니다. 저들의 말은 이렇습니다. "만일 한가하게 지내시면서 아무것도 하지 않으셨다면, 왜 여전히 그처럼 하지 않으셨는가? 계속 일에서 늘 손을 떼고 계시던 대로 왜 그냥 지내지 않으셨는가? 하느님께서는 새로운 움직임이라는 것이 전혀 존재하지 않는다면 새로운 의지라는 것도 존재하지 않는다. 그런데 피조물을 조성하려는 새로운 의지, 전에는 한 번도 조성한 일이 없는 조성하려는 의지라는 것이 발생했는데 어떻게 그것이 정말 영원이라는 말인가? 하느님의 의지는 피조물이 아닐뿐더러 피조물보다 앞서느니, 창조주의 의지가 선행하지 않는 한 아무것도 창조되지 않을 것이기 때문이다. 그러므로 하느님의 의지는 그분의 실체에 속한다. 따라서 하

느님의 실체에 전에 없던 무엇이 발생했다면, 그 실체가 정말 영원하다고 말 못 한다. 또 만일 피조물이 존재하게 만드는 하느님의 의지가 영원하다면, 피조물 또한 왜 영원하지 않다는 말인가?"[5)]

아우구스티누스가 언급하고 있는 철학자들은 신플라톤주의자들일 것이다. 그들은 그리스 우주론의 공준(公準)들을 옹호하기 위하여 세상이 시간적 시작을 갖게 되었다는 생각을 배제하였다. 그들은 세상이 항상 필연성에 의해 어떠한 변화나 변경에 종속되지 않은 일자에게서 필연적으로 유출된다고 주장하였다. 만일 일자가 영원하다면, 정신, 세상의 영혼, 우주 역시 영원한 것이다. 이 철학자들에게 '무로부터의 창조'라는 사상의 도입은 하느님 자신 안에서 계획과 의지의 변화를 인정하는 것을 의미하는 것이었다.[6)] 하느님이 세상을 창조하기 전에 무엇을 하고 있었는지 질문하는 것은 아무 의미 없는 것이다. 시간성과 변화는 창조된 실체들의 특성들로, 이전과 이후 그리고 영원한 하느님 안에는 존재하지 않는 시간의 연속을 포함하고 있다. 사물들의 시간적 그리고 가변적 특성은 창조와 함께 시작된 것이다. 더욱이 하느님의 영원한 불변성은 영원하고도 불변한 의지만으로 새로운 것들을 창조하는 것을 저지하지 않는다. 창조주와 피조물 사이의 관계로서 새로운 관계가 탄생하기 때문에 두 주체의 변화가 필요하지 않으며, 오히려 한 주체만의 변화로 족한 것이다.[7)]

이러한 서언 후에 시간의 본성에 관한 탐구가 시작되어 세 단계로 이루어진다.

첫 번째에서는 우리가 살펴보았듯이 이미 『창세기 문자적 해설 미완성 작품』에서 다루어졌던 시간의 우주론적 개념이 분석된다. 무엇보다 아리스토텔레스가 가르친 이론에 따르면, 시간은 "이전과 이후에 따른 운동의 한량"으로 정의된다.[8)] "시간은 무엇인가?"라는 질문에 아우구스티누스는 시간이 우리의 개인적 체험의 구성적 부분인 것은 확실하지만 개념적인 정의를 제시할 수 없다고 고백한다.

> 만약 아무도 저한테 묻지 않으면 저는 압니다. 그런데 만일 묻는 사람한테 설명하려고 들면 저는 모릅니다.[9)]

이러한 체험의 자료는 가변성이라는 부인할 수 없는 시간의 특성을 가리킨다. 사실 시간은 온갖 형태의 동시성(同時性)을 배제하는 운동으로 우리에게 관측되어 나다닌다. 아무것도 일어나지 않는다면, 과거의 시간은 존재하지 않을 것이라는 사실에 대해 우리는 확신한다. 만일 아무것도 오지 않는다면, 미래의 시간도 존재하지 않을 것이다. 하지만 과거의 시간과 미래의 시간은 연속성을 갖고 있지 않다. 첫 번째는 더 이상 존재하지 않으며, 두 번째는 아직 존재하지 않는 것이다. 또한 현재에 대해서도 만일 현재로 항상 남아 있고 과거가 되지 않는다면, 그것은 더 이상 시간이 아니라 영원일 것이다.[10)] 현재 역시 과거와 미래처럼, 말하자면 자신의 연속성 안에서 분해되어 나타나기에 결국 포착할 수 없는 것이다.[11)] 따라서 우리는 시간이 비존재로 향하면서 존재한다(*nisi quia tendit non esse*)고 올바르게 확언할 수 있다. 더욱이 아우구스티누스는 날카로운 구분을 하고 있다. 곧 과거와 미래가 연속성을 지니고 있지 않다면, 현재는 비록 외견상이라

할지라도 존재를 갖고 있다는 것이다. 현재는 과거 속으로 사라지는 한, 순수 생성(生成)이요, "존재하지 않을" 것이다. 현재는 부정되지 않는다. 하지만 그의 존재 영역은 제한적이다.[12)]

18절에서는 시간의 질적 속성, 곧 지속성이 분석되고 있다. 우리는 오직 과거와 미래에 대한 것이라 할지라도 긴 시간과 짧은 시간에 대해 말한다. 예를 들면 10년 전의 것이라면 그 과거 시간을 길다고 부른다. 그리고 예를 들어 10년 후의 것이라면, 그 미래 시간을 길다고 부른다. 반대로 5일 전의 것이라면 그 과거 시간을 짧다고 부르며, 5일 후의 것이라면 그 미래 시간을 짧다고 말한다. 하지만 과거는 더 이상 존재하지 않기 때문에 길다고 언명될 수 없다. 미래 역시 아직 존재하지 않기 때문에 길다고 정의될 수 없다. 따라서 존재하지 않는 것의 길거나 짧은 지속에 대해 말할 수 없는 것이다.[13)] 그러나 현재 역시 지속성을 지니고 있지 않다. 현재는 미래에서 과거로 살그머니 지나가며 최소한의 지속성도 갖고 있지 않은 시간의 한 부분이요, 한순간이다. 현재가 어떠한 지속성을 갖고 있다고 하더라도, 그것은 과거와 미래로 분리될 수 있는 것이다. 하지만 현재는 어떠한 연장(延長, *spatium*)을 갖고 있지 않다.[14)] 현재의 시간에는 오직 과거와 미래 사이의 한계를 설정하는 역할만 있을 뿐이다. 따라서 필요하지만 연장(*spatium*)이 결핍된 실체이다. 길거나 짧은 시간의 지속은 우리의 매일의 체험에서 얻은 자료임에도 불구하고, 측정할 수 없는 것으로 드러난다. 만일 현재가 과거와 미래처럼 지속성을 갖고 있지 않다면, 시간을 측정하려는 시도 역시 실패하게 된다. 아우구스티누스는, 한편으로는 친숙하고도 일상적이지만 다른 한편으로는 매우 복잡한 수수께끼처럼 난해한 현상에 우리가

휘말려 있음에 주목한다.[15)]

21절에서는, 시간이 가진 불확정성으로 인해 시간은 사변적 이해의 대상이 될 수 없다는 증명과 함께, 시간의 본성에 관한 성찰의 첫 단계가 종결되고 있다.

이제 아우구스티누스는 시간을 '확장'(*distentio*)으로 간주하는 플로티누스의 가설에 관한 탐구로 넘어간다. 그는 이렇게 추론을 시작한다. 비록 시간이 우리의 개별적 체험으로서 확실한 사실이요 과거와 현재 그리고 미래로 구성되어 있음에도 불구하고 오직 현재만 존재한다. 그 현재는 과거와 미래로 분해되고, 차원 없는 순간이며, 파악할 수 없는 실재이고, 순수 외견상 존재를 갖고 있다. 사실 우리는 과거의 사실들을 말하는 것처럼 미래를 간혹 예견하기도 한다. 하지만 지금 더 이상 존재하지 않는 것을 볼 수 없으며, 어떠한 방식으로든 우리가 보지 않으면 과거의 사실들을 말할 수도 없는 것이다. 어떠한 양식으로든 현재의 사실처럼 이미 보였던 것이 아니라면 미래의 사실도 예견할 수 없다. 과거의 사실을 말하는 이조차 어떠한 방식으로든 자신의 정신(*animus*)으로 보지 않는다면, 진실을 분명하게 묘사하지 못할 것과 마찬가지이다.

따라서

> 미래뿐 아니라 과거도 존재하는 것(*sunt ergo et futura et praeterita*)이라고 결론을 내리는 것이 필요합니다.[16)]

미래와 과거가 존재하지만, 기이한 연속성을 갖고 있다.

> 과거와 미래 저것들이 존재하기는 하는데, 미래에서 현재가 될 적에는 어느 비밀스러운 처소에서 시간이 등장하고, 현재에서 과거가 될 적에는 어느 비밀스러운 처소로 시간이 퇴장하는 것입니까?[17]

하지만 미래와 과거가 존재하는 것이라면, 이제 어디에 있는 것인지 아는 것이 필요하다. 미래와 과거는 공간적인 어떤 실재 안에는 존재할 수 없으므로, 아마도 미래와 과거에 존재론적 연속성을 부여하는 어떤 행위를 찾는 것이 요구된다.[18] 아우구스티누스는 미래와 과거가 오직 현재로서 존재할 수 있음을 알고 있다고 고백한다. 예를 들면, 우리가 과거의 사실들을 말할 때, 과거가 되어버린 사실 자체가 아니라, 감관을 통해 지나가면서 우리의 정신 안에 찍어놓은 자취와 같이, 그 사실들의 표상에서 얻어진 말들이 기억에서 나오는 것이다.

> 이를테면 저의 소년기는 더 이상 존재하지 않으며, 이미 존재하지 않는 과거 시간에 존재합니다. 그 소년기의 표상을 제가 상기하고 얘기할 적에 저는 현재 시간에서 바라보는 것이 제 기억에 그 표상이 아직 존재하는 까닭입니다.[19]

미래에 관해 우리는 간혹 미래의 행동들을 앞서 생각한다는 것을 알고 있다. 하지만 현재의 것은 우리가 예견하는 행동(*actio*)이 아닌데, 미래의 것이기 때문이다. 오히려 현재의 것은 예견(*praemeditatio*)의 행동이요, 미래의 것들의 원인과 표지인 것이다. 따라서 세 순간으로 분절된 시간의 일관성을 현재의 차원에서

복구하는 것은 가능한 것이다. 아마도 구분되는 세 시기를 숙고하기보다 과거의 기억으로 구성되는 현재, 현재의 목격함으로 이루어지는 현재, 미래에 대한 기다림인 현재를 숙고하는 것이 더 적합할 것이라고 아우구스티누스는 제안한다. 이 시간의 세 성질은 모종의 방법으로 영혼 안에 존재한다.[20] 과거와 현재 그리고 미래는 구분되지만 상호 연결된 영혼의 세 행동이 된다. 영혼은 기다리고(*expectat*), 지켜보고(*adtendit*), 기억한다(*meminit*). 영혼의 현재의 긴장(*praesens intentio*)이 무화(無化)로 떨어지는 과정이 아닌 일종의 영혼의 연장(*distentio animi*)으로 미래를 과거로 옮긴다.[21] 이 연장을 통해 아직 없는 것은 기다림이, 더 이상 없는 것은 과거가 그리고 순간은 현재의 목격함이 된다. 이에 대해 아우구스티누스가 거의 주저하면서 시간에 대한 이 정의를 발전시키고 있다는 것에 주목하는 것은 중요하다. 이 탐구의 두 번째 순간에 시간은 영혼의 주의로서, 경험적-공간적 요소들의 연속과 일치하지 않는 흐름으로 이해되고 있다. 변화와 운동은 시간의 객관적 특성들을 이루지만, 영혼은 영적 실체로서 주관적 조건이 된다.

아우구스티누스는, 우리가 이미 보았듯이, 그러한 시간 개념이 시간의 우주론적 개념에서 해소되는 것으로 보이는 시간성의 질적 그리고 양적 속성들을 복원시킬 수 있는지 자문한다. 이 내적 단계에서 시간은 측정할 수 있는 어떤 방식으로 일정한 지속성을 소유하고 있는 것으로 보인다. 그러한 가설은 암브로시우스의 찬미가의 첫 구절인 '만물을 내신 하느님'(*Deus creator omnium*)을 분석하면서 검증되는데, 이 구절에서는 8개의 음절이 장음과 단음 사이에서 교차하고 있다. 네 개의 단음, 곧 첫 번째, 세 번째, 다섯 번째, 일곱 번째 음절은 네 개의 장음, 곧 두 번째, 네 번째, 여섯 번째, 그리고 여덟 번째 음절과 비교할 때 단일음(單一音)이다. 이 각각의 장음들은 단음들과 비교할 때 두 배의 시간 동안 지속된다. 감관이 드러내듯이 우리는 단음절을 통해 장음절을 측정하며, 장음절이 단음절보다 두 배 지속된다고 느낀다. 하지만 한 음절이 다른 음절 다음에 소리를 낼 때, 앞소리가 짧고 뒷소리가 길 경우, 그 짧은 것을 어떻게 붙잡아 두면서 긴 것에 맞추어 재 보고, 두 배나 된다고 할 수 있는가? 짧은 음절이 소리 내는 것을 끝내고 난 후에야 긴 음절이 소리를 내기 시작하기 때문이다. 그리고 긴 음절이 끝날 때만 내가 측정할 수 있다면, 어떻게 긴 음절 자체가 현재일 때 측정할 수 있는가? 하지만 끝날 때는 지나가는 것이다. 따라서 나는 무엇을 측정하는가? 어디에 짧은 음절이 있기에, 이것으로 내가 측정할 수 있는가? 그리고 내가 재야만 하는 긴 음절은 어디에 있는가? 두 가지 모두 소리가 났고, 날아갔고, 더 이상 존재하지 않는다. 그런데 나는 측정하고 감관의 체험에 대해 우리가 신뢰할 수 있는 한, 하나는 홑음절이고 다른 것은 곱음절이라고, 공간-시간적 연장(*spatium*) 안에서 이해된다고 자신 있게 확언한다. 나는 그 음절들이 지나가고 끝났기 때문에, 이것을 확언할 수 있는 것이다. 따라서 나는 더 이상 존재하지 않는 음절 자체가 아니라, 만들어져서 내 기억 안에서 지속하는 어떤 인상(*affectio*)을 재는 것이다. 이렇게 존재하지 않는 미래는 긴 시간이 아니다. 오히려 미래에 대한 오랜 기다림이 긴 미래인 것이다. 존재하지 않는 과거는 긴 시간이 아니다. 오히려 과거에 대한 오랜 기억이 긴 과거인 것이다.[22] 만일 내가 알고 있는 시를 노래하고자 한다면, 내가 시작하기 전에 나의 기다림은 시 전체에 뻗친다. 막상 시작하면, 나의 기억은 내가 포착하여 과거로 보내는 시의 구절들로 뻗친다. 내 활동의 활력은 내가 낭송하였던 것을 통해 기억으로 향하며, 또한 내가 낭송할 것을 통해 기다림으로 향한다. 하지만 나의 지켜봄(*adtentio*)은 현재인 것이다. 이것을 통해 미래이던 것이 과거가 된다. 그러한 행동이 연거푸 진행될수록 기다림이 짧아지며 기억이 길어지고, 드디어 기다림이 아주 없어지고 나면 전체 행동이 끝나 기억으로 이동하는 것이다.[23] 나의 현재의 긴장(*praesens intentio*)은 이렇게 유일한 행위 안에서 과거와 현재를 모아들인다. 이 시점에서 시간의 본성에 관한 탐구의 두 번째 순간이 끝을 맺는다.

39절에서 아우구스티누스는 확장(*distentio*)으로 시간을 간주하는 플로티누스의 생각을 버리고 연장(*extensio*)으로 시간을 바라보는 사상을 다음과 같이 도입한다.

> (…) 저의 생명은 확장(*distentio*)입니다. 또 저의 주님 안에서 당신 오른손이 저를 받아 주셨는데 그분은 사람의 아들이시고, 하나이신 당신과 다수인 저희 사이의 중개자이십니다. 저희는 다수요 다수 안에 있고 다수를 거칩니다만 그분을 통해서 제가 누군가의 차지가 되었으므로 그분을 통해서 저도 차지하려고 합니다. 오직 한 분을 따름으로써 묵은 날들에서 놓여나 제가 하나로 모이고, 과거를 잊어버리고, 다가오고 지나가고 하는 것을 향해서가 아니고 앞에 있는 것을 향해서(*extentus*), 위로부터 오는 부르심의 종려나무 가지를 쫓아가렵니다. 제가 흩어지지(*distentus*) 않고 뻗어 나가며, 분산(distentio)에 의거하지 않고 집중(*intentio*)에 의거해서 나아가

겠습니다. (…).[24]

이 본문과 각주에서 인용된 문헌들을 통해 성 바오로가 아우구스티누스에게 연장(*extensio*)이라는 용어를 제시하였다(필리 3,13~14)는 결과가 나온다. 새로운 방식으로 시간의 현상을 정의하기 위해 채택된 '긴장-연장'(*intentio-extensio*) 개념은 플로티누스가 주장한 확장(*distentio*) 개념과 반대되는 것으로 나타난다. 곧 '확장'(*distentio*)의 부정적 개념에 대해 긍정적인 용어로서 드러나고 있다.[25] 39절에서 나타나는 시간에 대한 성찰은 결정적으로 상이한 의미가 있다. 오데일리(G. O'Daly)가 정확하게 관찰하였듯이 성서의 용어가 새로운 개념을 발전시키기 위해 전문용어로 변화한다. 시간이 영혼의 확장(*distentio*)에서 미래를 향한 인간 자의식의 '긴장-연장'(*intentio-extensio*)이, 현재에 대한 전념 그리고 과거에 대한 기억이 되고 있다. 인간이 '앞에 있는 것을 향해', 곧 영원한 것들과 진리를 향해 '뻗칠 때', 시간은 질적으로 새로운 차원을 갖게 되어, 과거와 현재 그리고 미래 사이의 연결을 회복하면서 생성을 역사로 변화시킨다. 반대로, 영혼이 사물들의 다양성 안으로 사라질 때, 진리인 일자(一者)와의 연결을 잃어버리기 때문에 이미 경험적 체험으로 분쇄된 시간은 심리적이요 역사적인 체험으로서도 사라진다. 바로 이것 때문에 아우구스티누스는 확장이 아니라 연장을 받아들이는 것이 필요하다고 강력하게 주장한다(*Ecce extensionem: numquam distentionem*).[26]

이 상황에서 아우구스티누스가 시간을 이해하기 위한 방식에 새긴 전환점의 가장 특징적인 요소들을 요약하는 것은 좋은 일이다. 플로티누스에 따르면 영혼은 육체와의 결합보다 선재 하므로 영원한 것이다. 필요성 혹은 대담함의 행동을 통해 영혼은 육체 안에 추락하고, 생성 안에 다시 놓이면서 영혼은 자연적인 현실이 아닌 상황인 절단, 분할, 분리의 상황에서 살고 있다. 사실 영혼은 육체를 돌보면서 다양성 안으로 사라지고 흩어지며 결국 자신의 근원을 망각하는 처지에 놓이게 된다. 시간은 이렇게 영혼이 추락한 상황과 결합하여 완전히 부정적인 특성을 갖게 된다.[27)] 반대로 아우구스티누스에게 있어 영혼과 육체는 하느님으로부터 창조된 것이다. 인간 구성의 상황은 본성상 우연적이고 가변적이며, 하느님이 창조한 시간은 그러한 구성의 자연적이요 긍정적인 조건을 이룬다. 처음에는 그러하다. 계속해서 인간이 자유의지를 잘못 사용한 결과인 근원적 추락으로 인해 시간은 이전에 지녔던 긍정적 상황에서 부정적으로 되는데, 자신의 기원과의 연결을 잃어버렸기 때문이다. 시간은 확장(*distentio*)으로 변화되었고, 그때부터 인간은 죽음의 시간인 세기(*saeculum*)에 살고 있다. 이러한 혼란의 이유는 신플라톤주의자들이 주장하듯이 인간이 육체 안에 살고 있다는 사실에 있지 않다. 오히려 인간이 죄를 통해 하느님으로부터 멀어졌다는 사실에서 기인하는 것이다. 하지만 일자(一者)와 진리와의 관계를 회복하면서 시간은 긍정적인 성격을 회복하며 확장(*distentio*)은 '긴장-연장'(*intentio-extensio*)으로 변화한다. 이러한 시간에 대한 보다 폭넓은 개념은 현재와 과거 그리고 미래라는 역사적 삼차원성에 열려 있으며 아우구스티누스에게 역사의 기초를 구성한다.[28)]

2. 역사의 시간

아우구스티누스는 성 바오로가 제시한 개념을 통해 역사적 과정으로서의 시간을 발견하였는데, 이 개념은 그리스 철학자들에게 생소한 것이었다. 그들은 역사적 추이를 시작도 끝도 없이 모든 것이 순환하고 모든 것이 되돌아오고 주기적인 반복에 종속된 순수 순환적 운동으로 이해하였다. 역사의 시간은 자연적 시간의 자리를 갖고 있다. 곧 신비로운 하느님의 계획을 통해 시간성에 잠겨 있는 인간들도 미래를 향한 여정에 있는 것이다. 아우구스티누스는 연장(*extensio*)으로서의 시간에 대한 개념에서 출발하여 과거와 현재 그리고 미래의 다차원성 안에서 개인과 공공의 역사가 지닌 가치를 발견한다. 개인의 과거와 현재 그리고 기다림에 대한 이해는 『고백록』이 증언하고 있는 개인의 역사이다. 인류의 과거와 현재 그리고 기다림에 대한 이해는 『신국론』이 증언하고 있는 공공의 역사이다.[29] 개인과 공공의 역사에 대한 이러한 이해는 현세적 사물들에 대한 이성적 지식(*scientia*)과 인간 지성에 빛을 비추는 지혜(*sapientia*)에서 나오는 이중적 인식을 통해 가능하다.

아우구스티누스는 자신의 역사관을 제시하면서 일부 비판적인 입장을 키케로에게 제시한다. 이 인물은 신적 섭리의 활동이 인간의 삶에 영향을 미칠 수 있다는 것을 거부하였는데, 미래의 것들을 예견하고 배려하는 섭리가 인간의 자유와 대립하기 때문이다. 그리고 여기에서 인간의 삶이 신적 섭리에 의해 통솔될 수 없다는 사실이 등장한다. 이 문제는 이미 『자유의지론』 제3권에서 다루어졌지만, 『신국론』에서 아우구스티누스는 키케로를 논박하면서 하느님의 예지(豫知)와 인간의 자유 사이의 관계에 대한 철저한 설명을 제공한다. 키케로는 만일 미래의 모든 사건이 예견되는 것이라면, 그것들은 예견된 방식으로 일어나리라 생각하였다. 그리고 만일 그렇게 일어날 것이라면, 사물들의 순서는 그것을 미리 알고 있는 하느님에 의해 예정된다는 것을 의미한다고 보았다. 하지만 만일 사물들의 순서가 확실하다면, 원인들의 순서도 확실할 것이다. 어떤 작용인이 선행되는 조건에서만 어떤 결과가 검증될 수 있기 때문이다. 그리하여 존재하는 모든 것이 산출되는 원인들의 순서가 확실하다면, 모든 사건은 필연적으로 발생한다는 결과가 나온다. 그러나 이것이 확실하다면, 아무것도 우리의 능력 안에 있지 않으며 자유의지도 존재하지 않을 것이다.[30] 키케로의 개념에 대한 아우구스티누스의 답변은 독창적이다. 곧 아무것도 작용인 없이 발생하지 않는다는 것은 분명하지만, 모든 작용인이 운명의 맹목적인 의지와 부합하는 것은 아니다. 사실 그는 원인들의 세 순서를 구분하고 있다. 곧 우연적(*fortuita*) 원인, 자연적(*naturalis*) 원인 그리고 의지적(*voluntaria*) 원인이다. 의지적 원인만이 작용인이다. 더욱이 두 번째 구분이 개진된다. 능동인(能動因)이지만 피동인(被動因)이지 않은 의지적 원인이 있고, 작용하는 자유를 갖고 있으므로 능동인이지만 작용하는 능력이 주어졌기 때문에 피동인이 되는 의지적 원인이 있다.[31] 여기에서 아우구스티누스가 하느님으로부터 받은 능력으로서의 의지와 능력 자체의 수행으로서의 의지를 구분하고 있다는 것이 분명하다.

여기서 얻어지는 결론은 발생하는 모든 것, 곧 숨과 생명의 기운인 저 존재의 작용인들치고 의적 원인들로 귀결되지 않는 것이 없다는 것이다. (…) 생명의 기운은 모든 것을 살리는 것이요, 모든 물체의 창조주요, 창조된 모든 영의 창조주이다. 하느님이 바로 그요 따라서 창조되지 않은 영이다. 하느님의 의지 안에 최고 권능이 있어 피조된 영들의 선한 의지들을 돕고, 악한 의지들을 심판하며, 모든 의지의 질서를 잡아주고, 어떤 의지들에는 다른 사물을 움직일 능력을 주고 어떤 의지들에는 주지 않는다. 그는 모든 자연 본성의 창조주이듯이 모든 능력의 수여자이기도 하다. 그렇지만 모든 의지의 수여자는 아니다. 악한 의지들은 그에게서 유래하지 않는 까닭이다. 악한 의지는 하느님에게서 유래하는 자연 본성에 상반되는 까닭이다. (…) 사물들의 원인, 능동인(能動因)만 되고 피동인(被動因)은 되지 않는 원인은 하느님이다. 이성적이면서도 창조된 영들과 같은 여타의 원인들은 능동인도 되고 피동인도 된다. 능동인이라기보다는 주로 피동인이라고 할 물체적 원인들은 굳이 작용인들 속에 넣지 말아야 한다. 영들의 의지가 그것들을 수단으로 해서 무엇을 할 때만 능동인일 수 있기 때문이다. 따라서 원인들의 질서에서도 우리 의지들이 중요한 역할을 하는데, 원인들의 질서가 하느님의 예지 속에서 확실하다고 해서 우리 의지에 달린 것이 아무것도 없다는 결론이 어찌 나온다는 말인가?[32)]

존재론적 관점에서 볼 때 하느님은 인간 의지의 능력을 보존하며, 인간에게 어떤 면에서 혹은 다른 면에서 그 능력을 사용하는 자유를 인간에게 허락한다. 따라서 하느님의 예지와 인간의 자유의지는 공존할 수 있다고 결론을 내려야만 한다. 자유의지가 미리 인식되고 있었음에도 방해받지 않는다.

『신국론』 제12권에서는 순환적 시간에 대한 신플라톤주의의 이론을 비판적으로 분석하고 있는데, 이 이론에 따르면 인간은 끝없이 주기적인 순환에 따라 항상 동일한 고통과 동일한 시련 그리고 동일한 기쁨을 겪게끔 운명 지어져 있다. 아우구스티누스는 역사의 모든 사건은 반복될 수 없고 결정적인 어떤 것임을 제시하면서 운명의 바퀴를 뒤집고 있다.[33] 그는 다음과 같이 표현한다.

> 이 세상의 철학자들은 시간의 순환을 도입하지 않는 한 (세상의 기원에 대한) 문제를 해소할 수 없고 또 해소해서도 안 된다고 생각했다. 그 순환 속에 대자연은 항상 동일한 것으로 새로워지고 반복되어 왔다고 주장하고, 그리하여 앞으로 오는 세기들과 지나가는 세기들의 순환이 차례로 중단 없이 이루어지리라고 주장했다. 세계가 지속되는 가운데 계속해서 순환이 일어나는 것인지, 그렇지 않으면 일정한 주기로 세계가 다시 생성되고 소멸하면서 지나간 것들과 장차 올 것들이 동일하고 항상 새로운 것으로 보이는 것인지는 모를 일이다. 이런 운명의 장난에서는 불멸의 영혼도 심지어 지혜를 깨우쳤을 경우에도 해방되는 일이 불가능하며, 영혼은 끊임없이 거짓 행복과 진짜 불행을 향해 되돌아오는 셈이다.[34]

신플라톤주의자들의 이론은 아우구스티누스에게 어리석은 것으로 나타나는데,[35] 많은 고대 철학자들이 주장하였던 행복의 개념 자체를 사실상 거부하고 있기 때문이다. 행복이 확실하기 위해서는 그 행복이 불멸하고, 영원한 참된 존재에 참여하고,[36] 냉혹한 운명이 빼앗아 가지 않는 것이 필요하다.[37] 영원한 순환 이론과 함께 영원과 확실함이라는 행복의 두 속성도 거부된다. 영혼은 도달한 선에 대해 알고 있거나 혹은 그렇지 않은가에 따라 무지나 고통이 동반하는 행복에 간헐적으로 도달할 수도 있을 것이다. 결국 두 경우 모두에서 거짓 행복 혹은 참된 불행을 만나게 될 것이다.[38] 모든 인간은 순환의 전망에 따라 부조리한 상황 속에 살도록 단죄된 것이다. 행복을 기다리면서 불행한 삶을 살든가 반대로 불행을 기다리면서 행복한 삶을 살고 있는 것이다. 따라서 행복을 기다리는 것은 불행한 것이고, 불행을 기다리고 있는 것은 행복이 될 것이다. 이러한 방식으로 불행은 현재의 삶과 미래의 삶을 정의하게 되는 것이다.[39]

아우구스티누스에게 있어 영원한 회귀들은 존재하지 않는데, 시간이 시작과 끝을 갖고 있기 때문이다. 하느님은 창조 행위로써 인간에게 시작(*exortus*)을, 걸어가야 할 여정(*excursus*)을 그리고 도달해야 할 목표(*finis*)를 주었다. 그분은 실재 안에 한 계획을 심어 놓았는데, 이를 통해 하느님은 인간이 당신의 행복에 참여하기를 원하고 있다. 지성과 자유의지를 받은 인간들이 따르도록 부름을 받은 이러한 하느님의 계획이 시간을 교차하고 있다. 곧 인간들이 수행하는 모든 것은 유일하고도 반복될 수 없는 것이다. 여기에서 역사는 하느님의 섭리와 인간이라는 두 주인공에 의해 인도된다는 것 그리고 인간은 하느님의 계획에 순응하거나 걸림돌이 될 수 있다는 사실이 나온다.[40] 아우구스티누스의 관점에서 하느님의 섭리는 내재적인 우주적 법칙과 동일시되지 않으며, 이른바 우주적 이성의 특별한 기능과도 동일시되지 않는다. 시간은 더 이상 순환적인 것이 아니라 직선적이다. 사건들의 생성이 더 이상 영원하고 맹목적이며 필연적인 반복이 아니라 최초의 창조 행위와 마지막 종결 사이에 새겨진 것이기 때문이다.

하지만 시선을 보다 깊은 곳으로 옮기면, 직선적인 역사의 과정은 양면적 특성으로 각인되어 있다는 결과가 나온다. 곧 역사의 시간은 최종적 목적지를 향한 긍정적인 계획으로 인도되지만, 인간의 측면에서서는 매우 다양하고도 많은 어려움과 오류 그리고 악들이 흩어져 있는 곳이다. 인간은 역사의 대상을 실제로 구성하는 것을 알고 있음에도 불구하고 종종 그 대상의 세부적인 것들과 불가사의한 것을 해독하지 못한다. 여기에서 혹자가 '역사의 신비'라고 명명하였던 것이 나온다.[41] 인간의 추이를 이해하는 방식이 플로티누스부터 달라졌다. 그에 의하면 인류와 개별 인간들의 삶은 모두 필연성에 의해 이미 결정된 것이다. 이 신플라톤주의 철학자는 『엔네아데스』에서 이러한 관점의 청사진을 매우 명확하고도 비극적으로 제시하였다.[42]

아우구스티누스에 따르면 역사는 그리스 철학이 제시하듯 운명적이며 비관적인 성격을 갖고 있지 않다. 오히려 인간의 삶은 사회적 삶에 대한 새로운 개방을 통해 긍정적이고 동시에 극적인 의미를 갖게 된다.

> 인류는 악덕으로는 그토록 불화하고 본성으로는 그토록 사회적이다.[43]

결국 사회적 평화의 건설이 모든 사람의 과제가 된다.

> 육체의 평화는 부분들의 질서 있는 조화이다. 비이성적 영혼의 평화는 욕구들의 질서 있는 안정이다. 이성적 영혼의 평화는 인식과 행위의 질서 있는 합의이다. 육체와 영혼의 평화는 생명체의 질서 있는 생명과 안녕이다. 사멸할 인간과 하느님의 평화는 영원법에 대한 신앙의 질서 있는 순종이다. 인간들의 평화는 질서 있는 화합이다. 가정의 평화는 함께 사는 사람들 사이에 명령하고 복종하는 질서 있는 화합이다. 도시국가의 평화는 시민들 사이에 명령하고 복종하는 질서 있는 화합이다. 천상 도성의 평화는 하느님 안에서 서로 향유하는, 더없이 질서 있고 더없이 화합하는 사회적 결속이다. 만유의 평화는 평온한 질서이다.[44)]

3. 두 사랑(*Duo amores*): 두 도성(*duo civitates*)

'연장'(*extensio*)으로서의 시간과 하느님과 인간 의지의 활동 영역으로서의 역사에 대한 개념에서 출발하여 아우구스티누스는 인간의 모든 사건이 '하느님의 도성'과 '지상의 도성'의 추이로 환원된다는 것에 주목한다. 『신국론』 제14권에서는 육과 영 그리고 육에 따라 사는 것과 영에 따라 사는 것 사이의 대립에 관한 성 바오로의 구분(갈라 5,19~21)이 다시 나타난다. 육에 따라 사는 것이 육의 행실에 따라 사는 것을 의미하는데, 이 행실은 방탕, 주정, 폭음 폭식같이 육신의 영역에 해당하는 쾌락만이 아니라 원한, 싸움, 우상숭배, 마술 등과 같이 영혼의 악덕과도 동일시된다고 아우구스티누스는 주장한다. 반면 영에 따라 사는 것은 하느님에 따라 사는 것을 의미한다. 이 두 가지 삶의 대립적인 방식에서 두 사랑(*amores*)이 나온다. 곧 두 무게로서 형성되는 자기 사랑과 하느님 사랑이며, 아우구스티누스는 이를 우리가 잠기고 떠오르는(*mergimur et emergimus*) 욕정의 무게(*pondus cupiditatis*)와 사랑의 무게(*pondus caritatis*)라고도 부른다.[45)]

> 두 사랑이 두 도성을 이루었다. 하느님을 멸시하면서까지 이르는 자기 사랑이 지상 도성을 만들었고, 자기를 멸시하면서까지 이르는 하느님 사랑이 천상 도상을 만들었다.[46)]

두 사랑은 인간의 역사 안에서 두 사람, 두 도성, 두 사회처럼 나타나는데, 하느님은 인류를 한 사람처럼 만드셨기 때문이다(*genus humanum tanquam unum hominem*).[47)] 두 사회 각각에 소속되는 고리는 외적이 아니라 내적인 질서이다. 사실 인간이 전념하는 사랑이 두 도시 중 어느 하나에 속하는 것을 결정짓는데, 이 두 도시는 어떤 제도적 실재와 동일시되지 않는다.

> 이 두 사랑 중의 하나는 순수하고, 다른 하나는 불결하다. 하나는 사회적이고, 다른 것은 개인적이다. 하나는 천상 도성을 위하여 공동선에 봉사하는 데 열렬하고, 다른 것은 거만한 지배를 위해 공동선조차도 자신의 개인적 권한에 종속시키는 데 열성적이다. 하나는 하느님께 복종하고, 다른 것은 하느님의 원수이다. 하나는 고요하고, 다른 것은 혼란스럽다. 하나는 평화롭고, 다른 것은 싸움을 즐겨한다. 하나는

호의적이고, 다른 것은 시기심이 세다. 하나는 자신을 위해 원하는 것을 이웃을 위해서도 원하고, 다른 것을 이웃을 자기 자신에게 복종시키기를 원한다. 하나는 이웃의 유익을 위해 이웃을 통솔하며, 다른 것은 자신의 이익을 위해 이웃을 다스린다. 이 두 사랑은 무엇보다 천사들 사이에서 드러난다. 하나는 착한 천사들에게서, 다른 하나는 악한 천사들에게서 나타난다. 그리고 하느님 자신이 만든 모든 것을 통솔하고 질서 지우는, 경탄할 만하여 형언할 수 없는 하느님의 섭리 하에서 인류 안에 세워진 두 도성 사이의 구분을 나타낸다. 곧 하나는 의로운 이들의 도성이고, 다른 하나는 악한 이들의 도성이다.[48]

『창세기 문자적 해설』에서 인용한 이 구문은 하느님 도성의 본성과 그와 정반대되는 지상 도성의 본성을 이해하기 위한 열쇠를 형성한다. 하느님의 도성은 겸손과 하느님에게 순명하고 그분에게 의존하는 내적 자세를 갖춘 사람들의 사회이다. 그 도성은 공동선과 정의를 인정하며 지배욕(*libido dominandi*)이 아니라 공동의 유익을 위하여 권력을 행사한다. 또한 하느님과 타인들을 향한 질서 있는 사랑을 스스로 지니고 있다. 반면 지상 도성은 하느님과 그리고 종종 타인들과도 반복하고 있는 사회와 동일시된다.

하느님의 도성에 소속됨은 누구에게나 열려 있다.

천상 도성은 지상에서 나그넷길을 가는 동안 모든 민족에서 시민들을 불러 모아 모든 언어를 사용하는 순례자 집단을

> 이룬다. 풍속이나 법률이나 제도들에 의해 지상의 평화가 달성되고 보존되는 한, 그것들이 어떻게 다른지는 상관하지 않는다.[49)]

하느님의 도성은 시간, 종족, 국적, 인간의 기관들의 상이함을 초월한다.

두 도성은 교회나 국가와 같은 역사적 기관들과 동일시될 수 없다.[50)] 그들의 기원은 두 개의 근본적이며 반복적인 대립들 안에서 찾아야 하는데, 이 대립들이 실존을 이해하고 살아가는 두 가지 양식을 결정하며 동일한 역사 안에서 대립된 방향으로 향한다.

'도성'(*civitas*)은 넓은 의미에서 사회와 동의어이다. 곧 결정된 사회적 관계에 의해[51)] 그리고 역사적 함의(含意)들을 갖고 있는[52)] 내적 성격의 연결에 의해 일치된 사람들로 이루어진 합심하는 다수 대중과 동의어이다.[53)] 이 정의에서 출발하여 아우구스티누스는 하느님의 도성과 지상의 도성이라는 두 도성을 구분하고 있으며, 이 두 도성 중 하나는 정의를 위하여 그리고 다른 하나는 불의를 위하여 또 첫 번째 도성은 진리를 위하여 그리고 두 번째 도성은 허무를 위하여 싸우고 있음을 지적한다. 이 두 도성은 적대적이지만, 현실의 역사적 상황 안에서 혼합되어 있다. 두 도성은 복음에 나오는 밀과 가라지처럼 오직 마지막 날에만 최종 심판을 통해 분리될 것이다.

> 두 도성은 이 세상에서는 경계가 모호하며, 최후 심판으로 양편이 갈라지기까지는 서로 뒤섞여 있다.[54)]

두 도성은 바구니의 등나무 대처럼 서로 얽혀 있거나 유액(乳液)처럼 혼합되어 있다. 마치 얽혀서 풀리지 않는 혼합과도 같으며, 간혹 아우구스티누스의 작품에서 '페르믹스시오'(*permixtio*) 그리고 다른 경우에는 '콤믹스시오'(*commixtio*)로 표현된다. 두 도성을 구분하는 경계는 역사적으로 인식할 수 없는 것이다.[55] 아우구스티누스는 이러한 혼합에 대해 매우 구체적인 상을 제시한다.

> 두 도성 사이에는 세상 종말까지 곧 현재의 혼합에 종말을 가져올 분리가 일어날 때까지 지속될 분명한 대비가 존재합니다. (…) 지금은 이 두 두성이 혼합되어 있습니다. (…) 두 도성은 서로가 서로를 거슬러 투쟁하고 있습니다. 하나는 불의를 위하여, 다른 하나는 정의를 위하여 그리고 하나는 허무를 위하여 다른 하나는 진리를 위하여 싸우고 있습니다. 간혼 이러한 혼합 때문에 우리가 시간 안에 존재하는 한 바빌론 도성에 속한 어떤 이들이 예루살렘 도성에 속한 것들을 지배하는 일도 일어납니다. 반면 예루살렘에 속한 어떤 이들은 바빌론의 고유한 이익에 전념해야만 합니다. (…) 여러분은 (첫 백성에게 일어났던) 이 모든 것이 어떻게 성취되는지 그리고 특별히 우리의 이 시대에 교회 안에서도 어떻게 일어나고 있는지 주의를 기울이십시오. '그들이 너희에게 말하는 것은 다 실행하여라. 그러나 그들의 행실은 따라 하지 마라'는 말씀을 듣는 모든 이가 바빌론의 시민들이지만 예루살렘 도시를 다스립니다. (…) 선한 도시의 고유한 일부 권위에서 권력을 부여받은 악의 도시의 시민들이 있습니다.

선의 도시의 시민들도 악의 도시에 속한 책무들을 수행하는지 잠깐 보도록 합시다. 모든 국가는 지상적 실재이며, 곧 혹은 나중에 끝이 있을 것입니다. 그 나라의 권력은 그 나라가 올 때 끝날 것입니다. 우리는 그 나라에 대해 '당신의 나라가 오소서'라고 말하면서 기도하며 그 나라에 대해 '그리고 그분의 나라는 끝이 없으리이다'라고 예언되었습니다. 하지만 지상의 공화국은 자기 권위의 일들을 수행할 책임을 맡은 우리의 시민들을 갖고 있습니다. 얼마나 많은 성실하고도 선한 이들이 자신들의 도시에서 판사로 있는지, 그리고 재판관으로 있는지, 또한 장군으로 있는지, 그리고 신하로 있는지, 또 왕으로 있는지?[56)]

역사에 대한 아우구스티누스의 개념에 관해 혹자는 인종적 이원론에 대해 말하였다. 이 표현은 육에 따라 사는 것 그리고 영에 따라 사는 것에 대한 바오로의 구분에 관련될 때 수용될 수 있다. 하지만 역사의 지평에 관해 이 이원론은 평화로운 공존과 더욱이 두 도시 시민의 공동협력 가능성을 배제하지 않는다. 이는 두 도시의 시민들이 유사점을 갖고 있지 않고 종종 충돌하지만, 같은 욕구들과 함께 동일한 본성을 소유하면서[57)] 인간적·가족적·애국적인 정서를 공유할 수 있기 때문이다. 두 도시의 구성원들은 현세적 재화의 사용, 동일한 법률에 대한 복종, 평화 추구와 보호를 공동으로 갖고 있다.

신앙으로 살지 않는 지상 도성도 평화를 구하고 시민들 사이에 명령하고 복종하는, 질서 있는 화합을 도모하면서, 사

> 멸할 인생에 속하는 사물들에 대한 인간 의지들 사이에 적절한 조정이 이루어지도록 시민들을 배려한다. 천상 도성 혹은 이 사멸할 인생에서 나그넷길을 가면서 신앙으로 살아가는 저 도성의 일부분도 지상 도성의 평화를 이용해야 하는데, 인간의 사멸성이 저런 평화를 필요로 하므로 이용하기는 하지만 이 사멸성이 지나가 버릴 때까지만 이용한다. 따라서 벌써 구속(救贖)의 약속과 영적 선물을 담보물처럼 받은 상태이기는 하지만 지상 도성에서 마치 포로처럼 나그네살이를 하는 동안은 지상 도성의 법률, 사멸할 생명을 유지하는 데 해당하는 사물들을 관리하는 법률에 순종해야 하는 것은 의심의 여지가 없다. 왜냐하면 이 사멸할 조건은 두 도성 모두에게 공통되고, 그렇게 함으로써 이 사멸할 조건에 해당하는 사물들을 두고 두 도성 사이에 화합이 유지되기 때문이다.[58)]

만일 천상 도성이 모든 민족에게서 그리고 모든 언어에서 시민들을 받아들인다면, 관습, 법률, 제도들의 상이함에 신경 쓰지 않기 때문이지만 종교적 문제에 대해서는 지상 도성과 불일치한다.

> 천상 도성은 한 분 하느님만 섬겨야 하는 것으로 알고, (…) 지상 도성과 종교의 공통된 종교의 법을 아무것도 지닐 수 없다.[59)]

두 도성 모두 동일한 현세적 선을 이용하지만 서로 다른 민

음, 다른 희망, 다른 사랑을 소유하고 있다.[60]

따라서 아우구스티누스는 믿음에서 분리된 사회적이며 정치적인 삶을 이해하고 있으므로 급진적인 인종적 이원론에 떨어지지 않는다. 도손(Ch. Dawson)과 다른 이들은 그 히포 사람이 믿음과 윤리의 영역들이 구분된다는 것을 인정하고 있음에도 불구하고 그 두 가지를 결코 사회 삶에서 분리하지 않았다고 주장한다.[61] 이것의 이유는 바로(Varro)에서 취한 그리고 이에 대해 『신국론』 제19권에서 폭넓게 논의하고 있는 그의 인간학적 모델이 신플라톤주의자들의 모델과 상이하다는 사실에 있다.

주석

1) 암브로시우스, 『육일 창조론』 I, 5, 18-19.

2) 같은 책, I, 6, 20.

3) 『창세기 문자적 해설 미완성 작품』 3, 7.

4) 같은 책, 3, 8. 참조: N. Cipriani, *Le opere di sant'Ambrogio negli scritti di sant'Agostino anteriori all'episcopato*, "La Scuola Cattolica", CXXI, 1997, pp.778~779.

5) 『고백록』 XI, 10, 12.

6) 플로티누스, 『엔네아데스』 III, 2, 1.

7) 이 문제는 『신국론』 제12권과 관계의 개념이 깊이 있게 다뤄지고 있는 『삼위일체론』 제5권에서 또다시 다루어질 것이다.

8) 아리스토텔레스, 『자연학』 IV, 10-14, 217b-224a.

9) 『고백록』 XI, 14, 17.

10) 같은 곳.

11) F. Chiereghin, *Il tempo come possibilità interiore del male in Agostino, in Il mistero del male e la libertà possibile*(IV): *ri-pensare Agostino*, Roma, 1997, pp.179~180. 이 학자는 아우구스티누스 안에서 시간의 질적 속성으로 이해된 지속성(durata)과 시간의 양적 속성으로 이해된 한량(misura) 사이의 구분을 강조한다.

12) 『고백록』 XI, 14, 17. 참조: E. Corsini, *Lettura del libro XI delle* "Confessioni", in "Le Confessioni" *di Agostino d'Ippona. Libri X-XII*, Palermo, 1987, p.50.

13) 『고백록』 XI, 15-18.

14) 같은 책, XI, 21, 27.

15) 같은 책, XI, 21, 28.

16) 같은 책, XI, 17, 22.

17) 같은 곳.

18) F. Chiereghin, *Il tempo* cit., p.182.

19) 『고백록』 XI, 18, 23.

20) 같은 책, XI, 20, 26. 참조: E. Corsini, *Lettura* cit., p.52.

21) 같은 책, XI, 26, 33. 참조: E. Gilson, *Introduzione* cit., p.223; J. Guitton, *Le temps et l'éternité chez Plotin et saint Augustin*, Paris, 1933, pp.179~193.

22) 『고백록』 XI, 28, 37.

23) 같은 책, XI, 28, 38.

24) 같은 책, XI, 29, 39; 『삼위일체론』 IX, 1, 1; 『설교』 255, 6, 6; 284, 4.

25) G. O'Daly, *Time as distentio and St. Augustine's Exegesis of Philippians* 3, 12-14, "Revue Augustiniennes", XXIII, 1977, pp.265~271.

26) 『설교』 255, 6, 6.

27) 플로티누스, 『엔네아데스』 III, 7, 11-12.

28) H.I. Marrou, *Teologia della storia*(1968), Milano, 1979, p.35.

29) M.F. Sciacca, *Filosofia e Teologia della storia in sant'Agostino*, in *Atti della settimana agostiniana pavese*, Pavia, 1974, p.35.

30) 『신국론』 V, 9, 2.

31) 같은 책, V, 9, 4.

32) 같은 곳. 참조: Th.J. *Kondoleon, Augustine and the Problem of divine Foreknowledge and free Will*, "Augustinian Studies", XVIII, 1987, pp.171~175.

33) V. Bourke, *The City of God and the christian view of History*,

in *Mélanges à la Mémoire de Charles De Koninck*, Québec City, 1968, p.74.

34) 『신국론』 XII, 13, 1.

35) 같은 책, XI, 4, 2.

36) 『여든세 가지 다양한 질문』 35, 2; 『신국론』 XI, 11.

37) 『행복한 삶』 2, 11.

38) 『신국론』 XII, 20, 1.

39) 같은 책, XII, 20, 2.

40) 같은 책, V, 11. 참조: P. Miccoli, *Storia e profezia nel pensiero di S. Agostino*, "Augustinian Studies", XVI, 1984, pp.90~106.

41) H.I. Marrou, *La Teologia* cit., pp.50~57.

42) 플로티누스, 『엔네아데스』 III, 2, 15.

43) 『신국론』 XII, 27, 1.

44) 같은 책, XIX, 13, 1.

45) 『고백록』 XIII, 7, 8. 참조: M.F. Sciacca, *Filosofia e Teologia della storia* cit., p.37.

46) 『신국론』 XIV, 28.

47) 『여든세 가지 다양한 질문』 58, 2.

48) 『창세기 문자적 해설』 XI, 15, 20; 『신국론』 XIV, 13, 1; XIV, 28; 『시편 상해』 61, 7-8.

49) 『신국론』 XIX, 17.

50) V.J. Bourke, *The City of God* cit., p.71.

51) 『신국론』 I, 15; XV, 8, 2.

52) A. Trapè, *Introduzione a Sant'Agostino, La Città di Dio*, I, Roma, 1978, p.XXIX.

53) J. Ratzinger, *Popolo e casa di Dio in Sant'Agostino* (1971), Milano, 1978, pp.286~287.

54) 『신국론』 I, 35.

55) H.I. Marrou, *Teologia* cit., p.66.

56) 『시편 상해』 61, 6-8.

57) 『신국론』 XI, 33. 여기서 아우구스티누스가 두 그룹의 천사에 대해 말하고 있음에 주목해야만 한다. 더욱이 본성(natura)이라는 용어는 두 그룹의 사람들에게도 적용될 수 있다.

58) 『신국론』 XIX, 17.

59) 같은 곳.

60) 같은 책, XVIII, 54, 2.

61) Ch. Dawson, *St. Augustine and his Age*, in *A Monument to Saint Augustine*, London, 1930, p.75.

제9장

정치철학

제 9 장 • 정치철학

1. 시민법의 기원과 기능
2. 국가의 본성과 한계
3. 교회와 국가의 관계

1. 시민법의 기원과 기능

제6장에서 우리는 영원법의 존재와 본성에 관한 아우구스디누스의 연구를 제시하였다. 이것은 창조된 실재들을 질서 있게 만들고 그들의 목적으로 향하도록 만드는 방식에 대해 갖고 있는 인식의 산물이거나 하느님이 생각하였던 질서에 따라 창조된 모든 존재를 끊임없이 얽어매는 신적 결정의 산물이기도 하다.[1] 더욱이 그것은 참된 정의이기도 한 하느님의 본질 자체와 동일시되는데,[2] 여기에 반사광처럼 자연법이 상응한다. 모든 이성적 존재가 "인간이 각자에게 자기 몫을 부여하게 하는 완전한 이성"으로 정의된 정의의 덕을[3] 사회적 공존 안에서 증진하기를 원한다면 이 자연법의 영감을 받아야만 한다. 더욱이 인간은 우리가 다양한 국가 사회의 내부에서 재발견할 수 있는 명문화된 법제화에 따라 인종적-법률적 체계에서 자연법을 기재하는 능력을 이성과 자유를 통해 갖게 되었다.

우리가 보게 되겠지만, 『자유의지론』 제1권에서 아우구스티누스는 국가에 대한 개념의 기저에 있게 될 주장을 발전시키면서 실정법의 본성과 목적을 분석하고 있다. 그는 순수 도덕적인 맥락에서 정치적인 문제를 다루지 않으면서 현세적 법률과 영원법 사이의 관계를 분석하는데 그리고 악의 문제와 '욕망'(*libido*)의 본성 그리고 다른 문제들에 대해 논의하는 것에 한정 짓고 있다. 하지만 현세적 법률에 대한 그의 분석에서, 연이어 서간집과 무엇보다 『신국론』에서 나타나는 것처럼, 국가와 국가의 기능 그리고 국가의 한계에 관한 생각을 직관하기는 어려운 일이 아니다.

인간의 입법 다양성에 관해 확인한 후 그는 다음과 같이 관측한다.

> 현세 법률의 입법자는, 만약 선하고 지혜로운 인간이라면, 영원법을 참조한다. (…) 불변하는 규범에 준거하여 무엇을 명하고 무엇을 금할 것인지 분별할 따름이다.[4]

『자유의지론』에서 그는 동일한 개념을 다음과 같이 반복한다.

> 영원법으로부터 사람들이 스스로를 위해 연역해 내지 않는 한, 현세적 법률에 정의롭고 합법적인 것이 아무것도 없다.[5]

더욱이 실정법의 입안자가 지혜로운 이라면, 곧 불변하는 실재들에 대한 인식을 소유하는 사람이라면, 여기에서 나오는 실정법적 명령은 영원법과 더욱 유사할 것이라는 사실이 강조된다. 하지만 실정법적 명령의 입안자가 지혜로운 사람이 아니라면, 지식만을 곧 현세적 실재들에 대한 인식만을 소유하고 있으므로 여기에서 나오는 실정법적 명령은 다소 불완전한 것이다. 그렇지만 용인될 수 있는 것으로 나타날 것이다. 사실 실정법적 입법의 용인성은 그 국민이 살아가고 있는 윤리적 그리고 시민적 수준에 비례하는 것이다. 여기에서, 변경을 기대할 수 있을 뿐 아니라 정당한 것이라고 에보디우스와의 대화에서 묘사된 경우에서 분명하게 드러나는 것처럼, 시민법의 입법이 변화에 종속될 수 있다는 사실이 등장한다.

> 아우구스티누스: (…) 국민이라는 것이 온건하고 신중하고, 또 지극히 열성적으로 공동선을 옹호하는 존재이며, 그런 가운데 공무(公務)보다 사무(私務)에 마음 쓰는 일을 널 한나고 하사. 그럴 경우 국민으로 하여금 자기네 관직들을 선거하며 관직들을 통해서 국민의 사안, 곧 공무를 다스리게 하는 법률을 제정하는 일이 합리적이 아니겠는가?
>
> 에보디우스: 옳은 말씀입니다.
>
> 아우구스티누스: 그런데 국민이 조금씩 타락하여 공무보다는 사무를 앞세우게 되고, 참정권이라는 것을 매수할 것으로 간주하며, 관직을 좋아하는 사람들에 의해서 국민이 부패되어, 자기들을 다스리는 정권을 타락하고 범죄를 일삼는 사람들에게 위임해 버린다고 하자. 그러다 선량한 사람, 대단히 유능한 인물이 하나 등장하여 관직을 선임하는 권력을 국민에게서 박탈하여 소수의 선량한 사람들의 자의에 맡기거나 어느 한

사람의 자의에 맡긴다면 그것도 올바른 일이 아니겠는가?

에보디우스: 그것도 옳은 일입니다.

아우구스티누스: 그럴 경우에 이 두 가지 법률은 서로 상반되는 것으로 보이는데, 한 법률은 관직을 부여하는 권한을 국민의 손에 맡기고 다른 법률은 그 권한을 국민에게서 박탈하는 까닭이다. 그리고 이 두 번째 법률은 단일한 국가 내에서 두 법률이 동시에 다 효력을 발휘할 수는 없도록 제안되는 만큼, 그 두 법률 중의 어느 하나는 불의하다고 할 것인가? 따라서 그런 법률은 아예 제안되어서는 안 되지 않을까?

에보디우스: 절대 그렇지 않습니다.

아우구스티누스: 그렇다면 저런 법률을, 그대의 마음에 든다면, 현세적 법률이라고 부르기로 하자. 비록 정당하기는 하지만 시대에 따라서 또한 정당하게 변경할 수 있는 것이다.[6)]

이러한 현세적 입법 행위의 변경 이유는 실정법이 사회의 평화를 구현하고 현세적 재화들에 관련된 이익을 중개하는 과정에서 인간들이 살아가고 있는 역사적 환경들을 염두에 두어야만 한다는 사실에서도 나타난다.[7)]

에보디우스와 아우구스티누스 사이의 대화에서 또 다른 특징적인 구문을 인용해 보자.

에보디우스: 내가 생각하기에는 하느님의 섭리가 징벌하는

일부 행위들을 현세적 법률이 정당하게 허용하는 것처럼 보입니다. 이는 현세적 법률이 인간들 사이에 평화를 이룩하는데 충분하고 또 필요한 것만을 고려하기 때문입니다. (…).

아우구스티누스: 그대가 이런 구분을 내리는 데 대해서는 나도 칭찬하고 인정하는 바이다. 그 구분이 비록 갓 시작하여 덜 완전하기는 하지만 자신감 있고 어떤 숭고한 내용을 지향하고 있는 연고이다. 그러니까 그대에게는 국가를 다스리면서 입법되는 저 법률이라는 것이 사실상 범죄가 되는 많은 것을 허용할뿐더러 벌주지 않은 채로 버려두는 것으로 보이는 셈이다. 또 그런 행위들은 하느님의 섭리에 의해서만 벌을 받게 된다고, 그것도 올바로 받는다고 생각하는 것이다. 법률이 모든 것을 다 시행해 내지는 못하지만 그렇다고 법률이 시행하는 바가 비난받아야 하는 것은 아니다.[8]

만일 한편으로는 시민법이 자연법에서 절대로 벗어나서는 안 된다고 한다면, 다른 한편으로는 시민법이 자연법에 순응하는 것이 구체적인 인간의 상황으로 인해 결코 거의 완전하지 않다는 것도 인정할 필요가 있다. 이러한 한계에도 불구하고, 실정법적 입법은 향상될 수 있으며 국민을 희생물로 만들 수 있는 남용과 독단의 영역을 제한할 수 있다. 가변적이고 완전해질 수 있음에도 불구하고 그리고 여러 가지 점에서 간혹 용인될 수 있음에도 불구하고 실정법적 입법은 "인간들 사이에 평화를 이룩하는"[9] 그리고 현세적 선익들의 사용을 조정하고 규정하는 긍정적인 목적들을 갖고 있다. 이러한 사물들은 다음과 같은 것들이 있다.

> 먼저 육체와 그것 자체의 선익이라고 일컫는 것들, 즉 온전한 건강, 예민한 감관, 체력, 아름다움, 그 밖의 다른 모든 것이 있는데, 그중 일부는 고상한 예술에 필요하고 따라서 그만큼 중시해야 할 것들이고, 일부는 좀 더 평범한 것들이다. 그다음에는 자유가 있다. (…) 여기서 내가 자유라고 언명하는 바는, 인간을 주인으로 두고 있지 않은 사람들이 자기를 자유롭다고 여기는 그것, 주인 되는 사람들로부터 해방되고 싶어 하는 사람들이 바라는 그것을 가리킨다. 그리고 부모, 형제, 배우자, 자녀, 친척, 인척, 가솔 그리고 어떤 식으로든 우리와 혈연으로 맺어진 사람들이 있다. 이어서 보통 모국으로 여겨지는 국가, 관직, 칭송, 대중적 영광이라고 불리는 것 등이 있다. 맨 마지막으로 돈을 들겠는데, 이 한 가지로 이름에 우리가 법적으로 주인이 되고 매매하고 증여할 권한이 있는 것들 전부가 포함된다.[10)]

실정법은 국민에게 유용하고 유익한 것을 보호하려고 한다. 또한 각자에게 자기의 것이 분배되는 것을 허용한다. 사회적 조화를 이룩하며 제재를 받는 사람들이 갖고 있는 선익들 혹은 그 일부를 박탈한다. 무질서하게 현세적 선익들을 사랑하는 것으로 이루어지는 죄를 벌하는 것이 아니라, 합법적으로 소유하고 있는 사람들에게서 부정하게 빼앗을 때만 벌한다. 아우구스티누스는 대부분의 교부처럼 시민법이 만일 한편으로 자연법에서 완전히 벗어난다면 다른 한편으로는 모든 관점에서 자연법에 순응하지 않는다는 것을 인지하고 있다.

2. 국가의 본성과 한계

국가의 본성과 한계에 관한 문제를 다루기 전에 결정적으로 중요한 관찰을 하는 것이 필요하다. 아우구스티누스는 복잡한 사색가인데, 이는 무엇보다 막대한 양의 작품들 때문이다. 그러한 복잡함이, 뛰어난 명성을 가진 일부 학자들도 특별한 문제 제기가 이루어지는 전체 그림을 염두에 두지 않을 때 마주치는 오해들을 설명한다. 주된 오해 중 하나가 국가와 그의 설립에 관한 아우구스티누스의 역사 서술에서 나타난다. 이에 대해 두 가닥의 해석이 있다는 것을 인정할 필요가 있다. 한 부류의 학사들은[11] 아우구스티누스의 일부 본문만을 염두에 두면서 국가가 원죄의 결과로 탄생한 제도일 뿐이라고 확언한다. 다른 부류의 학자들은[12] 충분한 문헌적 증명을 제시하지 않으면서 국가가 자연적 제도라고 주장한다. 이 문제를 해결하기 위해서는 아우구스티누스가 구체적으로 역사 안에서 실현되는 것으로 나타나는 국가에 대한 개념에서 출발하고 있지만 인간 본성의 상황도 잊지 않고 있음을 염두에 두어야만 한다. 곧 이 상황에 영속적으로 속해 있는 것을 확언하기 위해 그 상황이 원초적인 온전성에 있든지 혹은 부패라는 실제적인 역사적 상황에 있든 말이다. 간단히 말하자면, 인간 본성에 근원적인 경향성이 있는데, 이는 일탈한 것이라 하더라도 현재의 부패한 상황 안에 실존하고 있다. 뒤에서 우리가 강조할 것이지만, 이러한 근원적 경향성이 국가를 형성한다. 따라서 만일 원죄의 결과가 국가의 강제적인 조직이라면, — 이러한 강제적 조직이 사회의 평화를 보장하고 현세적 재화의 사용을 규정하는 척도에서만 정당성을 발견한다는 것을 잊지 않는 것이 필요하다 — 국가가 원죄의 결과라고 하는 것은 확실한 것이 아니다. 왜냐하면 국가가 행정적 차원에 대한 혹은 사법적 차원에 관한 자신 조직의 근원을 원죄 이전이나 이후에도 현존하는 긍정적인 자연적 경향성 안에서 발견하기 때문이다. 게다가 아우구스티누스가 인간 본성 안에 현존하는 벗들과 국민을 향한 사랑에 대해 언급하기에 이르렀다는 것은 의미심장한 것이다. 곧 그가 "세 번째 사랑"으로 정의하는 것이다.[13)]

인간 본성의 고유한 자기 보호와 행동 그리고 종족 번식에의 욕구들은 사회성에 대한 자극의 근원적 원천을 형성하며, 이러한 자극으로써 인간 존재는 자기 자신뿐 아니라 자신과 비슷한 이들에게 평화로운 삶의 근본적 조건들을 보장하기 위해 사회적 유대와 다양한 단계에서 안정적인 구조들을 형성한다. 그러한 결합의 욕구는 남자와 여자가 가정의 유대를 일으키도록 서로서로 찾도록 이끈다.

> 사멸할 인류에게 해당하는 얘기지만, 남자와 여자의 결합은 (…) 도시국가의 못자리(*seminarium*)이다.[14)]

아우구스티누스에게 있어 가정은 '사랑의 사회'(*societas amoris*)이며 가정의 유대들이 증가하고 강화되는 단계에서 남자와 여자는 가족(*domus*)의 체험에서 도시(*civitas*)와 국가(*res publica*)의 체험으로 넘어간다. 따라서 남자와 여자의 고유한 환경(*milieu*)은 사회이다.

> (…) 각각의 인간은 인류의 부분이다. 인간의 본성은 사회적이며, 우정의 힘도 인간이 태생적인 것으로 소유하고 있는 큰 선익이다. 이러한 이유로 하느님은 모든 인간을 유일한 개별자에게서 만들기를 원하셨으며, 이로써 그들의 사회 안에서 동일한 종족에 속하는 것뿐 아니라 혈연관계의 유대로 묶이게 된 것이다. 더욱이 인간 사회의 자연적인 첫 결합은 남자와 여자이다.[15)]

그러한 존재의 사회적 차원은 첫 번째 표현으로서 가정의 체험을 하고 있는데, 이것 없는 세상은 광야 외에 다른 것이 아닐 것이나.[16)] 시빈 사회의 운명은 많은 부분 가정에 의존하며, 가정의 안정성이 사회적 삶의 성장에 기여한다. 이에 대해 아우구스티누스는 다음과 같은 일련의 성찰을 제공한다.

> 인간의 가정은 도시국가의 시발(始發) 또는 분자(分子)이어야 하므로, 또 모든 출발은 자기 나름의 종말과 결부되고, 모든 부분은 자기 나름대로 전체의 통합과 결부되므로, 가정의 평화는 도시국가의 평화로 귀결된다는 사실이 결론으로 도출된다. 다시 말해 함께 거주하는 사람들 사이에 명령하고 복종하는 질서 있는 화합은 시민들 사이에 명령하고 복종하는 질서 있는 화합으로 귀결된다.[17)]

남자와 여자가 가정을 형성하도록[18)] 그리고 자녀들이 부모들에게 복종하도록, 형제들이 화합하여 살아가도록, 친족들과 인척들이 지속적인 유대를 유지하도록 이끄는 것이 자연적 질서 자체이다. 이러한 이유로 더욱 뛰어난 재능을 가진 젊은이들이 때로 국가 행정 수행을 준비하기 위해 가능한 한 자유 학예(*artes*) 연구에 헌신하는 것도 좋은 일이다.[19] 공동선,[20] 사유재산,[21] 노동,[22] 시민의 자유, 세금 납부의 의무 그리고 사회 복지[23] 등을 옹호해야 할 필요성이 강조된다. 물질적 재화에 대한 자세에 대해 아우구스티누스는 더 많은 것을 소유하기보다 필요로 하는 것이 덜 있는 게 낫다는 원칙을 내세운다.[24]

남자와 여자를 결합하는 경향이 점진적으로 구체화하는 동안, '의지들 사이의 조정'(*compositio voluntatum*)이 강화되며, 권한의 행사를 포함한 권위를 지닌 계급적 구조가 형성되고, '인간 사회의 일반 약조'(*generale pactum societatis humanae*)와 같은 것이 태어난다.[25]

아우구스티누스는『신국론』제2권과 제19권에서 국가의 본성과 기능에 관한 문제를 다루고 있다. 그는 제2권 21장에서『국가론』의 일부 구문을 인용하고 있는데, 여기에서 키케로는 스키피오(Scipio)의 입을 통해 "국가는 대중의 아무 연이나 일컫는 것이 아니고 법정의(法正義)에 대한 동의(*consensus iuris*)와 이익의 공유(*communio utilitatum*)에 의해 결속된 연합이다"라고 주장한다.[26] 더욱이 키케로는 살루스티우스(Salustius)와 마찬가지로 공화국의 이상이 추락하면서 로마 사회의 쇠락이 시작되었음에 주목한다. 권력과 풍요로움이 커질수록 착취와 불의가 확산하였던 것이다. 공화국 시민들이 지닌 고대의 덕행들이 악덕으로 대치되었다. 향락에 대한 추구가 시민들을 자신들 욕구의 종으로 만들었다. 정의와 민주주의에 대한 고대의 신뢰가 사라지면서, 몰락한 군주제의 결과인 참주정(僭主政) 혹은 덕행과 영예에 더 이상 관심을 두지 않는 귀족제(貴族制) 또는 퇴폐한 민주정(民主政) 등이 우세하였다.[27] 아우구스티누스는 『국가론』에서 키케로가 한 말을 다음과 같이 인용하고 있다.

> 우리 악덕들로 인해, 우리가 말로는 공화국을 보존하고 있지만 실제로는 이미 오래전에 공화국을 영영 상실하고 말았으며 그것도 우연히 그렇게 된 것이 아니다.[28]

더욱이 아우구스티누스는 키케로의 정의를 따라 볼 때 로마 국가가 "상고의 인물들과 상고의 습속"의 시대에도 그리고 "도덕적 타락"의 시대에도 절대 존재하지 않았다고 확신한다. 게다가 독자들에게 다음과 같은 약속을 한다.

> 다른 데서 나는 키케로 본인이 내린 정의에 근거해서 공화국은 일찍이 한 번도 존재한 적이 없다는 것을 보여 주도록 노력하겠다. 그곳에 한 번도 참다운 정의가 존재한 적이 없기 때문이다. 물론 나름대로 개연적 정의(定義)에 입각해서 본다면 공화국은 존재했고, 그 공화국은 후대인들보다 선대의 로마인들에 의해 더 잘 통솔되었다.[29]

『신국론』 제19권 21장에서 독자들에게 약속된 명제(命題)가 논증된다. 아우구스티누스의 추리(推理)는 다음과 같은 표현으로 요약될 수 있다. 로마 국가에는 비록 잠정적 이익(*communio utili-*

tatum)에 관한 동의가 있었음에도 무엇보다 참된 정의에 대한 참된 동의(*consensus iuris*)가 없었다. 바로 이러한 이유로 인해 국가에 대한 키케로의 정의는 사실에 상응하지 않는다. 역사적으로 참된 정의에 관한 동의가 없었고 오직 현세적인 것들의 관리에 대한 동의만 있었기 때문이다. 아우구스티누스는 비록 인간 자연 본성의 요구와 권리의 제한을 받음에도 불구하고 정의의 무용성을 주장하려는 것이 아니라, 로마제국이 역사적으로 키케로의 정의를 구현하지 못하였다는 것을 분명히 밝히고자 한다. 더욱이 『자유의지론』에서 논의된 실정법의 본성에 비추어 국가에 대한 새로운 정의가 다음과 같이 제시된다.

> 국민이란 사랑하는 사물들에 대한 공통된 합의에 의해 결속된 이성적 대중의 집합이다.[30]

현재의 조건에서 인간들은 그 자체로 의로운 것이 아니라 유용한 것을 자기들 사랑의 대상으로 삼고 있기에, 자신들 구성원들의 평화를 보증하는 자연적 요구에서 나온 국가의 목적은 현세적 재화의 사용을 중재하고 조정하는 것과 일치한다.[31] 이는 다른 이들의 권리를 거스른 일부 사람들의 남용이 사회 집단 안에서 크게 영향을 미치지 않도록 하기 위함이다.

> 신앙으로 살지 않는 지상 도성도 평화를 구하고 질서 있는 화합을 도모하면서, 사멸할 인생에 속하는 사물들에 대해 인간 의지들 사이에 적절한 조정이 이루어지도록 시민들을 배려한다.[32]

이 정의에 따르면 로마 백성은 국민이며, 따라서 의심의 여지 없이 국가는 국민의 것이다. 역사는 그러한 국민이 상고의 시대와 그다음 시대에 어떠한 이익을 추구하였는지 증언한다. 로마 국가에 대해 언급되는 것은 아테네, 그리스의 다른 도시들, 이집트 등에도 적용될 수 있다. 이 국민의 삶을 조정하였던 법률은 그 자체로 좋고 평등한 것과 온전히 상응하지 못하였고, 국민을 위해 유용하고 이로운 것과 상응하였으며, 따라서 민정(民政)과 시민들 사이의 평화로운 합의를 장려할 수 있었다.

> 인간은 어느 모로 자기 본성의 법칙에 따라서 모든 사람과 더불어 사회관계를 맺고 평화를 달성하려 힘쓴다.[33]

국가가 자신이 태어난 목적을 망각할 때, 조직화한 무질서로 변형되고 다음과 같이 된다.

> (…) 강도떼가 아닌가? (…) 강도떼도 나름대로는 작은 왕국이 아닌가? 강도떼도 사람들로 구성되어 있다. 그 집단도 두목 한 사람의 지배를 받고, 공동체의 규약에 따라 조직되며, 약탈물은 일정한 원칙에 따라 분배한다.[34]

더욱이 국가는 인간의 일부 근본적 경향 안에 혹은 모든 시민에게 유익한 재화의 공유 안에 기초를 두고 있는 사회이다. 이러한 의미에서 볼 때 국가는 자신의 역사적 책무 안에서 영원법을 모든 측면에서 그리고 모든 것을 위해 실현한다고 자부해서는 안 되는 자연적이요 실증적인 제도이다. 또한 국가는 영원법에 고취됨에도 불구하고 가능한 한 현세적 재화의 동등한 사용에 대한 옹호를 목표로 해야만 한다. 이는, 일부 사람들의 남용이 다른 이들의 권리를 침해하지 않고 또한 공동선과 시민들의 합의가 보호되기 위해서이다.

만일 국가의 실정법 제정이 항상 그리고 온전히 자연법에 부합하지 않는다면, 이는 현재의 죄라는 상황에서 오직 소수의 사람만이 영원법을 존중할 수 있다는 사실에 기인한다는 것을 아우구스티누스는 인지하고 있다. 일반적으로 대부분 사람은 그 자체로 의로운 것보다 유익한 것을 사랑한다. 이러한 연유로 국가의 역할은 사회 평화의 후원자요 모든 시민 이익의 중재로 한정되어야만 한다. 우리가 뒤에 보겠지만, 아우구스티누스는 오랫동안 로마제국 내에서 매우 밀접하게 결합한 채로 있었던 종교와 국가의 역할을 구별하기에 이른다.[35]

국가는 시민 사회 안에서 교회가 자신의 종교적 사명을 수행하는 자유를 인정해야 하며, 교회는 국가의 긍정적 기능을 존중해야만 한다.

이러한 정치적 모델은 국가 조직을 비 합법화하려는 목적이 있던 오리게네스 관점의 잠재적인 진보적 종말론과 거리를 두고 있다. 또한 카이사리아의 에우세비우스가 주장한 정치적 신정 체계와도 거리를 두고 있다.[36] 사실 아우구스티누스는 우리가 중성적이라고 정의할 수 있을 영역과 역할을, 곧 지상 도성의 시민들과 하느님 도성의 시민들이 함께 살아갈 수 있는 영역과 역할을 국가에 부여하고 있다.[37] 국가는 국민을 통솔하고 돌보아만 하며, 권력자와 국민 사이의 질서 있는 관계가 실현될 때 화합과 평화 속에서 살아간다. 사실 동등한 것들과 동등하지 않은 것들

의 고유한 자리를 각자에게 부여하는 배치로서 이해되는 질서가 도시국가의 평화에 필요한 조건이다.[38)]

승인된 통치의 형태가 군주제, 귀족제(貴族制) 그리고 민주정(民主政) 등 세 가지임에도 불구하고,[39)] 아우구스티누스는 민주정이 다른 두 가지 형태보다 우월하다는 것을 직관케 한다. 하지만 민주정이 지닌 이상의 실현은 국민의 평온함과 신중함에 의존한다.[40)] 따라서 그는 통치하는 이가 경건심과 공공의 일에 대한 이해를 갖추기를 염원한다.[41)] 국가를 구성하는 국민을 움직이는 특성과 사랑에 의해서도 국가의 질이 결정됨에도 불구하고 말이다.[42)] 국가는 법률이 양도한 한도 내에서 강압적 권력도 사용하면서 국민의 권리와 이익을 보증한다.[43)] 특별히 강압적 권력의 행사는[44)] 사법권(*potestas iudiciaria*)을 갖고 있는 재판관의 책무이다.

> (…) 왕의 권력, 재판관의 고유한 생사여탈권, (…) 왕의 고유한 처벌 권한 그리고 훌륭한 가장의 엄격함 등은 아무런 목적 없이 제정된 것은 아닙니다. 이 모든 것은 자신들의 규범과 이유 그리고 기원과 유용함을 갖고 있습니다. 이러한 것을 두려워할 때, 악한 이들이 제지될 뿐 아니라 선한 이들도 악인들 사이에서 좀 더 평온하게 살게 됩니다.[45)]

사법권은 "한시적 선익들 전부 또는 그 일부를 금지하거나 박탈하는 일 이상으로 나아가지 않는다."[46)] 권위의 최종 원천은 하느님의 섭리이기 때문에,[47)] 권력을 행사하는 자는 처벌하는 것에 신중하고, 관용을 잘 베푸는 사람이어야만 한다. 더욱이 처벌은 단지 공동선을 보호하기 위해서만 사용되어야 하며, 갈등과 경쟁을 돋우기 위해 그러해서는 안 된다.[48]

이러한 원칙에 근거하여 전쟁 문제에 관해서도 제한들이 국가에 제시된다. 전쟁을 선포하는 권한은 인정되지만, 이는 오직 그 전쟁이 의로운 경우에만 해당된다. 생존을 보존하고, 친선 조약과 동맹 조약을 존중해야 하며,[49] 당한 잘못에 응징하는 경우에만 전쟁은 의로운 것이 된다.[50] 다른 국가에 전쟁을 선포하는 것은 국가의 최고 통치자의 권한이다. 하지만 복수의 잔혹함과 지배욕과 그와 유사한 것들을 피하는 것이 필요하다.[51] 국가는 강압적인 처벌을 통해서도 평화 조약을 보증하기 위해 폭력에 호소하는 권한도 갖고 있다. 특별히 아우구스티누스는 항상 인류애의 이유로 반대하고 있음에도 불구하고 사형을 언도할 수 있는 공식적인 권한을 국가가 갖고 있다는 것을 인정한다.[52] 그런데도 그는 '법의 관용'(*moderatio legum*)과 '중재'(*intercessio*)의 권리를 자주 요구한다.[53] 마지막으로 그는 법정에서 심문의 도구로서 행하는 고문을 수용할 수 없는 것으로 간주한다.

3. 교회와 국가의 관계

이 시점에서 아우구스티누스가 도나투스파와 행한 잘 알려진 논쟁을 통해 드러낸 정치사상을 명확하게 제시하기 위해, 비록 보고 기사의 색채가 있지만, 일부 사건들에 대한 묘사로 확대하는 것이 좋을 듯하다.

이미 394년에 아우구스티누스는 종교 영역과 정치 영역 사이의 구분을 인정하고 각자의 역할을 제시하면서 교회와 국가의 관계에 대해 숙고하였다. 그는 자신의 『로마서 명제 해설』에서 다음과 같이 강조하고 있다.

> 현재의 삶에 관련된 모든 것에 대해 우리는 권위에, 곧 마땅한 영예를 받으면서 인간적인 것들을 관리하는 이들에게 복종해야만 한다. 반면 하느님에 대한 우리의 믿음과 그분의 나라로의 부르심과 관련해서는 반대의 것이 되어야만 한다. 여기서 우리는 그 누구에게도, 특히 그 사람이 영원한 삶과 관련되어 하느님이 우리에게 기꺼이 주셨던 것을 전복시키고자 강요할 때 그에게 종속되어 있다고 생각해서는 안 된다. 더욱이 그리스도인이기 때문에 세금이나 공물(貢物) 등을 납부해서는 안 된다고 생각하거나 공석 역할을 수행하는 당국자에게 합당한 영예를 드리는 것에서 면제된다고 간주하는 그리스도인은 오류에 빠져 있는 것이다. 더욱이 현세적인 것들을 관리하기 위해 높은 자리에 있는 권위가 자신의 신앙에 대해서도 권한을 갖고 있다고 인정할 정도로 온전히 복종해야만 한다고 생각하는 이는 더 심각한 오류에 떨어지는 것이다. (…) '정해진 한계'를 존중하는 것이 필요하다.[54)]

5세기 초반에 아우구스티누스는 일부 사건들로 인해 교회와 국가의 관계 문제에 대한 실천적 입장을 변경해야만 했는데, 이는 위에서 언급된 원칙과 분명히 반대되는 것이었다.[55)] 여기서 이 문제가 지닌 역사적·신학적 모든 함의(含意)의 차원에서 문제를 다루는 것은 우리의 관심사는 아니다. 오히려 비상 대책을 요구하던 상황으로 인한 태도 변화의 근원에 있던 일부 사건들을 제시하는 것이 필요하다. 우리가 보겠지만, 그러한 상황에서 그는 이전에 절대적으로 반대했던 정치권력의 결정 사항을 용인하고 수용하게 된다. 이 사건들을 재구성하기는 어렵지 않다. 많은 사건이 있고 우리가 그의 서신 교환에서 발견하는 확언들과 선언들이 명확하기 때문이다.[56] 404년 카르타고 공의회까지 아우구스티누스는 이단자들을 다시 교회와의 친교로 인도하기 위해 세속 권력의 힘에 호소하는 것을 배제하면서 이성과 토론 그리고 변증법이 신학 논쟁에서 우위에 있어야만 한다고 주장하였다. 도나투스파 주교 빈켄티우스에게 보낸 서간에서 그는 다음과 같이 적고 있다.

> 처음에 저는 그 누구도 강압적으로 그리스도의 일치로 인도해서는 안 되며, 오직 말로써 행동하고, 토론으로 싸우고, 이성으로 이해시켜야만 한다고 생각하였습니다. 이는, 우리가 이미 공인된 이단자라고 알고 있던 이들이 가톨릭 신자로 가장하여 우리 사이에 있는 것을 피하기 위함이었습니다.[57]

후에 아리우스파 고트족의 장군 보니파키우스에게 보낸 서간에서 그는 주교들이 도나투스파의 폭력에서 가톨릭 신자들의 육체적 안전에 대한 보장을 국가 당국에 요청하는 것으로 한정지어야만 한다고 주장한다. 사실 그는 폭력에 대한 책임이 있다고 인정된 모든 이단자에 대해 벌금형을 선포한 테오도시우스 황제의 칙법(392)이 적용되는 것을 요구한다. 그는 다음과 같이 지적한다.

(…) 두려움을 갖게 된 이단자들이 더 이상 자신들의 일상적인 횡포를 감히 지속하지 않을 것이며, 강요받지 않으면서도 가톨릭 신앙의 진리를 가르치고 자유롭게 고백하는 것이 누구에게든 허락될 것이라고 우리는 생각하였습니다.[58]

5세기 초반 가톨릭 신자들과 도나투스파의 논쟁은 도나투스주의자들의 폭력으로 인해 극적인 것이 되었다. 도나투스파 주교 페틸리아누스에게 보낸 서간에서 아우구스티누스는 다음과 같이 강조한다.

(…) 당신들이 재판관들이나 다른 권위의 승인 없이 당신들이 할 수 있는 곳 어디에서든 지배하고 있는 지역에서 저지르고 있는 모든 폭력에 대해 누가 상세하게 말할 수 있을까요? (…) 여러분의 파우스티누스가 자신이 통치하는 동안 가톨릭 신자들이 소수였기 때문에 그 누구도 가톨릭 신자들을 위해 빵을 굽지 못한다고 명하였던 것을 기억하는 이들이 제가 살고 있는 히포에 없지 않다는 것이 확실하지 않겠습니까?[59]

완고한 분위기에도 불구하고 가톨릭 주교들은 온순함과 양순함으로 응답해야만 한다고 401년 카르타고 공의회에서 결정한다. 가톨릭 신자들의 평화 나눔은 반대편으로부터 동등한 모습을 찾지 못한다. 오히려 반대편은 그 나눔에 반대하는 데 열의를 다한다. 아우구스티누스와 포시디우스 그리고 다른 동료 주교들의 요청으로 후에 403년에 카르타고에서 개최된 새로운 공의회에 참가하기를 거부한 도나투스주의자들은 무엇보다 누미디아 가톨릭교회의 가장 저명한 대표자들에 대해 육체적 공격이라는 양상을 드러내기 시작한다.[60]

결국 도나투스주의의 테러 단체를 형성하게 되는 분파인 근본주의자들(circoncellioni)은[61] 히포의 주교를 여러 번 공격하려고 시도하였다. 또한 403년 말엽에 아우구스티누스가 교구의 마을 중 한 곳을 방문하러 간다는 것을 알게 된 그들은 그와 그를 수행하는 이들을 급습하기 위해 길가의 은닉처(隱匿處)로 모인다. 다행히도 마차꾼이 길을 잘못 들었고 그렇게 해서 살육을 모면한다. 어느 정도 시간이 지난 후에 포시디우스는 운 없게도 상이한 운명을 겪게 되는데, 아우구스티누스는 한 서간에서 매복에 대해 기록하고 있다. 포시디우스가 자신의 교구에 있는 일부 그리스도교 공동체를 방문하러 가는 동안, 근본주의자들이 공격하기 위해 그의 뒤를 좇았다. 간신히 피신한 그는 어느 가톨릭 가정의 집에 숨을 수 있었다. 테러리스트들은 “리베티(Liveti)의 농지에서 명백한 폭력적 의도로 숨어 있던 집에 있는 그를 산채로 불태우고자 하였다. 만일 그 농지의 농민들이 자신들에게 닥친 위험을 피하고자 이미 번진 화마를 세 번이나 끄지 않았더라면 그는 목숨을 건지지 못했을 것이다!”[62] 포시디우스는 붙잡혀 도나투스파 신부인 크리스피누스로부터 매를 맞았다. 역시 도나투스파로 크리스피누스라는 이름을 갖고 있었던 그 지역의 주교는 포시디우스가 공식적으로 전달한 화해의 초대를 거부한 후에도 자신과 동명의 신부를 벌하는 것도 거부한다. 고발된 그 주교에게 행정당국은 이단자의 혐의로 황금 10리브레의 벌금을 납부하라고 명하지만, 그는 즉각적으로 항소한다. 이와 동시에 아우구스티누스와 포시디우스는 공적 토론을 제안하며, 이 토론 말미에 포시디우스는 도나투스파에 대해 이단이라는 고발을 제시할 수 있었다. 이에 크리스피누스 주교는 황제에게 호소하는데, 황제는 그 단죄를 추인하며, 후에 두 명의 가톨릭 주교들의 개입으로 사면된다.[63] 폭력적 행위들은 누미디아 전역에서 확산한다. 404년 공의회를 위해 카르타고에 다시 모인 가톨릭 주교들은 황제의 개입을 요구하는 데 합의한다. 주교들의 토론에 두 개의 상이한 관점이 나타난다. 곧 보다 연로한 주교들은 황제의 엄격한 개입을 제안하는 반면, 아우구스티누스는 소수의 동료와 함께 이에 반대한다. 도나투스 이단에 대한 탄압 훈령을 요구하지 않으면서 가톨릭 신자들을 폭력으로부터 보호하는 조치만이 더 좋다고 생각했던 것이다. 사실 아우구스티누스에 의하면, 도나투스파 주교들이나 다른 교직자들에게 벌금을 부과하도록 규정한 392년 테오도시우스의 칙법을 적용하는 것으로도 충분하다는 것이다. "하지만 가톨릭교회가 도나투스파 성직자나 근본주의자들 또는 신자들이 행한 폭력을 겪는 지역에서만, 곧 그러한 난폭함의 희생자들이 된 가톨릭 신자들이 제기한 고소에 따라 책임을 맡은 행정관들의 명령에 따라 도나투스파의 주교들과 다른 교직자들이 벌금을 납부하도록 하는 것이다."[64]

공의회 토론에서 히포의 주교는 온건하고도 합리적인 자신의 제안을 다른 이들이 받아들이게끔 설득한다. 따라서 사절단이 황궁이 파견되지만, 그러는 동안 황제는 이미 발생한 일부 심각한 사건들에 대해 알게 되어 보다 엄격한 태도를 보이면서 결정을 내렸다. 아우구스티누스는 보니파키우스 집정관에게 다음과 같은 내용의 편지를 보낸다.

우리가 도착하기 전에 도나투스파의 많은 폭압에 심지어 자신들의 좌에서 쫓겨날 정도의 폭압에 시달리던 다른 지역 주교들의 매우 심각한 불평이 황제에게 전달되었습니다. 하지만 우리의 사절단이 무엇을 해야 하는지 더 이상 알지 못하는 상황에 부닥치게끔 만든 가장 소름 끼치는 사건은 믿을 수 없을 정도로 끔찍한 바가이의 가톨릭 주교였던 막시미아누스가 살해된 것이었습니다.[65]

카르타고 공의회 공식 사절단이 황궁에 도착하기 전에 일부 주교들이 막시미아누스를 공격한 사건에 대해 이미 황제에게 알렸고, 황제는 전대미문의 폭력이 반복되는 것에 대해 405년 2월 12일 도나투스파 주교들과 교직자들에게 유배형과 벌금형을 부과하는 일치 교령을 반포하기로 한다.[66] 405년 8월 23일 카르타고 공의회는 이 교령을 수용하며 이 교령의 효과적인 적용을 위해 요구된 모든 태도를 취한다. 이 훈령과 함께 아드리아누스 집정관에게 보낸 서간이 전달되는데, 여기에서 호노리우스 황제는 도나투스파 이단을 제거하려는 의지를 드러낸다. 아우구스티누스는 이에 대해 다음과 같이 상기시킨다.

도나투스주의자들의 그토록 잔인한 이단에 대해 관용을 베푸는 것이 그들이 범한 학대보다 더 잔혹한 것으로 보이지만, 그들이 더 이상 폭력을 행사할 수 없을 뿐만 아니라 벌받지 않고 절대로 존재할 수 없도록 하는 목적으로 칙법이 공포되었습니다. 하지만 자격이 없는 이들을 향해서도 그리스도인의 온화함이 보존되기 위해 극형이 아닌 벌금형이 결

> 정되었고, 그들의 주교들이나 교직자들에 대해서는 유배형 이라는 벌로 경고하였습니다.[67]

황제의 개입에도 불구하고 근본주의자들은 가톨릭 신자들에 대해 새로운 유형의 박해를 지속한다. 407년경 아우구스티누스는 도나투스파 주교 야뉴아리우스에게 다음과 같은 편지를 보낸다.

> (…) 여전히 지금도 여러분의 사람들이 우리를 거슬러 아주 악한 행동을 합니다. 그들은 매질하여 우리의 뼈를 부러뜨리거나 칼로 찔러 우리를 죽일 뿐 아니라, 우리 사람들의 눈에 식초와 섞은 석회를 부어 넣어 눈을 멀게 하는 믿어지지 않을 범죄 방법을 고안하기까지 하였습니다! 또한 우리의 가옥들을 약탈하여 무기를 만들어 내, 이를 통해 실육과 약탈, 방화와 실명 등에 열광하고 위협적인 된 그들은 온 지역에서 날뛰고 있습니다.[68]

가톨릭 주교들은 그토록 긴급한 상황 속에서 "개인적 폭력(*privata violentia*)보다 오히려 제국의 경계(*regia diligentia*)가" 더 낫다는 것을 깨닫는다.[69]

항상 자신 재판권의 한계를 넘어서지 않는 것에 신경 쓰고 있던 아우구스티누스는[70] 407년경 열교 주교인 빈켄티우스에게 보낸 한 서간에서 황제의 결정이 갖는 긍정적 성격을 사후(事後)에 정당화하면서 채택한 입장에 대해 옹호하는 글을 적고 있다. 그는 두 가지 이유를 제시하면서 자신의 태도가 왜 변화하였는지 설명한다. 무엇보다 그는 상황의 극적인 성격을 강조한다. 곧 상황이 도나투스주의자들의 폭력을 멈추어야 할 특별한 대책을 요구하였으며, 황제의 개입이 한 교회가 다른 교회를 반대하는 것이 아니라 단지 공공질서를 재확립하는 것을 목표로 하고 있었다는 것이다.[71] 두 번째로 405년 이후 아우구스티누스는 많은 도나투스주의자가 개종하고 있는 것을 진지하게 숙고하였으며 더욱이 개입의 긍정적 결과를 강조하는 동료 주교들의 논거가 받아들여지고 있다는 것을 상기해야만 한다는 것이다.

> 그 점에서 저는 동료들이 제 눈앞에 제시한 여러 사례에 승복해야만 했습니다.[72]

일치 훈령에 관한 아우구스티누스의 행동 양식을 깊이 있게 관찰하지 않는다면, 그의 사상을 분명하게 이해하지 못한다. 아우구스티누스는 구체적인 삶을 모르는 철학자요 신학자가 아니라, 사색가를 넘어 주교이며 동시에 목자이고 영적 스승이라는 점을 상기할 필요가 있다. 그는 일치 훈령을 수용하지만 동시에 재판관들이 인류애를 갖고 행동하며[73] 또한 황제의 위임을 받은 공직자인 마르켈리누스에게 고문과 사형이 집행되지 않기를 강조하면서 행정당국이 그 훈령을 관대하게 적용할 것을 요청한다.[74] 죽음이 마땅한 도나투스주의자들에게서 자유를 빼앗지 말고 시민권만을 박탈하여 공익사업, 도로, 온천, 제과점 등의 건설 같은 유익한 일(*utile opus*)에 그들을 종사하게 하도록 황제의 위임을 받은 공직자에게 그는 간청한다.[75]

아우구스티누스의 최종적 입장은 일종의 "비가톨릭 신자들을 억압하는 국가의 권리에 대한 변호"도 아니고,[76] "사목적 전

략"도 아니다.[77] 오히려 긴급한 상황에서 결정된 새로운 실천적 자세일 뿐이다. 사실 아우구스티누스는 도나투스주의자들이 이단자이기 때문이 아니라, 오히려 그들이 공공질서를 위협하는 이들이 되었기 때문에 처벌되기를 원한다.[78]

5세기 초엽의 역사와 아우구스티누스의 작품에 대해 직접적인 이해를 갖게 될 때, 브라운(P. Brown)과 마르쿠스(R.A. Marcus)가 도달한 결론은 적지 않은 놀라움을 선사한다. 반대로 전체 논쟁에 있어 출처가 분명한 저술가의 판단을 온전히 인용하는 것은 의미 있는 일이다. 보너(G. Bonner)는 다음과 같이 적고 있다.

> 도나투스주의가 자신을 드러낸 그 형태로 볼 때 도나투스주의를 한 국가가 어떻게 허용할 수 있는지 혹은 폭력이 그토록 지배적인 특성으로 자리하고 있는 어떤 운동을 억압하는데 있어 국가의 활동을 받아들였다는 이유로 교회가 단죄되어야만 한다는 것을 인정하기는 어렵다. 사실 아우구스티누스가 도나투스주의자들을 거스르는 법령을 단순히 수용하고 적용하는 것으로 만족하였다면, 테러리즘의 위협 속에서 살아가는 삶의 유형을 절대로 알지 못하였던 학자들이 그의 이름에 축적한 미움을 피했을 것이다. (…) 불행히도 아우구스티누스는 자신의 의견을 바꾸었다는 것을 — 그 누구도 그러한 상황에서 단죄할 수 없는 변경이다 — 타인과 구별되는 특징인 솔직함으로 인정하였다. 하지만 후에 그는 이를 통해 종교적 영역에 대한 박해를 정당화하기를 원했던 이들이나 그러한 박해를 고발하기를 원했던 이들에게 무기를 제공하면서 자신의 견해를 정당화하는 것으로 나아갔다. (…) 이

안에서 그는 불운한 운명을 갖게 되었다. 도나투스파에 대한 압제에 관한 아우구스티누스의 가르침에 대해 지난 세기에 일부 학자들이 행한 판단보다 오늘날 학자들이 더욱 균형 있는 판단을 할 수 있도록 희망한다.[79)]

주석

1) P. Brezzi, *I fondamenti filosofici del diritto e dello Stato in S. Agostino, in S. Agostino e le grandi correnti della filosofia contemporanea. Atti del Congresso Italiano di Filosofia Agostiniana*, Roma, 1955, p.196.
2) 『참된 종교』 XLVIII, 93.
3) 『신국론』 XIX, 4, 4; 『여든세 가지 다양한 질문』 30; 31.
4) 『참된 종교』 XXXI, 58.
5) 『자유의지론』 I, VI, 15.
6) 같은 책, I, VI, 14.
7) 『고백록』 III, 7, 13 - 8, 15.
8) 『자유의지론』 I, 5, 13.
9) 같은 곳.
10) 『자유의지론』 I, 15, 32; 『신국론』 XIX, 13, 2; 『혼인의 선익』 9, 9.
11) 우리는 특별히 다음의 학자들을 꼽는다. P. Brown, *Agostino* cit., p.234; R.A. Marcus, *Saeculum: History and Society in the Theology of St. Augustine*, Cambridge, 1970, p.98; K. Flash, *Agostino d'Ippona, Introduzione all'opera filosofica* (1980), Bologna, 1983, p.385.
12) 이 그룹 안에 우리는 다음의 학자들을 제시할 수 있다. P. Brezzi, *I fondamenti* cit., p.206; D.X. Burt, *Friendship and Society. An Introduction to Augustine's Practical Philosophy*, Grand Rapids (Michigan), 1999, p.135.

13) 『설교』 349, 1, 2.

14) 『신국론』 XV, 16, 3.

15) 『혼인의 선익』 1, 1; 『신국론』 XII, 21과 27; XIX, 5. 참조: W.J. Bourke, *The political Philosophy of St. Augustine*, in *Proceedings of the Annual Meeting of the American Catholic Philosophical Association*, St. Louis(Missouri), 1931, pp.51~52.

16) 『요한 서간 강해』 7, 1.

17) 『신국론』 XIX, 16.

18) 『혼인의 선익』 1, 1.

19) 『질서론』 II, 8, 25; II, 20, 54. 참조: V.J. Bourke, *The political Philosophy* cit., p.52.

20) 『서간』 137, 17; 『서간』 211, 12.

21) 같은 책, 153, 6, 26.

22) 『가톨릭교회의 관습과 마니교도의 관습』 I, 33, 70.

23) 『서간』 138, 2, 15.

24) 같은 책, 211, 9.

25) 『고백록』 III, 8, 15. 참조: H.A. Deane, *The Political and Social Ideas of St. Augustine*, New York, 1963, pp.117~153.

26) 『신국론』 II, 21, 2.

27) 같은 책, II, 18, 1-2. 참조: G.J. Lavere, *The Problem of Common Good in Saint Augustine's Civitas Terrena*, "Augustinian Studies", XIV, 1983, p.2.

28) 『신국론』 II, 21, 3.

29) 같은 책, II, 21, 4.

30) 같은 책, XIX, 24.

31) 같은 책, XIX, 24; 『서간』 153, 6, 26. 참조: N. Cipriani, *Il ruolo della Chiesa nella società civile: la tradizione patristica*, in *I cattolici e la società pluralistica. Il caso delle leggi imperfette,*

Bologna, 1996, p.145.

32) 『신국론』 XIX, 17.

33) 같은 책, XIX, 12, 2.

34) 같은 책, IV, 4.

35) A. Di Berardino, *I cristiani e la città antica nell'evoluzione religiosa del IV secolo*, in *Chiesa e Impero da Augusto a Giustiniano*, Roma, 2001, pp.213~223.

36) J. Ratzinger, *L'unità delle nazioni. Una visione dei padri della Chiesa*(1971), Brescia, 1973, pp.104~109; E. Gilson, *La città di Dio e i suoi problemi*, Milano, 1959, pp.80~82; R. Pezzimenti, *Società aperta e i suoi amici*, Messina, 1995, p.98.

37) G. Bonner, "Quid imperatori cum Ecclesia?" *St. Augustine on History and Society*, "Augustinian Studies", II, 1971, pp.238~241.

38) 『신국론』 XIX, 13, 1.

39) 같은 책, II, 21, 2.

40) 『자유의지론』 I, 6, 14.

41) 『신국론』 V, 19.

42) N.H. Baynes, *The political Ideas of St. Augustine's* "De citivate Dei", London, 1955, p.16.

43) 『삼위일체론』 XIII, 13, 17.

44) 『시편 상해』 108, 4.

45) 『서간』 153, 6, 16.

46) 『자유의지론』 I, 15, 32.

47) 『신국론』 V, 1.

48) 같은 책, V, 24.

49) 같은 책, XXII, 6, 2.

50) 『구약 칠경에 관한 질문』 VI, 10.

51) 『파우스투스 반박』 XXII, 74-75.

52) 『설교』 302, 13. 참조: G. Combès, *La doctrine politique de Saint Augusti*n, Paris, 1927, p.188.

53) 『서간』 152, 2; 153, 2-3. 참조: N. Cipriani, *La violenza nel pensiero di S. Agostino*, in *La violenza*, Bologna, 1998, pp.251~253.

54) 『로마서 명제 해설』 64[72].

55) E. Lamirande, *Church, State and Toleration: an Intriguing Change of Mind in St. Augustine*, Villanova(Pennsylvania), 1975, p.18; pp.70~76.

56) Ch. Boyer, *Sant'Agostino e i problemi dell'ecumenismo*, Roma, 1969, pp.106~112.

57) 『서간』 93, 5, 17.

58) 같은 책, 185, 7, 25.

59) 『페틸리아누스 서간 반박』 II, 83, 184.

60) 『서간』 105, 4; 포시디우스, 『아우구스티누스의 생애』 12. 참조: Ch. Boyer, *Sant'Agostino e i problemi* cit., p.108; W.H.C. Frend, *The Donatist Church*, Oxford, 1952, p.260.

61) R.A. Marcus, *Saeculum* cit., p.141.

62) 『서간』 105, 2, 4.

63) 같은 책, 88, 7; 105, 2, 4. 참조: G. Bonner, *St. Augustine* cit., pp.263~264.

64) 『서간』 185, 7, 25.

65) 같은 책, 185, 7, 26.

66) 같은 책, 93, 3, 10

67) 같은 책, 185, 7, 26.

68) 같은 책, 88, 8.

69) 『파르메니아누스 서간 반박』 I, 10, 16.

70) 『서간』 133, 3. 『서간』 100에서 아우구스티누스는 "저는 아프리카 교회가 그토록 심각한 고통을 겪지 않기를 원합니다. 이는 어떠한 지상 권위의 도움을 필요로 하지 않기 위함입니다"라고 적고 있다.

71) 『서간』 93, 1, 2. 참조: N. Cipriani, *La violenza* cit., pp.264~268.

72) 같은 책, 93, 5, 17.

73) 같은 책, 133, 2; 134, 1-2.

74) 같은 책, 139, 2.

75) 같은 책, 133, 1.

76) P. Brown, *Agostino* cit., p.232.

77) R.A. Marcus, *Saeculum* cit., p.140.

78) N. Cipriani, *La violenza* cit., p.266.

79) G. Bonner, *St. Augustine* cit., pp.307~308.

/연/대/표/

- 354 11월 13일 아우구스티누스가 파트리키우스와 모니카로부터 누미디아의 로마 속주 마을인 타가스테〔오늘날 알제리의 수카하라스(Souk-Ahras)〕에서 태어나다.
- 361 글 선생(*litterator*)의 지도하에 학업을 시작하다.
- 367 학업을 계속하기 위해 마다우라로 가다.
- 370 가정의 경제적 어려움으로 인해 학업을 중단하고 타가스테로 돌아오다.
- 371 후원자인 로마니아누스의 도움을 통해 수사학 공부를 위해 카르타고로 가다. 한 여성과 동거하다. 아버지가 사망하다.
- 372 동거하는 여성에게서 아들인 아데오다투스가 태어나다.
- 373 키케로의 『호르텐시우스』를 읽고 철학적 이상

을 받아들이다. 마니교에 경청자로 결속하다.

• 374 문법을 가르치기 위해 카르타고에서 돌아오다. 어머니인 모니카가 아우구스티누스를 집에 받아들이지 않는다. 로마니아누스의 집에 손님으로 머문다.

• 375 다시 카르타고로 가서 웅변 학교를 열다.

• 383 마니교 주교인 밀레비의 파우스투스를 만나다. 마니교 가르침에 대한 의심이 커지다. 로마로 떠나다. 마니교 모임에 참석하면서도 아카데미아학파의 회의론으로 기울어지다.

• 384 마니교도의 도움으로 로마 시장 심마쿠스의 추천을 받아 수사학을 가르치기 위해 밀라노로 파견되다. 암브로시우스 주교를 만나다.

• 385 1월 바우토(Bauto)의 집정관직에 대한 칭송 연설을 하다. 초봄에 모니카가 도착하다. 11월 22일 발렌티니아누스 2세를 위한 칭송 연설을 하다.

• 386 암브로시우스의 강론을 경청하다. 플로톤주의자들의 서적을 읽다. 선종한 수사학자 마리우스 빅토리누스의 벗이었던 심플리키아누스 신부를 만나다. 그리고 폰티키아누스가 방문하다. 바오로의 서한을 읽다. 가톨릭 신앙으로 돌아오다. 10월 중순 수사학 선생을 그만두다. 11

월 초 가족 및 친구들과 함께 브리안자의 카시치아쿰으로 가다. 『아카데미아학파 반박』, 『행복한 삶』, 『질서론』을 저술하다. 체류 마지막 시기에는 『독백』을 편집하다.

• 387 밀라노로 돌아오다. 성 토요일 밤(4월 24~25일)에 아들인 아데오다투스 및 벗인 알리피우스와 함께 암브로시우스로부터 세례를 받다. 여름에 아프리카로 돌아가기로 결심하다. 로마 체류 동안 『영혼의 위대함』, 『가톨릭교회의 관습과 마니교도의 관습』 그리고 『자유의지론』 제1권을 저술하다. 오스티아 티베리나에서 어머니인 모니카가 사망하다.

• 388 아프리카로 돌아와 친구들과 함께 아버지가 남겨준 타가스테의 집에서 살면서 공동생활의 계획을 실현하다.

• 389 『교사론』을 저술하다.

• 389~391 『참된 종교』를 편집하다. 아들인 아데오다투스가 사망하다(390). 히포에서 발레리우스 주교에 의해 사제로 서품되다(391). 『자유의지론』을 완성하다.

• 395~396 주교로 축성되어 히포 교구의 수장이 되다.

• 399~419 『삼위일체론』을 저술하다.

• 400~412 도나투스주의와의 논쟁. 411년 카르타고에서

가톨릭 주교들과 도나투스파 주교들 사이에 대토론회가 개최되다. 아우구스티누스가 중심 역할을 하다.

- 412 펠라기우스주의와의 논쟁을 시작하다.
- 413~427 여러 차례의 시간적 간격 상황에서 『신국론』을 편집하다.
- 426 에라클리투스 신부를 후계자로 임명하다.
- 427 『재론고』를 끝맺다.
- 430 8월 28일 반달족이 히포 시를 포위하고 있는 동안 아우구스티누스가 히포에서 선종하다.

부록

아우구스티누스 철학의 비판적 해석

부 록 • 아우구스티누스 철학의 비판적 해석

1. 아우구스티누스의 중세 유산
2. 르네상스와 근대의 첫 세기에서의 아우구스티누스
3. 자유주의의 해석과 가톨릭 배경의 역사 기술에서 바라본 관점
4. 철학적 전환
5. 문헌학적 전환
6. 형식논리학과 언어분석적 전환
7. 결론

1. 아우구스티누스의 중세 유산

아우구스티누스는 반론의 여지 없는 서방의 스승이다. "진정 그에게 필적할 만한 이가 없다"〔외젠 포르탈리에(E. Portalié)〕. 중세 철학에 대한 그의 영향력은 대단하다. 이는 그의 식견 중 많은 부분이 라틴-게르만 세계에 아리스토텔레스가 유입된 후에도 여전히 살아 있고 활기차게 남아 있었다는 사실을 통해서도 확인된다.

중세 아우구스티누스주의의 역사는 여전히 글로 기록되지 않았다. 이는 적어도 다음과 같은 세 차원에서 심화한 탐구를 요구한다. 1. 아우구스티누스에게 명확하게 의존하는 저자들 안에 나타난 아우구스티누스주의(예를 들면, 프란치스칸 경향)에 관한 연구. 2. 상이한 사색 방향을 가진 저자들 안에 나타난 아우구스티누스 인용문과 그의 사상에 대한 활용에 관한 연구. 3. 아우구스티누스를 명확하게 언급하고 있지 않지만, 그의 사상과 깊이 유사하게 드러나는 본문들 안에서의 아우구스티누스의 현존. 간략하게 말한다면, 중세 아우구스티누스주의는 함축된 모든 것을 다루거나 여기에서 해결할 수 없을 정도로 복잡한 문제이다. 우리는 여기서 표본(*specimen*)에 한정 짓기로 한다. 방향을 가리키는 이 명칭에 해석학적 기준으로 이미 오래전 철학사에서 획득한 범주인 '아비켄나식 아우구스티누스주의'(agostinismo avicennizzante)와 '아베로스식 아우구스티누스주의'(agostinismo averroizzante)뿐 아니라 '디오니시우스식 아우구스티누스주의'(agostinismo dionisizzante)와 '플라톤식 아우구스티누스주의'(agostinismo platonizzante)를 기본적으로 구분하는 것이 필요하다. 하지만 이 작은 수레 안에서 순서대로 진행해 보자.

아우구스티누스의 중세 유산과 관련해 네 시대를 구분한다. (a) 첫 번째 시대는 아우구스티누스의 사망 후 첫 4세기, 곧 430년부터 9세기 중반까지 아우른다. (b) 두 번째 시대는 9세기 중반부터 12세기 말까지이다. (c) 세 번째 시대는 13세기이다. (d) 네 번째 시대는 14세기와 15세기이다.

(a) 첫 번째 시대는 백과전서 주의로 특징지어진다. 중세 초기 지식을 종합한 모든 저술가가, 비록 내용 면에서는 플리니우스(Plinius)와 다른 고대 저술가들에게 의존하고 있음에도 불구하고, 『재론고』(I, 6)와 『그리스도교 교양』(II, 25와 이어지는 본문)에 나타나는 아우구스티누스의 계획에 영감을 받은 것이다. 곧 카시오도루스(Cassiodorus, 570년경 사망)의 『규정집』(*Institutiones divinarum et saecularium litterarum*), 세비야의 이시도루스(Isiodorus, 630년 사망)의 『어원』(*Origiens o Etymologiae*)과 『사물들의 본성』(*De natura rerum*), 베다(Beda, 735년 사망)의 『사물들의 본성』(*De rerum naturae*), 라바누스 마우루스(Rabanus Maurus, 856년 사망)의 『성직자들의 규

정집』(*De clericorum institutione*)과 『사물들의 본성』(*De rerum naturis*) 등이다. 아우구스티누스의 마음 안에서 추구된 백과사전의 요구는 문화적 그리고 학문적 상황이 변화한 이어지는 세기들에서도 현존한다. 굴리엘모 드 콩슈(Guglielmo de Conches, 1145년 사망), 우고 디 산 비토레(Ugo di S.Vittore, 1141년 사망) 그리고 루제로 바코네(로저 베이컨, Ruggero Bacone, 1292년 혹은 1294년 사망) 등을 염두에 두기 바란다. 비록 아우구스티누스가 논의의 여지가 없는 권위를 지니고 있지만, 그 시대가 요구하는 것을 충족하기 위해 필요한 것 이상으로 그의 작품에 대한 연구는 영혼의 영신성과 사멸성과 같은 주제처럼 그의 사상 중 일부 측면을 심화하는 필요성을 느끼게 된다. 이는 시간상으로 멀리 떨어져 구별되는 두 순간에 일어난다. 곧 우리에게 『여러 가지 책』(*Variae*) 12권으로 전해져 오는 카시오도루스의 『영혼론』(*De anima*)과 알퀴누스(Alcuinus, 804년 사망)의 『영혼의 이성』(*De animae ratione*)이다.

(b) 두 번째 시대에서 우리는 5개의 구분되는 경향을 확인할 수 있다. 곧 디오니시우스식 아우구스티누스주의 또는 보다 정확히 말하면 아우구스티누스식 디오니시우스주의, 아우구스티누스의 정신 안에서 아우구스티누스의 철학에 대한 독창적 재고(再考), 아우구스티누스식 플라톤주의, 사변적이요 신비적인 아우구스티누스주의, 문학적-수사학적-신비적 아우구스티누스주의 등이다.

르네상스까지 중세 전체를 아우르는 경향인 디오니시우스식 아우구스티누스주의의 첫 대표자는 870년에 사망한 요하네스 스코투스 에리우게나(Johannes Scotus Eriugena)이다. 그는 『본성의 구분』(*De divisione naturae*)이라는 방대한 작품에서 프로클루스

(Proclus)에게서 유래한 위-디오니시우스의 신플라톤주의를 아우구스티누스가 이룩한 신플라톤주의에 대한 그리스도교적 사용으로 화해를 이루고자 노력하고 있다. 여기서 지속적인 동요와 모호함이 등장한다. 예를 들면, 이성과 신앙의 관계에 대해 스코투스가 아우구스티누스의 노선을 따르고 있는 것처럼 보인다면—『예정론』(*De praedestinatione*) I, 1과 『참된 종교』 V, 8 그리고 『본성의 구분』과 『질서론』 9, 26을 비교하는 것만으로도 충분할 것이다—신적 본성에 관한 것에 대해서는 근본적으로 거리를 둔다. 다음과 같은 사실만을 염두에 두어도 충분하다. 곧 『본성의 구분』 II에서 그 자체로 선하고, 그 자체로 존재하고, 그 자체로 생명이며, 그 자체로 지혜이고, (…) 그 자체로 영원한 근본 원인들은 신적 본질의 부분을 차지하지만 하느님과 피조물 사이의 중간 위치를 점유하고 있다. 따라서 아우구스티누스가 비판하고 극복한 신플라톤주의의 요소에서 위-디오니시우스와 프로클루스에게서 거슬러 올라가는 노선을 따라 플로티누스에게 회귀하게 되는 것이다.

스콜라 철학에서 위대한 첫 귀재는 의심의 여지 없이 아오스타 혹은 캔터베리의 안셀무스(1109년 사망)이다. 이 사색가의 『전집』(*Opera omnia*)은 아우구스티누스의 정신 안에서 행해진 하지만 아프리카 수사학자의 논리학과는 매우 거리가 있는 무미건조하고 본질적인 산문체로 표현된 예리하고도 통찰력 있는 논리학의 도움을 받으면서 이루어진 아우구스티누스의 전체 문제에 관해 매우 독창적인 재숙고이다. 안셀무스의 아우구스티누스주의를 이해하기 위해 예로써 『모놀로기온』(*Monologion*) I, 1-6과 『고백록』 X, 6-26 그리고 『프로스로기온』(*Proslogion*) II, 1-5와 『그리스도교 교양』 I, 7를 비교하는 것으로 충분하다.

사르트르학파(990~12세기 말)의 출현으로 비록 아리스토텔레스적 요소에 의해 오염된 플라톤주의의 부활에 일조한다. 아카데미아학파의 창시자가 보에티누스, 아우구스티누스, 세네카 그리고 직접적인 방식으로는 『티마이오스』를 통해 재발견된다. 아우구스티누스의 관심에서 『티마이오스』를 읽으면서 범신론의 위험을 거의 피하게 되었다. 그렇지만 혼란은 여전히 남아 있다. 예를 들면, (11세기와 12세기 사이에 살았던) 사르트르의 베르나르두스에게 이데아는, 비록 하느님의 생각 안에 내재적이지만, 영원하나 하느님과 영원히 공존하지 않는다. 이 확언에서 스코투스 에리우게나의 유산을 확인할 수 있다.

빅토르주의자들의 철학적·신비적 사색은 온전히 정통의 노선에 그리고 정교하게 아우구스티누스의 경향에 있다. 위그 드 생빅토르(1141년 사망)의 『디다스칼리콘』(*Didascalicon*)이 아우구스티누스가 계획한 백과사전의 근대적 개작이라는 사실을 제외하고 — 자유 학예와 함께 위그가 전문적 인문학까지 염두에 두고 있다는 사실이 흥미롭다. 이는 변화된 사회-경제적-문화적 환경의 표지이다 — 아우구스티누스의 유산은 무엇보다 빅토르주의자들의 신비주의와 영혼의 형이상학에서 확인된다. 위고가 말하는(PL CLXXVI, col. 764b) 인식의 세 단계, 곧 사유(*cogitatio*), 심사숙고(*meditatio*), 관조(*contemplatio*) 혹은 리카르두스의 『관조의 은총』(*De gratia contemplationis*)에 나타나는 상상(*imaginatio*), 추론(*ratio*), 지성적 인식(*intelligentia*)이라는 세 분할을 염두에 두는 것으로 충분할 것이다. 여기 마지막 단계에서 우리는 아우구스티누스의 정신 안에서 이루어진 또 다른 세 분할을 발견한다. 곧 하느님을 비유적으로 볼 때 나타나는 정신의 팽창(*dilatatio mentis*), 하느님을 거울에 비추어 보듯 볼 때 생겨나는 정신의 고양(*sublevatio mentis*), 하느님을 "그분의 순수한 진리 안에서" 관조할 때 검증되는 정신의 분리(*alienatio mentis*) 등이다. 아우구스티누스는 이토록 깊이 빅토르주의자들과 동일시되어, 그들의 본문을 사실상 아우구스티누스의 본문과 교환할 수 있을 정도였다. 예를 들면 『디다스칼리콘』 II, 20과 『신국론』 XIV, 28을 비교해 보면 알 수 있다.

(c) 13세기는 스콜라 철학의 황금시대이다. 이 시기에 아우구스티누스주의의 가장 심오한 주제들에 관해 재탄생한 숙고의 정점을 이루지만, 아리스토텔레스와 아랍과 히브리 철학의 도래로 로마-게르만 서구의 철학에서 새로운 철학의 시작도 형성한다. 하지만 새롭고 첫눈에 볼 때 호기심을 갖게 하는 사실이 나타난다. 곧 아우구스티누스주의가 철학적 흐름으로서 사라져 가는 순간에 다수의 측면을 통해, 바로 민감한 점에서 혹은 적어도 부차적이지 않은 측면에서, 처음에 볼 때는 아우구스티누스의 사상과 상당히 거리가 먼 것처럼 보이는 사상의 경향에서 생존하면서 아우구스티누스주의의 활력을 드러내고 있다. 이는 토미즘의 경우가 될 것이며, 14세기부터는 스코투스주의와 오컴주의의 경우가 될 것이다.

13세기에는 다양한 사상의 경향이 구분된다. 궐리엘무스 알베르누스(Guilielmus Alvernus, 1249년 사망)는 자신의 『하느님의 교도권』(*Magisterium divinale*)이라는 작품에서 활용하고 있는 아랍인들과 아리스토텔레스에 대한 직접적인 지식을 드러낸다. 하지만 이 작품 전체에 영감을 불어넣어 주고 있으며 이 작품을 지탱하는 체계를 제공하는 저자는 아우구스티누스이다. 귈리엘무스가 따르지 않는 아우구스티누스의 주장은 없다. 하지만 새로운 문화적 풍토의 제 문제(諸問題)와 관심에 대한 이해가 아우구스티누스의 주장을 다시금 현시성을 부여하고 있다. 이는 분리된 능동 지성(*intelletto agente*)이 아우구스티누스의 관점에서 행한 해석에서 볼 수 있다(『영혼론』 *De anima* VII, 6). 또한 헨리쿠스 간다벤시스(Henricus Gandavensis, 1293년 사망)에게서 아비켄나(Avicenna)의 흔적을 발견하지만, 그의 아우구스티누스주의는 더욱 순수하다. 무엇보다 다음의 확언을 보자. "모든 신적 조명이 배제된다면, 인간은 오직 자신의 순수 본성적 능력만을 사용하면서 진리를 이해하지 못하게 된다. 순수 본성적 능력만으로는 하느님이 제시하고 어떠한 본성적 필요성 없이 원하는 이에게서 제거하는 영원한 빛의 규칙까지 도달할 수 없다"(『신학대전』 *Summa theologica* I, 2, 19).

13세기 프란치스코회 사상은 두 흐름으로 이루어진다. 하나는 철학적-신학적 흐름으로 이를 대변하는 대다수 학자에게는 가장 강한 흐름이다. 다른 하나는 과학적-신학적 흐름이다. 첫 흐름에 다음과 같이 이들이 속한다. 알렉산더 할렌시스(Alexander Halensis, 1245년 사망), 그의 『대전』(*Summa*)은 아리스토텔레스주의가 출현하기 전 아우구스티누스 체계에 대한 가장 유기적인 종합이다. 요하네스 데 루펠라(Johannes de Rupella, 1245년 사망), 그의 『영혼에 관한 대전』(*Summa de anima*)에 아비켄나식 아우구스티누스주의가 작은형제회에서 처음으로 나타난다. 바뇨레지오의 보나벤투라(Bonaventura, 1274년 사망), 『페트루스 롬바르두스 금언에 대한 주석 4권』(*Commentarii in quattuor libros Sententiarum Petri Lombardi*)부터 『육일 창조에 관한 담화』(*Collationes in Hexaemeron*)

에 이르기까지 전 작품에서 그는 아우구스티누스의 방법론을 수용하면서 그가 갖고 있던 제 문제(諸問題)에서 시작하여 탐구하는 것 외에 다른 것을 하지 않는다. 이는 『학문의 신학으로의 환원』(*De reductione artium ad theologiam*)과 무엇보다 그가 지닌 사상의 참된 요약본인 『하느님을 향한 영혼의 여정』(*Itinerarium mentis in Deum*)에서 볼 수 있다. 위-디오니시우스와 아비켄나를 인용하지만, 보나벤투라의 철학은 아우구스티누스의 정신 안에서 형성된다. 곧 피조물에 대한 조망, 내향성, 가변적 인간 본성의 초월이다. "외부는 흔적을 통해, 내부는 모상을 통해 그리고 빛을 통해 초월"(*extra per vestigium, intra per imaginem et supra per lumen,* 『하느님을 향한 인간의 여정』 V, 1). 사실 세상에서 발견되는 흔적(*vestigia*)을 통해 그리고 흔적(*vestigia*) 안에서(『하느님을 향한 인간의 여정』 제2장), 영혼 안에 있는 모상(*imago*)을 통해 그리고 모상(*imago*) 안에서(『하느님을 향한 인간의 여정』 제3~4장), 하느님을 존재요 선으로 관상하는 빛(*lumen*)을 통해 그리고 빛(*lumen*) 안에서(제5~7장) — 여기에 영혼의 신비적 황홀경이 뒤따른다 — 영혼이 하느님께 항상 더 가까이 나아가는 여정을 보여 준다. 보나벤투라의 이 여정은 아우구스티누스의 여정과 마찬가지로 지성적이요 동시에 존재론적 여정임을 잊어서는 안 된다.

비록 이 프란치스코 회원은 이렇게 저 프란치스코 회원은 저렇게 특정한 이런저런 가르침에 있어서 아우구스티누스와 궤를 달리하지만, 아우구스티누스의 철학을 지탱하는 구조를 견지한다는 면에서는 깊은 충실성을 엿볼 수 있다. 하느님을 존재함(*Esse*)이요 개념들의 자리로 보는 생각, 몸을 사용하는 영혼의 작용으로 이해된 지식, 조명의 이론, 영혼의 영적인 성격과 불멸성,

물질이 지니는 긍정적인 성격, 종자적 이성(*rationes seminales*)과 같은 것을 공통된 요소이다. 우리는 아우구스티누스의 정신 안에서 자신들의 생각을 펼치는 수많은 사상가에 관해 이야기하고 있다. 여기서는 그중에 몇 사람만 언급한다. 『지혜』(*Sapientiale*)라는 제목이 붙은 여섯 권의 작품을 남긴 요크의 토마스(Tommaso di York, 1260년 사망), 『명제집 주해』(*Commento alle Sentenze*)와 『토론문제집』(*Quaestiones disputatae*)의 저자인 브루게즈의 괄티에로(Gualtiero di Bruges, 1307년 사망), 다른 『명제집』과 『문제집』의 저자인 마태오 다쿠아스파르타(Matteo d'Acquasparta, 1302년 사망), 『토론문제집』을 저술한 루제로 마르스톤(Ruggero Marston, 1303명 사망)이다.

작은형제회의 문화적 사조, 학문적이고 신학적인 사조에 따라서는 로베르토 그로사테스타(Roberto Grossatesta, 1253년 사망)와 루제로 바코네(로저 베이컨, Ruggero Bacone, 1292 혹은 1294년 사망)가 가장 뛰어난 이들 가운데 손꼽힌다. 이 사상가들의 관심이 무엇보다 학문적이고 신학적인 것이었다면(이는 누구보다 바코네에게서 두드러진다), 그들 연구의 뿌리와 목적은 아우구스티누스의 인상을 분명히 드러낸다. 이는 「엑세텔의 아담에게 보낸 편지」(*Lettera ad Adamo di Exeter*), 『진리에 관하여』(*De veritate*)와 『자유의지론』(*De libero arbitrio*) 논고에서 드러난다. 그로사테스타는 이 저작들에서 아우구스티누스의 『전집』(*Opera omnia*)의 관점을 완전히 공유하면서 이를 직접적으로 잘 알고 있음을 보여 준다. 클레멘스 4세 교황에게 보낸 편지에서는 바코네의 보다 독특한 입장이 드러나는데, 그는 거기서 학문적으로 조직된 그룹 작업의 첫 직관으로, 도덕에서 경험과학, 광학, 수학, 언어학을 망라하는 방대한 연구

계획 중에 아우구스티누스의 『그리스도교 교양』을 새로 쓴다고 명시적으로 선언한다.

무엇보다 놀라운 것은 첫눈에 보기에는 역설적이게도 아리스토텔레스적인 토마스 아퀴나스(Thomas Aquinas, 1274년 사망)가 많은 면에서 아우구스티누스주의자로 여겨지는 보나벤투라와 모든 프란치스코회의 아우구스티누스주의보다 더 아우구스티누스에 가깝다는 사실이다. 아우구스티누스가 시작했다고 여겨지는 형태의 복수성에 관한 이론은 사실 이븐 가비롤(Ibn Gabirol)의 것이다. 『요한 강해』(*Tractatus in Joannem*) XIV, 1, 15; 『서간집』(*Epistulae*) CXXXVII, III, 11; CCXXXVIII, II, 12; 『삼위일체론』(*De Trinitate*), V, 8, 8; XV, 7, 11을 『신학대전』(*Summa Theologiae*) 제1부 제75문과 대조해 보는 것만으로도 이에 관한 토마스의 아우구스티누스주의를 깨닫기에 충분하다. 개별적인 하나의 경우에 대해 이야기하는 것이 아니다. 토마스의 모든 변신론은 "자존하는 존재 자체"(*ipsum esse subsistense*)로서의 하느님 개념에서부터 시작하여 하느님의 정신 안에서 개념들의 내재에 이르기까지 아우구스티누스주의를 요체로 이루어져 있다. 아퀴나스가 "재반론"(*Sed contra*) 부분에서 아우구스티누스를 인용하는 경우가 많은데, 이는 "답변"(*Respondeo dicendum*)에서 유추할 수 있는 것처럼 이 주장의 근거가 된다. 이를 별개로 하더라도, 토마스가 아우구스티누스의 개념을 표현하기 위해서 아리스토텔레스적인 언어를 필요로 하고 있다는 인상을 종종 받는다. 당시 이미 아우구스티누스주의의 언어는 변화한 문화적 상황에서 구식이 되어 버렸기 때문이다. 하지만, 우리를 더욱 당혹스럽게 하는 것은 토마스가 (명시적으로) 아우구스티누스를 인용하지 않은 채, 아우구스티누스의 문장 전체를 사용하는 것이 여기저기서 발견된다는 점이다. 이 문장은 다른 단어로 표현되어 있지만, 깊은 유사점을 지닌다. 이와 관련해서 『이교도대전』(*Summa contra Gentiles*), I, 4를 『질서론』(*De Ordine*), II, 5, 15와 비교해 볼 수 있다.

도미니코회에서도 리처드 피세이커(Richard Fishacre, 옥스퍼드에서 1240년부터 1248까지 가르침)와, 토마스 아퀴나스마저도 공격했던 몇몇 아리스토텔레스주의에서 파생된 주장을 단죄하는 데 있어서 파리에 있던 그의 동료 스테파노 템피에르(Stefano Tem- pier)와 경쟁한 것으로 알려진 캔터베리 대주교 로버트 킬워드비(Robert Kilwardby, 1279년 사망)를 아우구스티누스주의 노선을 따르는 이들로 꼽는다.

(d) 14세기와 15세기 철학과 문화에서 아우구스티누스의 존재는 다양한 형태로 자신을 드러낸다. 순수한 형태의 아우구스티누스주의는 더 이상 존재하지 않는다. 에지디오 로마노(Egidio Romano)와 같이 아우구스티누스를 토미즘의 보다 설득력 있는 결과들과 조화시킨 이가 있고, 다른 아우구스티노회 회원인 오르비에토의 우골리노 말라브랑카(Ugolino Malabranca di Orvieto)처럼 아우구스티누스를 언급하면서 하느님 자신을 우리의 지성을 "형상적으로" 조명하고 도와주는 "능동적 지성"(*intellectus agens*)으로 보는 이도 있다. 끝으로, 리처드 피츠랄프(Richard FitzRalph)처럼, 질송(E. Gilson)이 '아베로스식'[1] 아우구스티누스주의라고 부른 것과 같은, 다른 종류의 아우구스티누스주의의 문을 열면서, 아베로스의 능동적 지성을 하느님과 동일시하는 경우도 있다. 이후 아우구스티누스주의는 라인 지방의 신비신학〔에크하르트(Eckhart), 타울레루스(Taulerus), 수소네(Susone)〕으로 접어들면서 진정한 변화를

맞이한다. 이는 종종 이단의 영역으로 넘어가기도 한다. 위-디오니시우스로의 회귀나 위-디오니시우스를 통해서 프로클루스(Proclus)나 플로티누스(Plotinus)로 회귀하는 경우가 드물지 않다.

요한 둔스 스코투스(Johannes Duns Scotus, 1308년 사망)와 그의 후계자들이 아우구스티누스를 이용한 것은 보다 흥미롭다. 매우 젊은 나이에 죽은 이 철학의 천재의 『정리집』(*Ordinatio*) 전체는 존재의 일의성(*univocità*)이라는 새로운 개념에 비추어 아우구스티누스를 근본적으로 재검토한 것이다. 이미 이 기념비적인 작품의 서언은 전부 아우구스티누스주의를 중심으로 한다. 여기에는 무한자를 그 대상으로 지니는 인간의 갈망과 여정 중에 있는 인간(*homo viator*)은 자연적인 도구만으로는 이 무한자에 도달할 수 없다는 사실 사이의 불균형이 있다. 여기서 철학의 필요성과 동시에 불충분성이 드러난다. "그 본성으로 인하여"(*ex natura potentiae*)라는 스코투스적인 표현의 지향적 상관과 "현재 상태에서"(*pro statu isto*)라는 역시 스코투스적인 표현 사이의 대조는 원죄 이전과 이후 인간의 상태 사이에 있는 아우구스티누스주의의 이분법을 변화된 문화적 환경에 다시 도입하게 한다.

하위징아(Huizinga)가 "중세의 가을"이라고 불렀던 이 시기에 얼마나 아우구스티누스주의가 여전히 생생하고 활력이 있었는지는 아우구스티누스주의의 요청이 오컴주의와 같이 여러 면에서 아우구스티누스의 생각과 대척점에 놓여 있는 사상의 흐름 안에서도 살아남았다는 사실에서 알아볼 수 있다. 오컴의 윌리엄(Guglielmo di Ockahm, 1349년 사망)은 『논리학 대전』(*Summa logicae*)의 「서문」(*Epistola proemiale*)에서처럼(『그리스도교 교양』, II, 31, 48을 인용), 자신의 주장을 공고히 하기 위해서나 용어의 개념(*terminus conceptus*)을 소리 말(*termine prolatus*)과 적힌 말(*terminus scriptus*)로부터 구분할 때 여러 차례 아우구스티누스를 인용한다. 『논리학 대전』 I, 1에서 그는 『삼위일체론』(*De Trinitates*) XV, 10, 19을 명시적으로 인용한다. 어떤 사상가도 아우구스티누스처럼 기호에 관한 문제를 다루지 않았다는 것은(『교사론』 *De magistro* 1, 1-2; 4, 8; 2, 3; 2, 4와 같은 경우를 생각해 보라) 놀랄 일은 아니다. 잘 알려진 것처럼 이러한 문제는 일반적으로 스콜라학의 기호론에서, 특별히 오컴주의의 기호론에서 근본적이다. 자신의 『명제집 주해』(*Commento alla Sentenze*)에서 아우구스티누스주의와 현상학을 혼합(*contaminatio*)한 프란치스코회 회원인 피에트로 아우렐로(Pietro Aurelo, 1322년 사망)나 오컴과 아우구스티누스 사이에서 왔다 갔다 하는 입장을 지닌 아우구스티노회 회원 그레고리오 다 리미니(Gregorio da Rimini, 1358년 사망)와 같은 사상가들에서는 아우구스티누스주의의 기능이 더 복잡하다.

마지막으로 전-인문주의와 인문주의에서 이루어진 아우구스티누스의 재발견을 상기해야 한다. 프란체스코 페트라르카(Francesco Petrarca, 1374년 사망), 콜루치오 살루타티(Coluccio Salutati, 1406년 사망), 조반니 도미니치(Giovanni Dominici, 1419년 사망), 레오나르도 브루니(Leonardo Bruni, 1444년 사망)가 비록 사변적 천재성은 떨어지지만, 아우구스티누스주의의 물길 안에 머물고자 하는 반면, 쿠사노(Cusano, 1464년 사망), 피치노(Ficino, 1499년 사망), 미란돌라의 조반니 피코(Giovanni Pico della Mirandola, 1494년 사망)는 그렇지 않다. 그들은 세상에 대한 자신들의 관점을 만들기 위해서 아우구스티누스를 이용한다. 하지만, 마지막에 언급한 이 저술가들은, 시기적으로는 15세기에 속한다고 하더라도, 사실상 인본주의와 르네상스라는 다른 문화적 환경에 속한다.

2. 르네상스와 근대의 첫 세기에서의 아우구스티누스

인쇄된 책의 역사는 아우구스티누스 작품들의 첫 번째 판본과 연관되어 있다. 『전집』(*Opera omnia*)의 단행본들은 1506년 바실레아에서 요한 아머바흐(Johann Amerbach)의 판형으로 등장한다. 이 판본은 거의 완결된 판본이지만, 아우구스티누스가 저술하지 않은 책 일부를 포함하고 있었다. 우리는 인쇄소에서, 초안의 교정자와 목차의 편집자와 같은 종교개혁의 미래 주역들을 발견한다. 1529년 로테르담의 에라스무스(Erasmus da Rotterdam)는 아우구스티누스 『전집』의 제2판 작업을 마쳤다. 아머바흐와 달리 에라스무스는 잘 보존된 옛 사본들을 갖고 있었을 뿐만 아니라, 고전 작가들의 출판을 통해 획득한 비판적 작업의 풍부한 경험도 갖추고 있었다.[2)]

16세기는, 경직되고 엄격한 방식으로 해석된 아우구스티누스주의의 몇 가지 주장에서 시작해서, 원죄, 정욕, 의화에 관한 성 바오로의 가르침을 재발견하고자 한 루터(Martin Luther, 1546년 사망)와 칼뱅(Jean Calvin, 1564년 사망)의 작품들로 두드러진다. 루터는 자신이 수도원에 있었던 기간을 언급하면서, "나는 아우구스티누스에게 빠져 있었지, 읽지는 않았다"라고 인정한다. 하지만 루터는 『노예 의지론』(*De servo arbitrio*)에서 아우구스티누스에게 있어서 우발적인 표현인 몇몇 주장들을 급진화하고 그렇게 결정적으로 아우구스티누스로부터 멀어진다.[3)] 칼뱅은 교회 교부들과

보다 가까운 것으로 보이지만, 그 역시도 은총에 대한 생각과 펠라기우스에 대항하여 선언된 예정론에 대한 생각을 극단화하면서나 오직 믿음에 따른 의화라는 의화와 관련된 루터의 원칙을 보존하면서 아우구스티누스로부터 분명히 멀어진다.[4] 17세기 프랑스에서는 바이오(Baio, 1589년 사망)와 얀센(C. Jansen, 1638년 사망)의 작품에 나타난 은총에 대한 교의에 관해서 새로운 신학적 논쟁이 불붙는다. 바이오는 은총과 공로의 개념에 대해 주로 법적인 해석을 하면서, 은총과 본성을 혼동하고자 아우구스티누스에게 호소한다. 얀센은 많은 본문을 글자 그대로 가져다 씀에도 불구하고, 사실상 아우구스티누스의 가르침을 저버린다. 그는 현재 인간 본성과 자유의지의 철저한 타락을 강조하고 은총에 대해 자유를 희생시킨다.

동시에 이러한 신학적 논쟁에서 아우구스티누스주의는 토마스 캄파넬라(Tommaso Campanella, 1639년 사망)의 철학에서 결정적인 역할을 수행한다. 『형이상학』(*Metaphysica*)에서 아우구스티누스가 얼마나 많이 등장하는지 생각해 보라. 하지만, 그는 무엇보다 프랑스 철학이 각성하게 한다. 특별히 자의식과 조명에 관한 두 가지 아우구스티누스주의의 가르침이 철학적 사변을 풍성하게 하는 누룩이 된다. 철학사가들은 아우구스티누스의 "내가 속는다면 나는 존재한다"(*si fallor, sum*)가 데카르트(René Descartes, 1650년 사망)의 "나는 생각한다. 고로 존재한다"(*cogito ergo sum*)를 앞서고 있음을 인지한다. 『방법서설』(*Discours de la méthode*)과 『제1 철학에 관한 성찰』(*Meditationes de prima Philosophia*)의 출판 후에, 1637년 마르센(Marcenne)과 1648년 아르노(Arnauld)는 데카르트로 하여금 아우구스티누스의 저작, 특별히

『자유의지론』(*De libero arbitrio*) II, 3, 7; 『신국론』(*De civitate Dei*) XI, 26; 『삼위일체론』(*De Trinitate*) X, 10, 14의 몇몇 구절을 들어 그와 데카르트 사이에 있는 사상과 표현의 유사함을 보게 한다. 데카르트는 처음에는 아우구스티누스의 권위가 자신에게 유리할 수 있다는 생각에 만족했다. 얼마간의 시간이 지난 후에 마르센에게 보낸 한 편지에서 보다 정확히 이렇게 기록한다. "아우구스티누스는 나와 같은 방식으로 그것을 사용하지 않은 것으로 보인다." 그리고 이는 아우구스티누스가 자의식에 관해 다른 개념을 세밀히 완성한 때부터 분명히 그렇다. 비록 데카르트가 아우구스티누스의 저작으로부터 직접적으로 영향을 받았다고 인정한 적은 없다 하더라도, 그의 철학에 있는 아우구스티누스 사상의 반향이 현대인들 사이에 그토록 큰 관심을 불러일으키고, 그중 몇몇은 데카르트주의를 아우구스티누스주의의 한 발전으로 여긴다는 사실을 기억할 필요가 있다.[5] 적지 않은 경우에 많은 사람이 데카르트주의의 프리즘을 통해서 아우구스티누스 철학의 몇몇 주제를 발견한다. 이와 관련하여 우리는 말브랑슈(Nicolas Malebranche, 1715년 사망)를 떠올릴 수 있다. 그는 조명 이론으로부터 영감을 받았지만, 아우구스티누스주의 형이상학의 체계를 비틀만큼 존재론적인 해석을 내리는데 이르렀다. 아우구스티누스로부터 분명히 영향을 받은 또 다른 중요한 철학자는 파스칼(Blaise Pascal, 1662년 사망)이다. 무엇보다 『팡세』(*Pensées*)와 소책자들에 나타난 그의 인간학적 성찰은 많은 면에서 『고백록』(*Confessiones*)에 빚을 지고 있다. 비록 문헌적 인용은 하지 않는다 하더라도, 파스칼은 아우구스티누스 본문들에 대한 깊은 이해를 드러낸다.

1679년과 1690년 사이에 성 마우로 수도회의 베네딕토회 수도자들은 아우구스티누스의 모든 작품을 완전한 판본으로 출발하면서 그에 대한 기억에 가장 오래 남을 기념비를 세운다. 이 작업은 아우구스티누스 본문의 역사에 결정적인 진보를 이룩했으며 1841년 자크 폴 미네(Jacques Paul Migne)에 의해서 15권으로 재구성되어 『라틴 교부 총서』(*Patrologia Latina*)라는 이름의 전집의 한 부분으로 출판된다. 이 전집은 현대의 위대한 두 비판본의 기초가 된다. 이를 보완해서 비엔나 아카데미에서 편집한 『라틴 교회 저술가 전집』(*Corpus Scriptorum Ecclesiasticorum Latinorum*, CSEL, 1887~)과 투른하우트의 브레폴스(Brepols di Turnhout) 출판사에서 편집한 『라틴 그리스도교 문학 전집』(*Corpus Christianorum. Series Latina*, CCL, 1954~)이 그것이다.

3. 자유주의의 해석과 가톨릭 배경의 역사 기술에서 바라본 관점

미네의 『전집』 출판에 이어서, 19세기 후반에는 아우구스티누스 철학에 대한 방대한 연구의 결실인 누리슨(J.F. Nourisson)[6]의 첫 번째 연구가 등장한다. 약 20년 후에 독일인 학자 스토르츠(J. Storz)[7]는 철학자 아우구스티누스에 대한 심화된 입문서를 출판한다. 이 두 학자는 특별히 아우구스티누스가 플라톤 철학을 비판적으로 활용했음을 강조한다. 그들의 연구를 시작으로 몇 년 후에 새로운 연구의 무대가 열린다. 플라톤 철학과 그리스도교 사상 사이 관계의 본성에 대한 연구가 그것이다. 1888년 가스통 브아제(Gaston Boissier)[8]와 아돌프 폰 하르낙(Adolf Von Harnack)[9]이 각각 출판한 총 두 편의 논문과 함께 『고백록』의 역사적 가치와, 『고백록』과 카시치아쿰에서 저술한 작품들 사이의 관계에 대한 논쟁이 시작되었다. 비평 철학적인 방법론의 대표격으로 두 가지 근본적인 질문이 제기된다. 하나는 한 사람의 그리스도인에게 철학자라는 이름을 붙이는 것이 적법한가의 문제이고, 다른 하나는 아우구스티누스의 지성적 진전의 본성에 관한 것이다. 하르낙은 그리스도교에는 철학적 성격이 배제된 윤리적이고 종교적인 영감만을 돌려야 한다는 전제에서 출발하여 참된 아우구스티누스는 철학적 형태의 모든 표현과 무관한 신앙의 살아 있는 체험에서 나타나는 아우구스티누스라고 강조한다. 한편 브아제는 아우구스티누스의 실존적 여정 전체를 다시 걸으면서 뉘우치는 그리스도인이 이야기하고 있는 『고백록』에 나타난 회심에 대한 이야기와 카시치아쿰에서 나눈 철학적 대화들이 서로 부합하지 않는다고 본다. 브아제와 하르낙은 카시치아쿰의 사상가인 아우구스티누스와 히포의 완숙한 주교인 아우구스티누스가 대립한다는 데에 동의한다. 『고백록』의 진실성에 관한 문제를 검토하면서, 이 두 학자는 아우구스티누스 사상을 해석하는 새로운 관점을 제안하고자 한다.[10] 학자들의 한 조류 전체는 브아제와 하르낙을 따르면서 아우구스티누스의 진정한 회심을 사제 서품 이후의 시기로 보면서 '두 아우구스티누스'의 존재를 이론화하기에 이른다. 신플라톤주의 사상가인 아우구스티누스와 가톨릭교회의 신학자인 아우구스티누스가 그것이다. 구르동(L. Gourdon)은 1900년 한 연구에서 『고백록』과 (카시치아쿰의) 대화편을 비교하면서 이 두 시기가 사실상 두 번의 회심과 두 명의 다른 사람을 드러낸다고 주장한다. 그의 연구 결과를 종합하면 다음과 같다. 1) 아우구스티누스는 수사학자로서의 직업을 버리고, 건강을 회복하기 위해 카시치아쿰으로 물러났다. 2) 여기서 그는 여전히 문학, 시, 철학을 양식으로 삼으며 전과 동일한 욕구와 전과 동일한 세속적인 요청들을 여전히 지니고 있었다. 3) 신플라톤 철학을 접하고, 오직 이 영향으로 정결을 받아들였다. 390년 이후에 와서야 아우구스티누스는 제대로 된 의미에서 그리스도인이라고 불릴 수 있었다. 왜냐하면 이때에 와서 완전히 그리스도교적인 내용의 작품을 쓰기 때문이다.[11] 베커(H. Becker)[12]는 전통적인 관점을 버리고 『고백록』의 내용을 한편으로 미뤄둔다. 팀메(W. Thimme)는 『고백록』이 아니라 초기 저작들만이 가톨릭교회의 교리를 받아들였다는 점에서 역사적 가치가 있다고 주장하는데, 386년 당시의 아우구스티누스는 가톨릭교회의 교리에서 아직 거리가 멀었기 때문이다.[13] 하지만 이러한 모든 주장을 보다 결정적이고 보다 엄격한 방식으로 체계화한 학자는 알파릭(P. Alfaric)이다.[14] 알파릭은 1918년 아우구스티누스의 지성적 진전을 다룬 다른 논문을 출판한다. 저자는 이 논문이 자신이 계획한 삼부작의 첫 번째 부분이 될 것이라고 생각했다. 아우구스티누스는 386년 신플라톤주의를 받아들인다. 오직 그보다 몇 년 후에 플로티누스의 철학에 그리스도교가 부합한다는 것을 인지한 후에야 그리스도교로 회심한다. 알파릭의 말을 그대로 옮기면 다음과 같다. "(아우구스티누스는) 지성적으로와 마찬가지로 도덕적으로도 복음을 향해서가 아니라 신플라톤주의를 향해서 회심했다."[15] 알파릭은 카시치아쿰의 대화편과 『고백록』 기록된 아우구스티누스의 회심의 역사 사이에 대립이 존재한다고 확신했다. 그래서 『고백록』의 서술에 대해서 비판적인 시각을, 나아가 의심마저도 가져야 할 필요가 있다고 보았다.

가스통 브아제와 아돌프 폰 하르낙과 함께 등장하고, 알파릭의 논문에서 정점에 이른 이러한 해석적 경향은 무엇보다 가톨릭계에서 즉각적인 저항을 마주한다. 여기서 알파릭은 그가 의도한 삼부작을 마치는 일을 멈춰야 했다. 이러한 해석적 경향에 대한 첫 번째 응답은 외젠 포르탈리에(Eugène Portalié)가 1902년 출판된 『가톨릭 신학 사전』(*Dictionnaire de Théologie Catholique*)의 "아우구스티누스" 항목에서 아돌프 폰 하르낙과 가스통 브아제의 입장에 거리를 두면서였다. 두 번째 응답은 질송(E. Gilson)[16]의 것으로, 그는 알파릭이 쓴 것을 전부 자기 마음대로 쓴 것으로 평가한다. 그러면서, 비록 신플라톤주의의 색채를 지니고 있었다 하더라도, 아우구스티누스는 이미 첫 번째 대화들에서부터 견실한 그리스도교에 속해 있었다고 주장한다. 질송에 대한 반응으로 부와이에(Ch. Boyer)는 한편으로는 『고백록』의 역사성을, 다른 한편으로는 첫 번째 저작들 사이에 퍼져 있는 그리스도교 신앙의 존재를 보여 주는 많은 흔적을 다시 확인했다. 이 첫 번째 저작들은 아우구스티누스의 그리스도교 신앙 규칙에 대한 순종, 그리고 젊은 아우구스티누스와 성숙한 아우구스티누스 사이의 연속성을 드러낸다.[17]

아우구스티누스의 사상의 진전과 대화의 본성에 관한 논쟁은 아우구스티누스를 연구하는 학자들로 하여금 철학적 저작들, 무엇보다 첫 번째 저작들에 관심을 갖도록 했다. 1920년대부터 시작해서 부와이에의 관점을 심화하는 일련의 논문들이 출판되었다. 특별히 질송[18]과 시아카(M. F. Sciacca)[19]의 아우구스티누스에 관한 입문서를 생각할 수 있다. 이에 대해서는 잠시 후에 다시 다룰 것이다. 이 밖에도 구초(A. Guzzo)[20]의 논문이 있는데, 그에 따르면 첫 번째 대화들에 관한 철학적 성찰은 이후에 이루어지는 신학적 활동이 발전하는 근본적인 핵심을 구성한다. 물론 후설(E. Husserl)이나 (데카르트트적 성찰의 결론을 보라.) 젠틸레(G. Gentile)에게서처럼 그리스도교 철학의 흐름에 속하지 않는 철학들에서 발견되는 아우구스티누스의 유산도 잊지 말아야 한다. 하지만, 여기서는 어떤 내재화된 아우구스티누스를 다루고 있음을, 따라서 아우구스티누스의 본의와 달리 이용된 아우구스티누스를 다루고 있음을 눈여겨 볼 필요가 있다.

아우구스티누스 선종 1500년은 많은 공동 작업을 위한 기회가 되었다. 그중에서 특별히 다음 작품들을 언급한다. *Aurelius Augustinus*[M. Grabman / J. Mausbach(edd.), Kölon, 1930], *Miscellanea Agostiniana*[l'Ordinc Eremitano di S. Agostino(ed.), Roma, 1930] 그리고 *A Monument to Saint Augustine*[Ch. Dawson / C.C. Martindale / E. Przywara / M. Blondel et al.(edd.), London, 1930]. 1930년대에 마루(H.I. Marrou)는 아우구스티누스와 고전 문화가 저물어 가는 시기에 대한 연구를 출판하는데, 그는 이전에 이루어진 연구들과 비교할 때 아우구스티누스주의의 역사 서술적 논쟁의 영역을 넓혔다. 이 저명한 학자는 "고대 후반부"의 가장 의미 있는 표현을 구성하는 아우구스티누스의 성격을 강조한다. 아우구스티누스는 헬레니즘-로마 시기의 철학적 전통뿐만 아니라, 결코 덜 중요치 않은 고전 수사학에 대한 이중적 참조점으로 충만하게 빛난다. 아우구스티누스는 문학가, 문법가이자 학자였다.[21] 같은 시기에 기통(J. Guitton)[22]은 플로티누스와 아우구스티누스에게서 나타나는 시간과 영원의 관계에 대한 연구를 출판한다. 이 학자에 따르면, 이 두 사람이 비슷한 언어를 사용함에도 불구하고, 그 개념에는 심오한 차이가 존재한다.

1954년에는 아우구스티누스 탄생 1,600주년을 기념하기 위하여 두 국제학술대회가 열렸다. 첫 번째는[23] 파리에서 개최되었는데, 연구의 주요 영역에서 아우구스티누스 연구의 균형을 이루었다. 두 번째는[24] 로마에서 있었는데, 아우구스티누스 사변의 몇 가지 특정 주제와 현대 철학에 끼친 그의 영향을 다뤘다.

1940년대 후반에서 2000년대 초반에 이르는 시기 동안 아우구스티누스에 관한 연구는 세 차례의 눈에 띄는 전환점을 거친다. 철학적 전환, 문헌학적 전환 그리고 형식논리학과 언어 분석적 전환이 그것이다. 철학적 전환과 함께 철학적 문제와 아우구스티누스의 사변적 '동향'은 단순히 역사 서술적 관심의 대상만이 아니라, 근대적 관점에서 이론적 연구의 출발점이 되었다. 칸트(Kant), 피히테(Fichte), 헤겔(Hegel)과 젠틸레 이후에 아우구스티누스를 사변적으로 재고했다. 두 번째 전환과 함께, 의심하는 사람들 사이에 널리 퍼져 있던 애석한 관습에 따라 해석이 어려운 병행 구절들을 건너뛰지 않고, 아우구스티누스의 『전집』을 직접 읽기 시작했다. 이는 몇몇 학자들이 무비판적으로 반복해 온 전형들로 가득 찬, 지난 세기 동안 쌓여 온 많은 진부한 표현들을 반복하지 않고 철학자 아우구스티누스의 본래 얼굴을 재구성했다. 세 번째 전환과 함께 논리학의 사용과 아우구스티누스의 논증적 엄정성뿐만 아니라 근대 언어철학의 관점에서 아우구스티누스의 화법이 지닌 중요성이 재발견되었다.

4. 철학적 전환

이미 강조한 것처럼, 부와이에, 마루, 홀테(R. Holte), 기톤, 마덱(G. Madec), 치프리아니(N. Cipriani)와 함께, 시아카(1908~1975)는 1900년대 아우구스티누스의 주요 해석자들 가운데 하나이다. 그는 사상의 중요한 주제들과 토대들을 이론적으로도 받아들인 유일한 사람이다. 동시에 1936년 로스미니(A. Rosmini)에 관한 그의 첫 번째 연구들은 플라톤에 관한 연구들을 마치고 그를 통합하면서 아우구스티누스에 관한 연구로 넘어가고자 했다. 처음 계획된 세 권 중의 제1권만이 출판되었다(*Saint'Agostino*, Brescia, 1949). 1954년 아우구스티누스 탄생 1,600주년을 기념하여 이 논문들은 스페인어로 번역되었다(Barcellona, 1955). 하지만, 시아카가 1967년 플라톤에 관한 연구들을 한데 모았던 것처럼 (1957년과 1975년 사이에 간행된 총 40권의 "전집" 가운데 Platone, 26권과 27권에서) 아우구스티누스에 관한 구체적인 연구들을 두 권의 책에 담으려는 계획은 제때 실현되지 못했다. 시아카는 거기에 무엇보다 1954년 메르시에르(Chaire Mercier)가 한 강의(같은 해에 루뱅과 파리에서 프랑스어 단행본으로 출판되었다), 즉 역사 철학과 신학에 관한 연구들과 1973년 트라페(A. Trapè)의 편집을 거쳐 출간된 『삼위일체론』 입문을 포함시키려 했다.

시아카가 다른 두 권을 출판하지 못한 이유는 묘하게도 사변적인 성격을 지닌다. 자신의 책 *Pascal*(1944)에서 *Filosofia e metafisica*(1950), *L'interiorità oggettiva*(1952) 그리고 *Atto ed essere*(1956)를 통해 아우구스티누스 사상의 토대가 되는 첫 작품들로 옮겨가면서, 시아카는 아우구스티누스 연구자에서 더 나아가 이론적으로 매우 풍요로운 주요 해석가가 된다. 위에서 언급한 작품들 가운데 첫 번째 책에서, 하느님의 존재는 지식 문제 자체의 근간을 이루는 것으로 여겨졌다. 이러한 뿌리 없이, 지식은 근거를 지니지 못하고 형이상학적으로 이해할 수 없는 것이 된다. 그리고 "객관적 내재성"(*l'interiorità oggettiva*)은 아우구스티누스주의의 내재성으로 내재적인 이성주의들과 주관주의들, 관념론들과 실존주의들을 극복하는 데 결정적인 것으로 여겨진다. 파스칼과 블롱델(M. Blondel)이 "살려 낸" 아우구스티누스는 시아카로 하여금 영성주의들, 현상학들, 실존주의들과 형이상학적인 근거가 없는 인격주의들로부터 멀어지게 만든다. 뿐만 아니라, 무엇보다 이 아우구스티누스는 시아카에게 "통합성의 형이상학"(*metafisica della integralità*)을 만들도록 요청한다. 이 통합성의 형이상학은 특별히 그의 작품 *L'uomo, questo squilibrato*(1958)과 *Morte e immortalità* (1959)에서 아구스티누스다운 방식으로 이루어졌다. 유한한 실존에 대한 객관적인 존재의 초월과 생각하는 실존에 대한 무한한 진리에 관한 주장들은 그렇게 인간학적인 형이상학을 정초한다. 이 인간학적 형이상학은, 후에 그를 토마스 아퀴나스로 이끄는 아우구스티누스의 교차점으로 여겨지는(1974), 두 기본적인 작품에서 완성된다. *La libertà e il tempo* (1965)와 *Ontologia triadica e trinitaria*(1972)가 그것이다. 악과 두 국가(*civitas*)의 문제는 *L'Ora di Cristo*(1954)에서 *L'oscura-mento dell'intelligenza*(1970)에 이르는 시아카의 모든 작품에서 중심을 차지한다.

5. 문헌학적 전환

1950년대와 1960년대에 쿠르셀(P. Courcelle)은 처음에는 신플라톤주의를 향한 그리고 나중에는 그리스도교를 향해 이루어진 아우구스티누스의 회심과 관련된 딜레마에 종지부를 찍는다. 사실 그는 아우구스티누스의 저술에 대한 세밀한 철학적 분석을 통해서 아우구스티누스와 그리스도교의 만남이 이루어진 밀라노의 환경에 대한 학자들의 관심을 불러일으켰다. 쿠르셀에 따르면, 386년 밀라노에는 신플라톤주의와 그리스도교의 종합을 이루려는 지성인들의 모임이 존재했다.[25] 이 문화적 활동에서 생각하는 두뇌들은 주교인 암브로시우스와 사제인 심플리키아누스를 비롯한 밀라노 교회의 몇몇 성직자들과 만리우스 테오도루스와 제노비우스 같은 평신도들이었다. 여기서 아우구스티누스는 종합적으로 "그리스도교적인 신플라톤주의"(*neoplatonismo cristiano*)라고 정의된 형태에 동의했을 것이다.[26] 같은 시기에 솔리냑(A. Solignac)[27]은 특별히 그리스도교의 영역을 넘어서서 플로티누스의 저술들을 읽고 매력을 느낀 다양한 신념을 가진 사람들이 참조점으로 삼은 밀라노 모임의 존재를 강조하면서 아우구스티누스의 사상에서 신플라톤주의의 역할과 관련한 연구에 집중했다.

1962년 스웨덴 학자인 홀테[28]는 아우구스티누스와 고전 철학에서 인간의 목적에 관한 문제를 다룬 박사논문을 발표한다. 그는 인간 생명의 텔로스(*telos*, 최종목적 혹은 최종원인)와 관련한 문제에서 비그리스도교의 지혜와 그리스도교 지혜 사이의 접점을 발견한다. 처음으로 아우구스티누스 고유의 존재론적 관점 안에 욕구(*appetitus*)에 관한 가르침을 위치시키고, 모든 자연적 욕구는 고유한 목적을 지니고 있음을 분명히 한다.

쿠르셀과 홀테의 결론은 아우구스티누스의 회심에 관한 논쟁을 끝맺는 대신에 이를 다시 불붙게 했다. 실제로 1960년대 후반에는 두 로이(O. Du Roy)는 카시치아쿰의 대화들에서 391년에 이르는 동안 일어난 아우구스티누스의 삼위일체 교리의 탄생과 발전에 관한 두꺼운 연구서를 출판한다. 현상학적이고 발생학적이며 구조적인 방법론을 따르면서, 두 로이는 실제로 아우구스티누스의 회심은 도덕적인 종류의 것이었고, 대화들에 나타나는 삼위일체 교리는 오직 절반만 신약성경으로부터 영감을 받았다고 주장한다.[29)] 두 로이는 또한 아우구스티누스가 성령과 플로티누스가 이야기하는 "세계영혼" 또는 (그것의) "이성"을 혼동한다고 확언한다.[30)] 그리고 아우구스티누스 자신이 첫 작품들에서 전개한 악의 문제에 대한 해결책은 분명 신플라톤주의에서 파생된 것이라고 주장한다. 플래시(K. Flash)[31]와 오코넬(R.J. O'Connell)[32)]과 같은 몇몇 저자들은 이러한 주장들을 공유한 반면, 횔셔(L. Hölscher)[33)]와 오데일리(G. O'Daly)[34)] 같은 다른 저자들은 이러한 해석과 분명하게 거리를 두었다. 이들은 무엇보다 아우구스티누스의 사상이 키케로와 스토아학파의 사상과 지니는 관계를 강조하면서, 아우구스티누스에 대한 신플라톤주의의 영향을 재평가했다.

1960년대 마덱은 그의 한 논문에서,[35)] 처음으로 두 로이의 몇몇 주장에 대한 의문을 제기했다. 1975년에 출판된 다른 논문[36)]에서 그는 아우구스티누스의 역사 서술에 대한 새로운 방향성을 제시하면서 플로티누스가 아니라 심플리키아누스가 아우구스티누스에게 사변의 출발점을 제공했으며, 심플리키아누스가 아우구스티누스에게 그리스도교 교의의 일관성의 원칙(*principe de cohérence*)이 요한 복음 서문에서 온다고 제안했다고 주장한다. 그렇게 아우구스티누스는 그리스도의 인격 안에 '호르텐시우스'(Hortensius)의 '지혜'(*sapientia*)와 '플라톤 서적'(*Libri Platonicorum*)의 '지성'(*intellectus*) 그리고 요한 복음 서문의 '말씀'(*Verbum*)을 결합시킬 수 있었다. 이때부터 아우구스티누스는 그의 가르침에 질서를 세우는 원칙을 지니게 된다. 두 본문이 이러한 직관을 시사한다. 『아카데미아학파 반박』 III, 19, 42와 『질서론』 II, 5, 16이 그것이다. 몇 년 후 마덱은 발표문[37]에서 아우구스티누스와 신플라톤주의의 관계에 대한 자신의 해설을 분명히 한다. 아우구스티누스는 결코 엄밀한 의미의 신플라톤주의자였던 적이 없고, 카시치아쿰의 대화들은 플라톤주의에 대한 철저한 단순화를 드러내며, 오직 이러한 틀 안에서만 아우구스티누스가 플로티누스와 포르피리우스로부터 이어받은 것이 무엇인지 평가할 수 있다는 것이다. 물론 아우구스티누스에 대한 신플라톤주의의 영향은 중요한 것으로 남는다. 하지만, 그 영향은 몇 가지 주제의 자유로운 사용으로 축소된다. 마덱은 이러한 관찰을 그의 『재론고』(*Retractationes*)에 대한 일반 입문에서 다시 한번 강조한다. 아우구스티누스의 문학 활동에서 교의적 역전을 포함하지 않는 시기와 발전을 구분할 필요가 있다는 것이다. 간단히 말하면, 386년 아우구스티누스는 그리스도인으로서 『엔네아데스』(*Enneade*)를 읽기만 한 것이 아니라, '플라톤 서적'에 대한 그리스도교적인 판단을 내리면서 거기서 권장된 나쁜 종교적 관행과 거기에서 발견한 좋은 철학을 구별한다.[38]

1986년에는 아우구스티누스 회심 1,600주년을 기념한다. 이

기회에 트라페가 학장으로 있던 로마 교부학 전문 대학원 아우구스티니아눔에서 그가 준비하고 진행한 국제 학술대회가 열리는데, 이는 1954년 파리 국제 학술대회와 견줄만한 대회였다. 1987년에는 뷔르츠부르크(Würzburg)의 『아우구스티누스 용어집』(*Augustinus-Lexicon*) 연구팀이 준비한 큰 국제 심포지엄이 열린다. 이 두 연구의 기회는 앞선 수십 년간 이루어진 아우구스티누스에 관한 연구들을 심화하고 혁신할 수 있는 기회를 제공하면서 추가적인 연구를 위한 자극이 되었다.

1990년대에는 아우구스티누스 사상의 새로운 원천들을 밝혀내고자 했던 치프리아니의 연구들이 첫 번째 자리를 차지했다. 치프리아니는 1994년의 한 논문[39]에서 아우구스티누스의 첫 번째 대화들에 나타난 삼위일체의 교리가 플로티누스보다 훨씬 더 그리스도교 원천들에서 유래한다는 것을, 특별히 마리오 비토리노(Mario Vittorio)의 아리아누스 반박 저술들과 암브로시우스의 『신앙론』(*De fide*)에서 유래한다는 것을 증명했다. 1996년 발표된 다음 논문[40]에서, 디로프(A. Dyroff)와 홀테가 발전시킨 가정을 다시 다루면서, 치프리아니는 아우구스티누스의 첫 저작들에서 바로(Varro)의 주제를 통하여 고전 아카데미아학파의 철학자들에 이르기까지 그리고 이 아카데미아학파 철학자들에서부터 스토아학파와 아리스토텔레스에 이르기까지 거슬러 올라가는 요소들을 찾아냈다. 특별히 그는, 아스칼론의 안티오쿠스의 것으로 여겨졌고 『신국론』 제19권에서 논의된, 바로(Varro)가 그의 『철학론』(*De philosophia*)에서 펼친 인간학적이고 도덕적인 모델이 이미 아우구스티누스의 첫 번째 작품들에서부터 등장한다는 것을 증명했다. 2000년에 출판된 한 논문[41]에서, 치프리아니는 『질서론』의 백과

사전 부분과 『그리스도교 교양』(*De doctrina christiana*)의 보다 광범위한 백과사전 부분에서 개념적이고 어휘적인 수많은 일치가 있다는 사실에 관심을 불러일으켰다. 이러한 일치들은 언제나 바로의 원천으로 인도한다.

다른 기여들은 여기에 인용하지 않기로 한다. 너무 많기도 하고 새롭고 독특한 요소들 없이 기존의 표현들을 반복하는 만큼 비평의 역사적 관점에서는 큰 의미가 없기 때문이다.

6. 형식논리학과 언어분석적 전환

20세기의 마지막 25년은 아우구스티누스에 관한 연구의 진정한 변혁이 두드러진다. 아우구스티누스의 본문들에 대한 형식논리학과 언어분석학적 연구가 그것이다.

현대의 수리논리학적 도구를 사용하여 아우구스티누스의 작품을 처음으로 연구한 공헌은 부처(T.G. Bucher)의 것이다. 1982년에 출판된 한 중요한 논문에서 이 스위스 학자는 아우구스티누스가 스토아학파의 논리학을 사용한 다양한 구절들을 규명하고 추론적 도식으로 표현만 한 것이 아니라, 현대 기호학적 기술의 도움을 받아 이 구절들을 키케로와 마르티아누스 카펠라(Martianus Capella)와 대조했는데, 이는 유용했다.[42] 사유(cogito)와 형식논리학 사이의 관계에 대한 두 번째 중요한 기여는 아우구스티누스 회심 1,600주년을 기념하여 열린 국제 학술회의에서 이루어졌다.[43] 부처의 연구들은 단지 기호화가 어떻게 문헌학적 구조를 보완하는 해석학적 구조를 이루고 문헌학적 구조를 분명히 하는지를 증명하기 때문이 아니라, 아우구스티누스의 논증 진행 방식으로 올바로 분석할 수 있도록 하기 때문에 중요하다.

부처와 무관하게, 말라테스타(M. Malatesta)는 페데리코 2세 나폴리 대학교에서 『아카데미아학파 반박』(*Contra Academicos*)에 관한 전문 연구 서적 두 권을 집필했다. 하나는 1980년대 전반기에, 다른 하나는 그로부터 약 10년 후 출판했다. 그는 아우구스티누스가 오늘날 시사하는 것이 무엇인가를 중심에 두었다. 그 때문에 그의 연구는 형식논리학에만 국한된 것이 아니라, 문체의 경향이나 언어적 표현에 관한 현대 이론에 비추어 아우구스티누스의 화법을 분석하는 데에까지 이른다.[44] 말라테스타의 분석으로부터 아우구스티누스가 회심을 앞두고 쓴 첫 번째 대화의 몇몇 구절들은 수사학적 논쟁들이 축척된 것과는 거리가 멀다는 것이 드러난다. 이는 상호주관적인 철학적 연구로 드러나는데, 오직 그 위에 놓여 있는 다양한 언어적 층을 깊이 파고들 때만 그 심오함을 이해하고 제대로 평가할 수 있다. 이 다양한 언어적 차원에서부터 상황에 따른 해석에 이르기까지, 소망을 나타내는 표현에서부터 의문 논리에 이르기까지, 인식론에서부터 신념 논리와 양상 논리에 이르기까지 정통에서 벗어난 논리학의 다양한 영역들이 서로 교차한다.

하지만 무엇보다 델리아(S. D'Elia)와 말라테스타의 학생이자 마리오 비토리노의 연구자인 발리도(G. Balido)는 다양한 층위의 언어학적이고 논리학적인 분석을 아우구스티누스가 젊은 시절에 쓴 작품에만 국한하는 것이 아니라, 아우구스티누스 작품 전반에 걸쳐 진행한다. 파비아 대학교의 *Lectio Augustini*와 매우 흥미 있는 한 권의 책으로 묶인 페루지아 대학교 고전문학 철학 학과에서 추진한 아우구스티누스 연구에 관한 국제 세미나[45]에서 볼 수 있는 1990년대 초반부터 등장하는 발리도의 많은 공헌이 이를 증명한다. 발리도의 연구들은 아직 완결된 것이 아니라, 지금도 계속 진행 중이다.

7. 결론

20세기는 아우구스티누스의 문화적이고 인간적인 형상을 둘러싼 가혹한 논쟁과 함께 시작되어서 아우구스티누스를 연구하는 모든 학자에게 새로운 도구가 되는 동시에 아우구스티누스를 기념하는 새로운 기념비가 된 한 백과사전[46]의 출판으로 마무리되었다. 편집은 로마 교부학 전문 대학원 아우구스티니아눔의 교부학 교수이자 펜실베이니아 필라노바 대학교의 학술지 *Augustinian Studies*의 편집장인 피츠제럴드(A.D. Fitzgerald)가 여러 나라의 연구자들로 이루어진 팀과 협력하여 맡았다.

주석

1) E. Gilson, *La filosofia nel Medioeveo*(1952), Firenze, 1998, p.823.

2) 이에 대한 이해를 깊이 하기 위해서는 다음을 참조하라. G. Pani, *L'Opera omnia di S. Agostino in Lutero e nei riformatori*, "Augustianum", XXX, 2000, pp.519~566.

3) L. Cristiani, *Luther et Saint Augustin, in Augustinus magister*, II, Paris, 1954, pp.1029~1031.

4) Ch. Boyer, *J. Calvin et Saint Augustin*, "Augustinian Studies", III, 1972, p.34.

5) G. Lewis, *Augustinisme et cartésianisme*, in *Augustinus magister*, II, Paris, 1954, pp.1087~1104.

6) J.F. Nourisson, *La philosophie de Saint Augusin*, Paris, 1865.

7) J. Storz, *Die Philosophie des hl. Augustinus*, Freiburg, 1882.

8) G. Boissier, *La conversion de saint Augustin*, "Revue des Deux Mondes", LXXXV, 1888, pp.43~69.

9) A. Von Harnack, *Augustins Konfessionen. Ein Vortrag*, Giessen, 1888(ristampato in *Reden und Aufsätze*, I, Giessen, 1904, pp.51~79).

10) V. Mannucci, *La conversione di sant'Agostino e la critica recente*, in *Miscellanea agostiniana*, vol. II, Roma, 1931, pp.23~47.

11) L. Gourdon, *Essai sur la conversion de saint Augustin*, Paris, 1900, pp.44~46.

12) H. Becker, *Augustin. Studien zu seiner geistigen Entwicklung*, Leipzig, 1908.

13) W. Thimme, *Augustins geistige Entwicklung in den ersten Jahren nach seiner Bekehrung* (386-391), Berlin, 1908, pp.11~24.

14) P. Alfaric, *L'évolution intellectuelle de saint Augustin*, vol. I, *Du Manichéisme au Néoplatonisme*, Paris, 1918.

15) *Ibid.*, p.399.

16) E. Gilson, *Compterendu de P. Alfaric*, "Revue philosophique", LXXXVIII, 1919, pp.497~505.

17) Ch. Boyer, *Christianisme et néoplatonisme dans la formation de saint Augustin*, Paris, 1920, pp.190~195.

18) E. Gilson, *Introduzione* cit.

19) M.F. Sciacca, *S. Agostino* cit.

20) A. Guzzo, *S. Agostino* cit.

21) H.-I. Marrou, *S. Agostino* cit., pp.437~440.

22) J. Guitton, *Le temps* cit.

23) Aurelius Augustinus, in 3 voll. a cura di A. Mandouze, Paris, 1954.

24) *S. Agostino e le grandi correnti della filosofia contemporanea*, a cura dell'Ordine Eremitano di S. Agostino, Roma, 1955.

25) P. Courcelle, *Les Confessions de Saint Augustin dans la tradition littéraire. Antécédents et postérité*, Paris, 1963, p.31.

26) P. Courcelle, *Recherches* cit., pp.252~253.

27) A. Solignac, *in Bibliothèque Augustinienne*, vol 4, pp.529~536.

28) R. Holte, *Béatitude* cit.

29) O. Du Roy, *L'intelligence* cit., p.466.

30) *Ibid.*, p.148.

31) K. Flash, *Agostino* cit.

32) R.J. O'Connell, *St. Augustine's early Theory of Man*, A.D. 386-391, Cambridge(Massachusetts), 1968.

33) L. Hölscher, *The Reality of the Mind* cit.

34) G. O'Daly, *La filosofia* cit.

35) G. Madec, *À propos d'une traduction du* "De ordine" II, 5, 16, "Revue des Études Augustiniennes", XVI, 1970, pp.182~183.

36) G. Madec, "Christus scientia et apientia nostra". *Le principe* cit., pp.77~85.

37) G. Madec, *Augustin et le néoplatonisme*, "Revue de l'Institut Catholique de Paris", XIX, 1986, pp.41~52.

38) G. Madec, *Introduzione generale a S. Agostino, Le ritrattazioni*, Roma, 1994, p.XC.

39) N. Cipriani, *Le fonti cristiane* cit., pp.253~312.

40) N. Cipriani, *L'influsso di Varrone* cit., pp.369~400.

41) N. Cipriani, *Sulla fonte varroniana* cit., pp.203~224.

42) T.G. Bucher, *Zur formalen Logik* cit., pp.3~45.

43) T.G. Bucher, *Augustinus und der Skeptizismus* cit., pp.381~392.

44) 1994년 우르비노의 아우구스티누스의 날 기념식에서 이루어진 두 강의의 결과물은 아직 출판되지 않았다. 그 사이 다음을 참조할 수 있을 것이다. M. Malatesta, *St. Augustine's Dialectic* cit., pp.91~120과 M. Malatesta, *La problematica linguistica* cit., pp.46~63.

45) G. Baldo, Strutture logico-formali cit.

46) A.D. Fitzgerald(General Editor), *Augustine through the ages. An Encyclopedia*, Grand Rapids(Michigan), 1999.

/관/련/ /참/고/문/헌/

1. 참고문헌 목록

1928년까지의 참고문헌은 E. Nebreda, *Biblographia augustiniana*, Roma, 1928를 보라. 1970년대 초반까지의 참고문헌 목록은 D.A. Perini, *Bibliographia augustiniana*, Firenze, 1936와 C. Andresen, *Bibliographia augustiniana*, Darmstadt, 1962에서 발견할 수 있다. 1950년대 아우구스티누스 작품에 대한 심화 연구는 F. Van Der Zande 가 T. Van Bavel과 함께 작업한 *Répertoire bibliographique de saint Augustin* (1950-1960), *Instrumenta Patristica* III, Steenbrugis, 1963을 보라. 1980년대까지 이루어진 새로운 연구들에 대해서는 J.V. Bourke의 서문과 함께 T.L. Miethe, *Augustinian Bibliography* 1970-1980, Westport Connecticut-London, 1982와 *Fichier Augustinien*, 4 voll., a cura dell'*Institut des Études Augustiniennes*, Paris, 1972를 보라.

뿐만 아니라, 다음 학술지들에 게재된 참고문헌 간행물들을 언급한다. "Augustinus", Madrid, 1956 이후; "Année Théologique Augustinienne"를 잇는 "Revue des Études Augustiniennes", Paris, 1956 이후; "Augustiniana", Louvain, 1960 이후.

위에서 언급한 참고문헌 목록에 접근할 수 없는 이들은 다음 목록을 보라. "Année Philologique", Paris, 1951 이후에서 Augustinus 항목;

"Bibliographia Patristica", Berlin, 1959 이후; *Répertoire bibliographique de la philosophie della Société philosophique de* Louvain과 *The Philosopher's Index.*

2. 선집

- *Aurelius Augustinus: Festschrift der Görresgesellschaft zum 1500. Todestage des hl. Augustinus*, hrsg. von M. Grabman & J. Mausbach, Köln, 1930.
- *Miscellanea Augustiniana, XV centenario della morte di Agostino*, Rotterdam, 1930.
- *S. Agostino. Pubblicazione commemorativa del XV centenario della morte.* Supplemento speciale della "Rivista di filosofia neoscolastica", Milano, 1931.
- *Miscellanea Agostiniana. Testi e studi pubblicati a cura dell'ordine ermitano di Sant'Agostino nel XV centenario della morte del santo Dottore*, Roma, 1930-1931, 2 voll.
- *A Monument to Saint Augustine. Essays on some Aspects of his Thought written in Commemoration of his 15th Centenary* by M.C. D'Arcy / M. Blondel / Ch. Dawson / C.C. Martindale, London, 1930.
- *Acta hebdomadis augustinianae-tomisticae*, Torino, 1931.
- *Sant'Agostino e le grandi correnti della Filosofia contemporanea. Atti del Congresso italiano di Filosofia agostiniana*, Roma, 1955.
- *Augustinus Magister, Congrès international Augustinien*, 3 voll., Paris, 1954-1955.
- *Atti del Congresso internazionale su S. Agostino nel XVI cen-*

tenario della conversione, a cura dell'Istituto Patristico Augustinianum, 3 voll., Roma, 1987.
• *Internationales Symposion über den Stand der Augustinus-Forschung*, hrsg. von C. Mayer / K.H. Chelius, Würzburg, 1989.

3. 아우구스티누스의 작품들

수많은 아우구스티누스의 작품들 가운데, 철학적 관점에서 주요한 것들만 여기 나열하고, 아우구스티누스의 사목활동과 밀접하게 연관되어 중요한 작품들은 생략한다. 작품의 제목에 이어서 1) 이 책의 본문에서 사용된 약어와 괄호 안에는 집필 연도; 2) 대괄호 안에는 "라틴 교부 총서"(*Patrologia Latina*, PL)과 "라틴 교회 저술가 전집"(*Corpus Scriptorum Ecclesiasticorum Latinorum*, CSEL) 그리고 라틴 그리스도교 문학 전집"(*Corpus Christianorum. Series Latina*, CCL)에서의 위치를 제시한다.

• "고백록" *Confessiones*
conf. (397~401); [PL 32, 659; CSEL 33, 1; CCL 27].
• "아카데미아학파 반박" *Contra Academicos*
Acad. (386); [PL 32, 905; CSEL 63, 3; CCL 29].
• "파르메니아누스 서간 반박" *Contra epistolam Parmeniani*
c. ep. Parm. (400); [PL 42, 519; CSEL 25].
• "마니교도 파우스투스 반박" *Contra Faustum manichaeum*
c. Faust. (397~399); [PL 43, 33; CSEL 51, 17].
• "마니교도 펠릭스 반박" *Contra Felicem manichaeum*
c. Fel. (404); [PL 42, 519; CSEL 25, 2].
• "율리아누스 반박" *Contra Iulianum*

c. Iul. (421~422); [PL 44, 641].

- "율리아누스 반박 미완성 작품" *Contra Iulianum Opus Imperfectum*

  c. Iul. imp. (429~430); [PL 45, 1049; CSEL 85, 1].

- "행복한 삶" *De beata vita*

  beata v. (386); [PL 32, 959; CSEL 63, 89; CCL 29].

- "혼인의 유익" *De bono coniugali*

  b. coniug. (400~401); [PL 40, 309; CCL 46].

- "입문자 교리교육" *De catechizandis rudibus*

  cat. rud. (399); [PL 40, 309; CCL 46].

- "신국론" *De civitate Dei*

  civ. (412~427); [PL 41, 13; CSEL 40; CCL 47~48].

- "변증법" *De dialectica*

  dial.; a B. D. Jackson editus 1975.

- "여든세 가지 다양한 질문" *De diversis quaestionibus octoginta tribus*

  div. qu. (388~397); [PL 40, 11; CCL 44].

- "그리스도교 교양" *De doctrina christiana*

  doctr.cChr. (397~427); [PL 34, 15; CSEL 80, 3; CCL 32].

- "두 영혼" *De duabus animabus*

  duab. an. (391~392); [PL 42, 93; CSEL 25, 51].

- "신앙과 신경" *De fide et symbolo*

  f. et symb. (393); [PL 40, 181; CSEL 41, 3].

- "보이지 않는 사물들에 대한 믿음" *De fide rerum invisibilium*

  f. invis. (400); [PL 40, 171; CCL 46].

- "창세기 문자적 해설" *De Genesi ad litteram*

  Gn. litt. (400~416); [PL 34, 245; CSEL 28/1, 1].

- "창세기 문자적 해설 미완성 작품" *De Genesi ad litteram imperfectus liber*

  Gn. litt. lmp. (393~394); [PL 34, 219; CSEL 28//1, 419].

• "마니교도 반박 창세기 해설" *De Genesi adversus Manichaeos*

Gn. adv. man. (388~390); [PL 34, 173; CSEL 91].

• "영혼 불멸" *De immortalitate animae*

imm. an. (387); [PL 32, 1021; CSEL 89].

• "자유의지론" *De libero arbitrio*

lib.arb. (388~391); [PL 32, 1221; CSEL 74; CCL 29].

• "교사론" *De magistro*

mag. (388~390); [PL 32, 1193; CSEL 77/4, 1; CCL 29].

• "가톨릭교회의 관습과 마니교도의 관습" *De moribus Ecclesiae catholicae et de moribus manichaeorum*

mor. (387~388); [PL 32, 1309, CSEL 90].

• "음악론" *De musica*

mus. (388~390); [PL 32, 1081].

• "선의 본성" *De natura boni*

nat. b. (398); [PL 42, 551; CSEL 25, 853].

• "본성과 은총" *De natura et gratia*

nat. et gr. (413~415); [PL 44, 247; CSEL 60, 231].

• "질서론" *De ordine*

ord. (386); [PL 32, 977; CSEL 63, 121; CCL 29, 87].

• "철학론" [소실] *De philosophia* (perduto)

phil.

• "성도들의 예정" *De praedestinationes Sanctorum*

praed. Sanct. (428~429); [PL 44, 959].

• "아름다음과 적합함" [소실] *De pulchro et apto* (perduto)

pulch.

• "영혼의 위대함" *De quantitate animae*

an. quant. (387~388); [PL 32, 1035; CSEL 89].

• "영과 문자" *De spiritu et littera*

spir. et litt. (412); [PL 44, 201; CSEL 60, 153].

• "삼위일체론" *De Trinitate*

trin. (399~426); [PL 42, 819; CCL 50].

• "믿음의 유익" *De utilitate credendi*

util. cred. (391~392); [PL 42, 65; CSEL 25,3].

• "참된 종교" *De vera religione*

vera rel. (390); [PL 34, 121; CSEL 77/5, 1; CCL 32].

• "여러 학문을 다룬 책들" *Disciplinarum libri*

discipl. (387)

• "시편 상해" *Enarrationes in psalmos*

en. Ps.; [PL 36, 67; CCl 38].

• "시편 상해" *Enarrationes in psalmos*

en. Ps.; [PL 37, 1033; CCl 38].

• "서간집" *Epistulae*

ep.; [PL 33, 61; CSEL 34. 44. 57. 88].

• "미완성 로마서 해설" *Epistulae ad Romanos inchoata expositio*

ep. Rm. inch. (393~395); [PL 35, 2087; CSEL 84, 145].

• "로마서 명제 해설" *Expositio quarundam propositionum ex epistula Apostoli ad Romanos*

exp. prop. Rm. (394); [PL 35, 2063; CSEL 84, 3].

• "재론고" *Retractationes*

retr. (427); [PL 32, 583; CSEL 36, 1; CCL 57].

• "설교집" *Sermones*

s.; [PL 38, 23; CCL 41, Dolbeau 1996].

• "설교집" *Sermones*

s.; [PL 38, 1493; CCL 41, Dolbeau 1996].

• "독백" *Soliloquia*

sol. (386~387); [PL 32, 869; CSEL 89].

• "요한 서간 강해" *In epistulam Johannis ad Pathos tractatus*
ep. Jo. (413~418); [PL 35, 1977; CSEL 75].
• "요한 복음 강해" *In Johannis evangelium tractatus*
Jo. ev. tr. (406~419); [PL 35, 1379; CCL 36].

4. 판본들

아우구스티누스 전집의 첫 판본은 1506년 마실레아에서 요한 아머바흐(Johann Amerbach) 형식으로 인쇄되어 11권으로 이루어졌다. 작품들은 연대기적 기준에 따라 단일한 전집으로 묶였다. 1517년 노림베르가에서 발행된 판본은 요한 테우슐라인(Johann Teuschlein)의 색인을 더해 더 풍요로워졌다. 하지만 전집은 다양한 사본 간에 요구되는 비평적 식별 없이 출판되었고, 그래서 아우구스티누스가 쓴 것이 의심되는 작품들도 포함되었다. 로테르담의 에라스무스가 편집한 다음 판본은 1529년에 바실레아(Basilea)에서 빛을 보게 되었다. 바실레아에서 요한 프로벤(Johann Froben)은 아머바흐 인쇄소를 맡고 있었다. 이 제2판은 200쪽에 달하는 색인과 성경 인용 색인을 갖추고 있었다. 그리고 1532년 파리, 1552년 베네치아, 1570년에는 리옹에서 에라스무스 판본이 출판되었다. 1577년 루뱅에서 10권으로 구성된 전집의 보다 완전한 판본이 빛을 보게 되었는데, 플라틴 모레투스(Paltin Moretus)가 편집을 맡았다. 교황 시스토 6세는 1587년의 한 칙서를 통해서 바로 아우구스티누스부터 해서 교회 교부들의 전집이 출판되도록 명한다. 하지만, 베네딕토회 회원들에게 위탁된 이 작업은 1679년과 1690년 사이에 와서야 완성된다. 이후, 여러 쇄를 거듭하다가, 1841년 미네는 이를 16권으로 하여 『라틴 교부 총서』(*Patrologia Latina*)라는 저명한 총서 안에서 새롭게 출판한다.

19세기 후반 빈의 오스트리아 과학 아카데미는 『라틴 교회 저술가 전집』(*Corpus Scriptorum Ecclesiasticorum Latinorum*, CSEL)에 수록된 아우구스티누스의 저작들에 대한 비평본을 출판하기 시작한다. 벨기에 투른하우트의 브레폴스(Brepols di Turnhout) 출판사는 20세기 중반부터 『라틴 그리스도교 문학 전집』(*Corpus Christianorum. Series Latina*, CCL)이라고 명명된 교부 문헌의 새 비평본을 탄생시키는데, 오늘날에 이르기까지 여기에서는 아우구스티누스 작품의 일부분만이 출판되었다.

5. 용어 색인과 백과사전

색인, 용어 색인 그리고 용어 사전과 관련해서는 D. Lenfant, *Concordantiae Augustinianae*, 2 voll., Paris, 1656과 *Catalogus verborum quae in operibus Sancti Augustini inveniuntur*, 5 voll., Eindhoven, 1976-1985에 주목한다.

1970년대에는 마이어(C. Myer)가 지도한 학자들의 한 팀이, 아우구스티누스의 작품에 대한 직접적인 접근을 용이하게 하기 위해서 『아우구스티누스 용어사전』(*Augustinus lexicon*)의 개념을 정립하면서 이 사업 구상을 확정했고 아우구스티누스 사상의 주요 전문가들에게 예상되는 다양한 항목들의 편찬을 맡겼다. 알파벳 순서로, 개념, 인물, 장소, 아우구스티누스의 생애와 사상에서 의미 있는 개념들을 다루었다. 아우구스티노회의 독일 관구와 뷔르츠부르크 아우구스티누스 연구소 덕분에 이 작품의 실현을 위한 첫걸음을 떼는 것이 가능해졌고 오늘날(2003년)까지 제1권이 출판되었다.

오늘날에는 영문으로 이루어진 읽기 쉬운 사전들도 이용 가능하다. 피츠제럴드(A. Fitzgerald)가 감독한 *Augustine through the Ages. An Encyclopeida*, Grand Rapids(Michigan)/Cambridge, 1999이다. 이 작품은 스페인어로 번역되었고, 곧 이탈리아어판이 출판될 예정이다.

몇몇 문화 교양 단체들은 인터넷 사이트를 운영하고 있다. 그중 몇 군데의 주소는 다음과 같다.

- www.augustinus.it, 톨렌티노의 아우구스티노회 학자들 그룹이 운영하는 곳으로 라틴어와 이탈리아어 전집이 *Città Nouva*와 *Nuova Biblioteca Agostiniana*(NBA)의 번역으로 이용 가능하다. 이는 대조표와 색인, 선문, 다양한 언어 번역과 같은 풍요로운 내용을 담고 있다.
- www.aug.org/augustinianum, 교부학 전문 대학원 아우구스티니아눔의 교양, 학문, 출판 활동에 관한 정보를 제공한다.
- www.library.villanova.edu/sermons/augustiniana.html, 학술지 『아우구스티누스 연구』(*Augustiniam Studies*)와 연례 학술회의 아우구스티누스 강좌(Augustinian Lectures)와 관련한 소식들을 전한다.
- www.augustinus.de(독일어), 7개의 범주로 구분된 25,000여 개의 참고문헌을 제공한다. 마이어와 기센 대학교 편집자들은 아우구스티누스 전집을 광학 디스크(CD) 형태로 제작했다.

6. 주요 번역들

이탈리아어

『아우구스티누스 역사 연구』(*Bollettino Storico Agostiniano*)의 감수로 1930년 피렌체에서 출판된 『전집』의 첫 번째 판본은 전쟁으로 인하여 미완성으로 남아 있다.

1960년 로마 교부학 전문 대학원 아우구스티니아눔의 설립자인 트라페는 아우구스티누스 작품의 전체 전집을 라틴어 대역 비평본으로 출판하기 시작한다. Città Nuova와 Nuova Biblioteca Agostiniana의 공동 출판으로 오늘날까지(2003년) 48권이 출판되었다.

전집의 이번 판본에 더해서 번역의 엄정함을 근거로 다음 번역을 언급한다.

- *La Città di Dio*(신국론), L. Alici(trad.), Milano, 1984
- *Dell'Ordine*(질서론), A. M. Moschetti(trad.), Firenze, 1941.
- *La vera religione*(참된 종교), M. Vannini(trad.), Milano, 1987.
- *Il maestro*(교사론), E. Riverso(trad.), Roma, 1990.
- *Le confessioni* (고백록), R. De Monticelli(trad.), Milano, 1990.
- *Il "De Libero Arbitrio" di S. Agostino*(자유의지론), F. De. Capitani (trad.), Milano, 1987.

프랑스어

라틴어 대역 전집:

- *Oeuvres de Saint Augustin*, 51 voll. in *Bibliothèque Augustinienne*, Paris, 1949 sgg. (1949년 이후 계속 출간 중).

스페인어

라틴어 대역 전집:

- *Obras completas de San Augustín*, 41. voll. in *Biblioteca de autores cristianos*, Madrid, 1944 sgg. (1944년 이후 계속 출간 중).

영어

전집 형태의 완결된 번역은 없지만, 몇몇 선집은 이미 출간되었거나 작업 중에 있다. 그 가운데 다음을 제시한다.

- *Nicene and Post-Nicene Fathers of the Christian Church*, Buffalo, 1886. 이 선집은 무엇보다 영어로 번역된 아우구스티누스 작품 중에 가장 오래되고 많은 작품을 수록하고 있다.
- *Writings of Saint Augustine*, in *The Fathers of the Church*, Washington, 1947 sgg. voll. 29 (1947년 이후 계속 출간 중).
- *Augustine: Earlier Writings*, in *The Library of Christian Classics*,

Philadelphia and London, 1953-66.

- *Ancient Christian Writers*, New York, 1946 sgg. 이미 아우구스티누스의 작품들을 많이 출간한 총서로 1946년 이후 계속 출간 중이다.
- *The Works of Saint Augustine, A Translation for the 21st Century*, New York, 1990 sgg. 아우구스티누스 문화유산 연구소(Augustinian Heritage Institue)에서 편찬한 총서.

독일어

『전집』의 번역은 없지만, 몇몇 작품의 번역은 존재한다. 그 가운데 특별히 다음을 제시한다.

- *Drei Bücher gegen die Akademiker*, R. Emmel(trad. & introd.), Paderborn, 1927.
- *Vom seligen Leben*, J. Hessen(introd.), Leipzig, 1923.
- *Gottes Weltregiment. Zwei Bücher von der Ordnung*, P Keseling (trad.), Münster, 1940.
- *Selbstgespräche*, L. Schopp & A. Dyroff(introd.), Münster, 1938.
- *Der Lehrer*, C. J. Perl(trad.), Paderborn, 1958.
- *Bekenntnisse*, J. Bernhard(trad. & introd.) - H. U. von Balthasar (note), München, 1955.
- *Der Gottesstaat*, 3 voll. C. J. Perl(trad.), Salzburg, 1951-1953.

7. 단행본과 비평들

a) 개괄적인 성격을 지니는 단행본과 비평들

- Alfaric, P., *L'évolution intellectuelle de Saint Augustin. 1: Du Manichéisme au Néoplatonisme*, Paris, 1918(전 1권).

- Alici, L., *Il linguaggio come segno e come testimonianza. Una rilettura di Agostino*, Roma, 1976.
- Baguette, Ch., *Une période stoïcienne dans l'évolution de Saint Augustin*, "Revue des Études Augustiniennes", XVI, 1970, pp. 47~77.
- Balido, G. *Strutture logico-formali e analisi linguistiche di testi agostiniani*, Roma, 1998.
- Beierwaltes, W., *Agostino e il neoplatonismo cristiano*, Milano, 1995.
- Biolo, S., *La coscienza nel* "De Trinitate" *di S. Agostino*, Roma, 1969.
- Bodei, R., "Ordo amoris". *Conflitti terreni e felicità celeste*, Bologna, 1991.
- Bonner, G., *St. Augustine of Hippo. Life and Controversies*, Norwich(UK), 1986.
- Bourke, V.J., *Augustine's Quest of Wisdom*, Milwaukee (Wisconsin), 1945.
- Boyer, Ch., *Christianisme et néoplatonisme dans la formation de saint Augustin*, Paris, 1920.
- ———, *L'idée de vérité dans la philosophie de saint Augustin*, Paris, 1921.
- ———, *Saint'Agostino filosofo*, Bologna, 1965.
- Brown, P., *Agostino d'Ippona*(1967), Torino, 1971.
- Bucher, T.G., *Zur formalen Logik bei Augustinus*, "Freiburger Zeitschrift für Philosophie und Theologie", XXIX, 1982, pp.3~45.
- ———, *Augustinus und der Skeptizismus zur Widerlegung* in "Contra Academicos", in Atti del Congresso internazionale su S. Agostino nel XVI centenario della conversione, vol. II, Roma,

1987, pp.381~392.

- Cayré, F., *Initiation à la philosophie de saint Augustin*, Paris, 1947.
- Chadwick, H., *Augustine*, Oxford, 1986.
- Cipriani,, N., *L'ispirazione tertullianea nel* "De libero arbitrio" *di S. Agostino*, in *Il mistero del male e la libertà possibile: lettura dei dialoghi di S. Agostino*, Roma, 1994, pp.165~178.
- ————, *Il rifiuto del pessimismo porfiriano nei primi scritti di sant'Agostino*, "Augustinianum", XXXVII, 1997, pp.113~146.
- ————, *Le opere di sant'Ambrogio negli scritti di sant'Agostino anteriori all'episcopato*, "La scuola cattolica", CXXV, 1997, pp.763~800.
- ————, *Il problema del male in S. Agostino*, in *Agostino non è (il) male*, a cura di G. Fidelibus, Chieti, 1998, pp.27~41.
- Courcelle, P., *Les lettres grecques en Occident de Macrobie a Cassiodore*, Paris, 1948.
- ————, *Recherches sur les Confessions de Saint Augustin*, Paris, 1968.
- Crosson, F.J., *The Structure of* "The Magistro", "Revue des Études Augustiniennes", XXXV, 1989, pp.120~127.
- Doignon, J., *Etat des questions relatives aux premiers dialogues de Saint Augustin*, in *Internationales Symposion über den Stand der Augustinus-Forschung*, Würzburg, 1989, pp.47~86.
- Du Roy, O., *L'intelligence de la foi en la Trinité selon s. Augustin. Genèse de sa théologie trinitaire jusqu'en 391*, Paris, 1966.
- Dyroff, A., *Über Form und Begriffsgehalt der augustinischen Schrift* "De ordine", in *Aurelius Augustinus*, hrsg. von M. Grabmann / J. Mausbach, Köln, 1930, pp.15~62.

- Evans, G.R., *Augustine on Evil*, Cambridge, 1982.
- Fidelibus, G., *Grazia e storicità nel disegno del* "De civitate Dei": *un percorso di ragione*, "Augustinianum", XL, 2000, pp.225~254.
- ———, *Ragione, religione, città. Una rilettura filosofica del libro VIII del* "De civitate Dei" *di Sant'Agostino*, Teramo, 2002.
- Flash, K., *Agostino d'Ippona. Introduzione all'opera filosofica* (1980), Bologna, 1983.
- Gilson, E., *Introduzione allo studio di S. Agostino* (1949), Casale Monferrato, 1983.
- Guardini, R., *La conversione di S. Agostino* (1935), Brescia, 1957.
- Guitton, J., *Le temps et l'éternité chez Plotin et saint Augustin*, Paris, 1933.
- Guzzo, A., *S. Agostino dal* "Contra Academicos" *al* "De vera religione", Torino, 1957.
- Henry, P., *La vision d'Ostie. Sa place dans la vie et l'oeuvre de saint Augustin*, Paris, 1938.
- ———, *Plotin et l'Occident. Firmicus Maternus, Marius Victorinus, Saint Augustin et Macrobe*, Louvain, 1934.
- Hölscher, L., *The Reality of the Mind. Saint Augustine's Philosophical Arguments for the Human Soul as a Spiritual Substance*, London/New York, 1986.
- Holte, R., *Béatitude et Sagesse. Saint Augustin et le problème de la fin de l'homme dans la philosophie ancienne*, Paris, 1962.
- Jaspers, K., *I grandifilosofi* (1957), Milano, 1973.
- Jackson, B.D., *The Theory of Signs in St Augustine's* "De doctrina Christiana", "Revue des Études Agustiniennes", XV, 1969, pp.9~49.
- Jolivet, R., *Dieu, soleil des esprits. La doctrine augustinienne de l'illumination*, Paris, 1934.

- Kneale, W.C. / Kneale, M., *Storia della logica*(1962), Torino, 1972.
- Kònig, E., *Augustinus Philosophus, Christlicher Glaube und philosophisches Denken in den Frühschriften Augustins*, München, 1970.
- Madec, G., "Christus, scientia et sapientia nostra". *Le principe de cohérence de la doctrine augustinienne*, "Recherches Augustiniennes", X, 1975, pp.77~85.
- ———, *The notion of philosophical Augustinianism: an attempt of clarification*, "Mediaevalia", IV, 1978, pp.125~145.
- ———, *La délivrance de 1'esprit, Confessions VII*, in *Le Confessioni di Agostino di Ippona. Libri VI-IX*, Palermo, 1985, pp.45~69.
- ———, *Le néoplatonisme dans la conversion d'Augustin*, in *Internationales Symposion über den Stand der Augustinus Forschung*, Würzburg, 1989, pp.9~25.
- ———, *La Patria e la Via*(1989), Roma, 1993.
- ———, *Saint Augustin et la philosophie. Notes critiques*, Paris, 1996.
- Malatesta, M., *Logistica I. Introduzione alla logica degli enunciati*, Napoli, 1976.
- ———, *Dialettica e logica formale*, Napoli, 1982.
- ———, *La logica primaria*, Napoli, 1982.
- Mandouze, A., *Saint Augustin. L'aventure de la raison et de la grâce*, Paris, 1968.
- Mannucci, U., *La conversione di S. Agostino e la critica recente*, in *Miscellanea Agostiniana*, voi. II, 1931, pp.23~47.
- Markus, R.A., *Saeculum. History and Society in The Theology of*

St. Augustin, Cambridge, 1970.
- ———, *Augustine: a collection of critical essays*, New York, 1972.
- Marrou, H.-L, *Sant'Agostino e la fine della cultura antica*(1971), Milano, 1986.
- Martin, J., *Saint Augustin*, Paris, 1923.
- Nash, R.H., *The light of the mind: St. Augustine's theory of knowledge*, Lexington(Kentucky), 1969.
- O'Daly, J.R, *La filosofia della mente in Agostino*(1987), Palermo, 1988.
- O'Meara, J.J., *The Historicity of the Early Dialogues of St. Augustine*, "Vigiliae Christianae", V, 1951, pp.150~178.
- ———, *The young Augustine*, London, 1965.
- ———, *Porphyry's Philosophy from Oracles in Eusebius* "Praeparatio Evangelica" *and Augustine's Dialogues of Cassiciacum*, "Recherches Augustiniennes", VI, 1969, pp.103~139.
- Pacioni, V., *La presenza di Sant'Agostino nell'opera letteraria e filosofica di Albert Camus*, in *Congresso Internazionale su S. Agostino nel XVI Centenario della conversione*, voi. III, Roma, 1987, pp.369~379.
- ———, *La struttura logica del principio di autocoscienza*, in *Interiorità e intenzionalità in Sant'Agostino*, Roma, 1990, pp.59~69.
- ———, *L'unità teoretica del* "De ordine" *di sant'Agostino*, Roma, 1996.
- Parma, Ch., *Pronoia und Providentia. Der Vorschungsbegriff Plotins und Augustins*, Leiden, 1971.
- Pépin, J., *Ex Platonincorum persona, Études sur les lectures phi-*

losophiques de Saint Augustin, Amsterdam, 1977.

- ———, *Saint Augustin et la dialectique*, Villanova(Pennsylvania), 1976.
- Perler, O., *Les voyages de Saint Augustin*, Paris, 1969.
- Piemontese, F., *La* Veritas *agostiniana e l'agostinismo perenne*, Milano, Ì963.
- Pinborg, J., *Das Sprachdenken der Stoa und Augustins Dialektik*, "Classica et mediaevalia", XXIII, 1962, pp.148~177.
- Pizzani, U., *L'enciclopedia agostiniana e i suoi problemi*, in *Congresso Internazionale di S. Agostino nel XVI centenario della conversione*, voi. I, Roma, 1987, pp.331~361.
- Portalié, E., *Augustinisme*, in *Dictionnaire de théologie catholique*, voi. I, Paris, 1902, pp.2501~2561.
- ———, *A Guide to the Thought of Saint Augustine*(1902), Chicago, 1960.
- Reale, G., *Introduzione ad Aurelio Agostino. Natura del Bene*, Milano, 1995.
- Reardon, K., *The Relation of Philosophy to Faith in the Teaching of S. Augustine*, "Studia Patristica", II, 1957, pp.288~294.
- Rief, J., *Der Ordobegriff des jungen Augustinus*, Tübingen, 1962.
- Rist, J.M., *Augustine. Ancient thought baptized*, Cambridge, 1994.
- Samek Lodovici, E., *Dio e il mondo. Relazione, causa, spazio in S. Agostino*, Roma, 1979.
- Sciacca, M.F., *Il principio della metafisica di S. Agostino*, "Humanitas", IX, 1954, pp.947~960.
- ———., *S. Agostino*, Brescia, 1949.
- Simone, V, *Semiologia agostiniana*, "La Cultura", VII, 1969, pp. 88~117.

- Solignac, A., *Doxographies et manuels dans la formation philosophique de S. Augustin*, "Recherches Augustiniennes", I, 1958, pp. 113~148.
- Sparrow Simpson, W.J., *St. Augustine's Conversion*, London, 1930.
- Steppat, M.P., *Die Schola von Cassiciacum, Augustinus* "De ordine", Darmstadt, 1980.
- Stock, B,, *Augustine the Reader. Meditation, Self-Knowledge and the Ethics of Interpretation*, Cambridge(Massachusetts)/London, 1998.
- Svoboda, K., *L'esthétique de saint Augustin et ses sources*, Brno, 1933.
- TeSelle, E., *Augustine the Theologian*, New York, 1970.
- Teske, R.J., *The World-Soul and Time in St. Augustine*, in "Augustinian Studies", XIV, 1983, pp. 75~92.
- Theiler, W., *Porphyrios und Augustin*, Halle, 1933.
- Trapè, A., *La nozione del mutabile e dell'immutabile secondo sant'Agostino*, Roma, 1959.
- ————, *S. Agostino. L'uomo, il pastore, il mistico*, Fossano (Cuneo), 1976.

b) 특정 시기에 대한 단행본과 비평들

카시치아쿰의 대화들에 관하여

- Cipriani, N., *Le fonti cristiane della dottrina trinitaria nei primi dialoghi di S. Agostino*, "Augustinianum", XXXIV, 1994, pp.253~312.
- ————, *Sulla fonte varroniana delle discipline liberali nel* "De ordine" *di S. Agostino*, "Augustinianum", XL, 2000, pp.203~

224.

- Cutino, M., *I dialoghi di Agostino dinanzi al* "De regressu animae" *di Porfirio*, "Recherches Augustiniennes", XXVII, 1994, pp. 41~74.
- Doignon, J., *Notes de critique textuelle sur le* "De Beata vita" *de saint Augustin*, "Revue des Études Augustiniennes", XXIII, 1977, pp.63~82.
- ————, *Problèmes textuels et modèles litteraires dans le livre I du* "De ordine" *de S. Augustin*, "Revue des Études Augustiniennes", XXIV, 1978, pp.71~86.
- ————, *Points litigieux dans la tradition du texte du* "De ordine" *(Livre II) de S. Augustin*, "Revue des Études Augustiniennes", XXV, 1979, pp.230~244.
- ————, *Le* "De ordine": *son déroulement, ses thèmes*, in *L'operà letteraria di Agostino tra Cassiciacum e Milano*, Palermo, 1987, pp.113~150.
- Dyroff, A., *Über Form und Begriffsgehalt der augustinischen Schrift* "De ordine", in *Aurelius Augustinus*, hrsg. M. Grabmann / J. Mausbach, Köln, 1930, pp.15~62.
- Gunermann, H.H., *Literarische und philosophische Tradition im ersten Tagesgespräch von Augustinus* "De ordine", "Recherches Augustiniennes", IX, 1973, pp.183~226.
- Hübner, W., *Der Ordo der Realien in Augustins Frühdialog* "De ordine", "Revue des Études Augustiniennes", XXXIII, 1987, pp. 23~48.
- Madec, G., *À propos d'une traduction de* "De ordine" *II, 5, XVI*, "Revue des Études Augustiniennes", XVI, 1970, pp.179~186.
- ————, *L'historicité des "Dialogues" de Cassiciacum*, "Revue

des Études Augustiniennes", XXXII, 1986, pp.207~231.

- Malatesta, M., *St. Augustine's Dialectic from the Modern Logic Standpoint. Logical Analysis of* "Contra Academicos" III, 10, 22-13, 29, "Metalogicon", VIII, 1995, pp.91~120.
- ————, *La problematica linguistica del* "Contra Academicos" *alla luce della filosofia del linguaggio contemporanea*, "Metalogicon", X, 1997, pp.46~63.
- Pacioni, V., *Un caso di utilizzazione di logica stoica*: "De ordine" II, 3, 8-9, in *Ripensare Agostino, interiorità e intenzionalità*, Roma, 1993, pp.175~181.
- ————, *La provvidenza divina e il male nella storia: a proposito di un testo controverso*, "De ordine", *I, 1, 2*, in *Il mistero del male e la libertà possibile: lettura dei dialoghi di Agostino*, Roma 1994, pp.137~148.
- Reale, G., *Agostino e il* "Contra Academicos", in *L'opera letteraria di Agostino tra Cassiciacum e Milano*, Palermo, 1987, pp.13~30.
- Solignac, A., *Réminescences plotiniennes et porphyriennes dans le début du* "De ordine" *de saint Augustin*, "Archives de philosophic", XX, 1957, pp.446~465.
- Winkler, K., *La théorie augustinienne de la mémoire à son point de départ*, in *Augustinus Magister*, voi. I, Paris, 1954, pp.511~519.

방법론에 관하여

- Camelot, T.H., "Quod intelligimus, debemus rationi". *Note sur la méthode théologique de saint Augustin*, "Historisches Jahrbuch", LXXVII, 1958, pp.397~402.
- Crosson, F., *Philosophy, Religion and Faith, in Proceedings of the*

American Catholic Philosophical Association, Saint Louis (Missouri), 1978, pp.165~176.

- Cushman, R.E., *Faith and Reason in the Thought of St. Augustine*, "Church History", XIX, 1950, pp.271~294.
- Jess, W.G., *Reason as Propaedeutic to Faith in Saint Augustin*, "International Journal for Philosophy of Religion", V, 1974, pp. 225~233.
- Lütcke, K.H., *Auctoritas bei Augustin*, Stuttgart, 1968.
- Madec, G., *Notes sur l'intelligence augustinienne de la foi*, "Revue des Études Augustiniennes", XVII, 1971, pp.119~142.
- O'Meara, J.J., *S. Augustine's View of Authority and Reason in A. D. 306*, "Irish Theological Quarterly", XVIII, 1951, pp.338~346.
- Pacioni, V., Auctoritas *e* ratio: *la via alla vera libertà*, in *Il mistero del male e la libertà possibile: linee di antropologia agostiniana*, Roma, 1995, pp.81~109.
- Thonnard, F.J., *La philosophic et sa méthode rationnelle en augustinisme*, "Revue des Études Augustiniennes", VI, 1960, pp. 11~30.
- Van Fleteren, F.E., *Authority and Reason, Faith and Understanding*, in *The Thought of St. Augustine*, "Augustinian Studies", IV, 1973, pp.33~71.

인간학에 관하여

- Cipriani, N., *L'influsso di Varrone sul pensiero antropologico e morale nei primi scritti di S. Agostino*, in *L'etica cristiana nei secoli III e IV: eredità e confronti*, Roma, 1996, pp.369~400.
- ————, *Lo schema dei* tria vitia (voluptas, superbia, curiositas) *nel* "De vera religione": *antropologia soggiacente e fonti*, "Augus-

tinianum", XXXVIII, 1998, pp.157~195.

- ————, *Il modello antropologico nel libro I delle* Confessioni, in *Le Confessioni di Agostino* (402-2002): *bilancio e prospettive*, Roma, 2003, pp.421~433.
- Couturier, Ch., *La structure métaphysique de l'homme d'après saint Augustin*, in *Augustinus Magister*, I, Paris, 1955, pp.543~550.
- De Durand, G.M., *L'homme raisonable mortel: pour l'histoire d'une définition*, "Phoenix", XXVII, 1973, pp.328~344.
- Dempf, A., *Die Menschenlehre Augustins*, "Münchener theologische Zeitschrift", VI, 1955, pp.21~31.
- Di Martino, C., *La* intentio *nella psicologia di Agostino dal* "De libero arbitrio" *al* "De Trinitate", "Revue des Études Augustiniennes", XLVI, 2002, pp.173~198.
- Fortin, E.L., *Augustine's* "De quantitate animae" *or the spiritual Dimensions of Human Existence*, in "De moribus ecclesiae catholicae et de moribus manichaeorum", "De quantitate animae" *di Agostino d'Ippona*, Palermo, 1991, pp.133~169.
- ————, *Saint Augustin et la doctrine néoplatonicienne de l'âme (Ep. 137, 11)*, in *Augustinus Magister*, voi. III, Paris, 1955, pp.371~380.
- Henry, P., *St. Augustine on Personality*, Villanova(Pennsylvania), 1960.
- Jolivet, R., *San Augustín y la preexistencia platonica de las almas*, "Augustinus", I, 1956, pp.49~51.
- Palmieri, D., *La persona umana nel pensiero di s. Agostino*, "Studia Patavina", I, 1954, pp.370~399.
- Salmon, E., *The Nature of Man in St. Augustine's Thought*, in

Proceedings of the American Catholic Philosophical Association, Saint Louis(Missouri), 1951, pp.25~41.

• Sciacca, M.F., *Il composto umano nella filosofia di Sant'Agostino*, "Studia Patavina", I, 1954, pp.211~226.

• ———, *L'origine dell'anima secondo Sant'Agostino*, "Giornale di metafisica", IX, 1954, pp.542~550.

• Stefanini, L., *Il problema della persona*, in *Sant'Agostino e le grandi correnti della filosofia contemporanea*, Tolentino, 1956, pp.52~68.

• Thonnard, F.J., *Les fonctions sensibles de l'âme humaine selon saint Augustin*, "Année theologique augustinienne", XII, 1952, pp.335~345.

윤리에 관하여

• Alvez, T., *S. Augustín y la teoría de la* "lex aeterna", "Annuario de Filosofia del Derecho", VI, 1958~1959, pp.245~290.

• Barth, H., *Die Freiheit der Entscheidung im Denken Augustins*, Basel, 1935.

• Brachtendorf, J., *Cicero and Augustine on the Passions*, "Revue des Études Augustiniennes", XLIII, 1997, pp.289~308.

• Capone, G., *La concezione agostiniana della libertà*, Padova, 1931.

• Cechini, L., *Il problema morale in Santo Agostino*, Reggio Emilia, 1934.

• Clark, M.T., *Augustine. Philosopher of Freedom*, New York-Paris, 1958.

• Deman, Th., *Le traitement scientifique de la morale chrétienne selon S. Augustin*, Montréal-Paris, 1957.

- De Plinval, G., *Aspects du déterminisme et de la libertà dans la doctrine de saint Augustin*, "Revue des Études Augustiniennes", I, 1955, pp.345~378.
- Kondoleon, Th.J., *Augustine and the Problem of divine Foreknowledge and free Will*, "Augustinian Studies", XVIII, 1987, pp.171~175.
- Lorenz, R., *Fruitio Dei bei Augustin*, "Zeitscnrift für Kirchengeschichte", LXIII, 1950~1951, pp.75~132.
- Mausbach J., *Die Ethik des hl. Augustinus*, Freiburg, 1909.
- O'Connor, W.R., *The* uti/frui. *Distinction in Augustine's Ethics*, "Augustinian Studies", XTV, 1983, pp.45~62.
- Roland-Gosselin, B., *La morale de saint Augustin*, Paris, 1925.

인식 이론에 관하여

- Acworth, R., *God and human knowledge in St. Augustine. The Theory of Illumination*, "The Downside Review", LXXV, 1957, pp.207~214.
- Boyer, Ch., *L'idée de vérité dans la philosophic de S. Augustin*, Paris, 1921.
- Bourke, V.J., *Wisdom in the Gnoseology of St. Augustine*, "Augustinus", III, 1958, pp.331~336.
- Campus, M.A., *Il problema gnoselogico in Sant'Agostino*, Firenze, 1943.
- Cioconardi, J., *De cognitione sensibili apud S. Augustinum*, Roma, 1939.
- Incardona, N., *Fondamenti teologici e limiti teoretici dell'atto del pensare in S. Agostino*, in *Augustinus Magister*, vol. I, 1954, pp. 463~475.

- Manferdini, T., *Comunicazione ed estetica in S. Agostino*, Bologna, 1995.
- Markus, R.A., *St. Augustine on Signs*, "Phronesis", II, 1957, pp. 60~83.
- Pegis, A.C., *The Mind of Saint Augustine*, "Medieval Studies", VI, 1944, pp.8~29.
- Pépin, J., *Univers dionysien et univers augustinien*, "Recherches de Philosophic", II, 1956, pp.179~224.
- Pialat, E., *La théorie de la sensation chez saint Augustin*, "Archives de Philosophic", IX, 1932, pp.95~127.
- Pizzani, U., *Il sesto libro*, in "De musica" *di Agostino d'Ippona*, Palermo, 1990.
- Pryzwara, E., *Das Gnoseologisch-Religiöse bei St. Augustin*, "Augustinus", III, 1958, pp.331~336.
- Riverso E., *Introduzione a Sant'Agostino*, "Il maestro", Roma, 1990.
- Schützinger, C.E., *German Controversy of S. Augustine's Illumination Theory*, New York, 1960.
- Thonnard, F.J., *La* cognitio per sensus *chez s. Augustin*, "Augustinus", III, 1958, pp.193~203.
- Van Der Linden, L.J., Ratio *et* intellectus *dans les premiers écrits de s. Augustin*, "Augustiniana", VII, 1957, pp.6~32.
- Vanni Rovighi, S., *La fenomenologia della sensazione in Sant'Agostino*, "Rivista di Filosofia neoscolastica", LIV, 1962, pp. 18~32.
- Zepf, M., *Augustinus und das philosophische Selbstbewusstsein der Antike*, "Zeitschrift für Religions und Geistesgeschichte", XI, 1959, pp.105~132.

하느님의 본성과 존재에 관하여

- Anderson, G.F., *St. Augustine and Being. A Methaphisical Essay*, The Hague, 1965.
- Aubin P., *Plotin et le christianisme. Triade plotinienne et Trinilé chrétienne*, Paris, 1992.
- Bochenski, I.M., *De cognitione existentiae Dei apud Augustinum*, Poznan, 1936.
- Bochet, I., *Saint Augustin et le désir de Dieu*, Paris, 1982.
- Boyer, Ch., *L'esistenza di Dio secondo S. Agostino*, "Rivista filosofica neoscolastica", XLVI, 1954, pp.321~331.
- ———, *Les voies de la connaissance de Dieu selon s. Augustin*, "Augustinus", III, 1958, pp.227~245.
- Cayré, F., *Dieu prouvé par la vie de l'esprit. Avantages de cette position*, "L'Année Théologique", XI, 1951, pp.13~24.
- ———, *La preuve neologique de l'existence de Dieu*, "Revue de Philosophie", XXXVI, 1936, pp.306~328.
- Cipriani, N., *Dio nel pensiero di S. Agostino*, in *Dio nei Padri della Chiesa*, Roma, 1996, pp.257~274.
- De Capitani, F., "Quomodo sit manifestum Deum esse". *Lettura del libro II del* "De libero arbitrio", in "De libero arbitrio" *di Agostino d'Ippona*, Palermo, 1990, pp.35~57.
- Duquesnois, H., *Une preuve de l'existence de Dieu dans saint Augustin. Dialogue* "De libero arbitrio", "Annales de philosophic chrétienne", XXV, 1855, pp.286~302.
- Hübner G., *Das absolute Sein bei Augustin*, "Studia Philosophica", VI, 1955, pp.117~160.
- Kälin, B., *Augustin und die Erkenntnis der Existenz Gottes*, "Divus Thomas", XTV, 1936, pp.331~352.

• Madec, G., *Connaissance de Dieu et action de grâces. Essais sur les citations de l'*Ép. aux Romains, I, 18-25, *dans l'oeuvre de Saint Augustin,* "Recherches Augustiniennes", II, 1962, pp.273~309.
• Ritter, J., Mundus intelligibilis. *Eine Untersuchung zur Aufnahme und Umwandlung der neuplatonischen Ontologie bei Augustinus,* Frankfurt, 1937.
• Sciacca, M.E, *L'existence de Dieu,* Paris, 1951.
• Tolley, W.P, *The Idea of God in the Philosophy of S. Augustine,* New York, 1930.
• Verbeke, G., *Connaissance de soi et connaissance de Dieu,* "Augustiniana", IV, 1954, pp.279~299.

시간과 역사의 개념에 관하여

• Amari, G., *Il concetto di storia in S. Agostino,* Roma, 1951.
• Brezzi, P., *Il carattere ed il significato della storia nel pensiero di S. Agostino,* "Revue des Études Anciennes", I, 1955, pp.149~160.
• Chaix-Ruy, J., *Le problème du temps dans les* Confessions *et dans* La Cité de Dieu, "Giornale di metafisica", IX, 1954, pp.464~477.
• ———, *S. Augustin. Temps et Histoire,* Paris, 1956.
• Chiereghin, F., *Il tempo come possibilità interiore del male in Agostino,* in *Il mistero del male e la libertà possibile (IV): ripensare Agostino,* Roma, 1997, pp.177~190.
• Corsini, E., *Lettura del libro XI delle* "Confessioni", in "Le confessioni" *di Agostino d'Ippona, libri X-XIII,* Palermo, 1987, pp. 35~65.
• D'Elia, S., *Storia e teologia della storia nel* "De Civitate Dei", in *La storiografia ecclesiastica nella tarda antichità. Atti del con-*

vegno di Erice, Messina, 1980, pp.391~481.

- Hoffmann, E., *Platonism in Augustine's Philosophy of History*, in *Philosophy and History, Essay presented to Ernest Cassirer*, Oxford, 1936, pp.173~190.
- Marrou, H.-L., *L'ambivalence du temps de l'histoire chez S. Augustin*, Paris, 1950.
- ————, *Teologia della storia*(1968), Milano, 1979.
- Miccoli, P., *Storia e profezia nel pensiero di S. Agostino*, "Augustinian Studies", XVI, 1984, pp.90~106.
- O'Daly, G., *Time as a distentio and St. Augustine's Exegesis of Philippians 3, 12-14*, "Revue des Études Augustiniennes", XXIII, 1977, pp.265~271.
- Petruzzellis, N., *La visione agostiniana della storia*, "Rassegna di scienze filosofiche", XII, 1959, pp.1~17.
- Raviez, M.E., *St. Augustine: Time and Eternity*, "Thomist", XXII, 1959, pp.542~554.
- Ruotolo, G., *La filosofia della storia e la Città di Dio*, Roma, 1930.
- Sciacca, M.F., *Interpretazione del concetto di storia in S. Agostino*, Tolentino, 1960.
- Von Balthasar, H. U., *Il tutto nel frammento. Per una teologia della storia*(1963), Milano, 1970.

정치철학에 관하여

- Arquillière, H.X., *L'augustinisme politique. Essai sur la formation des théories politiques du moyen âge*, Paris, 1934.
- Baynes, N.H., *The political Ideas of St. Augustine* "De Civitate Dei", London, 1955.

- Bonner, G., *Quid imperatori cum Ecclesia? St. Augustine on History and Society*, "Augustinian Studies", II, 1971, pp.231~251.
- Borghesi, M., *L'età dello spirito e la metamorfosi della città di Dio*, "Il Nuovo Areopago", XIII, 1994, pp.5~27.
- Bourke V.J., *The political Phiosophy of St. Augustine*, in *Proceedings of the VIIth Annual Meeting of the American Catholic Association*, St. Louis(Missouri), 1931.
- Boyer, Ch., *Sant'Agostino e i problemi dell'ecumenismo*, Roma, 1969.
- Brezzi, P, *I fondamenti filosofici del diritto e dello Stato in S. Agostino*, in *S. Agostino e le grandi correnti della filosofia contemporanea. Atti del Congresso Italiano di Filosofia Agostiniana*, Roma, 1955, pp.191~214.
- Burt, D. X., *Friendship and Society. An Introduction to Augustine's Practical Philosophy*, Grand Rapids(Michigan), 1999.
- Cipriani, N., *Il ruolo della Chiesa nella società civile: la tradizione patristica*, in *I cattolici e la società pluralista. Il caso delle leggi imperfette*, Bologna, 1996, pp.132~148.
- ————, *La violenza nel pensiero di S. Agostino*, in *La violenza*, Bologna, 1998, pp.241~268.
- Combès, G., *La doctrine politique de Saint Augustin*, Paris, 1927.
- D'Agostino, E, *L'antigiuridismo di S. Agostino*, "Rivista internazionale di filosofia del diritto", LXIV, 1987, pp.30~51.
- Deane, H.A., *The Politicai and Social Ideas of St. Augustine*, New York, 1963.
- Dessì, G., *Reinhold Niebuhr e la* "Città di Dio". *La critica al perfettismo*, in *Interiorità e intenzionalità nel* "De civitate Dei" *di Sant'Agostino*, Roma, 1991, pp.195~205.

- Figgis, N., *The political Aspects of St. Augustine City of God*, London, 1921.
- Fortin, E.L., *Political Idealism and Christianity in the Thought of St. Augustine*, Villanova(Pennsylvania), 1972.
- Garilli, G., *Aspetti della filosofia giuridica, politica e sociale di s. Agostino*, Milano, 1957.
- Giorgianni, V., *Il concetto del diritto e dello Stato in s. Agostino*, Padova, 1951.
- Lamirande, E., *Church, State and Toleration. An intriguing Change of Mind in St. Augustine*, Villanova(Pennsylvania), 1975.
- Monceaux, P., *Saint Augustin et la guerre*, in *L'Eglise et le doit de guerre*, Paris, 1916.
- ————, *Saint Augustin et le donatisme*, in *Histoire littéraire de l'Afrique chrétienne*, Paris, 1923.
- Pezzimenti, R., *Società aperta e I suoi amici*, Messina, 1995.
- Ratzinger, J., *L'unità delle nazioni. Una visione dei Padri della Chiesa*(1971), Brescia, 1973.
- Roberti, G., *Il diritto romano in s. Agostino*, "Rivista filosofica neoscolastica", XXIII, 1931, pp.305~366.
- Tosatti, Q., *Agostino e lo Stato romano*, "Studi Romani", III, 1955, pp.532~547.
- Wytzes, J., *Enige gedachten van Augustinus over de Staat*, "Philosophia Reformata", III, 1938, pp.25~43.

/인/명/ /색/인/

【ㄱ】

가비롤, 이븐(Gabirol, Ibn) 388

구르동(Gourdon, L.) 396

구초(Guzzo, A.) 148, 399

굴리엘모 드 콩슈(Guglielmo de Conches) 381

귈리엘무스 알베르누스, 오베르뉴의 기욤(Guilielmus Alvernus, Guillaume d'Auvergne) 384, 385

그로사테스타, 로베르토(Grossatesta, Roberto) 387

기톤(Guitton, J.) 399, 401

【ㄴ】

나비기우스(Navigius) 19, 34, 87, 112

네브리디우스(Nebridius) 27, 34

누리슨(Nourisson, J.F.) 395

니그렌(Nygren, A.) 250

니코마코스, 제라사의(Nikomachos Gerasae) 27

【ㄷ】

다이흘(Dihle, A.) 128

데카르트, 르네(Descartes, René) 393, 394

델리아(D'Elia, S.) 408

도미니치, 조반니(Dominici, Giovanni) 391

도손(Dawson, Ch.) 333

두아뇽(Doignon, J.) 133

둔스 스코투스, 요한(Duns Scotus, Johannes) 390

디로프(Dyroff, A.) 406

【ㄹ】

라바누스 마우루스(Rabanus Maurus) 380

라스디디아누스(Lasdidianus) 87

레알레(Reale, G.) 268

로마노, 에지디오(Romano, Egidio) 389

로마니아누스 21, 34

로스미니(Rosmini, A.) 401

로스키우스(Roscius) 147

루소(Russo, A.) 168

루스티쿠스(Rusticus) 87

루터, 마르틴(Luther, Martin) 392

리카르두스(Richardus) 383
리켄티우스(Licentius) 27, 34, 87, 88, 89, 112, 113, 114, 115, 116, 130
리포사티, 마리아(Riposati, Maria) 13

【ㅁ】
마덱(Madec, G.) 401, 404, 405
마루(Marrou, H.I.) 399, 401
마르센(Marcenne) 393, 394
마르켈리누스(Marcellinus) 364
마르쿠스(Marcus, R.A.) 365
마르티아누스 카펠라(Martianus Capella) 407
막시미아누스(Maximianus) 362
말라테스타, 미켈레(Malatesta, Michele) 11, 13, 204, 408
말브랑슈, 니콜라(Malebranche, Nicolas) 394
메르시에르(Mercier, Chaire) 401
모니카(Monica) 19, 31, 35, 74, 87, 102, 112, 115, 117, 118
미네, 자크 폴(Migne, Jacques Paul) 395

【ㅂ】
바로(Varro) 10, 27, 105, 106, 135, 151, 156, 160, 165, 230, 333, 406, 407
바우토(Bauto) 34
바이오(Baio) 393
바코네, 루제로(Bacone, Ruggero, 로저 베이컨) 381, 387
발리도(Balido, G.) 408, 409
베다(Beda) 380
베레쿤두스(Verecundus) 45, 87, 112
베르나르두스, 사르트르의(Bernardo di Chartres) 383
베커(Becker, H.) 397
보나벤투라, 바뇨레지오의(Bonaventura di Bagnoregio) 385, 386, 388
보너(Bonner, G.) 365
보니파키우스(Bonifacius) 358
보에티우스(Boethius) 383
부와이에(Boyer, Charles) 209, 212, 398, 401
부처(Bucher, T.G.) 407, 408
브라운(Brown, P.) 365

브루니, 레오나르도(Bruni, Leonardo) 391
브아제, 가스통(Boissier, Gaston) 395, 396, 398
브와이에(Boyer, Ch.) 212, 400, 403
블롱델(Blondel, M.) 402
비스카, 다니엘라(Visca, Daniela) 13
비토리노, 마리오(Vittorio, Mario) 406, 408
빅토리누스, 마리우스(Victorinus, Marius) 43, 44, 374
빈켄티우스(Vicentius) 358, 363

【ㅅ】

사르토리(Sartori, F.) 299
살루스티우스(Salustius) 350
살루타티, 콜루치오(Salutati, Coluccio) 391
세네카(Seneca) 383
소크라테스(Socrates) 90, 137
솔리냑(Solignac, A.) 192, 403
수소네(Susone) 389
스코투스 에리우게나 382, 383
스탁, 브라이언(Stock, Brian) 13
스토르츠(Storz, J.) 395
시아카(Sciacca, M.F.) 209, 212, 220, 398, 401, 402
심마쿠스(Symmachus) 34, 36
심플리키아누스(Simplicianus) 36, 42, 43, 403, 404

【ㅇ】

아데오다투스(Adeodatus) 21, 45, 87
아도(Hadot, P.) 268
아르노(Arnauld, A.) 393
아르케실라스(Arcesilas) 90
아리스토텔레스(Aristoteles) 72, 159, 406
아리아누스(Arrianus) 406
아머바흐, 요한(Amerbach, Johann) 392
아바냐노(Abbagnano, N.) 224
아베로스(Averroes) 389
아비켄나(Avicenna) 385, 386
아우렐로, 피에트로(Aurelo, Pietro) 391

아우렐리아(Aurelia) 36
아울리우스 겔리우스(Aulius Gellius) 27
아풀레이우스(Apuleius) 20, 133, 228
안셀무스, 아오스타 혹은 캔터베리의(Anselmo di Aosta) 382
안토니우스(Antoninus) 44
안티오쿠스, 아스칼론의(Antioco di Ascalona) 10, 90, 106, 136, 160, 161, 165, 200, 237, 406
알리피우스(Alypius) 27, 34, 44, 45, 87, 89, 90, 91, 101, 112
알비케리우스(Albicerius) 89
알퀴누스(Alcuinus) 381
알파릭(Alfaric, P.) 397, 398
암브로시우스(Ambrosius) 36, 37, 41, 43, 59, 181, 237, 307, 308, 315, 403, 406
야뉴아리우스(Ianuarius) 363
야스퍼스, 칼(Jaspers, K.) 46
얀센, 코르넬리우스(Jansen, Cornelius) 393
에라스무스, 로테르담의(Erasmus da Rotterdam) 392
에리우게나, 요한네스 스코투스 (Eriugena, Johannes Scotus) 381
에보디우스(Evodius) 152, 153, 154, 155, 156, 157, 225, 226, 252, 285, 286, 287, 290, 292, 293, 297, 343
에우로기우스(Eulogius) 27
에우세비우스, 카이사이라의(Eusebius Cesareae) 354
에크하르트(Eckhart) 389
에피쿠로스(Epicurus) 133
엠피리쿠스, 섹스투스(Empiricus, Sextus) 133
오데일리(O'Daly, G.) 128, 213, 318, 404
오리게네스(Origenes) 354
오컴, 오컴의 윌리엄(Ockham, Guglielmo di Ockahm, Wiliam of Ockham) 390, 391
오코너(O'Connor, W.R.) 246
오코넬(O'Connell, R.J.) 404
요하네스 데 루펠라(Johannes de

Rupella) 385
우골리노 말라브랑카, 오르비에토의 (Ugolino Malabranca di Orvieto) 389
위그 드 생빅토르(Hugues de Saint-Vitor, Ugo di S. Vittore) 383
위-디오니시우스(Pseudodionisius) 382, 386, 390
율리아누스(Iulianus) 44
이시도루스, 세비야의(Isidorus di Siviglia) 382

【ㅈ】

제노비우스(Zenobius)　36, 405
제논(Zenon) 90
젠틸레(Gentile, G.) 399
졸리베(Jolivet, R.) 209
질송(Gilson, Étienne) 82, 168, 212, 213, 389, 398

【ㅊ】

치프리아니, 넬로(Cipriani, Nello) 10, 13, 130, 134, 160, 401, 406

【ㅋ】

카르네아데스(Carneades) 87, 92, 94, 95
카를리니(Carlini, A.) 170
카시오도루스(Cassiodorus) 380, 381
카틸리나(Catilina) 116
칸트(Kant, I.) 201, 202, 400
칼뱅, 장(Calvin, Jean) 392
캄파넬라, 토마스(Campanella, Tommaso) 393
콘센티우스(Consentius) 56
콘스탄티누스(Constantinus) 32
쿠르셀(Courcelle, P.) 403, 404
퀸틸리아누스(Quintilianus) 133
크리스피누스(Crispinus) 360, 361
클레멘스 4세 교황(Clemens IV, papa) 389
키케로(Cicero) 22, 23, 27, 32, 34, 60, 88, 89, 101, 116, 133, 136, 224, 228, 231, 240, 250, 283, 320, 321, 350, 351, 352, 404, 407

킬워드비, 로버트(Kilwardby, Roberto) 389

【ㅌ】

타울레루스(Taulerus) 389
탈레스(Thales) 137
테렌티우스(Terentius) 32
테르툴리아누스(Tertullianus) 43, 55, 118
테오도루스, 만리우스(Theodorus, Manlius) 36, 43, 403
테오도시우스(Theodosius) 358, 361
템피에르, 스테파노(Tempier, Stefano) 391
토마스 아퀴나스(Thomas Aquinas) 388, 402
토마스, 요크의(Tommaso di York) 387
트라페(Trapè, A.) 401, 406
트리게티우스(Trygetius) 34, 87, 88, 112, 113, 114, 115, 116
팀메, 빌헬름(Thimme, Wilhelm) 397

【ㅍ】

파스칼, 블레즈(Pascal, Blaise) 394, 402
파우스투스(Faustus) 30, 36, 374
파초니, 비르질리오(Pacioni, Virgilio) 7, 9, 10
파트리키우스(Patricius) 19
페데리코 2세(Federico II) 408
페트라르카, 프란체스코(Petrarca, Francesco) 391
페틸리아누스(Petilianus) 359
펠라기우스(Pelagius) 227, 393
포르탈리에, 외젠(Portalié, Eugène) 379, 398
포르피리우스(Porphyrius) 70, 71, 130, 134, 182, 262, 268, 405
포시도니우스(Posidonius) 200
포시디우스(Possidius) 359, 360, 361
폰티키아누스(Ponticianus) 44
프로클루스(Proclus) 382, 390
프로타고라스(Protagoras) 265
프로테우스(Proteus) 90, 91
프리아무스(Priamus) 147

플라톤(Platon) 36, 72, 75, 78, 90, 149, 159, 165, 191, 208, 265, 267, 401
플래시(Flash, K.) 404
플로티누스(Plotinus) 60, 108, 109, 110, 111, 113, 114, 117, 118, 129, 130, 137, 141, 151, 178, 182, 223, 262, 265, 267, 270, 283, 313, 317, 318, 325, 382, 390, 397, 399, 403, 404, 405, 406
플리니우스(Plinius) 380
피델리부스(Fidelibus, G.) 301
피세이커, 리처드(Fishacre, Richard) 389
피에몬테세(Piemontese, F.) 209
피츠랄프, 리처드(FitzRalph, Richard) 389
피츠제럴드(Fitzgerald, A.D.) 409
피치노, 마르실리오(Ficino, Marsilio) 391
피코, 미란돌라의 조반니(Pico, Giovanni della Mirandola) 391
피타고라스(Pythagoras) 75
피히테(Fichte, J.G.) 400
필론, 라리사의(Filone di Larissa) 90

【ㅎ】

하르낙, 아돌프 폰(Harnack, Adolf Von) 395, 396, 398
하위징아(Huizinga) 390
할렌시스, 알렉산더(Halensis, Alexander) 385
헤겔(Hegel) 400
헤르모게니아누스(Hermogenianus) 36
헨리쿠스 간다벤시스(Henricus Gandavensis) 385
호노라투스(Honoratus) 24
호노리우스(Honorius) 364
홀테(Holte, R.) 401, 403, 404, 406
횔셔(Hölscher, L.) 404
후설(Husserl, E.) 399
히에리우스(Hierius) 28

/후/기/

_ "옮긴이의 글"을 대신하여

"옮긴이의 글"은 문자 그대로 옮긴이가 번역의 이유와 목적을 밝히고, 번역서의 가치와 내용을 간략하게 설명하며, 번역 원고가 한 권의 책으로 출간되는 과정에서 수고와 도움을 아끼지 않은 분들에게 감사의 인사를 전하는 글이다. 하지만 정작 이 글을 써야만 하는 변종찬(마태오) 신부님은 자신의 57번째 생일 다음 날인 2024년 8월 12일(월) 오후 1시 24분에 하느님 나라로 돌아가셨다. 지금 돌이켜보면 신부님은 간암 말기 진단을 받은 후 얼마 남지 않은 시간이 지나면 흙으로 돌아갈 것이라 예감하고 있었던 것 같다. 그로부터 약 4년 4개월, 하느님의 은총 덕분에 얻어진 그 시간 동안 사제로서 갖춰야 할 성덕의 생활은 물론 교수와 학자로서의 사명을 완수하는 일에 박차를 가했다. 혹독한 고통이 동반되는 치료와 투병 생활은 늘 관심의 뒷전으로 밀렸다. "하느님과 교회에 대한 깊은 사랑을 품고 있던 교부를 어떻게 신자들에게 알려 줄 수 있을까"를 고민하면서 『교황 베네딕토 16세와 함께 살펴보는 교부들의 발자취』(가톨릭대학교출판부, 2024)라는 번역서를 출간했다. 그 과정에서 자기 몸을 미련(?)할 정도로 혹사한 것은 부인할 수 없는 사실이다.

그 책의 출판 직후부터 새롭게 시작한 번역이 바로 지금 여러분들이 읽고 있는 『히포의 아우구스티누스: 역사적·현대적 관점에서 본 아우구스티누스 철학』이다. 신부님의 컴퓨터를 확인한 결과 이 책의 번역 작업은 2024년 2월부터 6월까지 진행하였던 것 같다. 그 기간은 신부님에게 남아 있는 시간이 그리 많지 않다는 의사의 진단이 내려지던 때였다. 휴식과 안정, 영양 보충을 강권하는 필자의 말을 온갖 이유를 들면서 계속 거부하였는데, 지금 생각하니 이 책의 번역을 중단할 만큼 시간적 여유가 없을 것이라는 판단 때문이었나 보다. 하느님에 대한 사랑과 간절한 기도, "히포의 아우구스티누스"에 대한 뜨거운 존경의 마음이 죽음 앞에 서 있던 신부님을 행복하게 만들었을 것이다.

그렇다면 자신의 생명과 맞바꿀 수 있는 이 책의 번역에 몰두한 이유가 무엇일까? 그것은 먼저 이 번역서의 저자이자 아우구스티노회 회원인 비르질리오 파초니(Virgilio Pacioni) 교수는 신부님이 로마의 아우구스티니아눔(Augustinianum)에서 교부학을 공부할 때 은사였다. 신부님에게는 어려우면서도 막연한 존재였던 성 아우구스티누스에 대해 몸과 마음의 눈을 뜨게 만들어 준 스승이 오랜만에 단행본으로 출판한 저서이기에 이 책의 번역에 애착을 가졌던 것 같다.

다음으로는 이 책의 내용이다. 유품을 정리하면서 신부님이 나름대로 가칭 '아우구스티누스 평전'을 집필하고 있었다는 사실을 알게 되었다. 원고의 상당 부분이 이미 완성된 상태로 발견되었는데, 한국인 성직자·신학자의 관점과 입장에서 아우구스티누스를 정리하고 해석하겠다는 신부님의 의지가 뚜렷하게 드러나고 있었다. 그렇기에 이 책의 번역은 신부님의 저술을 보충하겠다는 연구자의 욕심과 자신보다 더 훌륭한 아우구스티누스 전문가인 스승에 대한 제자의 겸손함의 발로라고 할 수 있다.

마지막으로는 이 책이 지닌 학문적 가치 때문이다. 이 책은 아우구스티누스가 가톨릭교회로 회심하기 이전에 지녔던 철학적 전망, 신앙과 이성 사이의 해석학적 순환, 진리와 최고선에 관한 철학적 문제, 섭리, 인간학, 인식론, 윤리학, 자연 신학, 시간과 역사, 정치 철학 등에 관한 내용을 담고 있다. 이를 통해서 저자는 형식적이고 논리적 해석이라는 두 가지 방법을 활용하여 아우구스티누스의 사상에 대한 해석학적 전형들을 비판적으로 검토하고 있다. 더욱이 저자는 엄정한 문헌학적 검증을 바탕으로 아우구스티누스를 신플라톤주의자로 보는 인식을 허무는 또 하나의 시금석을 제시하고 있을 뿐만 아니라 아우구스티누스가 감정이나 즉흥이 아닌 엄격한 논리에 근거하여 이성적 탐구를 진행했다고 언급하고 있다. 결국 특정 역사적 맥락에서만 연구되었던 아우구스티누스의 철학이 놀라울 정도로 현대적이라는 사실을 밝히고 있는 것이다. 그러므로 이 책을 번역하는 동안 아우구스티누스에 대한 신부님의 애정은 저자에 대한 존경의 마음과 함께 훨씬 더 심화되었을 것이라 믿어 의심치 않는다.

이 글을 빌어 신부님이 이 책을 완역하지는 못했다는 사실을 고백해야만 한다. 본문 앞에 나오는 감사의 말과 소개의 글, 부록의 일부분은 병세가 악화되면서 번역하지 못했다. 신부님은 세상을 떠나기 전 마무리 번역을 교황청 복음화부에 근무하는 김성수(마르코) 신부님에게 부탁했다. 바쁜 업무 중에서도 기꺼운 마음으로 번역서를 완성하는 데 도움을 주신 김 신부님에게 감사를 드린다. 스승의 저서가 한국에서 빛을 볼 수 있도록 꼼꼼히 교정해 주신 가톨릭대학교출판부 직원들에게도 깊은 감사를 드린다. 아울러 이 책의 번역자인 신부님의 마지막 길에 기도와 미사 참례로 함께해 주신 모든 분께도 머리 숙여 감사의 인사를 드린다.

유고(遺稿) 번역서가 된 이 책이 많은 분께 유익한 정보를 제공하기를 기대한다. 신부님이 하느님 나라에서 아우구스티누스 성인을 만나 하느님의 사랑 안에서 함께 학문을 논하고, 하느님을 찬미하면서 "주님의 성인들과 뽑힌 이들 반열에 들어 주님의 영원한 기쁨을 누리시"기를 기도한다. 특히 신부님을 지금도 기억하고 계실 모든 분께도 하느님의 사랑이 강하게 전해지기를 기도한다.

2024년 11월

옮긴이를 대신하여

작은형 변우찬 사도 요한 신부

p.455

白

p.456

白

(끝)